北京市社会经济统计报告

BEIJING SOCIAL AND ECONOMIC STATISTICAL REPORT

2006

北京市统计局　编

同心出版社

图书在版编目（CIP）数据

北京市社会经济统计报告．2006/北京市统计局编．
北京：同心出版社，2006
ISBN 7－80716－032－2

Ⅰ.北... Ⅱ.北... Ⅲ.社会经济统计－研究报告
－北京市－2006 Ⅳ.C832.1

中国版本图书馆 CIP 数据核字（2005）第 151274 号

北京市社会经济统计报告（2006）

出版发行：同心出版社
出 版 人：刘霆昭
地　　址：北京市建国门内大街 20 号
邮　　编：100734
电　　话：发行部：（010）85204603（外埠）、85204612（本市）
　　　　　总 编 室：85204653
E－mail：txcbszbs@bjd.com.cn
印　　刷：北京源海印刷有限责任公司
经　　销：各地新华书店
版　　次：2006 年 3 月第 1 版
　　　　　2006 年 3 月第 1 次印刷
开　　本：700×1000　1/16
印　　张：26.5 印张
字　　数：368 千字
印　　数：2000 册
定　　价：38.00 元

《2006年北京市社会统计报告》

编辑委员

前　言

2006年版《北京市社会经济统计报告》（绿皮书）付梓出版，又与关心并需要它的读者见面了。

2005年，对全市统计工作者来说是难忘的一年。

我们圆满完成了北京市第一次全国经济普查工作，经过普查登记，截止到2004年底，全市共有77.4万个单位和个体经营户，创造地区生产总值6060亿元，第三产业比重达到67.8%。经济普查的主要数据全面、真实地反映了首都经济社会发展的实际，数据质量是高的。为贯彻落实科学发展观，树立正确的政绩观，以经济普查为契机，北京市GDP核算实施下算一级，各区县、各街道乡镇不再核算GDP。按照国家统计局统计管理体制改革的决定，正式组建了国家统计局北京调查总队，这项改革举措与GDP下算一级相配套，对确保统计数据质量具有重要作用。配合市委和组织部门开展北京市区县经济社会协调发展绩效考核评估工作，北京市“十五”哲学社科规划项目《北京市区县经济和社会协调发展绩效考核评估体系研究》通过专家鉴定，并被给予很高的评价；制定了区县功能定位评价指标体系，对推动经济社会协调、可持续发展，推动和谐社会建设将产生重要影响。1%人口抽样调查工作取得了阶段性成果，全面启动了统计从业资格认定工作……

统计工作者感受到了从未有过的压力和挑战，感受到了从未有过的关注和重视，感受到了统计环境的变化，感受到了统计对经济社会发展的影响力。

但统计工作者并没有沉醉，我们继续用理智和思考凝就文字，用数据冷静地解释着经济社会领域发生的一切，默默地为领导决策、为投资者和老百姓生产和生活选择提供服务，并将主要成果集成了这本《绿皮书》。

《绿皮书》的内容分为两部分——形势报告篇和专题报告篇。读者关心的经济和社会发展问题大都有涉及。

《绿皮书》出版六年了，希望本书能继续给您的工作和生活提供有价值、有意义的参考和帮助，不足和不妥之处，请您提出宝贵意见。

编　者

2006年3月

目　　录

第一部分　形势发展报告

第二部分　专题研究报告

一、宏观经济

二、产业经济

三、社会发展

第一部分　形势发展报告

STATISTICAL REPORT

2005 年北京市经济社会运行情况及 2006 年展望

◆ 夏沁芳 朱燕南 冯 艳 吕艳芹 仲长远

内容提要

2005 年，北京市经济社会全面发展。从供给领域看：经济保持平稳较快增长，GDP 增速达到 11.1%。产业结构继续改善，都市型农业发展取得成效；工业资源型行业发展得到控制，高新技术产业较快增长，装备类行业增长稳定；第三产业比重达到 67.7%，对经济增长的贡献率提高。从需求领域看：投资增幅稳步回落，投资结构有所改善。全社会固定资产投资增长 11.8%，增幅低于上年 5.4 个百分点；房地产开发投资占全社会固定资产投资的比重由上年的 58.3%降为 53.9%。消费品市场较为稳定，社会消费品零售额增长 10.5%；消费领域出现积极变化，一是农民消费增长加快，二是居民消费节约意识增强。外部需求保持旺盛，北京市出口总值增长 50.1%，出口商品结构得到优化。投资与消费增长关系趋于协调。从增长方式、增长质量看：万元 GDP 能耗、水耗继续下降；财政收入、居民收入较快增长；市场价格平稳运行；就业形势基本稳定；社会保障水平提高；城市环境继续改善。但投资自主增长因素趋于减弱，消费持续增长动力不足，房地产市场有待进一步规范等问题应引起足够关注。综合分析国际、国内发展的大环境，考虑北京市经济增长的自身特点，预计 2006 年全市经济仍将保持平稳较快的发展态势，增速可能略低于 2005 年。

2005 年是“十五”计划实施的最后一年，北京市上下全面贯彻科学发展观，坚决落实宏观调控措施，紧紧围绕新的城市总体规划和“新北京、新奥运”战略构想，大力发展首都经济，积极创建和谐社会，北京市经济保持平稳较快增长，结构调整和增长方式转变取得进展，增长质量进一步提高。

一、经济平稳较快发展，产业结构有所改善

初步核算，2005 年北京市实现地区生产总值 6814.5 亿元，按可比价格计算，比 2004 年增长 11.1%。其中，第一产业增加值 97.7 亿元，下降 1%；第二产业增加值 2100.5 亿元，增长 11.7%；第三产业增加值 4616.3 亿元，增长 11.2%。三次产业结构由 2004 年的 1.6∶30.6∶67.8 变化为 1.4∶30.9∶67.7。当年人均 GDP 达到 44969 元（折合 5457 美元），比 2004 年增长 8.1%。

1. 粮食生产形势较好，都市型农业发展取得成效

自 2004 年以来，北京市认真贯彻中央扶持农业生产的重要指示，全面取消农业税、实施粮食直接补贴，北京市粮食生产扭转了连续 13 年下滑的局面。2005 年，粮食生产形势继续向好。粮食播种面积 19.2 万公顷，比 2004 年增长 24.4%，增幅高于 2004 年 15.1 个百分点；粮食产量 94.9 万吨，比 2004 年增产 35.3%，增幅提高 14.4 个百分点。

都市型农业发展取得一定成果。全年农业观光园达 512 个，比 2004 年增长 39.1%，观光旅游收入 4.1 亿元，增长 49.3%；民俗旅游户 8691 个，接待人数为 770 万人次，增长 28.4%。特色农业加快发展。全年种业收入 5.9 亿元，比 2004 年增长 35.6%。

2. 工业生产平稳较快增长，结构有所改善

2005 年，北京市完成工业增加值 1782.4 亿元，按可比价格计算，比 2004 年增长 12.8%。其中规模以上工业企业完成增加值 1705.4 亿元，增长 13.1%。工业对北京市经济增长的贡献率为 31%，比 2004 年降低 4.4 个百分点。产销衔接良好，产品销售率为 98.5%，比 2004 年提高 0.3 个百分点。

表 1　对工业增长带动作用较大的 6 个行业生产情况（规模以上）

行　业	增加值（亿元）	增速（%）
通信电子设备制造业	258.7	14.7
电力、热力的生产和供应业	228.0	28.0
交通运输设备制造业	150.5	12.6
化学原料及化学制品制造业	159.2	14.9
专用设备制造业	64.5	23.1
石油加工、炼焦及核燃料加工业	29.7	34.5

工业结构有所改善。一是资源开采型及资源加工型行业发展得到控制。2005 年，煤炭开采和洗选业、黑色金属矿采选业增加值分别比 2004 年下降 39.9%和 32.5%，石油加工炼焦及核燃料加工业、化学原料及化学制品制造业、非金属矿物制品业增加值增幅同比分别回落 10.4 个、8.9 个和 12.7 个百分点。二是高新技术产业较快增长。高新技术产业完成工业增加值 517.5 亿元，按现价计算，增长 20%，增幅高于 2004 年 2.3 个百分点。三是装备类行业增势稳定。交通运输设备制造业、通用设备制造业、专用设备制造业增加值分别增长 12.6%、15.7%和 23.1%。全年汽车产量 58.6 万辆，增长 8.8%；其中轿车 22.1 万辆，增长 47.1%。生产金属切削机床 9281 台，增长 27.3%。

3．建筑业发展稳定，经济效益改善

2005 年，北京市建筑业实现增加值 318.1 亿元，按可比价格计算，比 2004 年增长 5.9%。北京市具有资质等级的总承包和专业承包建筑业企业实现利润 51.8 亿元，增长 29.5%；上缴税金 70.3 亿元，增长 27.1%。

4．第三产业增势平稳，对经济增长的贡献率提升

2005 年，第三产业增加值增长 11.2%，略高于北京市平均增速，继续成为北京市经济增长的重要动力，对经济增长的贡献率达到 66.4%，高于 2004 年 4.5 个百分点。现代服务业主要行业增长较快，其中信息传输、计算机服务和软件业增长 14.7%，增速高于第三产业平均增速3.5个百分点；其他主要行业均保持了平稳较快增长。

二、三大需求表现各有特点，需求结构趋于合理

1. 投资增幅稳步回落，投资结构有所改善

2005年，北京市完成全社会固定资产投资2827.2亿元，比2004年增长11.8%，增幅低于2004年5.4个百分点。受宏观调控政策等因素的影响，房地产开发投资仅增长3.5%，增幅同比回落19个百分点，是全社会固定资产投资增幅回落的主要原因。房地产开发投资占全社会固定资产投资的比重由2004年的58.3%降为53.9%。

在房地产开发投资增幅回落的同时，生产投资和基础设施投资保持快速增长。2005年，北京市完成生产投资（不包括房地产开发投资）1302.2亿元，增长23.4%；基础设施投资610.7亿元，增长31.8%，增幅比2004年提高24.7个百分点。

2. 消费品市场较为稳定，消费领域出现积极变化

2005年，北京市实现社会消费品零售额2902.8亿元，比2004年增长10.5%。其中，吃、穿、用、烧类商品零售额分别为748.7亿元、281.5亿元、1638.7亿元和233.9亿元，分别增长16.1%、16.3%、6.5%和16.2%。

消费领域出现积极变化。一是农民消费增长加快。在收入持续增长、消费环境日益改善的基础上，北京市农民消费明显加快。2005年，农民人均生活消费支出达到5515元，比2004年增长12.9%，增幅同比提高7.9个百分点；比城市居民高4.3个百分点（2004年为低4.7个百分点）。二是居民消费节约意识增强。2005年以来，北京市大力开展“节约型社会”建设，居民资源、能源消费节约意识提高。抽样调查数据显示，2005年，城市居民人均用水27.5吨，人均用电527.3度，分别比2004年下降11.3%和15.5%。

3. 外部需求保持旺盛，出口商品结构得到优化

据海关统计，2005年，北京市进出口总值1255.7亿美元，同比增长32.8%。受外部需求拉动，全年出口总值308.7亿美元，增长50.1%。

其中，地方企业出口 171 亿美元，增长 61.1%。地方企业高新技术产品、机电产品出口分别达到 89.9 亿美元和 120.5 亿美元，占地方企业出口总值的比重分别为 52.6%和 70.5%（两者有交叉部分），比 2004 年分别提高 3.9 个和 3.4 个百分点。

入境旅游增长较快。2005 年，北京市接待入境旅游者 362.9 万人次，比 2004 年增长 15%。其中，外国人 311.6 万人次，增长 16.2%。北京市旅游外汇收入 36.2 亿美元，增长 14.2%。

4．投资与消费增长关系趋于协调

进入“十五”以来，随着房地产市场的升温，北京市投资规模迅速扩大。2001—2003 年，全社会固定资产投资增速一直高于社会消费品零售额增速 3—9 个百分点。2004 年下半年以来，在宏观调控政策作用下，投资扩张速度放缓，消费保持平稳增长，两者增速差距缩小。2004 年投资与消费增速之差缩小为 2.8 个百分点；2005 年进一步降至 1.3 个百分点（见图 1）。

图 1　　投资与消费增速变化图　　单位：%

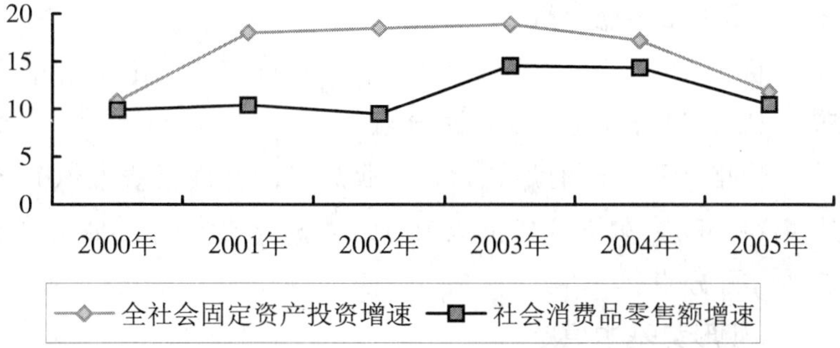

三、增长方式逐步转变，增长质量有所提高

1．万元 GDP 能耗、水耗继续下降

初步统计，2005 年北京市能源消费量 5500 万吨标准煤，比 2004 年增长 7%，增幅同比回落 2.8 个百分点。万元 GDP 能耗为 0.81 吨标

准煤，按可比价格计算，比 2004 年下降 3.9%，降幅高于 2004 年 1.1 个百分点。北京市总用水量 34.5 亿立方米，比 2004 年下降 0.3%。万元 GDP 水耗为 50.9 立方米，按可比价格计算，比 2004 年下降 9.8%。

2. 财政收入、居民收入较快增长

地方财政收入（一般预算）保持较高增幅。2005 年，北京市完成地方财政收入 919.2 亿元，比 2004 年增长 23.5%。其中，营业税、企业所得税、个人所得税和增值税分别增长 15.2%、35.4%、15.3%和 41.7%。

城乡居民收入稳步增加。抽样调查资料显示，2005 年，北京市城市居民人均可支配收入达到 17653 元，比 2004 年增长 12.9%，扣除价格因素，实际增长 11.2%。其中，20%低收入户人均可支配收入 8581 元，增长 15.9%，增速高于 20%高收入户（32968 元）4.7 个百分点。

2005 年，农民人均纯收入达到 7860 元，增长 9.6%，扣除价格因素，实际增长 8.1%。其中，20%低收入户人均纯收入 3052 元，增长 16.7%，增幅高于 20%高收入户（16206 元）11.4 个百分点；山区农民收入增长 19.7%，高于平原农民 11.9 个百分点。

3. 市场价格平稳运行

消费价格指数小幅上涨。2005 年，北京市居民消费价格指数为 101.5%，比 2004 年提高 0.5 个百分点。

生产价格指数涨幅有所回落。工业品出厂价格指数为 101.3%，原材料、燃料及动力购进价格指数为 111.4%，分别比 2004 年下降 1.7 个和 2.8 个百分点。

4. 就业形势基本稳定

根据劳动和社会保障部门统计，2005 年末，北京市城镇登记失业率为 2.11%，比 2004 年提高 0.81 个百分点，仍处于 2.3%的可控目标内。北京市共安排 19.9 万名失业人员就业，6.8 万名农村劳动力实现转移就业。

5. 社会保障水平提高

参保人数不断增加。2005 年末，北京市参加基本养老、基本医疗、

失业、工伤保险人数分别为520万人、574.8万人、394.6万人和328.9万人，分别比2004年末净增60万人、90.8万人、86.6万人和69.9万人。北京市享受城市最低生活保障的居民达到15.5万人。

农村社会保障体系建设得到加强。年末，北京市参加农村养老保险的人数为40.6万人，比2004年增加3.8万人；参加新型农村合作医疗的人数达到249万人，比2004年增加15万人，参合率为81%，高于2004年17个百分点。享受农村最低生活保障的农民7.8万人，比2004年增加0.3万人。

社会保障相关待遇标准有所提高。失业保险金标准由2004年的347—446元/月提高到382—491元/月，城市居民最低生活保障标准由2004年的290元/月提高到300元/月，最低工资标准由2004年的545元/月提高到580元/月。

6. 城市环境继续改善

城市环境治理工作进一步加强。2005年，城八区污水处理率达到70%，比2004年提高12个百分点。城八区生活垃圾无害化处理率达到95.2%（按产生量计算），郊区生活垃圾无害化处理率达到46.6%，分别比2004年提高1.4个和13.3个百分点。空气质量达到二级和好于二级的天数为234天，比2004年增加5天，占全年总天数的64.1%，比2004年提高1.5个百分点。

绿化美化步伐加快。2005年末，城八区绿化覆盖率达到42.5%，比2004年提高0.7个百分点；城八区人均公共绿地面积11.1平方米，比2004年增加1.1平方米。北京市林木覆盖率达到50.5%，比2004年提高1个百分点。

四、需要关注的问题及相关政策建议

投资需求和消费需求是经济增长的原动力，房地产市场的健康发展对北京经济的影响举足轻重，但从2005年的情况看，投资自主增长因素趋于减弱，消费持续增长动力不足，房地产市场有待进一步规范，总的来看，经济持续较快增长的动力有所减弱。

1. 政府主导性投资增长较快，非国有投资增速明显下滑，投资自主增长动力减弱

2005年，全社会固定资产投资比2004年增长11.8%。其中，国有单位完成投资897.7亿元，增长18.8%，反映出2005年北京市政府主导性投资增加较多。与此同时，非国有投资增速明显下滑。2005年，北京市非国有单位完成投资1929.5亿元，增长8.8%，增幅分别低于1-3季度和上半年3.1个和8.3个百分点，低于2004年17.5个百分点，显示出投资自主增长动力在逐步减弱。

近年来，非国有投资在北京市全社会固定资产投资中的比重逐步提高，2001年超过一半，这两年达到70%左右，因此对于稳定投资增长起着重要作用。目前，北京市非国有投资主要集中在房地产领域，而房地产开发投资受宏观调控政策影响，增速逐步回落，由此导致非国有投资形势也出现明显变化。因此，政府应对非国有投资进行积极引导，通过放宽投资准入、改革融资制度、改善投资环境鼓励非国有投资进入更多的领域，对促进经济社会发展发挥更大的作用。

2. 工业企业效益下滑，企业家信心回落，对未来企业投资将产生不利影响

2005 年以来，受能源、部分原材料价格大幅上涨，消费品市场竞争加剧以及价格传导不畅等因素的影响，工业企业利润过于集中在少数上游行业、分配格局不合理的现象较为突出。由于北京市工业结构以中下游行业为主，企业效益明显下降。2005 年，规模以上工业企业实现利润 391.1 亿元，同比下降 1.2%（2004 年为增长 32%）；企业亏损面达到 29.9%，同比上升 2.2 个百分点。

受企业效益下滑、油气电供应紧张、国际贸易摩擦增多、汇率调整等多重因素的影响，企业家信心有所回落。北京市统计局企业景气调查结果显示，2005 年以来，企业家信心指数呈现逐季下降趋势（见图 2)。这一趋势若持续下去，势必影响下一阶段的企业投资及未来经济发展。

图 2　　2004 年以来企业家信心指数

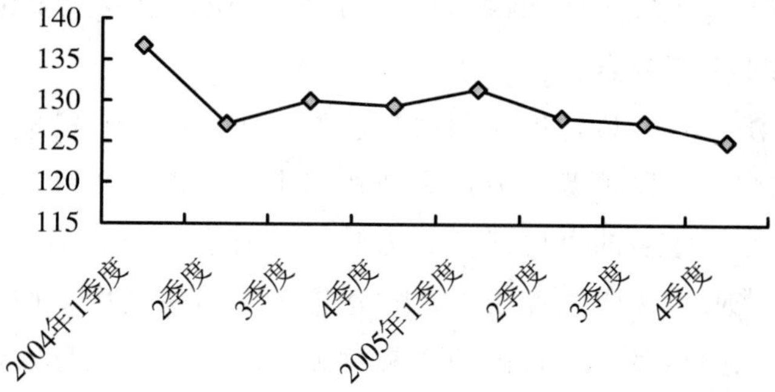

3. 缺乏新的消费热点，居民消费意愿不强，消费持续增长动力不足

原有热点领域消费增长放缓，新的消费热点尚未形成。2005 年以来，北京市消费品市场与全国相比显得不够活跃。全年社会消费品零售额增长 10.5%，增幅比 2004 年回落 3.9 个百分点；比全国社会消费品零售额增速（12.9%）低 2.4 个百分点。主要原因是汽车、住房等北京市近年来的热点领域消费增长放缓，而新的消费热点尚未形成。从汽车消费看，2005 年，北京市销售新车 37.2 万辆，增长 22.3%，增幅低于汽车旺销的 2003 年 43.2 个百分点。从住房相关消费看，截至 2005 年末，北京市银行个人人民币住房消费贷款比年初增加 226.1 亿元，仅相当于 2004 年末的 55.1%。受此影响，限额以上批发零售贸易企业建筑及装潢材料类、家具类零售额增幅分别比 2004 年下降 85.4 个和 7.4 个百分点。

居民消费意愿有所下降。2003、2004 年，北京市城市居民人均消费性支出均低于两位数增长，2005 年仍延续了这种低速增长态势。全年人均消费性支出增长 8.6%，增幅同比降低 1.1 个百分点；其中服务性支出增长 5.9%，增幅降低 8.6 个百分点。

从居民储蓄情况看，定期储蓄存款明显增加，在一定程度上也反映出居民消费意愿不足。截至 2005 年末，北京市中资金融机构居民人民币储蓄存款比年初增加 1355.2 亿元，比 2004 年末多增 526.4 亿元。

其中，定期储蓄存款比年初增加 990.9 亿元，同比多增 437.8 亿元；定期储蓄存款增加额占储蓄存款总增加额的比重高达 73.1%，高于 2004 年末 6.4 个百分点。

中央经济工作会议将扩大国内需求作为实现经济平稳较快增长的关键，并把增加居民消费作为扩大消费需求的重点。北京市也面临扩大消费促进经济增长的重要任务。为此，政府应进一步完善社会保障制度，做好失业人员再就业工作，解除居民的后顾之忧，增强消费后劲。此外，还要积极引导合理的消费行为，对文化、健身娱乐、休闲度假等新的消费热点加以发掘和支持，培育一批新的消费热点。

4. 房地产市场有待进一步规范

房地产开发处于调整期。2005 年以来，受宏观调控政策等因素的影响，北京市房地产开发投资增幅持续回落，全年房地产开发投资仅增长 3.5%，增速分别比 1—3 季度和上半年回落 0.9 个和 4.6 个百分点，比 2004 年回落 19 个百分点；其中，住宅投资与 2004 年基本持平（增长 0.5%）。另外，房地产开发投资领域的一些重要先行指标也持续下行，土地开发投资、土地开发面积、新开工面积同比分别下降 47%、50.4%和 2.9%，预示着未来一段时间房地产开发仍将处于调整期。

房价涨幅较高。虽然 2005 年以来国家出台了一系列以稳定房价为目标的宏观调控措施，但北京市房价仍呈现逐季上涨趋势。从市建委发布的住宅期房预售价格看，2005 年四季度，普通住宅期房预售成交均价为 6984 元/平方米，比三季度上涨 2.5%，比 2004 年同期上涨 13.1%。此外，北京市统计局抽样调查数据显示，2005 年，反映需求拉动型房价上涨的商品住宅销售价格指数为 107.1%，高于 2004 年 2.8 个百分点。

房价持续上涨，既不利于房地产市场的健康发展；同时在既定收入水平下，过高的房价将挤占居民消费性支出，不利于扩大消费需求。因此，稳定房价是政府宏观调控的重点之一。当前，政府对房地产市场的宏观调控应着力于以下两个方面：一是加大房地产闲置土地的清理力度，盘活和利用存量土地，对于超过合同约定开发期一定时期的土地，不仅要征收土地闲置费，并无偿收回土地使用权，还要研究建立土地闲置超过一定规模和期限的房地产开发企业的退出机制。二是完善包括经济适用房和廉租房供给在内的住房保障体系，保障低收入和中低收入户的基本居住需求。

五、2006年经济走势展望

1. 2006年北京市经济发展环境简析

2006年，国际国内经济总体上仍将是平稳增长的态势，增长速度与2005年持平或略有降低。

从国际经济环境看：2006年世界经济发展的基本环境不会有较大改变，将继续保持良好的增长态势。国际货币基金组织预测2006年全球经济增速为4.3%，与2005年持平。

从国内经济环境看：一方面，中央经济工作会议将“稳定宏观经济政策，保持经济平稳较快增长的良好势头”作为2006年的首要任务。另一方面，国际油价高涨、贸易摩擦频发等外部冲击，国内经济运行过程中出现的产能过剩、汽车和住房消费增长趋缓，以及结构性矛盾、体制性约束等长期存在的问题，又将对经济的较快增长带来一定影响。但总体上看，平稳较快增长仍将是2006年的主旋律。

2. 2006年北京市主要经济领域发展趋势预测

综合国际、国内发展的大环境，考虑北京市经济增长的自身特点，预计2006年北京市经济仍将保持平稳较快的发展态势，增速可能略低于2005年。

（1）需求方面

——投资需求。2006年，北京市奥运建设将进入关键阶段，建设进度将明显加快。同时，在“十一五”开局之年，政府将加大城市建设力度。而2005年实际利用外资的良好形势，以及2006年履行入世承诺、对外开放更多领域的大环境，将进一步扩大利用外资的规模。这些都将成为带动投资增长的有利因素。但考虑到国家将继续加强和改善宏观调控，特别是规范房地产市场的方向不会改变，所以作为北京市投资主体的房地产开发投资仍将保持低速增长，投资整体也将是平稳增长的态势。预计 2006 年全社会固定资产投资增速在两位数以下。

——消费需求。一方面，国家刺激消费的政策，奥运对零售、餐饮业的带动，北京市城乡居民收入增长、存款增多以及社会保障体系逐步完善，使得消费市场蕴含着巨大的增长潜力。另一方面，从近两年北京市消费市场发展态势看，汽车、通讯等消费热点已进入平稳增长期，新的消费热点还没有形成，城市居民消费预期不高，农村市场的扩大还需要一个循序渐进的过程。因此，消费市场可能延续 2005 年平稳增长的态势，预计 2006 年社会消费品零售额增长与投资增幅大体相当。

——出口需求。总体上看，2006 年的外部环境仍然较好，同时，随着北京市出口企业的进一步壮大、出口商品结构的不断优化、出口产品竞争力的继续提高，出口形势会继续看好。但考虑到 2004 年、2005 年北京市出口已连续两年高增长、国家成品油出口政策的调整以及欧盟电子双指令可能对出口带来不利影响，预计 2006 年出口增长将有所放缓。

（2）供给方面

——第二产业。目前高新技术产业已恢复较快增长，现代制造业又形成新的产能，预计 2006 年工业将延续 2005 年的发展态势，实现两位数增长。根据 2006 年的投资形势，预计建筑业增速将低于 2005 年。

——第三产业。现代制造业的发展、居民生活水平的不断提高，为现代服务业的发展提供了广阔的空间。同时，奥运的带动作用、现代化国际城市的发展目标，以及入世后行业开放承诺的逐步兑现，都将促进北京市第三产业进入加快发展的新阶段。预计 2006 年第三产业将保持两位数增长。

2005 年北京市工业经济保持较快增长

◆ 王 敏 周 博

内容提要

2005 年北京市工业在上年较高增长平台上实现了较快发展，全年增长 12.8%。工业运行具有高新技术产业对工业增长带动力增强、出口高速增长、重点行业保持较快增长，主导作用突出等特点。同时北京市工业存在着企业经济效益回落较大、高新技术产业内部发展不平衡和工业发展后劲不足等问题。综合国内国外宏观经济形势分析，预计 2006 年工业将保持两位数增长。

2005 年北京市工业系统全面贯彻落实科学发展观，切实转变增长方式，努力化解新矛盾新问题，在 2004 年较高增长平台上实现了较快发展。全年实现工业增加值 1782.4 亿元，按可比价格计算，比 2004 年增长 12.8 %。其中，规模以上工业实现增加值 1705.4 亿元，增长 13.1%，增幅比 2004 年回落 6.8 个百分点。

一、主要运行特点

1. 生产逐步向好，利润降幅缩小

北京市工业生产增速呈现逐步加快的运行态势，全年规模以上工业增长 13.1%，增长幅度比一季度提高 3.1 个百分点，比上半年提高 1.1 个百分点，与 1—3 季度基本持平。主要经济指标工业利润总额虽然持续下降，但降幅逐步缩小。北京市规模以上工业企业实现利润 391.1 亿

元，同比下降 1.2%，降幅分别比上半年、1—3 季度缩小 1.1 个和 0.8 个百分点（见图 1）。

图 1　　2005 年工业增加值和工业利润增速图　　单位：%

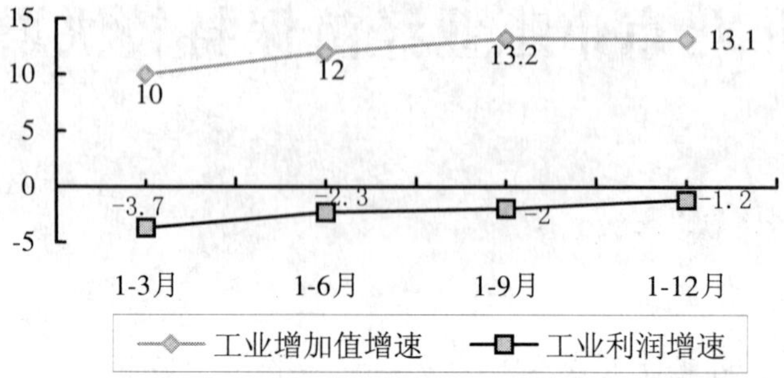

2．重工业生产快于轻工业

北京市轻、重工业增速同时比 2004 年回落，但重工业增速仍然快于轻工业。全年轻工业实现增加值 345.4 亿元，比 2004 年增长 10.5%。增幅同比回落 7.2 个百分点；重工业实现工业增加值 1360 亿元，增长 13.8%，增幅回落 6.9 个百分点。重工业增速快于轻工业 3.3 个百分点。重工业在北京市工业中仍占相当大的比重。2005 年轻重工业比重为 20.3∶79.7〔2004 年为 26.2∶73.8〕。

3．大中型工业支撑作用突出，企业集中度有所提高

北京市大中型工业企业 494 户，全年实现工业增加值 1249 亿元，比 2004 年增长 13.9%，对规模以上工业增长的贡献率为 75.2%，比 2004 年提高 16.5 个百分点。从微观层面看，年产值超过百亿元的企业共 10 户，比 2004 年多 1 户，占规模以上工业的比重达 40.4%，比 2004 年提高 6.3 个百分点。

4．高新技术产业较快增长，对工业的带动力增强

北京市高新技术产业实现工业增加值 517.5 亿元，比 2004 年增长 20%，增幅比 2004 年提高 2.3 个百分点。高新技术产业占规模以上工业的比重达 30.3%，比 2004 年提高 0.3 个百分点。产业内部各领域均为两位数增长。其中，电子与信息实现增加值 364.3 亿元，增长 22%；

光机电一体化实现增加值 55.2 亿元，增长 18.4%；新材料实现增加值 44.9 亿元，增长 13.2%。

5．工业品产销保持较高水平，出口保持高速增长

北京市工业品产销形势喜人，各月产销率均达到 98%以上的较高水平。全年规模以上工业产销率 98.5%，比 2004 年提高 0.3 个百分点。

工业品出口规模扩大，出口结构不断优化。北京市规模以上工业企业完成出口交货值突破 1000 亿元，达 1065.3 亿元，比 2004 年增长 42.4%，增幅比 2004 年提高 1.3 个百分点。工业品销售出口率达 16%，提高 3.4 个百分点。高新技术产业完成出口交货值 808.9 亿元，占北京市工业出口的 75.9%，提高 6.1 个百分点。

6．重点行业增长较快

北京市重点监测的 13 个行业大类中有 10 个行业增速超过 10%。其中通信设备计算机及其他电子设备制造业、交通运输设备制造业、化学原料及化学制品制造业共实现增加值 568.4 亿元，增长 14.2%，对北京市工业增长的贡献率 35.3%。

通信设备计算机及其他电子设备制造业较快增长。全年通信设备计算机及其他电子设备制造业实现工业增加值 258.7 亿元，比 2004 年增长 14.7%，增幅提高 0.3 个百分点。生产移动电话机 9108.2 万部，比 2004 年增长 35.1%，微型电子计算机 649.6 万台，增长 23.4%，增幅分别比 2004 年提高 18.6 个和 7.5 个百分点。今年以来，北京市通信设备计算机及其他电子设备制造业较快增长主要是电子产品出口的带动，全年完成出口交货 743.3 亿元，增长 46.4%，占北京市工业出口的比重为 69.8%，比 2004 年提高 8.4 个百分点。

交通运输设备制造业增势平稳。交通运输设备制造业在全国汽车市场竞争激烈的形势下，积极推出新产品，延伸产业链，实现平稳增长。全年实现增加值 150.5 亿元，比 2004 年增长 12.6%， 生产汽车 58.6 万辆，增长 8.8%，轿车 22.1 万辆，增长 47.1%。近几年在北京现代汽车规模扩张的带动下，汽车零部件生产有了长足的发展。2005 年，北京市汽车零部件及配件制造业实现工业总产值比 2004 年增长

38.6%，占交通运输设备制造业的比重为 26.5%，比 2004 年提高 5.6 个百分点。

基础产业增速放缓。受宏观调控措施的影响，北京市基础产业从高速增长期进入平稳发展期，其中化学原料及化学制品制造业、石油加工炼焦及核燃料加工业、非金属矿物制品业分别实现增加值 159.2 亿元、29.7 亿元和 52.9 亿元，比 2004 年增长 14.9%、34.5%和 11.1%，增幅分别同比回落 8.9 个、10.4 个和 12.7 个百分点。

二、存在主要问题

1. 主要经济效益指标有较大回落

2005 年以来，北京市工业生产继续保持较快增长，但没有及时充分地体现在经济效益水平的提高上。主要效益指标尤其是利润回落明显。2005 年，北京市规模以上工业企业实现主营业务收入 7151.6 亿元，同比增长 22.8%，增幅同比下降 8.9 个百分点；实现利税 656.1 亿元，仅增长 3.3%，增幅同比下降 20.6 个百分点；其中利润 391.1 亿元，下降 1.2%（2004 年为增长 32%）。北京市 1913 家企业亏损，亏损面达 29.9%，比 2004 年同期提高 2.2 个百分点；亏损企业亏损额达 94 亿元，同比增长 60.7%。在北京市 37 个工业行业大类，有 3 个行业出现亏损，其中石油加工、炼焦及核燃料加工业亏损 5.5 亿元。化学原料及化学制品制造业、交通运输设备制造业分别实现利润 37.1 亿元、28.6 亿元，比 2004 年同期减少利润 28.1 亿元和 11.3 亿元。

2. 高新技术产业内部领域发展不均衡

北京市高新技术产业走出 2002 年的低谷，步入平稳发展期。全年高新技术产业增长 20 %，增幅同比提高 2.3 个百分点。高新技术产业的稳定发展主要得益于电子与信息领域快速增长。电子与信息领域实现增加值 364.3 亿元，增长 22%，增幅同比提高 8 个百分点。占北京市高新技术产业的 70.4 %，比 2004 年提高 5.7 个百分，从 1998 年至今电子与信息领域比重始终保持在 65%左右。近几年，虽然生物医药、新材料和光机电一体化领域发展有了一定突破，但它们的规模仍然偏小，占北京市高新技术产业的比重由1998年的29.5%下降到2005年的26.2%。高新技术产业自主创新、引进吸收消化不够，还是停留在来料加工阶段，核心技术依赖国外。

3．工业发展后劲及增长点仍显不足

从投资看，2005年北京市城镇投资（不含房地产）1070.4亿元，比2004年增长24.5%，其中工业投资303.1亿元，增长13.6%，增幅同比下降41.3个百分点。工业投资占北京市城镇投资的比重28.3%，比2004年下降2.7个百分点。“十五”期间工业投资比重25%，比“九五”下降3.1个百分点。工业投资主要集中在电力、热力生产和供应业、通信设备计算机及其他电子设备制造业、交通运输设备制造业，2005年电力、热力生产和供应业投资额为86.7亿元，占工业投资28.6%；通信设备计算机及其他电子设备制造业投资额74.6亿元，占24.6%；交通运输设备制造业投资额49.5亿元，占16.3%，这三个行业投资占北京市工业投资一半以上。

从招商引资看，2005年北京市制造业吸引外资项目481个，比2004年下降13.8%，实际利用外资11.3亿美元，仅增长0.5%，增幅同比下降55.2个百分点。其中通信设备计算机及其他电子设备制造业、交通运输设备制造业实际利用外资7.1亿美元，占全部制造业实际利用外资62.9%。

从工业投资和制造业外商投资内部结构看，近几年都集中在通信设备计算机及其他电子设备制造业、交通运输设备制造业，电力、热力生产和供应业，这种投资结构反映在工业发展上，近几年上述三大行业对北京市工业贡献率为50%左右。过去曾多次提到的工业增长点单一问题，经过几年的努力有所改变，但还需要政府综合引导，努力拓宽投资领域，加大制造业招商引资力度，共同培育新的增长点。

三、2006年工业形势发展预测

“十一五”时期是为实现党的十六大确定的战略目标奠定基础和

承上启下的重要发展阶段，而2006年是“十一五”规划的第一年，从国际国内两个方面来看，工业发展的国内外环境较好。国内宏观经济形势总体仍是比较有利，投资消费需求拉动力较强；据世界货币基金组织预测，明年世界经济将增长4.3%，增幅与今年持平。世界经济的向好，有利于北京市主导行业通信设备计算机及其他电子设备制造业等的发展，也可以延续出口对工业的带动。明年北京市将有一批电子、汽车、机电、生物医药等在建项目陆续形成生产力。同时也存在部分行业面临激烈市场竞争、企业资金和工业用地紧张、石油等行业效益增长乏力等不利因素，预计明年工业将保持两位数增长。

2005年北京市“三农”形势分析

◆ 孟素洁

2005年以来，北京市进一步加大城乡统筹力度，认真贯彻落实中央“多予、少取、放活”的方针，政府对农村的投入大幅增加。在空前良好的政策环境下，农民收入、消费持续、稳定增长，都市型现代农业建设步伐加快，农业在调整中呈现新特点。

一、2005年“三农”形势的主要特点

1. 城乡统筹力度加大，政府投入显著增加

2005年市发改委将城乡投资比例由2004年的60∶40调整为50∶50，全年安排远郊区县投资77亿元，用于支持郊区的基础设施和生态环境建设；市财政全年安排资金23.3亿元，用于增加转移支付、粮食直补、基础设施、银农合作、就业培训、教育、卫生等社会事业共18个方面的项目。各职能部门在改善农民生产生活条件方面都加大了政策和资金的支持力度。32个委、办、局联合开展了“春季调研”，从实处着手，支持“三农”的全面发展。

2. 农村居民收入稳步增加，消费水平不断提高

2005年，北京市农民人均纯收入达到7860元，比2004年（名义）增长9.6%，实际增长8.1%。这两年陆续出台的惠农政策和社会保障制度，使更多的农民特别是低收入群体分享经济发展的成果。2005年，农民人均政策性收入达到145元，同比增长29.5%。农村居民高低收入差距缩小，20%最低收入组人均纯收入同比增长16.8%，比20%最

高收入组快 11.5 个百分点，两者的收入差距由 2004 年的 5.9∶1 缩小到 5.3∶1，农村居民基尼系数由 2004 年的 0.34 下降到 0.32。

各功能区农民收入增长各有特点。功能拓展区农民收入水平高，发展新区家庭经营发展势头好，生态涵养区收入增速快。三个功能区农民人均纯收入分别是：功能拓展 10179 元，同比增长 6.7%；发展新区 7421 元，增长 9.8%；生态涵养区 7233 元，增长 10.5%。

农村居民生活质量明显提高，消费快于收入增长。2005 年人均生活消费支出 5515 元，（名义）增长 12.9%，实际增长 11.3%。人均生活用房面积进一步扩大，由 2004 年的 34.2 平方米提高到 36.9 平方米。八大类消费支出全面提高，其中食品消费支出增长 13.5%，家庭设备用品消费支出增长 30.2%，交通和通讯消费支出增长 10.8%，文化教育娱乐消费支出增长 8.4%，医疗保健消费支出增长 16.9%。

3．农业布局调整成效显著，主导产业正在形成

2005 年北京市进一步深入实施“221”行动计划，采取积极措施，提高农业综合生产能力，农业生产形势基本平稳，总量规模收缩，布局调整，品种调优。初步统计，2005 年农林牧渔业总产值 268 亿元，现价增长 2.4%，按可比价下降 0.3%。

（1）布局调整成效显著。从不同功能区农业生产规模看：2005 年，城市功能拓展区农林牧渔业产值同比下降 17.4%，占北京市农林牧渔业产值的比重为 3.5%，下降 0.8 个百分点；城市发展新区农林牧渔业产值下降 1.4%，占比重为 65.1%，同比下降 2.3 个百分点；生态涵养发展区产值增长 9.5%，占比重为 29.2%，同比上升 1.8 个百分点。

从种、养业布局调整看：城市功能拓展区养殖业加大退出力度，养殖业产值同比下降 30.7%。生猪出栏下降 66.3%。种植业产值下降 9.3%，蔬菜面积下降 13%；城市发展新区的种植业产值增长 5%，今年各区县正在积极调整结构，如通州、大兴区蔬菜面积分别增加 4.2 万亩和 1 万亩，产值分别增长 4.1%和 7.6%。城市发展新区大部分为平原地区，城镇化进程加快，养殖业产值下降 3.1%，生猪、家禽出栏分别下降 1.9%和 9.2%；生态涵养区大部分为宜农地区，转移效果明显，2005 年，农林牧渔业产值增长 9.5%，种植业产值增长 21.2%，其中由于落实生态林补偿政策，林业产值增长 14.7%。养殖业产值增长 2.5%，家禽生产成为主导产业，2005 年家禽产值增长 22.5%，出栏增长 4.2%。

近年来，各郊区县确定了自己的优势主导产业。房山区形成了磨盘柿、食用菌、红小豆、优质梨、奶牛、肉鸡、优质核桃、休闲观光等八大主导产业；怀柔区确立了板栗、西洋参、冷水鱼、家禽四大主导产业，带动 3.9 万农户；平谷区形成大桃、蔬菜等主导产业；密云形成了柴鸡蛋、奶牛等主导产业。大兴等区县发展了一批唯一性特色农产品。

（2）农业综合生产能力显著提高。2005 年北京市加快了安全生产和标准化基地建设进程，北京市新建农业标准化生产示范基地 130 个，在安全生产方面，减少农药化肥用量，远郊区县建设了 50 个农药连锁配送点。不断加强农业节水设施建设，北京市建设了 30 万亩节水农田。

（3）拓展农业生活、生态功能，加快都市型现代农业的发展。“221”行动计划的深度实施，推进农业多功能的开发，延长了产业链，目前北京市有 2000 多个农业观光采摘园。郊区有 50 多个乡镇 316 个村、1.38 万农户、5 万人从事民俗旅游接待活动。观光农业成为农村的主导产业之一和农民就业增收的重要渠道。

二、“三农”发展中面临主要问题

1. 农民外出从业打工收入下降明显

受严格耕地管理、清理固定资产投资项目以及清理开发区等政策的影响，农村招商工作受到一定程度影响。现有企业因能源和原材料价格上涨，效益下降，一些项目由于手续不完备处于停、缓建状态。一些不符合政策规定的项目诸如挖河沙等被严格限制，平原地区的农民反映外出找活难。2005 年平原农民外出从业的收入从 2004 年的增长55%转为今年的下降7.9%。

2. 城乡收入差距继续扩大

北京市城乡差距进一步拉大、农村内部发展不平衡问题引起各级政府和社会各界广泛关注。2004年北京市城乡居民收入比例为2.18∶1，2005年达到2.25∶1，为改革开放以来最高水平。以城市20%最高收入组的收入水平与农村20%最低收入组的水平相比更加悬殊，2005年为10.8∶1。

1994年后，城乡居民收入差距呈加速扩大趋势。从城乡居民收入差距的绝对数额看：1993年超过1000元，1994年超过2000元，1996年超过3000元，1997年超过4000元，2000年超过5000元，2001年就超过6000元，2003年超过7000元，2004年超过8000元，2005年超过9000元。

城乡居民贫富差距不断拉大，成为社会不稳定的直接原因，是困扰北京市改革和发展的一大社会难题，直接影响建设全面小康社会和构建和谐社会。

3. 农产品价格拉动力将减弱

今年虽然农产品价格为上升趋势，但是生产价格指数呈平稳下滑趋势。2005年农产品生产价格指数为102.9%，比2004年同期回落3.3个百分点，预计明年农产品价格平稳略升，对农业和农民收入的拉动力减弱。

2005年北京现代服务业发展状况及趋势分析

◆ 王 滨 李晓敏

内容提要

近年来，随着经济结构的调整，北京市现代服务业的经济总量、产业规模和经济效益不断提高，行业结构进一步优化，区域发展各具特色，其在北京市经济和第三产业中的主体地位日益显现。目前，北京现代服务业还存在着主体行业带动作用不明显、区域发展不均衡、地域经济相对落后，对现代服务业的支撑作用不强等问题。但是，北京具有资本、资源、技术、市场等方面的优势，只有发挥优势，扬长避短，才能进一步拓宽北京现代服务业发展的空间。

北京现代服务业的发展，与城市发展战略转变有着密切的联系。1998年，“首都经济”概念的提出确定了现代服务业的主导地位。近年来，北京市产业结构进一步优化，金融、信息服务、房地产等支柱行业的主导地位进一步巩固；软件业、法律服务、咨询调查等新兴行业具有良好的发展潜力。现代服务业已经成为首都经济的新亮点，为北京建设现代化、国际化大都市奠定了一定的产业基础。

一、现代服务业发展的现状

1. 整体发展态势良好

（1）总量持续扩张。改革开放初期，北京市第三产业中现代服务业的比重较小。1978 年传统服务业占据主体地位，仅商业和运输邮电业增加值就占到第三产业的 59.3%。90 年代以来，随着经济社会的发展，现代服务业逐渐成为北京市第三产业的主体，在国民经济中占有重要位置。经济普查数据显示，2004 年北京市现代服务业实现增加值 2688.5 亿元，占第三产业的比重达到了 65.4%。

图 1　2004 年现代服务业与第三产业比较　单位：个，万人，亿元

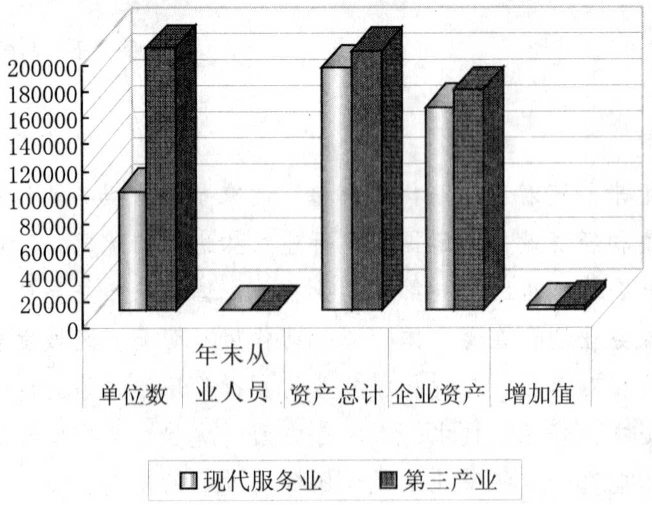

（2）具有相当规模。2004 年底北京市现代服务业法人单位达到 9.11 万家，企业资产总量达到 15.53 万亿元，占第三产业的 92.4%；企业平均规模为 1.7 亿元，是传统服务业的 15.8 倍。从业人员达到 249.1 万人，占北京市从业人员的 35.3%，是传统服务业从业人员的 1.1 倍（见表 1）。

（3）运行情况良好。2004 年北京市现代服务业企业完成主营业务收入 9424.58 亿元，利润总额 1239.73 亿元，分别是传统服务业的 85.3%和 3.97 倍，占第三产业收入和利润总额的 46%和 80%。2004 年，现代服务业实现税金合计达到 678 亿元，占北京市第三产业税金的 66.1%。

表 1　　2004 年北京现代服务业行业发展情况

现代服务业行业大类	单位数（个）	年末从业人员（万人）	资产总计（亿元）	企业资产（亿元）	增加值（亿元）
第三产业合计	**210164**	**474.75**	**197974.24**	**168169.22**	**4111.16**
现代服务业合计	**91123**	**249.13**	**185013.28**	**155344.42**	**2688.54**
占第三产业比重	**43.4**	**52.5**	**93.5**	**92.4**	**65.4**
电信和其他信息传输服务业	1493	7.30	6977.59	6952.84	285.72
计算机服务业	4941	8.40	844.46	783.43	79.34
软件业	6215	12.82	912.72	910.31	84.58
银行业	234	7.27	112356.91	85736.16	669.16
证券业	59	1.29	561.44	553.73	35.92
保险业	177	5.09	7722.23	7717.48	8.72
其他金融活动	207	1.35	20629.35	20629.35	0.00
房地产业	9960	31.86	10016.36	10016.36	436.11
商务服务业	36694	61.74	19334.47	19061.80	268.67
研究与试验发展	2256	11.86	953.15	401.48	105.76
专业技术服务业	7284	19.25	1161.72	1020.66	129.47
科技交流和推广服务业	6005	7.20	599.62	555.87	41.81
地质勘察业	171	0.57	217.84	203.60	-0.59
环境管理业	495	2.80	74.25	59.73	14.08
教育	6245	38.71	1120.79	76.35	286.33
卫生	1540	15.13	439.00	32.52	99.12
社会保障业	297	0.28	8.21	0.38	1.63
新闻出版业	1180	6.30	408.56	318.56	65.22
广播电视电影音像业	1097	2.78	343.69	103.44	44.21
文化艺术业	2857	3.50	149.44	71.05	19.86
体育	618	1.26	51.62	19.50	6.19
娱乐业	1098	2.39	129.86	119.83	7.23

2．重点行业运行平稳

金融业、信息传输计算机服务软件业、房地产业是北京市现代服务业的三大支柱行业，2004年占现代服务业的比重均在10%以上，分别为26.5%、16.7%和16.2%。此外，商务服务业、科学研究技术服务和地质勘察业发展较快，在现代服务业中的比重均上升到10%左右。

（1）金融业是北京市现代服务业的核心行业。2004年末，北京市677家金融业法人单位实收资本总计9618.4亿元，实现主营业务收入4104.6亿元，利润总额237.6亿元，分别占北京市的28.4%、14.3%和11.9%。该行业以北京市2.1%的从业人员，创造了北京市11.8%的GDP和18%的税收。金融业中近94%的增加值来自于银行业，2004年银行业实现增加值669.2亿元，占第三产业增加值的16.3%和北京市的11%。2005年，银行各项业务继续稳定增长，行业发展态势良好。11月末，北京市各类金融机构本外币存款余额增长25.8%，贷款余额增长14.3%。2005年北京市金融业实现增加值792.8亿元，同比增长9.9%；占第三产业的17.2%，对北京市经济增长的贡献率达到11.4%。

（2）信息传输、计算机服务和软件业。2004年实现增加值449.6亿元，占第三产业的比重达到10.9%。该行业具有较强的规模优势。2004年北京市信息服务业法人单位达到12649个，占全国同行业法人单位的17.8%；从业人员28.5万人，占全国的11.9%；全年实现主营业务收入1328.2亿元，占全国的17.5%；实现利润总额550.3亿元，占全国的32.9%。电信业对信息服务业的带动作用明显。2004年，电信业利润总额为495.5亿元，占信息服务业利润总额的比重高达90%；人均实现利润为136.8万元，是其他信息服务业平均水平的68.7倍；资产利润率为7.5%，是平均水平的2.9倍。2005年电信业继续保持良好的利润水平，1—3季度完成业务总量125.8亿元，同比增长20.7%；实现利润总额80亿元，占行业利润的84%。

（3）房地产业。2004年实现增加值436亿元，占第三产业的10.6%。该行业市场化水平较高，2004年有限责任公司、私营和外商投资法人单位占行业单位总量的79.8%，资产总量占64.3%，主营业务收入占 74.2%。近年来，随着国家宏观调控措施的逐步落实，北京市房地产经济过热的现象有所抑制。2005 年，北京市完成房地产开发投资 1525 亿元，比 2004 年增长 3.5%，增幅同比下降 19 个百分点；金融机构房地产贷款增速回落了 8.9 个百分点；房地产开工面积比 2004 年增长 8.2%，增幅回落 1.3 个百分点。

（4）租赁和商务服务业是北京市吸引外商投资最为活跃的行业。2004 年行业吸收合同外资 215 亿美元，同比增长 1.7 倍，占同期三产合同外资额的 55.6%。实际利用外资占第三产业的 33.4%，同比增长 1 倍左右。外资企业经济效益良好，2004 年该行业外资企业主营业务收入和利润总额分别为 296.7 亿元和 169.4 亿元，占行业总量的 26.2%和 69.2%。

此外，以提供信息与智力服务为显著特点的法律服务业、咨询与调查、知识产权服务业等新兴行业占三产增加值的比重虽小，但具有良好的发展潜力。2005 年 1—3 季度，上述三个行业共实现主营业务收入 81.1 亿元，同比增长 15.2%，实现利润 17.7 亿元，增长 17.2%。

（5）科学研究、技术服务和地质勘察业是知识和技术密集型行业，北京市智力资源丰富，行业发展优势较为明显。2004 年，北京市共有科学研究、技术服务和地质勘察业单位 1.6 万家，从业人员达到 38.9 万人。近年来，一批规模大、专业技术水平高、市场竞争力强、实行企业化管理的事业单位发展迅速。受其带动，行业整体效益良好。2005 年 1—11 月，科学研究、技术服务和地质勘察业企业实现主营业务收入 695.8 亿元，同比增长 21.8%；实现利润总额 23.48 亿元，在众多行业利润趋降的情况下仍保持了 15.4%的增幅。

3．四大功能区发展各具特色

首都核心区和功能拓展区是北京市现代服务业的重点发展地区。经济普查数据显示，2004 年北京市现代服务业单位的 81.5%、增加值的 88.8%、资产总额的 98%、主营业务收入的 93.5%、利润的 95.5%、利税的 94%在此集聚。该地区文化体育娱乐业、信息传输计算机服务软件业、科学研究技术服务地质勘察业、租赁和商务服务业、金融业占北京市的行业比重都超过了90%（见表2）。

表2　　2004年各区县现代服务业发展状况

	现代服务业企业（家）	占全区单位比重（%）	现代服务业增加值（亿元）	现代服务业占GDP比重（%）	现代服务业占第三产业比重（%）	支柱产业	支柱产业增加值（亿元）
首都核心区	**21166**	**44.7**	**946**	**61.7**	**69.8**		
东城区	6787	47.6	287	58.7	64.2	信息传输、计算机服务和软件业	95.51
西城区	8469	49.1	506	67.9	76.8	金融业	244.79
崇文区	2213	34.9	48	51.5	66.3	金融业	16.05
宣武区	3697	38.9	105	50.9	59.7	金融业	40.37
功能拓展区	**52316**	**39**	**1329**	**47.8**	**65.4**		
朝阳区	19201	39.5	454	40.6	52.5	房地产业	116.75
丰台区	6085	28.9	153	46.0	69.4	科学研究技术服务地质勘察业	36.92
石景山区	2023	32.3	33	18.2	65.9	金融业	7.52
海淀区	25007	43	688	60.2	77.0	信息传输、计算机服务和软件业	138.97
城市发展新区	**11362**	**22.4**	**224**	**21.4**	**61.4**		
房山区	2043	21.5	33	15.5	56.9	房地产业	11.18
通州区	1682	17.7	31	23.9	57.7	房地产业	12.41
顺义区	1590	20.8	36	15.7	48.5	房地产业	12.46
昌平区	2923	0.29	70	38.5	76.4	房地产业	26.07
大兴区	2678	20.6	40	29.0	63.7	房地产业	17.00
开发区	446	33.3	14	9.3	58.1	信息传输、计算机服务和软件业	8.28
生态涵养区	**5287**	**23.9**	**63**	**22.9**	**54.2**		
门头沟区	1098	23.4	10	25.4	58.6	房地产业	2.62
怀柔区	1232	24.5	16	19.7	53.9	房地产业	4.38
平谷区	1283	25	11	21.7	53.3	房地产业	3.55
密云县	1050	23.4	16	23.2	54.1	房地产业	7.88
延庆县	624	22.2	10	28.6	51.5	教育	2.34

注：各区县数据不含市级直报单位

首都核心区金融业发展优势明显，2004 年，核心区金融业增加值占北京市行业份额的 5 成以上。除西城区外，宣武区、崇文区金融业也发展成为本区现代服务业的支柱行业，2004 年行业增加值占本区现代服务业的比重达到了 38.4%和 33.5%。

城市功能拓展区现代服务业的行业发展比较均衡。2004 年，占区域第三产业比重在 10%以上的现代服务业行业有 6 个，分别是金融业占 19.6%、房地产业占 17.7%、科研技术服务地质勘察业占 15.3%、信息服务业占 14.3%、教育业占 13.6%、租赁和商务服务业占 10.2%。

城市发展新区由于承担着疏散中心区产业和人口的职能，近年来，房地产业发展较快，除北京经济技术开发区以外，其他 5 个区现代服务业的第一大行业都是房地产业。

生态涵养区第三产业中的传统服务业仍占较大份额，现代服务业的经济总量较小，只占全区第三产业的 54.2%和北京市现代服务业的 2.5%，房地产业在该区域具有一定的发展优势。

二、首都现代服务业发展的特点

1. 外资向现代服务业的重点行业倾斜

对外开放领域的进一步扩大和市场准入程度的逐步放宽，使北京市利用外资呈现以现代服务业为主体的发展格局。2005 年 1—10 月，北京市合同外资金额 53.7 亿美元，投向现代服务业的外资比重达到 58.3%，占第三产业利用外资的 85.5%；实际利用外商直接投资 20.9 亿美元，占三产实际利用外资的 99.1%。商务服务、房地产、计算机应用服务、信息咨询、金融等现代服务业是外商投资的重点领域。其中租赁和商务服务业是引资最为活跃的行业，2005 年 1—10 月，行业实际利用外资占第三产业的 58.3%，同比增长 44.2%。

2. 现代制造业为现代服务业的发展提供了契机

在新一轮国际产业转移的过程中，上海、北京等具有比较优势的地区率先成为了国际现代制造业转移的承载地。与此同时，和国际制造行业联系紧密的投资公司陆续跟进。如诺基亚、索尼爱立信、西门子均看好首都的区位优势，将投资公司落户北京。目前，北京累计批准的外资投资性公司达到139家。外资在制造业的投入促进了跨国公司总部、研发机构和物流公司的发展。截至2004年底，北京市累计设立外资研发中心189个，跨国公司总部7家。世界500强企业在京开办代表处、办事处的有293家，占总数的58%。总部经济在北京“生根”，产生了五个效应，即税收供应效应、产业集聚效应、消费带动效应、就业乘数效应和社会资本效应。这些效应的显现都直接或间接地为高端现代服务业特别是生产性服务业的发展提供了机遇。

3．产业集群初步形成，辐射功能逐渐增强

近年来，北京市逐步形成了金融街、CBD、中关村等一批现代服务业相对聚集的区域，中心城区产业能级和集聚辐射功能不断提升。

（1）金融街。金融资产总额占全国的60%左右，控制着全国90%的信贷资金和65%的保费资金，是国内最大的货币资金市场。受其带动，2004年西城区金融业资产总计99912亿元，企业实现主营业务收入2974.4亿元，分别占全区三产的88.1%和60.7%。

（2）CBD。截至2005年3季度入驻企业已达3010家，其中现代服务业企业1972家，占入驻企业总数的65%以上。北京市80%以上的跨国公司地区总部、65%的驻中国代表处，95%的驻北京代表处都聚集在该区域。

除了金融街、CBD、中关村等这些“老牌”区域外，顺义空港物流园区、通州物流园区、东二环交通商务区、亚奥会展产业区等新兴服务业集聚区正迅速成长为北京现代服务业的新亮点。

三、现代服务业发展中存在的问题

现代服务业在首都经济和社会发展中的积极作用日益明显，但依然存在总量偏小，比重偏低、增速较慢等问题，还需要进一步挖掘发展潜力。

1．现代服务业发展缺乏主体行业的带动

（1）支柱行业带动力不强。2005年金融业增加值同比增长9.9%，低于第三产业平均增速1.3个百分点，低于北京市GDP增速1.2个百分点；信息服务业中的计算机服务业、软件业发展不足，对行业的带动作用不强。受宏观调控政策的影响，2005年房地产业增速低于全市2.3个百分点，低于第三产业2.4个百分点。行业经济效益也不够理想，2005年前三季度，行业亏损面达67.5%。

（2）优势行业发展不到位。北京科技信息发达、教育水平高，人才聚集，有大批现代化的文化、医疗、体育设施，发展现代服务业的比较优势明显，但2004年，教育业占北京市经济的比重为4.7%，科学研究和技术服务业占4.6%，文化、体育和娱乐业占2.4%，没有达到应有的发展水平。

2．区域发展不平衡，资源配置不协调

近年来，北京市现代服务业发展迅猛，而城市发展规划相对滞后，加之受资源禀赋、设施建设、产业基础等因素的影响，现代服务业地区发展水平存在明显差异。一是产业规模、比重呈现从城区向平原区、山区依次递减的趋势。二是现代服务业相对发达的城区也存在着南北差别。北城（东城、西城、朝阳、海淀）金融、商务、信息、房地产等现代服务型经济较为发达，产业结构更趋高级化，2004年北城现代服务业增加值相当于南城（崇文、宣武、丰台）的6.3倍。三是现代服务业发展水平接近的城区之间，由于自行建设，也日益暴露出定位雷同、特色单一、功能欠缺等问题。资源内在的互补效应、协同效应、规模效应没有得到充分发挥。

3．区域发展环境有待进一步优化

当前，区域经济一体化已经成为一种发展潮流和趋势。长三角、珠三角经济圈的形成就是区域经济合作的必然结果。和上述两个区域相比，北京所处的京津唐地区发展环境存在一定的劣势。

（1）城市规模小。长三角、珠三角地区各城市之间规模差距不大，地区生产总值大部分在500亿元以上，而京津唐地区，除北京、天津

外，其余城市规模普遍偏小，承德、廊坊等城市 2003 年地区生产总值不足 100 亿元。

(2) 综合经济实力较弱。长三角地区国内生产总值最高，约占全国的 19%。各个城市不仅经济水平相对较高而且发展比较均衡。珠三角人均经济实力最强，许多城市人均 GDP 在 30000 元以上，深圳在全国最高为 46388 元。总体来看，从北往南，京津唐、长三角、珠三角地区国有经济所占比重依次减少，市场开放程度、市场经济发展程度依次升高。珠三角市场经济发展充分，外商投资经济发达；长三角依托优越的产业发展环境，经济活力逐步增强；京津唐地区则明显受到国有经济改革滞后的影响，地域经济发展水平相对落后，北京现代服务业的发展缺乏强有力的基础和支撑。

四、首都现代服务业的发展方向

北京承担着国家政治、文化、国际交往中心的职能，城市土地、水和自然资源奇缺，人口众多，要发展经济、扩大就业，实现全面、协调、可持续发展就必须走集约化的道路，大力发展科技含量高、产业链条长、资源能耗低、附加价值高的现代服务业。虽然首都现代服务业在发展的过程中面临着许多的困难和问题，但同时，我们也具有其他地区不可比拟的优势。

1．首都优势

北京是重要的信息发源地，政府公共资源丰富，企业能便捷、及时地了解行业发展的动态和政策导向。

2．资本优势

北京是中央金融决策中心，拥有大量国际、国内金融机构总部，是金融宏观调控部门和监管部门的密集地，“一行三会”（中国人民银行、中国银监会、中国证监会、中国保监会）总部都在北京。

3．技术、研发优势

科研院校众多，重点高校占全国的四分之一；各类人才密集，中国工程院院士一半以上分布在北京科研院所、高等院校。跨国公司在华设立的研发机构中55%在北京。

4．旅游资源优势

北京作为六朝古都，拥有多项世界文化遗产，园林、博物馆、名人故居众多，旅游业发展较早，产业规模、效益和成熟度在全国都处在领先地位。

5．市场需求优势

北京是我国经济发达的特大型城市，信息化水平高，消费结构升级明显，加上奥运经济的带动作用，现代服务业具有广阔的发展空间。因此，我们要进一步建立更加清晰的现代服务业发展战略，不趋同于其他地区的经济发展模式和产业发展重点，扬长避短，走错位发展的新路子。从以下几方面入手，不断提高北京现代服务业发展水平。

一是全面提升北京现代服务业发展的竞争力，打破行业垄断和部门分割的局面，消除市场壁垒，放宽市场准入，引进竞争机制，加快各行业发展的市场化、社会化、产业化和企业化进程。打破所有制垄断，发展集体、私营、个体等非国有经济，形成国有经济与非国有经济共同发展的格局。

二是有效确立公益性与经营性现代服务业的合理界限及其不同的管理方式。教育培训、文体娱乐、医疗保健、科技服务、环境管理和公共设施管理等，都应允许、鼓励社会资金兴办，并在投资、税收等方面给予一定的优惠。

三是大力推进卫星城、小城镇和农村现代服务业发展。充分利用当地自然资源和生态环境的优势，优先发展旅游业、房地产业和环境管理业。大力发展这些地区的教育培训、文化、卫生和电信传输业。因为，与市区相比，北京的卫星城、小城镇和农村在这四大行业发展方面明显落后，但其市场发展前景和潜力则是巨大的；特别是农村的教育培训，是提高农民素质、有效从事现代服务业的根本保障，亟待快速发展。

四是根据现代服务业发展的需要，着眼于世界高科技发展的趋势，选择一批拥有自主知识产权、属于核心技术、有实用价值或广阔市场需求的技术项目，有效开展技术攻关及应用性推广，带动北京现代服务业的水平上新台阶。

五是继续扩大利用外资。外资特别是国外大型跨国公司，在发展现代服务业方面，具有明显的技术、资金、人才、管理经验、服务创新等方面的优势；而外资的引入，又会对北京现代服务业的发展产生示范效应、竞争效应、规范效应和增加供给的效应。因此，北京应借助于我国加入世贸组织后现代服务业对外开放的有利时机，扩大利用外资的规模，以推进北京现代服务业的发展。

2005年北京市固定资产投资运行情况

◆ 郑 新 丁卓茹

2005年由于国家宏观调控措施作用，北京市固定资产增长态势明显改变，增速回落。全年北京市完成全社会固定资产投资2827.2亿元，比2004年增长11.8%。其中，中央项目主要受航空、广播电视等影响，增长较快，完成投资364.3亿元，增长29.6%；地方项目完成投资2462.9亿元，增长9.6%；中央投资占北京市投资的比重由2004年的11.2%上升到12.9%。

图1 2004年—2005年投资完成额及增速走势

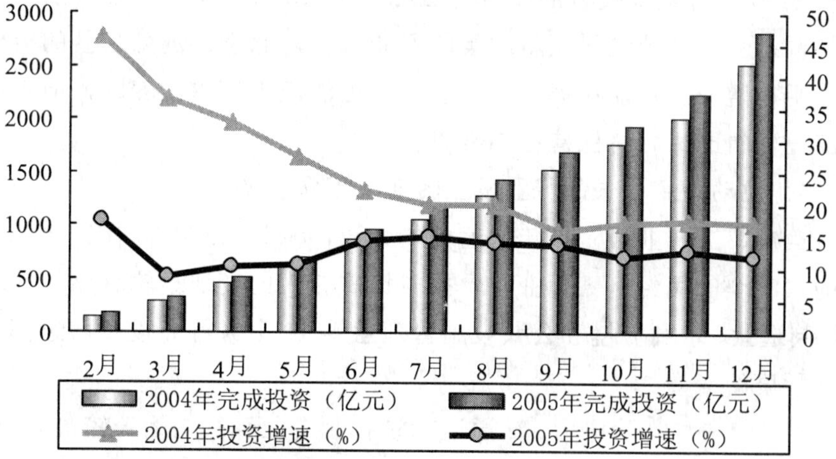

1. 城镇投资继续较快增长

2005年，北京市完成城镇固定资产投资1070.4亿元，比2004年增长24.5%，增幅提高16.2个百分点。北京市城镇固定资产投资在工业、交通等行业的带动下，始终保持着较高的发展态势，占全社会投资的比重达到 37.9%，比 2004 年提高 3.9 个百分点。

2. 房地产开发投资低速增长

受调控政策等因素的影响，房地产开发投资增速明显回落。全年北京市房地产开发投资完成 1525 亿元，比 2004 年增长 3.5%，增幅比 2004 年回落 19 个百分点。其中，住宅完成投资 779.5 亿元，增长 0.5%；办公楼、商业用房分别完成投资 196.2 亿元和 112.9 亿元，分别增长 4.4%和 19.1%。

3. 生态涵养区投资增长最快

从各功能区投资情况看， 2005 年，生态涵养区完成投资 172.9 亿元，比 2004 年增长 23.5%，增速高于全社会投资增速 11.7 个百分点，占全部投资的比重为 6.1%，比 2004 年上升 0.6 个百分点；功能拓展区完成投资 1466.6 亿元，增长 13.6%，占全部投资的比重为 51.9%，上升 0.8 个百分点；核心区完成投资 522.4 亿元，增长 11.5%，占全部投资的比重为 18.5%，与 2004 年持平；发展新区完成投资 665.4 亿元，增长 5.7%，占全部投资的比重为 23.5%，回落 1.4 个百分点。从发展趋势看，随着各项农村倾斜政策的不断落实，北京市远郊区县的投资有了明显增长。功能拓展区的发展速度虽然低于生态涵养区，但其占全部投资的比重始终保持在 50%以上。

4. 拉动投资增长的行业发生转变（不含房地产）

第二、三产业投资全年增速分别为 21.8%和 23.7%。在二、三产业的 18 个国民经济大行业中，投资比重较大的交通运输仓储和邮政业、制造业、水利环境和公共设施管理业等 12 个大行业投资增速都有不同程度的提高。

第二产业中，除电力、交通运输设备制造业等行业增长较快以外，国家重点调控的行业投资增速也有较快增长。其中，黑色金属冶炼及压延加工业增长 1.5 倍，非金属矿物制品业增长 27.3%。

一些高耗能、高污染型行业投资增速呈下降态势。2005 年，造纸及纸制品业、化学原料及化学制品制造业投资增速分别下降 79.6%和 31.9%。

第三产业投资增速回升，在第三产业的 14 个行业中，增长的行业有交通运输邮政业、住宿餐饮业、水利环境和公共设施管理业等9个行业，共完成投资670.4亿元，占全部第三产业投资的76%。

5. 奥运场馆建设全面展开

2005年，奥运场馆及相关设施建设完成投资57.8亿元，其中，场馆建设完成22.6亿元，相关设施建设完成35.2亿元。目前，11个新建场馆、部分改扩建场馆及相关设施已开工建设，其余场馆和设施将在明年初陆续开工建设。

6. 基础设施建设得到加强，交通、能源等投资全速推进

2005年以来，为缓解逐年增加的用电紧张状况，改善城市交通的拥堵状况，北京市加大电力、轨道交通及水利、环境整治等多方面的建设力度。全年完成城市基础设施投资610.7亿元，比2004年增长31.8%。其中，市政工程管理业完成140.6亿元，增长39.5%；城市公共交通业完成113.2亿元，增长1.2倍；电力建设完成投资70.0亿元，增长78.1%，航空运输业、水利、供气等行业的完成投资也有不同程度的增长。

7. 房地产先行指标继续下降

2005年以来，影响房地产市场的先行指标延续2004年走势，持续下行。土地开发投资比2004年下降47%，完成土地开发面积下降50.4%，购置土地面积下降50.8%。特别是与土地相关的先行指标下降，有可能导致2006年房地产市场供需矛盾突出。

2005 年北京市社会消费品零售总量突破 2900 亿元

金顺爱

内容提要

2005 年，北京市消费总量稳步扩大，运行速度较为稳定，企业效益继续改善，市场运行出现新的特点，特别是郊区市场快速发展，汽车市场呈现回热局面。但同时也暴露出居民消费意愿不强，企业效益差异明显等问题。展望 2006 年，有利消费品市场的因素很多，但也面临一些挑战，因此保持消费较快增长的压力加大。

2005 年，北京市消费持续较快增长，销售规模进一步扩大，市场运行呈现稳中趋旺的良好发展态势。

一、总体运行情况

2005 年，北京市消费稳步扩大，零售总量逐季攀升，各季度零售额分别为 691.2 亿元、716.7 亿元、735.9 亿元和 758.9 亿元。全年累计实现社会消费品零售额为 2902.8 亿元，按可比口径计算，比 2004 年增长 10.5%，扣除价格因素，实际增长 10.8%。

1. 消费总量高开高走

2005 年，消费品市场以 241 亿元的零售额高位开局，此后各月零售额均保持在 220 亿元以上，到 12 月份零售总量达到历史最高水平的 257.2 亿元，全年月均零售额为 241.9 亿元，明显高于 2004 年 218.9

亿元的水平。

2．运行速度较为稳定

2005年，消费品市场总体运行较为稳定，除由于春节在不同月份以及夏季高温影响，其余各月增速基本稳定在9%—13%之间，是2002年以来波动幅度最小的。

3．企业效益继续改善

2005年，北京市5000余家限额以上批发零售贸易企业实现商品销售收入9654.1亿元，比2004年增长24%；实现利润总额228.1亿元，增长12.4%。

二、市场运行主要特点

1．吃类和用类商品贡献突出

2005年，吃类和用类商品分别实现零售额748.7亿元和1638.7亿元，比2004年增长16.1%和6.5%，对全社会零售额的贡献率为37.6%和36.4%。

商品消费结构继续改善。据对限额以上企业统计，化妆品类零售额增长25.3%，建筑及装潢材料类零售额增长17.2%，家电和音像器材类零售额增长14%，中西药品类零售额增长12.2%。

2．穿类商品增幅最高

2005年，穿类商品实现零售额281.5亿元，比2004年增长16.3%，在四大类商品中增幅最高，占北京市零售额的比重为9.7%，提高0.5个百分点，其中服装类提高0.3个百分点。

3．郊区市场快速发展

在科学发展观的指导下，郊区现代流通网络建设快速发展。到2005年末，北京市已发展乡镇（村）连锁超市、便利店1123家，其中，2005年新增门店数为681个，超过了往年建设总数。目前，乡镇超市、千人以上大村便利店覆盖率已达到88%和53%。现代流通网络的发展有力促进了消费增长。全年郊区实现零售额383.7亿元，比2004

年增长 20.8%，快于城镇 11.7 个百分点，这一增速是 1997 年以来最快的。

4. 汽车市场呈现回热局面

2005 年，北京市机动车市场经历了三起三落，但总体呈上行态势。上半年市场波动幅度较大，7 月份开始销量逐步下滑，进入四季度，车市呈现热销，销售逐月攀升。全年共销售机动车 57 万辆，比 2004 年增长 27.5%，其中，新车增长 22.3%，旧车增长 38.5%。

5. 连锁经营发展势头良好

到 2005 年末，北京市连锁商业企业门店数为 5973 个，实现零售额 950.7 亿元，比 2004 年增长 14%，高于北京市平均增幅 3.5 个百分点。

三、需要关注的一些问题及相关建议

2005 年，北京市消费需求稳步扩大，但以下问题应引起关注。

1. 消费者层面：居民消费意愿不强

（1）居民储蓄持续增加。2005 年以来居民储蓄逐月加快，增幅从 1 月末的 13.4%一路攀升至 9 月末的 22.8%，到了 10 月份，居民储蓄增幅才有所下降，为 22.3%，全年为 22.1%，这一增速是 2003 年以来最快的。

（2）个人消费性贷款大幅下降。近几年，个人消费性贷款增幅持续大幅下滑，2005 年依然延续了这一下滑态势，年末，贷款增幅为 10.4%，比年初降了 13.3 个百分点。

（3）居民消费倾向降低。居民消费倾向即居民消费性支出与可支配收入的比值。2005 年居民消费倾向明显下降，除 1 月份以外，其余各月均低于 2004 年同期水平，全年为 75%，比 2004 年下降 3 个百分点。

上述反映出居民的消费行为比较谨慎。居民储蓄的快速增长，一方面是由于人民币升值，居民储蓄结构发生变化，另一方面也反映出居民后顾之忧较多，消费意愿不强的问题；个人消费信贷的大幅下滑反映出银行利率提高后，居民还贷压力增强，促使不少居民提前还贷，这将对即期消费产生挤出效应。当前，在居民消费能力不断提高的同时，应采取切实有效的措施使居民形成稳定乐观的宏观经济预期和收入预期，增强消费信心，提高居民消费意愿，只有提高绝大多数居民的消费才会有效推动整体消费持久稳定的增长。

2．企业层面：企业效益差异明显

（1）内资企业效益下降。2005 年，内资企业商品销售收入增长 21.6%，与北京市 24%的平均增幅相差不多，但利润总额下降 1.2%，而北京市利润总额增长 12.4%，外资企业增幅高达 40%。

（2）中小企业生存空间缩小。2005 年，占北京市单位总数 97.9%的中小企业亏损面为 36.1%，明显高于大型企业 21.4%的亏损水平。利润总额比 2004 年下降 5.5%，其所占比重由 2004 年同期的 45.8%降低到 38.4%，降了 7.4 个百分点。

目前，我国的中小型和个体企业发展水平还比较低，即使是北京这样的大城市，发展也明显不足。从世界发展情况看，许多国家的劳动力主要集中在中小型企业、个体企业。随着我国劳动力供给持续增加，像北京这样的大型城市就业压力越来越大。因此，努力优化中小型企业的发展环境，对于吸纳更多劳动力进而提高广大居民的消费能力具有重要的现实意义。

3．市场层面：食品安全问题依然严重

2005 年以来，食品市场又暴露出了一系列问题，如“苏丹红事件”、雀巢奶粉中碘超标、光明回奶事件等，反映的都是一些知名品牌中出现的问题，对消费者信心影响较大。所以，应加强法制建设，保护消费者权益，维护市场正常秩序。

四、2006 年消费品市场发展前景分析

2006 年北京市消费品市场发展的有利条件是：

1．宏观经济政策取向将更加有利于国内消费需求的扩大

2005年中央经济工作会议强调：扩大内需是我国经济发展的长期战略方针和基本立足点。因此，进一步扩大消费的措施将有望陆续出台，这将有利消费的稳定增长。

2．现代流通网络的发展将会进一步改善消费环境

近年来，北京市以连锁经营为代表的现代流通网络建设迅猛发展，并很快向郊区扩展。连锁经营方式涉及的行业门类众多，使得消费环境明显改善，将推动消费增长。

3．居民收入的持续稳定增长有利消费发展

近几年，居民收入稳步增加，“十五”期间，城市居民人均可支配收入年均增长11.3%，农民人均纯收入增长10.9%，稳定的收入来源将促进消费增长。

4．奥运投入将有效拉动消费增长

同时，也面临一些挑战：首先，保持消费较快增长的压力加大。“十五”期间，北京市消费总量与经济增长基本保持同步均增长11.8%。2006年北京市经济要保持这样一个增长水平，平均每月零售额要达到270亿元左右，压力是比较大的。另外，市场秩序问题将依然存在。当前，国家正在逐步加强对消费品市场的管理，也取得了初步成效。但是，问题不可能在短期内全部解决，这将是一个长期、系统的工程。此外，外来人口增加、交通环境日益紧张都将对经济增长形成巨大压力。

综上所述，2006年的消费品市场将继续保持较快稳定的增长态势。

2005年北京市对外经济贸易实现历史最高水平

◆ 高燕燕

内容提要

2005年，在国内外经济带动和北京市委、市政府不遗余力优化发展环境的影响下，北京进出口首次突破千亿美元，实际吸收外资超过35亿美元，对外经济贸易取得了历史最好水平。本文展现了2005年对外经济贸易的发展特点和发展过程中应该关注的问题，分析了2006年对外经济贸易的发展前景。

2005年，北京市对外经济贸易保持了持续高速稳定的发展态势，对外贸易和利用外资规模显著扩大，结构进一步改善，对本市经济发展的带动作用有所增强。

一、基本情况与运行特点

1. 对外贸易

2005年是“十五”的最后一年，也是本市“十五”对外贸易发展最快的一年。2005年，北京市地区进出口总值首次突破千亿美元，达到1255.7亿美元，比2004年增长32.8%。其中，出口308.7亿美元，增长50.1%，进口947亿美元，增长28%。地方企业完成进出口403.2亿美元，增长43.6%。其中，出口171亿美元，进口232.2亿美元，分别增长61.1%和33%。2005年北京市对外贸易的运行表现为：出口高速发展，增速缓慢下行；进口走势平稳；贸易结构有所改善。

（1）出口规模扩大，创历史最好水平。“十五”以来，北京市抓住加入世界贸易组织的机遇，积极参与经济全球化进程，贸易规模迅速扩大，出口产品结构进一步优化，大经贸格局逐渐形成，市场多元化战略取得一定成效，对外贸易取得了长足发展。2005 年累计出口增速持续走高，月度出口屡次刷新历史最好水平，全年出口首次超过 300 亿美元，增长 50.1%，增幅比 2004 年提高 28.3 个百分点，高于全国平均增幅 21.7 个百分点，位居全国十大出口省市之首，居全国第三位；出口总额在全国的排名由 2004 年的第八位上升到第 7 位。受 2004 年同期增势低开高走的影响，累计增速呈现了缓慢下行的发展走势，自 2 月份以来，平均逐月下滑 2 个百分点左右。

（2）出口商品结构不断优化，高新技术产品比重上升。2005 年机电和高新技术产品出口呈现强势增长，从下半年开始累计增速持续高于 60%，快于整体出口平均增长速度 10 个百分点以上。2005 年，机电产品出口 156.3 亿美元，增长 60.6%；高新技术产品出口 97.4 亿美元，增长 67.4%。分别高于北京市平均增速 10.5 个和 17.3 个百分点。机电、高新技术产品对北京市出口贡献突出。2005，机电产品和高新技术产品对出口的贡献率达到 57.3%和 38.1%，其中，机电产品的贡献率比 2000 年提高了 2 个百分点。机电、高新技术产品占北京市出口比重比“九五”时期显著提高。2005 年机电产品占 50.6%，占总出口的比重首次过半，高新技术产品占 31.6%，二者分别比 2000 年提高了 14.1 个和 8.3 个百分点。

（3）出口主体贡献突出，集体私营比重上升。2005 年，国有和外资企业继续保持本市出口的主体地位，占北京市出口比重和出口贡献程度均在 90%以上。全年国有企业出口 175.2 亿美元，增长 38.8%，占出口的 56.7%；外资企业出口 119.6 亿美元，增长 62.2%，占出口的 38.7%。

集体、私营企业出口地位有所上升。“十五”期间，新《外贸法》的执行，放宽了外贸企业的准入门槛。到 2005 年，北京市对外贸易经营者已经突破一万家。全年集体私营企业出口 14.4 亿美元，增长 1.1 倍，比重上升了 1.3 个百分点，大经贸格局稳步推进。

(4) 贸易增长方式变化，加工贸易比重增加。2005 年以来手持和车载无线电话机持续保持高速平稳的发展走势，是北京地区出口规模最大、增量最多的产品，2005 年出口数量占全国的 18.9%，出口金额占全国的 23%。加工贸易出口从 2 季度以来，保持了 60%以上的高速增长。2005 年，加工贸易出口 122.2 亿美元，增长 68.1%，占北京市出口的 39.5%，同比增加了 4.3 个百分点，对北京市出口的贡献率为 48.1%。

受出口退税政策结构性调整和国际市场需求疲软影响，2005 年本市资源性产品增速呈现下滑趋势。矿产品出口增幅由 1—10 月份的 56%降至 45.5%，贱金属及其制品由 63.9%降至 43.2%，焦碳及半焦碳出口出现了负增长。从 9 月 1 日起国家暂停汽油和石脑油出口退税，9 月份以来成品油出口规模逐月减少，8 月份出口 5 亿美元，9 月份出口 1.9 亿美元，11 月份 1.2 亿美元。后 4 个月增加成品油出口 1.4 亿美元，仅占前 8 个月成品油增量的 8.9%。在此影响下，一般贸易出口增速不断下滑，2005 年一般贸易出口 168.6 亿美元，增长 40.3%，增速比 1—10 月下滑了 3.6 个百分点，占北京市出口比重 54.5%，对出口的贡献率为 47.1%，分别比 2004 年减少了 3.6 个和 5.2 个百分点。

(5) 市场多元化战略提升，出口市场逐步扩张。近年来，北京市积极贯彻市场多元化战略，在巩固传统出口市场的基础上，勇于开拓新兴出口市场。2005 年，北京市地方出口的国家和地区达到了 232 个，比“九五”末期增加了 50 余个国家和地区。传统和新兴市场出口规模都取得了长足发展。2005 年，在对香港、日本、美国、东盟、欧盟传统出口市场增速实现 20%以上的同时，对非洲、拉丁美洲和大洋洲出口增速也都超过了 10%。

(6) 进口走势平稳，采购中心地位逐步确立。“十五”以来，本市坚持进出口并重的方针，发挥独有的首都优势，在发挥国际经济功能，聚集和配置国际战略资源等方面，发挥了重要作用，逐步确立了全国国际采购中心的地位。2005 年，本市进口 947 亿美元，在全国排名第四，增长 28%。

进口的商品主要是原材料和零部件，占进口总额的 75.3%，对进口的贡献率达到 88.4%。进口超过 30 亿美元的商品依次为原油、钢材、成品油、集成电路及微电子组件，四类商品的进口额占了 52.9%。其中，原油占了四成以上，同比增长 46.5%，对地区进口增长的贡献率为 60.5%，是地区进口增量最多的商品。

2. 利用外商直接投资

今年北京市继续贯彻“积极、合理、有效”利用外资的方针，围绕首都经济“三二一”整体结构的战略调整，在扩大利用外资规模的同时注重利用外资的质量，利用外商直接投资取得了较好的成绩，实际吸收外资超过 35 亿美元，达到历史最好水平。全年利用外商直接投资表现为：外商实际投资快速发展，投资方式集中，产业投向集中于第三产业。

(1) 实际吸收外商投资快速发展，独资比重上升。2005 年，本市新批外资项目 2136 项，增长 18.3%，合同外资 65.2 亿美元，增长 4.2%，实际吸收外资 35.3 亿美元，增长 14.4%，继续保持了两位数增长，比全国平均增速快了 14.8 个百分点。但受 2004 年同期基数影响，自 2 月起，累计增速在 10%—45%之间波动，有所起伏。

从投资方式上看，不同投资方式的增长形势存在较大差距。2005 年合资和合作企业实际投资下降了 12.6%和 15.1%，独资企业高速增长了 29%。由此导致了独资企业在实际投资中的比重进一步上升到 73.6%，比 2004 年同期提高了 8.4 个百分点。

(2) 外资投向主要集中第三产业，出现新的行业。从产业投向看，今年本市实际吸收外资保持增长，主要依靠第三产业的带动。2005 年，第三产业吸收外资 23.1 亿美元，增长 19.2%，占北京市吸收外资额的 65.5%，比 2004 年提高了 2.7 个百分点。第一产业实际吸收外资下降了 65.4%，第二产业增长了 6.9%，其中，制造业实际吸收外资规模基本与 2004 年同期持平，微增了 0.5%。

入世后，第三产业的开放领域和准入程度进一步放宽，北京市在第三产业的引资优势已经逐渐显现，租赁和商务服务业成为外资进入最多的行业。2005 年，租赁和商务服务业吸收外资 12.4 亿美元，同比增长 20.6%，对第三产业实际吸收外资的贡献率接近六成。外商在金融、保险、物流等现代服务业投资不断有新突破，出现了汽车融资租赁，金融资产管理类型等新的行业。

（3）外商投资公司和地区总部经济继续发展，对经济带动显著。随着外商向我国产业转移的增加，研发与投资性公司和总部外资的跟进速度也在加快，北京成了外商功能性投资的首选地之一。到 2005 年底，外商在北京市设立的外资独立法人研究机构已经达到 239 家，投资性公司 146 家，由商务部和北京市认定的地区总部 45 家。这些企业对北京市外资经济的贡献突出。据 2005 年联合年检结果显示，实现的销售（营业）收入和上缴税金占到了全部外资经济的一成以上，创造的利润总额已经接近四成。

“十五”以来，北京对外经济贸易在入世效应的影响下，利用加入世界贸易组织的机遇，实现了快速发展，但目前应注意以下两点：

一是从出口看，机电产品出口占全国的比重呈现下降趋势。“十五”以来，北京市机电产品出口规模逐年扩大，呈现梯级扩张趋势。出口额从 2001 年的 47.8 亿美元，扩大到 156.3 亿美元，年均增加 21.7 亿美元；增长速度逐年攀升，实现了 9.4%、19.5%、25.3%、36%和 60.6%的跨越式增长。

机电产品在自身规模迅速扩大的同时，占全国机电产品的比重有所降低，平均每五年减少 1 个百分点。“八五”时期占到全国的 6%左右，“九五”时期占 4%—5%，“十五”时期下滑到了 3%—3.4%。占北京市的出口比重也低于全国水平，2005 年机电产品占北京出口的 50.5%，比全国的 56%低了 5.5 个百分点。

二是从外商直接投资看，外资投向制造业的资金减少。2005 年外商实际入资保持了两位数的快速增长，但从产业投向看，第二产业实际入资增速明显放慢，特别是下半年以后，累计增速一直低于 10%，其中制造业从3月份开始出现了负增长，全年仅微增了0.5%。医药制造业、化学原料及化学制品制造业、通信设备、计算机及其电子设备制造业吸收外资都呈现了不同程度的下降。

外资在制造业投入的缩水，不光体现在实际入资，自2月份以来，合同外资也持续下降。实际入资和合同外资的同时减少，不仅意味着当期外资投入的下降，而且预示着未来一段时期外资在制造业的投入有减少的可能。

改革开放以来，外资对本市制造业的发展贡献突出，外资企业销售收入占到了本市重点监测行业的八成左右，工业总产值对北京市工业总产值的贡献率接近五成，出口交货值对工业销售产值的贡献率近三成。因此，外资在制造业投入的减少，对本市经济发展后劲和贸易规模扩大的潜在影响不容小视。

二、2006年对外经济贸易发展前景的分析

1. 有利因素

(1)世界经济将继续保持增长势头。国际货币基金组织预计，2006年世界经济将增长4.3%，世界贸易增长7.4%，略高于2005年7%的增长率。本市五大贸易主体美国、日本、欧盟、东盟和香港的经济继续增长，出口市场发展前景依然广阔。

(2) 国内经济继续保持良好增长态势。从发展趋势看，2006年我国经济仍将处于经济周期的上升期，预计2006年我国经济有望保持8%以上的速度。持续成长的国内生产力和不断扩大的市场需求，为北京发展对外贸易提供了良好的基础和条件。

(3) 国际产业转移仍将继续。经济全球化深入发展和全球产业结构调整转移，有利于吸引国外先进技术和投资。目前产业转移对本市带来的贸易规模扩大和贸易结构改善，有目共睹。在北京地方出口中，外资企业的出口额已经占到了七成左右，在高新技术出口中外资企业占九成。国际产业转移将为本市对外贸易和利用外资带来新的增长空

间和机遇。

2．制约因素

（1）世界经济中的不确定因素依然存在。国际市场能源原材料需求增长强劲，拉动国际市场原油、铁矿石等产品价格持续大幅上扬，特别是原油价格的攀升，对国际和国内经济的稳定增长造成巨大的风险。据调查，受国际原油价格持续上涨影响，2005 年前 3 季度，本市企业家信心指数（122.53），分别比 2004 年同期和上期低了 8.2 和 4.33 个百分点。另外，世界贸易保护主义不断升级，贸易摩擦日益加剧，也影响到了本市的贸易发展。前 3 季度本市纺织品、服装和鞋帽的出口定货指数有所下降。

（2）宏观政策调整，影响资源性产品出口。2005 年底国家发改委等七部委联合发出了《关于控制部分高能耗、高污染、资源性产品出口有关措施的通知》。明确了控制以加工贸易形式出口成品油，对焦碳出口配额维持 2004 年水平。成品油、焦碳是本市出口大宗商品之一，今年成品油出口占到本市出口额的五分之一，成为本市第二大出口商品。《通知》的实施，势必会对本市成品油等资源性产品出口规模产生一定制约影响。

此外，人民币升值，国际贸易收支持续失衡可能导致的美元汇率继续贬值，都将对我国对外经济贸易增长带来不确定性。

综上所述，2006 年本市对外经济贸易规模将会继续扩大，但增长速度将比 2005 年有所放缓。

2005年北京市旅游业快速稳定发展

◆王　滨　李思涤　张雪梅

内容提要

2005年，北京市旅游业发展势头良好，旅游接待能力进一步提高，相关行业经济效益稳定。全年入境旅游接待规模创历史新高，国内游市场持续活跃，但出境旅游市场受自然、政策等因素影响略显疲软。目前，住宿业中内外资企业经济效益不均衡、旅行社企业规模普遍不足，业务范围相对狭窄、景区点对游客的吸引力有所下降是影响旅游业发展的主要问题。随着2008年奥运会的临近，其对旅游业的带动效应将进一步显现，北京市旅游业应继续加强旅游资源的深度挖掘和设施的建设改造，丰富旅游项目，开发旅游产品，全面提高北京的旅游接待能力、接待水平和服务标准。

2005年，北京市充分利用2008年奥运会对旅游业的前期推动作用，大力加强旅游基础设施的建设和改造；全面开展旅游推介和宣传活动；继续强化行业管理手段和措施，北京市旅游市场环境进一步优化，接待规模不断扩大，入境游、国内游、出境游三大市场呈现持续活跃，共同发展的良好局面。

一、旅游市场总体运行情况良好

1. 入境旅游接待规模创历史新高

2005年，北京市接待入境旅游者362.9万人次，同比增长15%，是1994年以来的最高增速（除2004年，因受2004年“非典”影响增速为70.4%）。各月接待人数均达到历史最高水平，累计增速均保持在15%以上，其中有7个月增速超过了20%（见图1）。全年旅游外汇收入达到36.2亿美元，比2004年增长14%。

图1　2004、2005年各月接待入境旅游人数对比　单位：万人次

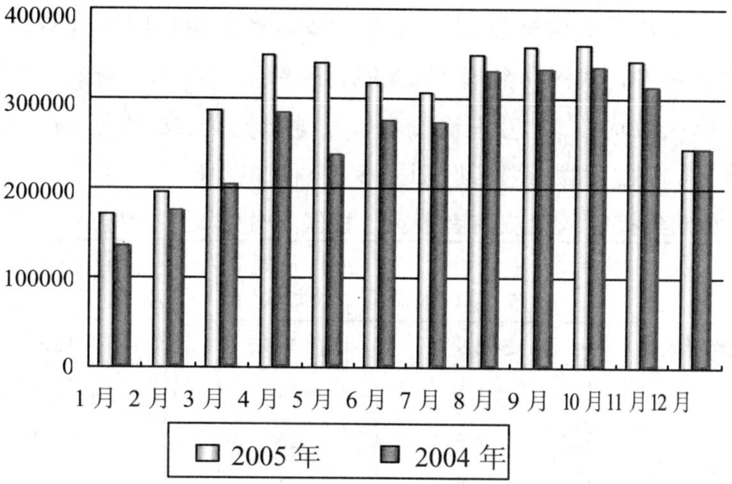

洲际客源市场全面增长。从规模看，亚洲客源市场最大。2005年，全年接待亚洲游客113.1万人次，占北京市入境旅游者的43.4%；欧洲、美洲、大洋洲、非洲客源分别占29.5%、18.7%、3.4%和0.7%，其他地区的客源占3.9%（见图2）。

图2　入境旅游主要客源地区分布

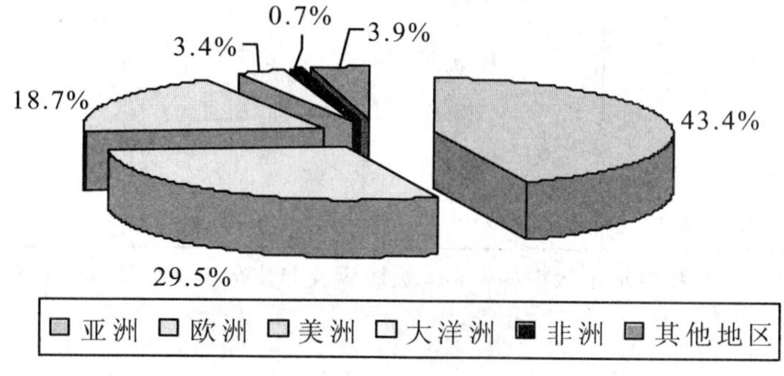

从增速看，除亚洲为 5.9%以外，其他各洲入境旅游人数增速均保持在 25%以上，其中欧洲、大洋洲和非洲的游客增势明显，入境人数分别比 2004 年同期增长 33.8%、32.1%和 32.1%。

从主要客源国看，日本游客增势锐减，累计接待人数同比下降 13.2%，美国来京旅游人数累计达到 44.1 万人次，增长 25.1%，超过日本成为北京市第一大客源国。在欧元区经济复苏和我国对欧盟经贸关系升温的影响下，欧洲传统客源市场运行平稳。其中，德国、英国、法国累计入境人数均在 13 万人次左右，增速分别为 28.9%、18.7%和 3.8%；西班牙、意大利游客增速高达 99.3%和 59.4%。

表 1　　2005 年接待入境旅游者情况（按国别分组）　　单位：万人次

	累计接待人数	2004 年同期累计接待人数	同比增长 %
接待入境旅游者人数	**362.9**	**315.5**	**15.0**
港澳台同胞	51.3	47.4	8.2
外　国　人	311.6	268.1	16.2
日　　本	45.0	52.3	-14.0
韩　　国	45.3	42.4	7.0
马来西亚	8.9	7.8	13.1
新 加 坡	6.9	6.8	1.7
英　　国	13.9	11.8	17.6
法　　国	13.6	11.1	23.0
德　　国	14.6	11.5	27.6
俄 罗 斯	9.7	8.2	18.7
美　　国	46.5	37.4	24.3
加 拿 大	7.8	6.4	22.5
澳大利亚	8.3	6.4	29.9
其他国家（地区）	90.98	66.0	37.8

注：入境旅游者人数包括星级饭店、非星级饭店及非住宿设施接待入境住宿者人数。

2．国内旅游市场稳步发展

2005 年北京市旅游住宿设施接待国内游客 4461 万人次，比 2004 年同期增长 15.9%。A 级及主要旅游景区（点）全年接待游客 8853 万人次，实现营业收入 27.3 亿元，同比分别增长 1.1%和 10%。2005 年旅游黄金周的接待情况也好于 2004 年。据市旅游局数据显示，2005 年“五一”期间，北京市共接待国内游客 416 万人，同比增长 14%，国内旅游总收入 35.1 亿元，市民在京旅游消费 2.5 亿元，同比增长 4%。“十一”期间，北京市共接待国内游客 406 万人次，同比增长 8%；国内旅游总收入 33.2 亿元，增长 1.5%。市民在京旅游消费 3.5 亿元，同比增长 55%。

3．港澳地区对出境旅游市场的带动作用明显

2005 年北京市出境旅游市场表现疲软，北京市旅行社组织出境游 51.7 万人次，仅比 2004 年同期增长 0.7%。出国旅游人数回落明显，全年累计 38.3 万人次，同比下降了 5.8 个百分点。前往东南亚、欧洲等国旅游的人数出现不同程度的下降，如前往泰国、新加坡、德国的游客分别减少了 17.2%、36.7%和 22.1%。但是港澳市场却显示出强劲的增长态势，全年赴港游客达 11 万人次，增长 25.4%；赴澳游客总量虽只有 2 万人，但增势明显，前三季度增幅分别高达 70.5%、33.2%和 72.5%，全年增长 25.7%。

4．北京市旅游接待能力进一步提高

随着首都建设步伐的加快，北京市旅游基础设施得到进一步改善，接待能力逐步提高。2005 年北京市星级饭店已达到 625 家，拥有客房 10 万余间，分别是“九五”末期的 1.4 倍和 1.5 倍。2005 年，北京市有国际旅行社 196 家，国内旅行社 502 家，分别比 2000 年增长了 28.9%和 64.6%。北京市旅游景区资源进一步丰富，目前，北京市有世界文化遗产 6 处，国家级重点文物保护单位 60 处，国家重点风景名胜区 2 处，国家级自然保护区 1 处，国家森林公园 12 处。北京市共有旅游区（点）355 处，比 2000 年增加了 44 处，基本能够满足各类游客的需求。

5. 旅游相关行业经济效益良好

2005 年，在三大旅游市场的共同带动下，北京市规模以上住宿业实现收入 174.1 亿元，实现利润 10 亿元，同比分别增长 8.1%和 1.6 倍。北京市旅行社实现收入 149.2 亿元，实现利润 0.9 亿元，同比分别增长 16.5%和 93.4%。A 级及主要旅游区（点）全年收入合计达到 27 亿元，同比增长 10%。

二、旅游业发展的主要特点

1. 以奥运宣传为契机，旅游促销取得了显著成效

奥运是极具号召力的人文旅游品牌。为抓住有利时机，推动北京旅游业的发展，2004 年以来，政府和有关部门面向海外市场大力宣传北京、宣传奥运。旅游宣传从企业行为向政府行为转变，推介规模从个别旅行社促销向旅行社、酒店、景点有组织的整体促销转变，宣传效果明显。2004 年，北京市在法国巴黎组织了“北京文化周”活动、在美国举办了以“2008 北京——中国欢迎您”为主题的“中国之夜”大型宣传活动，2005 年 1 月，在国子监街举行了迎接首批入境旅游者活动，春节期间组织 176 人的旅游团赴英国宣传促销，6 月 21 日成功举行了北京奥运旅游推介会，这些活动都为树立北京旅游业的整体形象发挥了积极作用。受其带动，今年北京市入境旅游的欧洲、美洲和东南亚客源市场发展良好，游客增势明显。

2. 影响旅游市场波动的因素较多，市场反应比较敏感

2005 年，受自然灾害以及政治、政策等人为因素的影响，北京市旅游市场出现了一些波动。

入境旅游市场：今年 4 月，中日关系一度紧张，其对旅游业的影响迅速显现。从 5 月份开始，一些日本游客受到日本媒体片面宣传的影响纷纷退团，日本大企业也纷纷减少中国旅游产品的销售宣传，造成日本游客明显减少。5 月—12 月，日本入境游客连续 7 个月下滑，各月降幅在 22%到 33%之间，与 2004 年相比，来京日本游客减少了

7.3万人次，下降14%。

出境旅游市场：印度洋海啸是影响北京市前往亚洲旅游人数减少的主要原因。2005年前往泰国、新加坡、马来西亚等国的游客大幅下降，降幅分别为17.2%、36.7%、7.1%。欧盟各国驻华使馆暂停部分旅行社送签资格、国家旅游局暂停神州国旅等4家旅行社出境游业务，造成前往欧洲旅游人数减少。其中前往德国的游客下降了22.1%。此外，单位组织出国考察和商务活动的减少，也是今年出境旅游人数下降的重要原因。

三、当前旅游业发展中存在的问题

饭店、旅行社和旅游景区是构成旅游业的三大核心，其行业经营情况直接影响到北京市旅游业的整体经济效益。目前，上述三个行业发展还存在一些问题。

1. 住宿业中内外资企业经济效益不均衡

北京市住宿业规模逐年递增，行业整体经济效益良好。但行业内部，国有和集体企业与外资企业效益分布不均衡的现象没有得到扭转。经济普查数据显示，2004年，北京市住宿业中国有和集体经济所占比重较高，单位数量和从业人员分别占全行业的52.5%和46.7%；但从企业效益情况看，国有和集体经济的收入和利税占全行业的比重相对较低，分别为36.9%和17.8%。2005年规模以上住宿业中，外资企业实现收入71.2亿元，利润12亿元，其收入是国有和集体企业的1.3倍，而国有和集体企业效益欠佳，2005年亏损0.6亿元。

2. 旅行社企业规模普遍不足，业务范围相对狭窄

北京市旅行社中，国内社所占比重较大，2004年占到行业单位总数的75.2%。但其经营资源不足，规模效益不高，导致创利水平有限。2005年，规模以上国内旅行社实现收入19.2亿元，利润0.05亿元，只相当国际旅行社的14.8%和5.6%，从而影响了旅行社整体经济效益的提高。从总的旅行社行业来看，存在着业务范围狭窄，市场开发不

足的问题。发达国家旅游产品涵盖观光、休闲度假、商务旅游、会议展览、修学和特种旅游等种类，而北京市旅行社目前仍以提供观光型旅游产品为主，旅游服务缺乏个性化和灵活性，大片市场空间空白，造成行业竞争激烈，企业利润有限。

3. 景区点对游客的吸引力有所下降

目前，北京市A级及主要旅游景区（点）155个，其中，地文景观类27个、水域风光类8个、生物景观类11个、古迹与建筑类32个、休闲求知健身类77个。北京市景区类型全，数量多、分布比较合理。但是由于分属于不同的行业系统，造成管理分割，缺乏资源整合和统一规划。行业整体呈现出体制单一、资本结构单一、经营模式单一的局面。北京得天独厚的历史文化资源和自然资源优势没有充分显现，故宫、长城这些几十年不变的景点无法满足游客新的需求。和北京相比，上海旅游资源相对缺乏，但是近年来，上海开发出东方明珠等20多处城市新景观，带动了旅游业的发展。上海的旅游收入正在逐年上升，而且选择重游上海的游客大大超过了北京。

四、推动首都旅游业发展的建议

随着2008年奥运会的临近，其对旅游业的带动作用将进一步显现，可以说北京旅游产业发展机遇难得、潜力巨大。面对潜在的市场，北京市旅游业应继续加强旅游资源的深度挖掘和设施的建设改造，丰富旅游项目，开发旅游产品，全面提高北京的旅游接待能力、接待水平和服务标准。

1. 完善不同档次的住宿设施

对于高档饭店，要把重点放在服务软环境的建设上，如提高信息化、网络化水平，增加网络预订和电子商务业务，充实高级管理人才，加强人员培训等。加快对非星级酒店和小型住宿设施的升级改造，提高卫生、住宿条件，实行规范化管理，扩大经济型旅社的数量，以满足不同游客的需求。

2．进一步丰富旅游项目

变观光游一枝独秀为商务游、会展游、修学游、民俗游共同发展，使旅游产业、文化产业、会展业形成良性循环，互动发展的局面。

3．确立鲜明的城市旅游主题，打造旅游精品

人们对每个旅游城市都有一种“主题期望”，例如到香港的主题是购物、到东北的主题是滑雪等。而北京还没有形成鲜明的主题。作为六朝古都，北京皇家文化源远流长、博大精深，民俗文化异彩纷呈，文化应该成为北京旅游的主打品牌，并在国际、国内旅游市场上发挥不同的作用。

4．搞好旅游商品的开发、设计、研制与销售

要充分了解游客消费心理，在旅游商品的纪念性、馈赠性、实用性和消费性方面下功夫，融入高科技和民族、民俗文化含量，抓住“特”字，开发设计不同档次的旅游产品。

2005 年北京市财税金融运行状况分析

◆ 郑子濮

内容提要

2005 年是我国实施“十五”规划的最后一年，北京市财政金融部门根据中央的统一部署，继续实行稳健的财政政策和货币政策，结合北京的具体情况，努力发挥财政金融对结构调整的职能作用，巩固和加强了宏观经济调控的成果，保持了经济平稳较快的发展。

2005 年，北京市财政收入稳定增长，支出力度加大，宏观金融运行平稳，人民币存款增长较快，贷款增速与 2004 年基本持平，房地产贷款得到控制，财产险保费收入增长大幅回落，证券市场改革步伐加快。

一、财政收入稳定增长，财政支出有保有压

1. 财政收入稳定增长，超额完成年度预算

2005 年，首都经济保持了持续、平稳的发展态势，为财政收入稳步增长奠定了基础。北京市共实现一般预算财政收入 919.2 亿元，超额完成年度预算。

随着宏观调控政策的逐步到位和效应显现，2005 年，首都经济增长的速度较 2004 年有所放缓，除一月份增速高于 2004 年的 20.7% 外，其余各月增速均低于 2004 年同期，全年增长 23.5%，比 2004 年回落了 6.2 个百分点（见图 1）。

图 1　2004—2005 年一般预算财政收入增长情况　单位：%

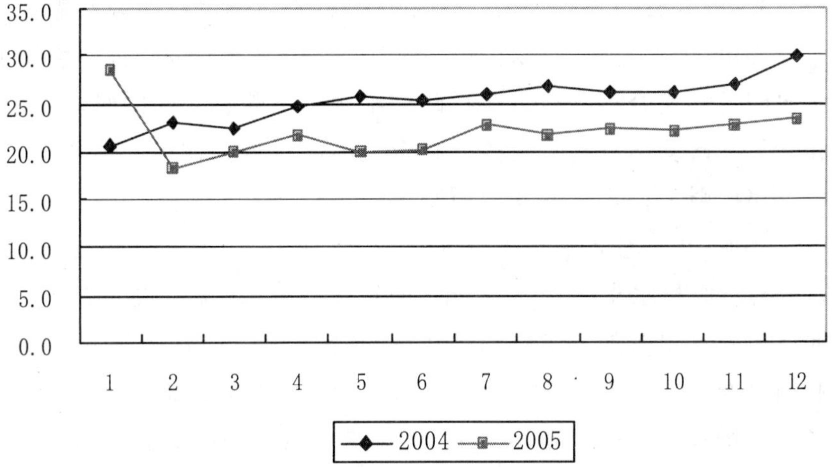

2. 营业税和个人所得税增幅明显回落，企业所得税对财政收入增长的拉动作用显著

2005 年，共实现营业税 383.8 亿元，增长 15.2%，比 2004 年回落 11.1 个百分点，对财政收入增长贡献率为 29%，比 2004 年下降 11.7 个百分点。主要原因是受国家宏观调控政策的影响，房地产业和建筑业营业税增幅同比明显回落。

2005 年，个人所得税受政策性影响，使得工资、薪金、利息、股息、红利所得税下降较多，共实现 84.5 亿元，比 2004 年增长 15.3%，增幅回落 12.9 个百分点，对财政收入贡献率为 6.4%，比 2004 年下降 3 个百分点。

2005 年，增值税受政策调整影响，增速和对财政收入增长贡献率波动较大；1—8 月持续负增长，9 月份以后止降转增，全年共实现 97.6 亿元，比 2004 年增长 41.7%。

2005 年，企业所得税增长强劲，成为带动财政收入增长的主要力量，各月累计增幅普遍高于 2004 年同期，共实现 164.8 亿元，比 2004 年增长 35.4%，增幅提高 5.5 个百分点，对财政收入贡献率为 24.7%，比 2004 年上升 8.3 个百分点。主要原因一是中央企业受政策和价格影响，中石油、中石化等能源类企业利润大幅增长，二是地税调高房地产业核实征收企业的纯益率（由 5%调整为 10%）。

3. 财政支出力度加大，优化支出结构，满足社会公共需要

2005 年，北京市一般预算支出累计完成 1050.9 亿元，增长 17%，增幅回落 5.3 个百分点。在财政支出规模不断扩大的同时，积极调整和优化财政支出结构，发挥财政政策的结构调整作用，体现出依法理财、集中财力保重点的支出原则。

2005 年，基本建设支出 83.5 亿元，增长 13%，增幅提高 11.7 个百分点；农林水支出 42.8 亿元，增长 28.5%，增幅提高 1.7 个百分点。地方财政支出既加大了对经济建设的投入，也充分保障了各项社会事业的全面发展。教育支出 146.3 亿元，增长 20.5%；医疗卫生支出 65.3 亿元，增长 20.8%；抚恤和社会福利救济费 31.9 亿元，增长 19.3%；社会保障补助支出 25.1 亿元，增长 10.7%。

二、人民币各项存款增长加快，贷款总量得到控制，房地产贷款增速放慢

2005 年，国家继续在金融领域进行一系列调整，主要表现在三个方面：一是实行稳健的货币政策，坚持区别对待、有保有压的原则，发挥好信贷政策在促进经济平稳较快发展和结构调整中的作用；二是积极稳妥地推进人民币汇率形成机制的市场化改革；三是加快国有商业银行股份制改革。

1. 人民币各项存款增长加快，利率调整和汇率升值效应显著

2005 年，北京市金融机构（含外资）本外币各项存款余额 28970.0 亿元，比 2004 年增长 21.8%，比年初增加 5093.6 亿元，同比多增 1764.9 亿元。

2005 年 7 月 21 日起，我国开始实行以市场供求为基础、参考一篮子货币①进行调节、有管理的浮动汇率制度，人民币汇率初始调整

①所谓参考一篮子货币，是指某一个国家根据贸易与投资密切程度，选择数种主货币，不同货币设定不同权重后组成一篮子货币，设定浮动范围，该国货币就根据这一篮子货币并在范围内浮动。

水平升值 2%，并逐渐走高。在 2004 年利率调整和 2005 年汇率改革的影响下，人民币各项存款表现出持续增长的走势（见图 2）。北京市金融机构（含外资）人民币各项存款余额 26785.9 亿元，比 2004 年增长 23.9%，增幅提高 5.9 个百分点，比年初增加 5065.6 亿元，同比多增 1738.2 亿元。

图 2 2004—2005 年人民币各项存款累计同比增长 单位：%

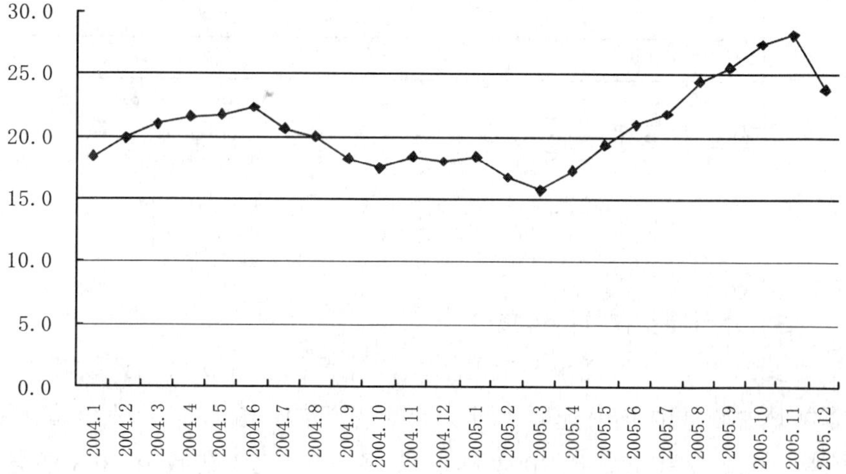

2．储蓄存款定期化趋势明显

2005 年，金融机构（含外资）人民币储蓄存款余额达到 7477.7 亿元，比 2004 年增长 22.1%，比年初增加 1355.4 亿元，同比多增 526.6 亿元。其中，活期储蓄存款余额 2520.6 亿元，比 2004 年增长 16.9%，比年初增加 364.4 亿元，同比多增 88.7 亿元；定期储蓄存款余额 4957.2 亿元，比 2004 年增长 25%，比年初增加 991 亿元，同比多增 437.9 亿元。进入 2005 年，在人民币储蓄比年初增加额中，定期存款所占比重一路走高，达到 73.1%（见图 3）。

存款的定期化趋势主要有三个原因：一是城市居民收入增速高于支出，城市居民人均可支配收入累计同比增长 12.9%，而人均消费性支出累计增长 8.6%；二是人民币升值和 2004 年利率调整的原因，2005 年国内居民累计结汇 74.3 亿美元，比 2004 年增长 51.4%；三是国债发行规模减少，2005 年发行 309.9 亿元，同比减少 144.5 亿元。

图 3　2004—2005 年人民币储蓄存款累计同比增长　　单位：%

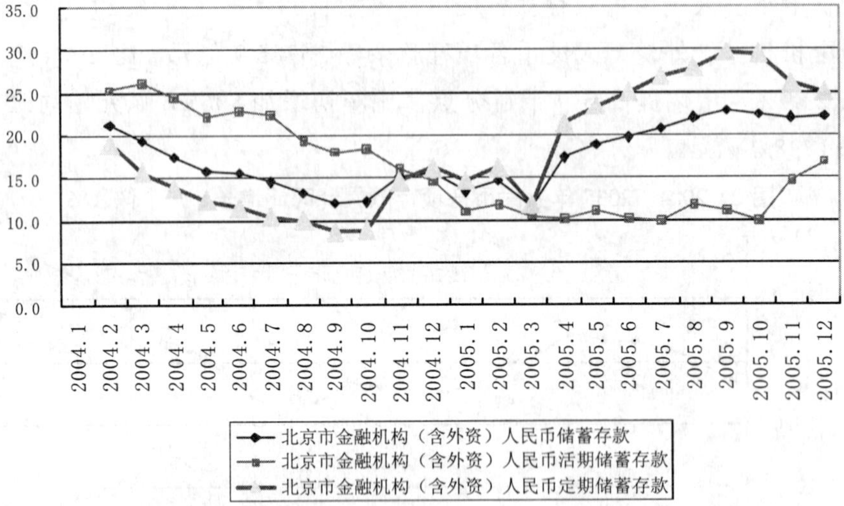

3. 外币储蓄存款持续减少

2005 年，受人民币升值的影响，外币储蓄存款余额持续减少，比年初增加额也在逐月递减。北京市金融机构（含外资）外币储蓄存款余额 103.8 亿美元，比 2004 年下降 16.7%，比年初减少 20.8 亿美元，比 2004 年同期多减少 6.8 亿美元。其中，活期储蓄存款余额 25.8 亿美元，同比下降 10.8%，比年初减少 3.1 亿美元。定期储蓄存款余额 78.0 亿美元，比 2004 年下降 18.5%，比年初减少 17.7 亿美元。

4. 人民币贷款总量得到控制，逐月增速普遍低于 2004 年同期，稳健的货币政策效应显现

2005 年，北京市金融机构（含外资）本外币各项贷款余额 15335.5 亿元，比 2004 年增长 14.7%，比年初增加 1993.1 亿元，同比多增 79.7 亿元。其中，金融机构（含外资）人民币贷款余额 13834.5 亿元，比 2004 年增长 11.6%，与 2004 年 11.4%的增幅基本持平，比年初增加 1462.4 亿元，同比少增 159.9 亿元，其中，人民币短期贷款余额 4805.8 亿元，比 2004 年增长 4.7%，比年初增加 272.9 亿元，同比少增 255.0 亿元；人民币中长期贷款余额 7884.5 亿元，比 2004 年增长 12.3%，比年初增加 825.0 亿元，同比少增 265.0 亿元。

贷款余额增速的回落充分体现出稳健货币政策对贷款总量的控制。从2004年初，金融机构（含外资）人民币贷款余额、人民币短期贷款余额、人民币中长期贷款余额的同比增长幅度一直呈现平稳下降的走势（见图4）。

图4　2004—2005年人民币贷款累计同比增长　单位：%

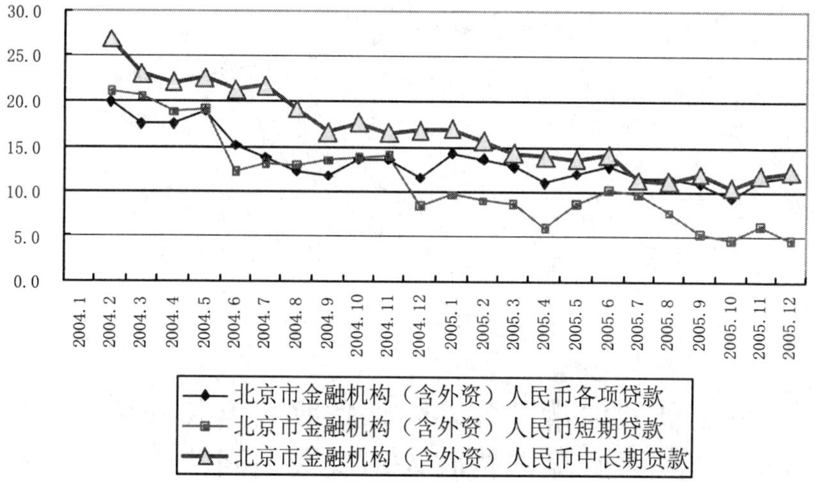

5．票据融资增长较快，直接融资重要性日益增强

2005年5月24日，央行颁布了《短期融资券管理办法》，使得部分大型企业可以在银行间债券市场发行短期融资券获得短期融资，减少了对银行贷款的依赖，促进票据融资大幅增长，直接融资逐渐成为企业又一重要的融资手段。2005年，人民币票据融资累计1117.1亿元，比2004年增长47.7%，比年初增加360.6亿元，同比多增371.6亿元；全年票据融资额占金融机构（含外资）人民币贷款比重的8.1%，比2004年提高2.1个百分点。

6．房地产贷款增速稳步回落

密切关注房地产市场变化，推动房地产金融健康发展，是稳健货币政策结构调控的集中体现。2005年3月17日，央行调整商行房贷政策，提高住房贷款优惠利率；3月底国务院出台八点意见稳定房价。在一系列政策的作用下，2005年房地产贷款余额增速逐月回落，从1

月末的 19.6%，下降到 12 月末的 12.1%，2005 年累计贷款余额 4412.8 亿元，比 2004 年增加 474.8 亿元，比年初增加 473.5 亿元（见图 5）。

图 5　2004—2005 年房地产贷款累计同比增长　　单位：%

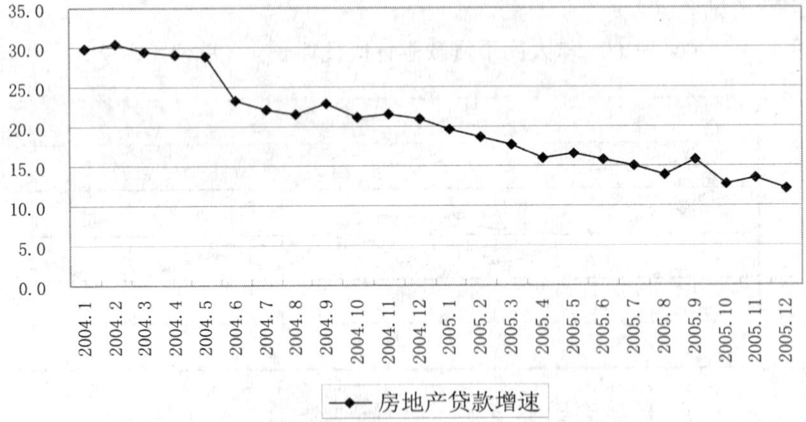

三、偶然因素导致寿险保费收入增长一倍，财产险保费收入增长大幅回落

2005 年 3 月，中意人寿向中石油签下一笔 200 亿元人民币的团险大单，这是外资寿险公司签订的中国有保险业务以来价值最高的一笔团险合同。受这一偶然因素影响，北京市全年实现保费收入 497.7 亿元，增长 78.2%，人身险保费收入 389.4 亿元，增长 1.2 倍。扣除这一因素，保费总收入增长 6.6%，人身险保费收入增长 5.8%。

2005 年北京市财产险保费收入累计实现 67.1 亿元，仅增长 1.3%，纵向对比可以看出，这是从 2000 年以来，财产险增长最为缓慢的一年，增幅比 2004 年回落了 25.5 个百分点（见图 6）。导致财产险市场停滞不前的原因是占据财产险市场份额 71.5%的车险业务保费收入仅增长 3.5%，完成 48.0 亿元，增幅比 2004 年回落 28.2 个百分点。

图 6　2000—2005 年财产险保费收入累计同比增长　单位：%

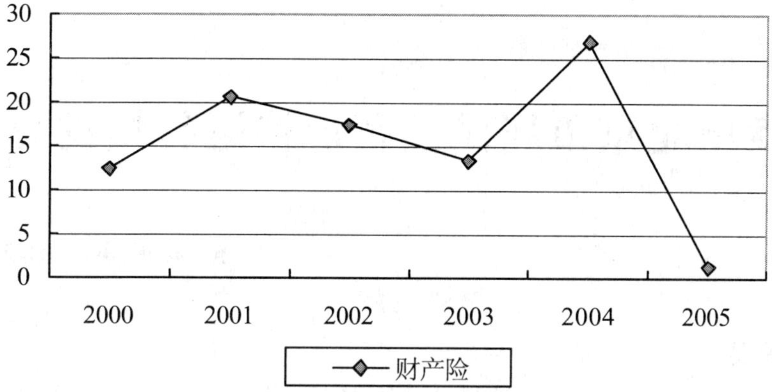

四、证券市场改革步伐加快，总体走势未能扭转

2005 年，北京市证券市场交易额累计达到 9322.5 亿元，比 2004 年下降 49.6%。其中，股票交易累计实现 4343.7 亿元，下降 40.1%；国债交易累计实现 305.4 亿元，下降 54.5%；基金交易累计实现 91.3 亿元，增长 15.7%；总体成交情况未能扭转长期以来的下行走势。

2005 年 5 月 8 日，酝酿已久的股权分制改革正式启动，三一重工、紫江企业、清华同方、金牛能源 4 家上市公司被确定为首批股权分置改革试点企业，6 月 20 日推出第二批股权分置改革试点公司名单，标志着股权分置试点工作进入实质操作阶段。股权分置意味着大量非流通股可以转变为流通股，不仅有利于中国证券市场的体制改革，还有利于我国社会主义市场经济体制的完善。8 月 22 日，宝钢权证在上证所开始交易。这是继 1996 年被叫停以来，首次重新登陆资本市场。受股改利好的影响，2005 年 6 月和 8 月股票市场成交情况出现短暂的回暖迹象，成交额分别为 423.5 亿元和 595.3 亿元，环比增长 101.1%和 106.1%，全年共有 6 个月交易情况好于本年上月。

2005年北京市居民消费价格运行情况分析

◆ 赵超美　盛宏清

内容提要

2005年，北京市居民消费价格走势平稳，全年居民消费价格总水平上升1.5%，涨幅比2004年提高0.5个百分点。食品、居住类价格上涨是拉动总指数上升的主要因素，但是用类商品价格下降减缓了价格总水平上升的压力。

2005年，随着国家各项宏观调控措施的落实，投资需求过旺的势头逐步放缓，上游产品涨价幅度有所回落。同时，以粮食为主的农产品价格保持基本稳定，年内未出台地方政府管理的政策性调价项目。因此，居民消费价格水平趋于稳定。虽然全年居民消费价格同比上升1.5%，高于2004年0.5个百分点，但是由于基本生活必需品价格平稳，居民对涨价问题的担忧大为缓解。

一、2005年居民消费价格指数基本情况

与2004年相比，2005年居民消费价格总指数为101.5%，较2004年的101%提高了0.5个百分点。

在居民消费价格指数中，八项大类指数呈现“三升四降一持平”的特征。其中食品、衣着、居住类价格分别上升4.9%、0.1%和5.9%，共影响总指数上升2.12个百分点；家庭设备用品及维修服务、医疗保健和个人用品类价格分别下降0.3%和2%，共影响总指数下降0.26个

百分点；交通和通信、娱乐教育文化用品及服务类价格分别下降 2.5%和 0.3%，共影响总指数下降 0.37 个百分点；烟酒及用品类价格与 2004 年持平。

在居民消费价格指数上升的 1.5 个百分点中，2004 年涨价对 2005 年的滞后影响约为 1 个百分点，年内新涨价因素约为 0.5 个百分点。在新涨价因素中政策性调价影响约为 0.05 个百分点，市场自发涨价影响约为 0.45 个百分点。

二、居民消费价格运行特点

1．居民消费价格指数呈平稳回落的运行趋势

从 2005 年各月指数的运行轨迹看，居民消费价格指数呈平稳回落的态势。由于与 2004 年春节不同月，1、2 月份指数分别为 100.8%和 102.8%，为全年中的最低点和最高点。3 月份后，由于 2004 年涨价滞后影响的减少，指数总体呈现平稳回落的运行趋势（见图 1）。

图1　2005年居民消费价格指数变化情况　单位：%

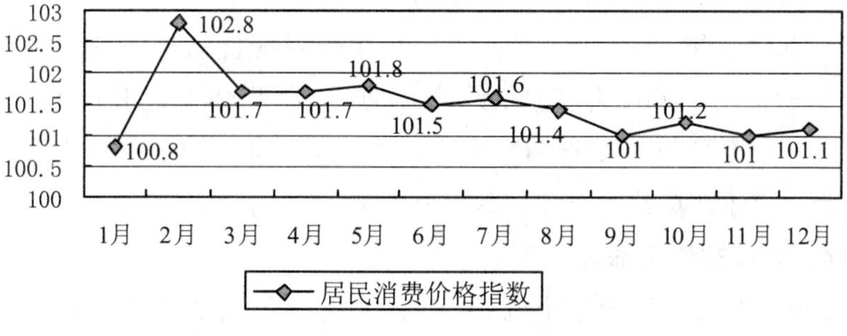

2．服务项目价格波动较大

与消费品价格相比，服务项目价格波动较大。1 月份指数为 100.0%，2 月份上升到 102.6%，3 月份降到 100.8%，7 月份回升到 102.2%，9 月份又再次回落到 100.8%，10 月份又回升到 101.2%，随后稳步回落到 12 月份的 100.4%。服务项目价格的波峰集中在春节、“五一”黄金周、暑假和“十一”黄金周期间。服务项目价格波动较

大主要是由于旅行社收费和飞机票优惠打折，文娱费以及个人服务收费项目等价格波动的影响。

图 2 2005 年服务项目和消费品价格指数运行情况 单位：%

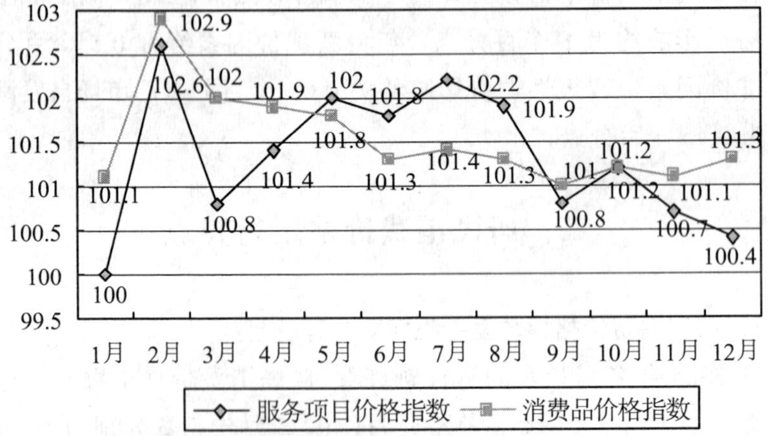

3．食品类涨价仍是拉动总指数上升的重要因素

在八项大类指数中，食品类涨价仍然是拉动总指数上升的重要因素。2005 年食品类价格涨幅为 4.9%，比 2004 年的 4.8%高出 0.1 个百分点。涨价主要集中在鲜菜、鲜果和在外用膳食品上，其中鲜菜价格上升 11.9%，比 2004 年高 16.9 个百分点；鲜果价格上升 11%，比 2004 年高 6.9 个百分点；在外用膳食品价格上升 5.4%，比 2004 年高 0.4 个百分点。上述几项共影响总指数上升 0.93 个百分点。

4．居住类价格涨幅较高

2005 年居住类价格上涨 5.9%，是八大类指数中涨幅最高的，比 2004 年高出 4.5 个百分点。其中水价上涨 14.4%，电价上涨 7.7%，房屋贷款利率上涨 7.9%，共影响总指数上升 0.49 个百分点。水、电价格上涨是由于 2004 年调价的滞后影响，而房屋贷款利率的上涨，则是由于国家为遏止炒房行为、抑制住房价格过快上涨，出台了调整住房贷款利率的措施，经过 2004 年 10 月 29 日和 2005 年 3 月 17 日两次调整，5 年以上住房贷款利率由 5.04%提高到 5.51%。

5. 大多数工业消费品价格保持降价态势

工业消费品在居民消费篮子中约占30%，大多数工业消费品降价对2005年的价格稳定起着重要作用。2005年，除了个别商品，如电冰箱、热水器、首饰等涨价外，大多数工业消费品价格继续下降。衣着类中的衣着材料降价0.5%，鞋袜帽降价3.5%；家庭设备中的耐用消费品降价0.3%，室内装饰品降价1.8%，床上用品降价2.4%；医疗类中的中药降价8.9%，西药降价2.8%；交通工具降价4.3%，通讯工具降价24.4%；文娱耐用消费品降价5.1%，其中电视机、影碟机、摄像机、照相机等降价幅度在3.4%至9.5%之间。

6. 北京市居民消费价格走势与全国及36个大中城市基本一致

2005年，北京市居民消费价格走势与全国及36个大中城市基本一致。1月到2月，价格指数都是由低向高运行。3月份以后，价格指数都呈现稳定回落的态势。

三、价格变动的主要原因

2005年前两个月，北京市居民消费价格波动幅度较大，然而，在随后的10个月里，居民消费价格运行总体上逐步趋向平稳，涨幅逐步回落。居民消费价格涨幅逐步回落主要由如下因素决定：粮食价格渐趋平稳；上游产品价格对居民消费价格的上拉作用基本结束；房地产投资增幅回落较大。

1. 粮食价格渐趋平稳

2004年居民消费价格水平上升压力加大的一个重要原因是粮食价格迅猛上涨。为了增加粮食供给，国家出台了一系列惠农增收的政策。2005年，我国粮食生产喜获丰收，粮食供求缺口基本消除。这为粮食价格的稳定奠定了基础，也为食品类价格的稳定奠定了基础。1月份，粮食价格指数为116.5%，12月份下降到101.2%。2005年粮食累计涨价4.6%，远远低于2004年的20.6%。

2．上游产品涨价对居民消费价格的上拉作用逐步减弱

进入 2005 年，原材料、燃料、动力购进价格和工业品出厂价格从高位逐步双双回落。原材料、燃料、动力购进价格涨幅由 5 月的高峰值 14.46%逐步下降到 12 月的 6.28%。工业品出厂价格涨幅由 4 月的高峰值 4.59%下降到 8 月的 0.56%。9 月以后，工业品出厂价格涨势有所扭转。9—12 月，工业品出厂价格分别下降 0.57%、2.12%、2.45%和 2.02%。一般情况下，上游产品涨价对居民消费价格的上拉作用时间是 9 到 18 个月。2005 年，生活资料出厂价格下降 0.91%。其中，耐用消费品价格下降 5.03%。因此，从 2004 年以来 24 个月的三大价格走势来看，上游产品对居民消费价格的上拉作用在 2005 年第四季度就基本结束。

图 3　2004 年 1 月—2005 年 12 月原材料等购进价格、工业品出厂价格和居民消费价格走势图　　单位：%

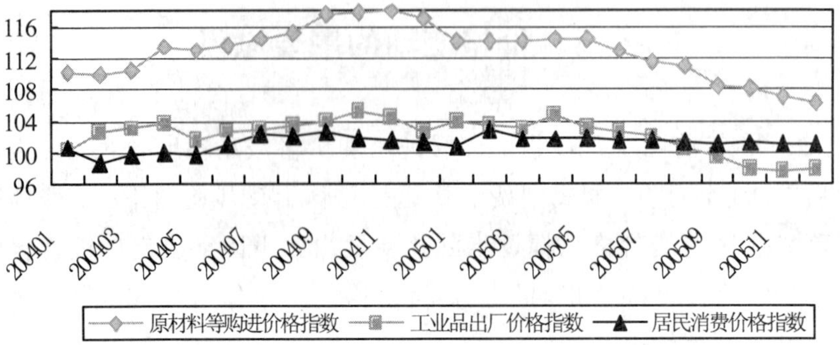

3．房地产投资增长速度回落幅度较大

北京市的房地产开发投资在全社会固定资产投资中占一半以上。2005 年，受国家房地产调控政策的影响，房地产开发投资增幅回落的幅度比较大。房地产开发投资较大幅度回落使对原材料等产品和一些生产资料产品的需求相对减少，直接导致居民消费篮子中的一些耐用消费品价格、建房装修材料价格和一些服务项目价格随之下降。

北京市居民消费价格涨幅逐步回落的同时，结构性涨价特征仍然比较明显，涨价商品多集中在食品类和居住类，且肉、蛋、菜、果价格波动较大。其原因如下：

（1）气候条件、运输条件、禽流感的影响。气候条件对2005年的鲜菜、鲜果价格影响比较大。2月份北京周边地区降雪使鲜菜运输受阻，批发市场交易量下降；4、5月份受油价影响，菜果运输成本上升；7、8月份全国范围出现的台风、暴雨和高温天气对菜果的生产、采摘、运输都造成了不利影响；年底时山东、河南等地方出现大风降雪天气，对北京市菜果价格上拉作用明显。2005年第四季度，鲜菜价格指数分别为113.4%、118.0%和122.0%，鲜果价格指数分别为113.2%、116.0%、113.0%。此外，运输成本增加致使牛、羊肉价格上涨，而国内禽流感疫情使禽、蛋类价格出现波动。

（2）政策性调价的影响。2004年8月和11月，北京市先后调整了自来水和民用电价，自来水价格上调了27.6%，民用电价格上调9.1%，10月份各商业银行统一上调了住房贷款利率，加之2005年3月份再次提高住房贷款利率，政策性调价滞后和新涨影响，拉动居住类价格上升4.2%，占居住类总涨幅的7成以上。

四、2006年居民消费价格走势预计

综合考虑涨价因素和降价因素，我们预计2006年居民消费价格将保持小幅上升的趋势，全年上涨幅度在1%至2%之间。主要依据如下：

1．煤、电、油、气等能源紧张状况依然存在，与其相关的商品价格面临涨幅加大的压力

2005年国际石油价格一直在高位动荡徘徊，2006年高油价大幅回落的可能性较小。高油价直接影响居民消费中的汽车燃油价格、民用燃气价格、交通运输费用和一些服务费用。能源价格上扬最容易拉动居住类价格、交通运输费用和服务项目价格上涨。

2．服务项目价格的涨幅将呈现上升趋势

服务项目在居民消费篮子中约占30%，2005年服务项目价格累计上涨1.3%。由于水、电、油、气和劳务费用在2006年的上涨压力较大，

我们预计一些随行就市的服务项目，如美容美发、保姆费用、小时工、车辆修理服务、家庭维修服务等上涨较快，政策性调价项目，如交通费、医疗费用、旅行费用等上涨压力较大。

3．气候影响及其他不确定因素

气候条件是影响农业生产的重要因素，也是影响农产品价格的决定性因素，其中对鲜菜、鲜果价格的影响尤为突出。此外，禽流感疫情等偶然因素，也会影响到禽蛋类价格的稳定。

4．以粮食为主的农产品价格趋于稳定

粮食、油脂、肉、禽、蛋等基本生活消费品在2006年将保持价格稳定，这是食品类价格稳定的基石。我们预计2006年食品类价格涨幅可能不会超过2005年。

5．工业消费品供过于求的矛盾仍然十分突出

2005年，居民消费篮子中的大多数工业消费品价格呈现下降趋势。2005年9—12月，上游产品中的工业品出厂价格分别下降0.57%、2.12%、2.45%和2.02%。整个工业消费品市场供大于求的矛盾在2006年不会得到根本缓解。因此，我们预计大多数工业消费品价格可能会继续下降。但是，该降价因素不足以平抑上述涨价因素，整个居民消费价格将小幅上升。

2005年北京市工业品价格运行平稳

◆ 肖凤霞 赵 萍

内容提要

2005年，北京市工业品价格整体运行平稳。全年工业品出厂价格同比上升1.3%，增幅较2004年回落1.7个百分点；原材料、燃料、动力购进价格同比上涨11.4%，增幅较2004年回落2.8个百分点。从重点行业看，石油加工、煤炭开采、化学原料及制品、通讯设备计算机、黑色金属压延加工业是拉动北京市工业品价格总水平上升或下降的主要因素。

2005年，国际原油价格居高不下，受成品油、煤炭、有色金属等工业品价格上涨及钢材、通讯设备计算机等价格下跌的双重影响，北京市工业品价格整体运行平稳，但涨势趋缓。全年工业品出厂价格同比上升1.3%，增幅较2004年回落1.7个百分点；原材料、燃料、动力购进价格同比上涨11.4%，增幅较2004年回落2.8个百分点。

一、全年工业品价格运行轨迹

纵观2005年工业品出厂价格运行轨迹，1—8月工业品出厂价格承接2004年的势头继续上涨，但涨势趋缓，涨幅除4、5月份略有反弹外，其他各月逐月回落。9月份掉头下跌，连续4个月呈现下降态势。全年价格指数的最高点在1月份，为103.9%，最低点在11月份，为97.6%，落差为6.3个百分点。

原材料、燃料、动力购进价格，1—8 月以两位数攀升，9 月开始涨势明显趋缓，上涨幅度也降至一位数，且从 6 月份开始，其涨幅则以平均每月近 1.2 个百分点的幅度回落，到 12 月已降至全年最低点，为 106.3%，比 5 月份的最高点 114.5%，回落 8.2 个百分点（见图 1）。

图 1　2005 年工业品出厂、原材料购进价格走势图　　单位：%

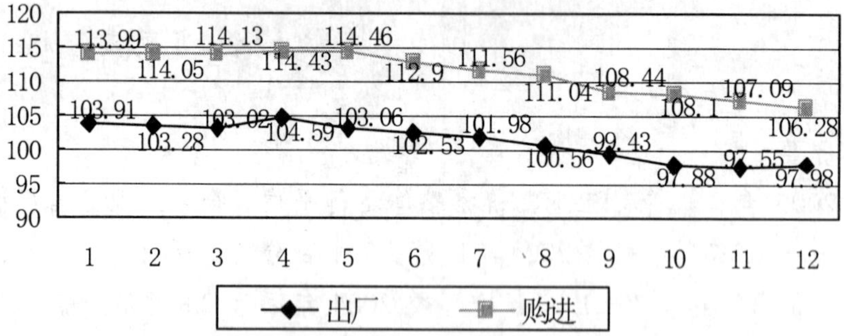

二、全年工业品价格变动的主要特点

1．生产资料与生活资料出厂价格涨跌并存

2005 年，生产资料出厂价格的走势与全部工业品出厂价格的走势基本相同，全年同比上涨 1.9%，影响工业品出厂价格总水平上升 1.5 个百分点。在生产资料中，采掘工业价格上涨幅度最大，同比高达 48.0%；原料工业价格涨幅也较高，上涨 10.4%；加工工业价格下降 2.1%；生活资料出厂价格同比微降 0.9%，影响工业品出厂价格总水平下降 0.2 个百分点。在生活资料四大类出厂价格中，与 2004 年相比，除耐用消费品类价格下降 5.0%外，食品、衣着和一般日用品类价格分别上涨 1.0%、1.7%和 1.5%。

2．近八成行业的产品出厂价格呈上涨态势

在北京市监测的 35 个行业中，有 26 个行业的产品出厂价格呈上升趋势，上涨面达 74.3%。其中，涨幅居前三位的行业依次为煤炭开采和洗选业、工艺品及其他制造业和石油加工、炼焦及核燃料加工业；

有 8 个行业的产品出厂价格呈下降趋势，其中，降幅最大的三个行业依次为黑色金属冶炼及压延加工业、通信设备、计算机及其他电子设备制造业和非金属矿采选业。

3. 九大类原材料、燃料、动力购进价格“八升一降”

在北京市调查的 9 大类原材料、燃料、动力购进价格中，除农副产品类价格下降 3.7%外，其余 8 大类价格全部呈上涨态势。其中，有色金属和电线类、燃料动力类、化工原料类产品的价格上涨较高，涨幅分别为 23.3%、17.1%和 14.9%，分别影响原材料、燃料、动力购进价格总水平上升 3.1 个、2.3 个和 4.1 个百分点。从全年这三类购进价格中占权重较大的产品看：燃料、动力类中，天然原油、洗精煤和无烟煤同比分别上涨 36.2%、24.7%和 25.8%，分别影响原材料价格总水平上升 1.2 个、0.4 个和 0.2 个百分点；有色金属和电线类中，紫铜材和黄铜材同比上涨 26.2%和 22.5%，分别影响原材料价格总水平上升 1.5 个和 1.2 个百分点；化工原料类中，丁腈橡胶、ABS 板材和 PVC 制品同比上涨 24.1%、33.1%和 12.7%，分别影响原材料价格总水平上升 0.9 个、1.2 个和 0.3 个百分点。

三、主要行业产品价格变动走势及因素分析

1. 石油加工、炼焦及核燃料加工业产品价格上涨明显

今年以来，国际原油价格一路飙升，屡创新高。纽约市场原油期货价格从年初每桶 40 多美元大幅攀升至 8 月底每桶 70 多美元的历史最高价格，虽然到年底油价有所回落，但是仍然高达 60 多美元。受此影响，国内市场原油价格也始终处于高位。对此，国家发改委年内先后 5 次调整国内成品油价格（包括 1 次降价）。今年，北京市石油加工、炼焦及核燃料加工业产品出厂价格同比上涨 18.1%，影响工业品出厂价格总水平上升 1.2 个百分点，成为推动工业品价格上涨的首要因素。其中，精炼石油制造业产品出厂价格上涨 19.7%。成品油中的汽油、柴油和航空煤油出厂价格分别上涨 26.4%、20.7%和 23.0%。

2. 煤炭开采及洗选业产品价格持续大幅攀升

煤炭价格自2004年5月份以来，已连续20个月以两位数持续大幅攀升。全年该行业产品出厂价格同比上涨52.4%，增幅较2004年扩大35.5个百分点，影响工业品出厂价格总水平上升0.8个百分点，成为推动工业品价格总水平上行的又一重要力量。煤炭价格持续大幅攀升的原因：一是需求量快速增长。随着国民经济的持续快速增长，电力、冶金、炼焦等行业对煤炭的需求迅速增加。二是近两年来，由于许多煤矿事故频发，国家加大了矿业秩序整顿力度，清理关停小煤矿、停产整顿、加强煤炭安全生产，限制煤炭产量等，煤炭产品市场的供需矛盾仍不能得到根本缓解。三是交通运输部门加大了超载处罚力度，一定程度上形成运力紧张，加之汽、柴油涨价、运费上调等导致煤炭运输成本增加。四是部分企业担心煤炭价格会进一步上涨，从5月份开始就提前购入冬储煤，也对煤炭价格的不断上涨起到了助推作用。

3. 化学原料及化学制品制造业产品出厂价格先涨后降

该行业产品价格同比上涨6.3%，影响工业品出厂价格总水平上升0.4个百分点。其中，肥料制造业产品价格上涨幅度最大，为21.3%；基础化学原料制造业产品价格上涨10.1%；合成材料制造业产品价格上涨6.1%。

化学原料及制品制造业产品出厂价格的较大涨幅主要是上半年造成的。前4个月，该行业产品同比价格涨幅一直维持在25%左右的高位，5、6月份价格涨幅明显回落。从8月份开始，连续5个月出现负增长。其主要原因：一是目前石化市场高峰已过，正处于周期景气阶段的下降通道。从今年下半年起，随着大量石化装置改扩建和新装置的陆续开工建设和相继投产，石化产品供应偏紧的状况出现缓解。二是石化产品前期的高位受到了下游行业的抵制，石化产品价格对塑料制品、纺织品、橡胶制品价格传导作用受阻，这种价格传导受阻的作用力反传导上游行业后，出现了目前石化产品价格的下降。三是国内合成材料相关下游产品出口受阻，影响国内对石化产品的需求。我国出口的合成材料下游产品，如：塑料制品、纺织品和服装、轮胎等面临欧美国家限制的压力越来越大，特别是2005年4月后欧盟和美国对中国纺织服装类产品实施“特保”措施或重新设限，对国内合成材料的需求受到一定程度的抑制，使得价格难以回升。

4．通信设备、计算机及其他电子设备制造业产品价格持续在低位徘徊

受供大于求产能过剩影响，通信设备、计算机及其他电子设备制造业产品出厂价格自2004年9月以来连续16个月在低位徘徊，是抑制北京市工业品出厂价格总水平上升的最主要因素。与2004年相比，下降4.9%，影响工业品出厂价格总水平下降1.3个百分点。本行业大部分工业产品出厂价格处于下降趋势，如：电话单机、移动电话机、液晶显示屏、PC机、纯平显示器、扫描仪、打印机、液晶显示设备、显像管等均有不同程度的下降。

5．黑色金属冶炼及压延加工业产品出厂价格明显下降

今年以来，受国家控制固定资产投资过快增长和2004年基数较高影响，全年黑色金属冶炼及压延加工业产品出厂价格同比下降7.5%，增幅较2004年下降32.6个百分点，影响工业品出厂价格总水平下降0.6个百分点。从全年走势看，1—2月同比价格涨幅呈上升趋势；从3月至年末呈现阶梯式的下降态势。3—7月，该行业同比价格下降在10%以内；8—10月，又下一个台阶，在10%-20%之间；11—12月，再下一个台阶，在20%-30%之间。在该行业中，炼铁和钢压延加工产品出厂价格增幅回落幅度最大，与2004年相比，分别回落32.9个和32.8个百分点。其中，占权重最大的高速线材价格12月每吨为2544元，比2004年同期下跌1239元，下跌幅度为32.8%。

四、工业品出厂价格指数在京、津、沪、渝四个直辖市中位居第三位

全年北京市工业品出厂价格总指数为101.3%，高于天津(100.1%)1.2个百分点，分别比上海（101.7%）和重庆（103.0%）低0.4个和

1.7个百分点，比全国(104.9%)低3.6个百分点；原材料、燃料、动力购进价格总指数为111.4%，在四个直辖市中位居第一位，分别比天津（104.9%）、上海（106.8%）和重庆（108.2%）高6.5个、4.6个和3.2个百分点，同时高于全国（108.3%）3.1个百分点。

五、价格传导受阻使部分下游企业成本增加，利润空间缩小

价格传导受阻，使部分下游企业成本增加，利润空间缩小，甚至出现亏损和倒闭。从北京市监测的35个工业行业看，行业间产品的价格波动体现了“以初级产品为主的上游行业产品价格升势最为明显，中游行业产品价格紧随其后，下游行业产品价格不升反降”的特点。在生产资料产品出厂价格中，采掘工业和原料工业产品价格涨幅分别高达48.0%和10.4%，而加工工业价格则下降2.1%。由此可见，上游产品价格迅速上涨并未及时传导到下游产品中，上下游产品价格传导受阻，时滞延长，造成部分产品在生产成本不断增加的情况下，为了保住市场份额其价格不但没有上涨，反而还在下降，致使企业亏损面扩大。据调查，截止到11月份，北京市规模以上工业企业亏损面为38.2%，比2004年同期增加4.8个百分点。其中，国有企业亏损占55.2%，比2004年同期增加6.1个百分点。

2005年北京市工业品价格水平的变动，总体上还是上游产品价格涨幅较大，供需矛盾突出直接拉动了煤电油运及原材料价格的上涨，进而使其制约更加突出。但是，随着宏观调控作用的持续显现，“双稳健”政策的执行，原材料价格不断上涨的趋势在一定程度上得到抑制，同时由于多数工业产品特别是消费品目前仍呈供过于求状况，有效需求明显不足的情况下，工业品价格在2006年将继续保持相对稳定的走势。

2005年北京市城市居民家庭收支稳步增长

◆ 李小虎

内容提要

2005 年，北京市城市居民收入消费稳步增长，人均可支配收入 17653 元，比 2004 年增长 12.9%，扣除物价因素人均实际增长 11.2%。低收入家庭人均可支配收入为 8581 元，比 2004 年增长 15.9%，高、低收入户收入之比为 3.84∶1，与 2004 年 4∶1 相比差距略有缩小。2005 年，北京市城市居民人均消费支出 13244.2 元，比 2004 年增长 8.6%，扣除物价后实际增长 7%，增幅回落 1.6 个百分点。八大类消费"七升一降"，其中人均交通通讯支出增幅最高，比 2004 年增长 24.4%；购建房消费降温，人均居住支出同比下降 2.4%。

2005 年，北京市国民经济持续健康快速发展，人民生活质量不断提高，消费需求增长，市场繁荣，物价稳定，个人储蓄增加，居民家庭整体收入水平提升。

一、城市居民人均可支配收入稳步增长

2005 年，市委市政府继续实施积极的财政政策，千方百计创造就业机会，北京市城市居民人均可支配收入为 17653 元，比 2004 年增长 12.9%，扣除物价上涨因素实际增长 11.2%。

从收入分类看：城市居民人均家庭总收入为 19533.3 元，比 2004 年增长 14.1%。其中：人均工薪收入 13666.3 元，增长 17.9%，占总收

入的70%。近年工薪收入较快增长，是居民家庭收入较快增长的基础；居民人均经营净收入213.7元，增长20.4%；人均转移性收入5462.9元，增长5%；人均财产性收入190.4元，增长30.1%。财产性收入增长加快主要原因是北京市流动人口不断增加，房屋出租收入较快增长。2005年，北京市被调查的2000户城市居民家庭人均出租房屋收入达到134.1元，比2004年增长1.1倍。

表1　　城市居民人均可支配收入分类情况　　单位：元

项　目	2005年	2004年	增长（%）
家庭总收入	19533.3	17116.5	14.1
其中：可支配收入	17653.0	15637.8	12.9
1．工薪收入	13666.3	11590.4	17.9
2．经营净收入	213.7	177.5	20.4
3．财产性收入	190.4	146.4	30.1
4．转移性收入	5462.9	5202.2	5.0

二、低收入家庭就业人口增加，每一就业者负担有所减轻

2005年，市委市政府加大社会保障覆盖范围，增加对低收入群体的困难补助，同时在医疗、教育、居住方面对困难户实行补贴和学费减免等，相对提高了他们的收入水平。北京市被调查的2000户城市居民家庭中，占20%的低收入户人均可支配收入为8581元，比2004年增长15.9%，增幅高于平均水平3个百分点，比高收入组高4.7个百分点。高、低收入户收入之比为3.84∶1，与2004年同期的4∶1相比差距有所缩小。低收入户收入增长主要原因：

2005年7月份政府有关部门调整并相应提高居民最低生活保障相关待遇标准，低保金由2004年同期每人每月290元提高到300元，职工最低工资标准由2004年同期545元提高到580元。据城市住户调查资料，2005年，占20%的低收入组人均工薪收入6720.5元，比2004

年增长 21.4%。

2. 政府提高并增加了离退休人员的养老金，同时调整了失业保险金、伤残津贴、抚恤金等，低收入家庭人均转移性收入达到 2730 元，比 2004 年增长 9.6%。

3. 低收入家庭就业人口增加，负担有所减轻。2005 年，20%低收入家庭平均每户就业人口为 1.5 人，比 2004 年增长 4.2%；平均每个就业者负担人口 1.74 人，比 2004 年降低 3.9%。

三、京、津、沪、渝、穗
五城市居民收入排序北京市位居第三位

2005 年，京、津、沪、渝、穗五个城市居民人均可支配收入排序中，北京市城市居民人均收入 17653 元，居第三位。上海市人均收入 18645 元，居首位；广州市人均收入 18287 元，居第二位；天津市人均收入 12639 元，居第四位；重庆市人均收入 10244 元，居第五位。从增长幅度看，北京市居民人均可支配收入比 2004 年增长 12.9%，居首位；上海市增长 11.8%，居第二位；重庆市增长 11.1%，居第三位；天津市增长 10.2%，居第四位；广州市增长 8.3%，排在第五位。

表 2　　五城市居民人均可支配收入及消费支出情况

项　目	北京	上海	天津	重庆	广州
可支配收入（元）	17653	18645	12639	10244	18287
收入增幅（%）	12.9	11.8	10.2	11.1	8.3
消费支出（元）	13244	13773	9653	8623	14468
支出增幅（%）	8.6	9.0	9.7	8.2	10.3

四、居民消费支出平稳增长，生活质量进一步提高

2005 年，北京市城市居民消费需求继续保持平稳增长的态势。人均消费支出 13244.2 元，比 2004 年增长 8.6%，扣除物价影响人均实

际增长 7%，增幅回落 1.6 个百分点。八大类消费呈“七升一降”，其中食品、衣着、医疗、交通通讯和杂项商品支出增幅均在 7%以上，最高的是交通通讯支出，增长 24.4%。文化教育和家庭设备用品支出增幅趋缓，分别增长 3.3%和 3.4%。受购建房支出下降因素影响，居民人均居住支出下降 2.4%。

从消费支出构成看：食品支出占消费支出的比重最高，为 31.8%，比 2004 年下降 0.4 个百分点；其次为文化教育支出，占 16.5%，比重下降 0.8 个百分点；交通通讯支出占 14.7%，居第三位，上升 1.9 个百分点；医疗保健支出占 9.8%，居第四位；衣着支出占 8.9%，居第五位；居住支出占 7.9%，居第六位；家庭设备用品和杂项商品支出占 6.4%和 4%，分别居第七和第八位。

表 3　**居民八大类消费支出构成情况**　单位：%

项　　目	2005 年	2004 年	增减百分点
人均消费支出	100	100	—
1．食品	31.8	32.2	-0.4
2．衣着	8.9	8.7	0.2
3．家庭设备用品	6.4	6.8	-0.4
4．医疗保健	9.8	9.7	0.1
5．交通通讯	14.7	12.8	1.9
6．文化教育娱乐	16.5	17.3	-0.8
7．居住	7.9	8.7	-0.8
8．杂项商品及服务	4.0	3.8	0.2

1．关注绿色食品，把握营养平衡

2005 年，居民生活质量继续提高，粮油类消费趋缓，副食品消费上升，人均食品支出 4215.6 元，比 2004 年增长 7.4%，扣除食品价格上涨因素影响实际增长 2.4%。食品消费中，人均粮油类支出增长 2.8%，增幅回落 9.1 个百分点。食品占消费支出的比重为 31.8%，同比回落 0.4 个点。居民关注绿色食品，把握营养平衡成为消费趋势。2005 年，居民人均干鲜瓜果类支出增长 15.3%，人均糕点奶及奶制品支出增长 6.4%，人均糖烟酒饮料类支出增长 12.1%，增幅分别比 2004 年上升 9.9、2.5 和 3.1 个百分点；肉禽蛋水产品、蔬菜等消费支出分别比 2004 年增长 5.6%和 2.7%。生活节奏加快，快餐及方便食品受到青睐，饮食服务消费较快增长，居民人均在外餐饮支出达到 1147.4 元，比 2004 年增长 8.4%，占食品支出的比重为 27.2%，上升 0.3 个百分点。

2. 消费观念不断更新，衣着支出较快增长

收入增加、生活水平的提高，居民消费观念也不断更新，一些手感好、面料新、个性化强的服装受到欢迎。2005 年，居民人均衣着支出 1184.1 元，比 2004 年增长 11.4%。其中人均购买各类服装支出 803.2 元，比 2004 年增长 10.8%。从衣着构成看：女士服装所占比重最高，为 57.4%；男士服装占 38.3%；儿童服装占 4.3%。鞋类消费增长较快，人均支出 296.2 元，增长 15.7%。

3. 交通通讯消费成为亮点，汽车、手机拥有量不断提高

近两年，北京市城市道路建设取得明显成效，五环路的全面开通，城铁和轻轨的拓展延伸，公交系统增加环保车辆并扩大载客容量，居民家用汽车越来越普及，手机拥有量明显提高，2005 年，居民人均交通通讯支出 1943.5 元，比 2004 年增长 24.4%。其中：人均交通费支出 1100.7 元，增长 36.1%；人均通讯费支出 842.8 元，增长 11.9%。汽车百户拥有量达到 14.1 辆，增长 11.9%；手机百户拥有量达到 190 部，增长 15.5%。与汽车相关的汽油、零配件、修理服务等项消费支出也呈较快增长趋势，2005 年，居民人均车辆燃料及零配件支出增长 25.2%，人均交通工具服务支出增长 19.8%。

4. 居民教育费负担有所减轻，文化娱乐支出平稳增长

2005 年，北京市教育部门加大改革力度，强化学生素质教育，增加助学贷款，减免学杂费，北京市居民人均教育费支出 924.7 元，下降 5.1%。教育费中：人均义务教育学杂费下降 10.7%，非义务教育学杂费下降 11.3%，成人教育费下降 6%，培训班费增长 10.4%。2005 年，北京市城市居民人均文化娱乐服务支出 1261.9 元，比 2004 年增长 10.6%。其中；人均文化娱乐用品支出 677.5 元，增长 11.7%；人均文化娱乐服务支出 584.4 元，增长 9.3%。娱乐服务同时带动旅游消费升温，人均参观游览支出增长 18.8%，人均团体旅游支出增长 6.1%。

5. 居民节能意识增强，水、电、燃料支出增幅明显回落

自水、电、煤调价以来，北京市居民节能意识进一步增强，2005 年，城市居民人均自来水、电、燃料费支出 527.7 元，仅比 2004 年增长 0.1%，与 2004 年 20.1%的增幅相比回落 20 个百分点，是五年来水、电、燃料支出增幅最低的一年（2000 年至 2004 年，北京市城市居民人均水电燃料合计支出平均每年增长 13.1%）。2005 年，居民人均使用自来水 27.5 吨，比 2004 年下降 11.3%；人均用电 527.3 度，下降 15.5%；人均使用管道煤气 53.2 立方米，增长 4.1%。

6. 购建房消费降温，居民人均居住支出下降

2005 年，北京市商品住宅、期房预购降温，居民购建房支出下降，受此影响，居民人均居住支出比 2004 年下降 2.4%。居住支出中，人均房屋租赁支出下降 9%，住房装修支出下降 9.4%。和居住相关的用品用具消费也呈下降趋势，室内装饰品支出下降 18.8%，床上用品支出下降 9.5%。

五、存在的问题

1. 房价偏高超过普通消费者承受能力

据城市 2000 户住户调查资料显示，2005 年北京市被调查的城市居民人均可支配收入为 17653 元，平均每月人均可支配收入 1471 元。由于商品房价格偏高，一个三口之家即使没有任何消费，户均月收入买不下 1 平米的商品房面积。在当前经济适用房供应比较紧缺情况下，众多需要改善住房条件的中、低收入者只能望楼兴叹。调查显示，2005 年，北京市居民人均购建房支出 1104.8 元，比 2004 年下降 30.1%。购建房支出占非消费支出的比重由 2004 年 39.9%降至 28.1%，回落近 12 个百分点。

2．药费支出增长居高不下

近几年，虽然政府为减轻群众医疗负担做了很多努力，但“药价虚高”现象仍没有从根本上解决，居民药费支出居高不下，部分降价药品不能从根本上降低居民药费负担过重问题，群众得不到实惠。2005年，北京市城市居民人均药费支出640.9元，比2004年增长14.5%，增幅同比上升9.3个百分点；人均医疗费支出378.5元，增长9.2%。

3．储蓄存款增加，消费倾向回落

由于北京市期房和商品住宅预购降温，加上股市不景气，居民投资渠道窄，持币待购现象增多，2005年，被调查的居民家庭人均银行存款、借出款及其他借贷支出5896.8元，比2004年增长21.5%，增幅同比上升4.4个百分点。北京市城镇居民储蓄存款余额达到6968.9亿元，比2004年增长22.4%，储蓄增加额1276.1亿元，比年初增长66.5%，消费倾向相应回落。2005年，居民家庭消费倾向（指消费支出占可支配收入比重）为0.75，与2004年0.78相比，回落0.03；边际消费倾向（指变动的收入中的消费变动额）为0.518，与2004年0.613相比也呈下降趋势。

储蓄增长加快和消费倾向回落主要原因是，北京市中、低收入阶层受就业、收入、住房、医疗、教育等多种因素影响，未来生活不可预期心理有所加重。同时，消费市场一些不规范行为、不合理收费及食品安全等也妨碍了居民消费。因此，政府及有关部门应继续加大投入力度，提高中、低收入者的收入水平；完善社会保障制度，提高医疗和养老保险覆盖范围；打击商品生产及流通领域的不法行为，保护消费者合法权益，提高居民消费信心。

2005年北京市开发区发展状况

◆ 李洁昕

内容提要

本文根据2005年北京市28个开发区统计结果，从开发区分布、土地规划、招商引资等方面对开发区的基本情况进行了介绍，并从生产、经营、结构等方面对开发区的5个发展特点进行了分析，反映了北京市开发区2005年的发展状况。

2005年，北京市清理整顿后保留和拟保留的28家开发区整体经济运行态势良好，主要经济指标稳步增长。截止到2005年末，北京市28个开发区规划土地面积193.3平方公里，累计入区企业34630家，其中投产企业25723家，分别比2004年末增加5271家和1839家，全年实现总收入6448.4亿元，比2004年增长29.9%，其中出口销售收入995.1亿元，增长68.9%；实现利润357.2亿元，增长13%；应缴税金267.6亿元，增长22.2%。清理整顿后的开发区保持了健康蓬勃的发展势头，在首都现代化建设中发挥着重要的作用。

一、北京市开发区分布及规划建设状况

1．开发区分布

不断整合中的开发区形成了各具特色、功能多样的格局。2005年，清理整顿后的北京市经济技术类、高新技术产业类、特色工业园类等各类开发区共有28个。产业发展重点集中于电子信息、生物工

程和新医药、光机电一体化、汽车及零部件、新材料、新能源等，形成了产业门类多、综合配套能力强、具有一定规模和特色的开发区集群。

按规格划分：经国务院批准设立的3个国家级开发区全部保留；经市政府批准设立的市级开发区保留了18个；经市政府所属部门、各区县政府批准设立的其他开发区拟保留了7个。

按分布区域划分：除北京经济技术开发区、中关村科技园区（包括海淀园、丰台园、昌平园、电子城、亦庄园、德胜园、健翔园七个园区）和北京天竺出口加工区3个国家级开发区外，其他主要分布在11个区县，其中通州区5个，大兴区、顺义区、怀柔区、平谷区各3个，房山区、延庆县各2个，石景山区、门头沟区、昌平区、密云县各1个。

按区县功能定位的标准划分：中关村科技园区由7个园区组成，其中亦庄科技园区又是北京经济技术开发区的一部分，因此33个独立园区分布状况为：首都功能核心区1个；城市功能拓展区5个；城市发展新区17个；生态涵养发展区10个。

2．开发区土地规划

开发区在开发建设过程中，坚持高起点、高标准、科学合理的园区规划。园区工业开发、基础设施建设与园区环境改善、生活服务配套同步，增强了开发区经济、社会可持续发展的能力。

2005年末，北京市28个开发区共完成区域性大类规划面积193.3平方公里，其中：工业用地84.94平方公里。累计达到七通一平土地开发施工面积85.36平方公里，完工80.34平方公里，分别比“九五”期末增加43.96平方公里和42.54平方公里，均增长1.1倍，土地开发完工率已达94.1%。2005年完成固定资产投资250.2亿元，比2004年增长20.2%，是2000年的2.3倍。目前开发区已形成87.89平方公里基础设施完善、人文环境良好、生态环境优美、交通快捷方便、服务体系健全的建成区，为首都周边增添了一道亮丽的风景。

3. 招商引资

2005年开发区严格入区企业的审批条件，全年引入企业5271家，虽然比2004年末只增加6家，但在项目引进质量和规模方面取得了新的突破，项目总投资815.8亿元，比2004年增长10.2%，项目平均投资1547.7万元，比2004年增加141.6万元。

外商投资资金实际到位情况良好。2005年引入三资企业549家，比2004年增加39家；外商实际投资13.1亿美元，比2004年增长24.9%。

开发区经过10多年的发展，企业构成已经进入由量变到质变的过程，由注重企业数量增长，发展到引进大投资、高起点、高品牌的项目中来，入区企业规模的不断扩大，为开发区的经济带来新的生机和活力，有力保障了开发区经济持续稳定的增长。截止到2005年末，累计招商入区企业共34630家，比“九五”期末增加21373家，增长1.6倍，其中三资企业3661家，比“九五”期末增加1466家，增长66.8%；注册资本3758.5亿元，是“九五”期末的5.2倍；外商实际投资80.7亿美元，是“九五”期末的2.1倍。

二、开发区经济运行特点

北京市开发区自1992年开始建设以来，经过十几年的发展，经济总量不断扩张，各项重要经济指标增幅都大大高于北京市平均增长速度，为社会创造了较大的财富，形成了城乡结合、互相依托、布局合理、协调发展的开放型经济发展格局。

2005年末，28个开发区投产（开业）企业已达25723家，比“九五”期末增加14710家；吸纳就业人员比“九五”期末增加49万人，达到了86.6万人。2005年北京市开发区实现总收入6448.4亿元，比2004年增长29.9%，比2000年增长2.2倍，其中出口销售收入995.1亿元，比2004年增长68.9%，比2000年增长3.5倍；利润总额357.2亿元，比2004年增长13%，比2000年增长2倍；应缴税金267.6亿元，比2004年增长22.2%，比2000年增长2.1倍。

1. 高新技术产业快速发展

以中关村科技园区为龙头的高新技术产业始终保持较快的发展势头，在拉动开发区乃至北京市经济增长方面起着重要的作用。到2005年末，中关村科技园区共认定高新技术企业24165家， 全年实现总收入4819.3亿元，比2004年增长30%，占北京市开发区比重74.7%，对北京市开发区增长贡献率达75%；北京市开发区73.4%的出口都在该园区，出口创汇91.3亿美元，比2004年增长1.2倍，拉动北京市开发区出口增加67.1个百分点；中关村科技园区集中了北京市开发区98.5%的高新技术企业，实现技术收入691亿元，占总收入比重的14.3%；实现利润总额270.2亿元，比2004年增长5.8%，占北京市开发区的75.6%；上缴税金167.5亿元，比2004年增长14%，占北京市开发区的62.6%。

2005年，标志着北京高新技术产业发展的“中关村指数”稳步攀升，从2月份的120.22点上升到9月份的138.55点，继而又上升到11月份140.93点。其分类指数中的经济增长指数、经济效益指数、技术创新指数、人力资本指数和企业发展指数均有不同程度的提升。中关村已经成为我国目前规模最大、实力最强、知名度最高的高新技术产业开发区之一，是首都经济的重要增长点。

2. 国家级开发区带动作用强

国家级开发区各项指标在北京市开发区中均居主导地位，对北京市开发区的经济建设起到决定性的作用。2005年，国家级开发区中投产开业企业21979家，占北京市开发区的85.4%，其中三资企业2518家，占北京市开发区三资企业的88.1%；国家级开发区实现总收入5123.2亿元，占北京市开发区的79.4%；实现利润总额291.4亿元，占北京市开发区的81.6%，上缴税金197.8亿元，占北京市开发区的73.9%。

3. 出口收入高速增长

2005年，北京市开发区出口收入始终保持大幅增长。全年完成出口收入995.1亿元，比2004年增长68.9%，全年平均增长率67.3%。

小开发区出口增幅快，出口额从无到有；大开发区出口份额大，一直是开发区出口创汇的主体。中关村科技园区、北京经济技术开发区和天竺空港工业区几乎占据了开发区全部的出口份额(见图)。(注：亦庄科技园区在中关村科技园区和北京经济技术开发区有重叠部分，其出口收入 434.6 亿元，占北京市开发区的 43.7%，占中关村科技园区的 59.5%，占北京经济技术开发区的 97.8%。)

图1　　开发区出口收入比例图

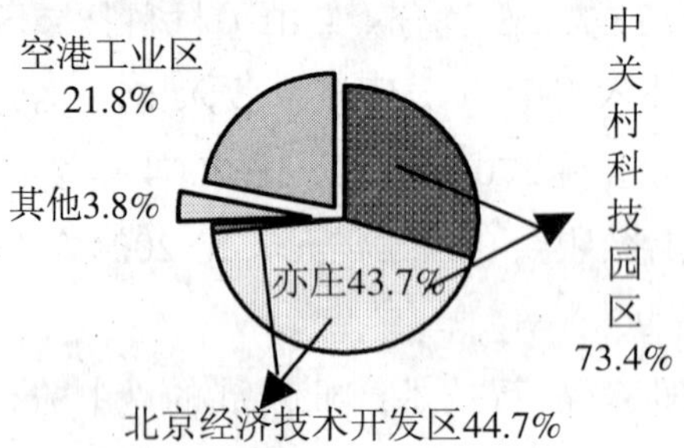

4. 开发区发展主要集中在城市功能拓展区和城市发展新区

城市功能拓展区和城市发展新区包括了中关村科技园区的“一区七园”和北京经济技术开发区等 18 个园区，2005 年该区域实现总收入占北京市开发区的 94.6%，其中城市功能拓展区占 55.9%，城市发展新区占 38.7%，是北京市开发区的经济主体。分布在城市功能拓展区和城市发展新区的开发区经济发展基本体现了区县功能定位的总体要求，表现在两个方面：

(1) 城市功能拓展区体现了科技创新和高新技术产业的发展。按照区县功能定位的要求，城市功能拓展区要推进科技创新和高新技术产业发展。该区域包括了中关村科技园区 4 个园和八大处高科技园区的共 19377 家高新技术企业，占北京市开发区高新技术企业的 76.3%。2005 年，该区域园区总收入占北京市开发区的 55.9%，其中技术收入 596.5 亿元，占北京市开发区的 82.9%，体现了科技创新和高新技术产业发展的特色。

(2) 城市发展新区体现了制造业的发展。城市发展新区是未来北京发展制造业的主要载体，任务之一是以国家级和市级开发区为依托，吸引国内外投资，吸引产业的转移和集中。该区域园区经济发展体现了上述要求：一是工业占有绝对优势，该区域园区全年工业总产值占其总产值的比重为96%；二是出口占有较大比重，2005年实现出口销售收入741.4亿元，占北京市开发区出口收入的74.5%。北京经济技术开发区在该区域中的作用明显，总收入1267亿元，占该区域园区总收入的50.8%；出口收入444.6亿元，占该区域园区出口收入的60%。

5．开发区效益逐渐好转，利润由亏转盈

2005年上半年开发区利润完成情况一直不理想，1—7月份各月累计利润均低于2004年同期水平，下半年开发区企业经营效益出现好转，到年末累计实现利润357.2亿元，比2004年增长13%，比4月份最低点的增幅提高66.9个百分点。其主要原因是由于中关村园区的扭亏为盈。上半年，园区大企业由于新旧产品转型、市场竞争、价格策略等因素造成电子信息行业效益整体下滑，从而导致了园区利润的下降，1—4月份利润总额仅为2004年同期的22.7%；到8月份，随着园区企业积极调整经营策略，上述问题有所缓解，利润基本持平，为2004年同期的98.6%；9—12月转亏为盈，利润大幅度增长，全年实现利润270.2亿元，比2004年同期增长5.8%。

三、存在的问题

1．开发区三资企业投资规模较2004年有所下降

北京市开发区三资企业招商项目总投资337.7亿元，同比下降5.3%；三资企业注册资本188.3亿元，同比下降16.9%，主要是因为国家级开发区下降19.8%，其中北京经济技术开发区下降42.1%，中关村科技园区下降37.2%。

2．区县级开发区作用不明显

2004年清理整顿后，区县级开发区为7个拟保留的开发区，其作用不明显表现在两个方面：

一是总体规模较小。区县级开发区各项主要经济指标所占北京市开发区比重均不到1%（见表1）。

表1 各级开发区主要经济指标

	企业个数		总收入		利润总额		税金总额	
	个	%	亿元	%	亿元	%	亿元	%
国家级	21979	85.5	5123.2	79.5	291.4	81.6	197.8	73.9
市级	3535	13.7	1284.5	19.9	63.1	17.7	67.6	25.3
区县级	209	0.8	40.7	0.6	2.7	0.7	2.3	0.8

二是土地产出收益（开发区产出收益指标与开发区累计已征用土地面积之比）较低。区县级开发区每公顷完成收入379.9万元，为市级开发区的11.3%，仅为国家级开发区的3.1%；每公顷上缴税金21.2万元，为市级开发区的12%，仅为国家级开发区的4.4%（见表2）。

表2 各级开发区土地收益情况

	每公顷总收入（万元/公顷）	每公顷税收（万元/公顷）
国家级	12405.0	478.9
市级	3368.1	177.2
区县级	379.9	21.2

这些问题需要我们在前一阶段清理整顿的基础上，按照“布局集中、用地集约、产业集聚”的原则，结合北京市城市区域功能定位和产业布局调整，对现有开发区进一步整合，强化中关村科技园区的创新带动作用，推进北京市高科技产业的自主创新和产业化，为北京市调整产业结构、转变经济增长方式、建设首都区域创新体系做出新贡献。

2005 年中关村指数稳步上升

◆ 姜 虹

内容提要

2005 年北京高新技术产业持续发展，中关村指数稳步上升，总指数从 2 月份 120.22 点上升至 11 月份 140.93 点，提高了 20.71 点。与 2004 年同期相比，各月的总指数均有不同程度提高。

2005 年，以中关村科技园区为核心的北京高新技术产业持续发展，中关村指数稳步攀升，总指数从 2 月份 120.22 点上升至 11 月份 140.93 点，提高了 20.71 点。其中经济增长指数和企业发展指数攀升幅度较大，是拉动总指数上升的主要因素；经济效益指数和人力资本指数上升缓慢；技术创新指数走势波动中趋于平稳。与 2004 年同期相比，各月的总指数均有不同程度提高，特别是进入四季度，各月的总指数比年初各月提高的幅度进一步加大，其中 10 月份比 2004 年提高了 26.3 点。

图1 2005年2月—11月北京市中关村指数图

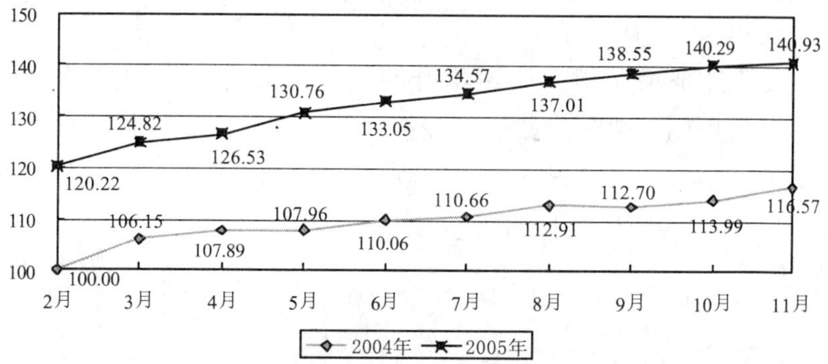

一、经济增长指数一路攀升，速度渐趋平缓

中关村指数五个分类指数中，经济增长指数上升最为迅速。10月、11月指数为205.32点和202.89点，继续保持200点以上的高位运行。与2004年同期相比，2005年各月份的经济增长指数都比2004年上升了45点以上。但是从2005年全年该指数走势可以看出：指数上升的速度趋于平缓。以6月份为分界点把全年分成两个阶段：6月份指数190.18点，比2月份上升了43.22点；11月份指数202.89点，比6月份上升了12.71点。第一阶段仅4个月的时间指数就提升了43.22点，而第二阶段5个月的时间指数只提升了12.71点，可见指数的上升速度趋于平缓。

图2　　2005年2月—11月经济增长指数图

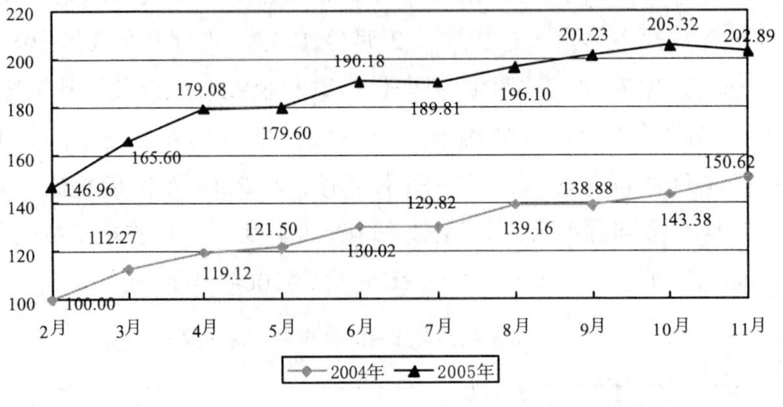

拉动经济增长指数高速攀升的重要指数是出口创汇总额指数。2005年出口创汇总额指数一直保持着相当高的走势，是所有指数中走势最高的一个。除了2月份该指数在200点以下外，其余各月均突破200点，并且保持平稳上升的趋势。

图3　　2005年2月—11月出口创汇总额指数图

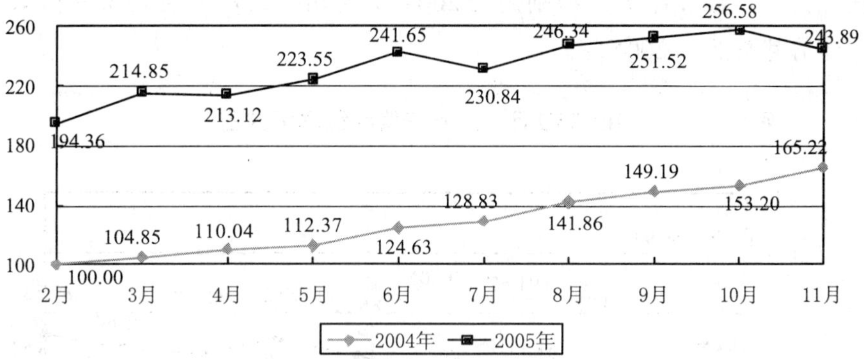

二、经济效益指数总体走势略有上升，和2004年同期相比变化不大

2005年经济效益指数总体走势略有上升，和2004年同期相比变化不大。11月份该指数为114.65点，比2月份上升了12.19点，比2004年同期上升了3.57点。

图4　　2005年2月—11月经济效益指数图

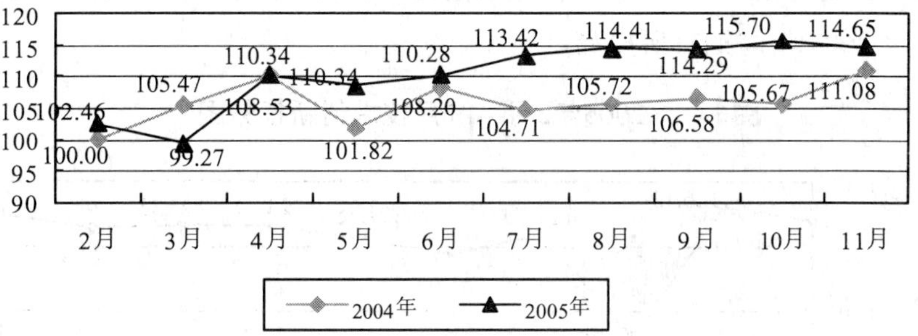

影响经济效益指数上升的主要原因是产值利税率指数的低位运行。年初，中关村科技园区的工业和服务业企业经济效益下滑趋势显著，因此在经济效益指数中，总资产贡献率指数和产值利税率指数明显呈下降趋势，特别是产值利税率指数到目前为止，一直都在90点以

下徘徊。随着园区企业积极调整经营策略，下半年产值利税率指数缓慢回升，但幅度不大。特别是与2004年同期相比，产值利税率指数全年走势都略低于2004年。

图5　　2005年2月—11月产值利税率指数图

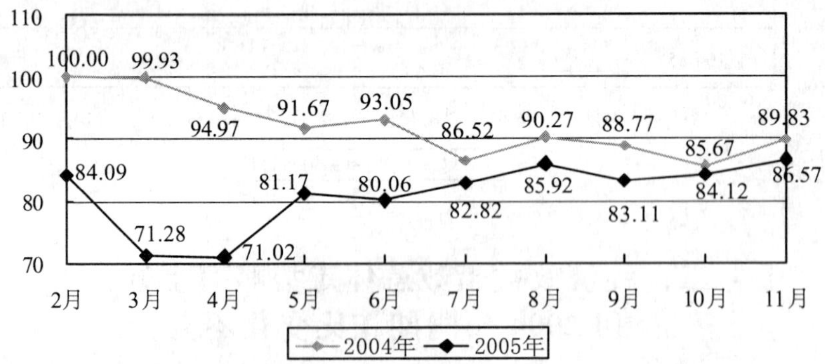

三、技术创新指数上升迟缓，波动中趋于平稳

2005年技术创新指数上升迟缓。上半年，技术创新指数波动较大，4月份该指数达到最低点105.91点；进入下半年各月指数相差不大，走势渐趋平稳。与2004年同期相比，2005年各月份的技术创新指数都比2004年同期有所提高。

图6　　2005年2月—11月技术创新指数图

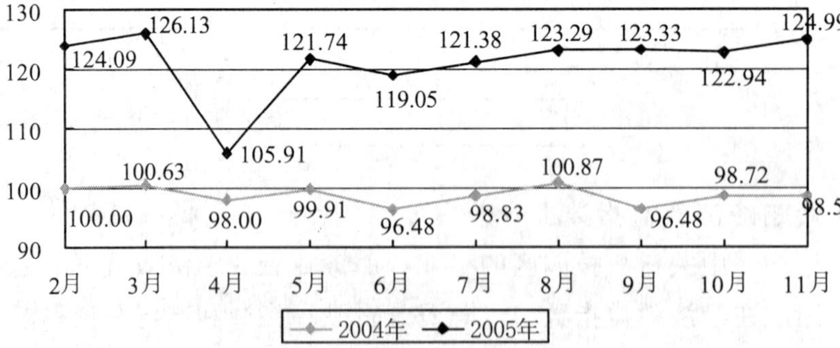

在技术创新指数中，起重要作用的是企业研究与发展支出占总收入比例指数。研究与发展支出是衡量企业科技创新活动的重要指标，研究与发展支出占总收入的比例，可以反映出企业对科技创新活动的重视程度和资金的投入力度。

图 7　2005 年 2 月—11 月企业研究与发展支出占总收入比例指数图

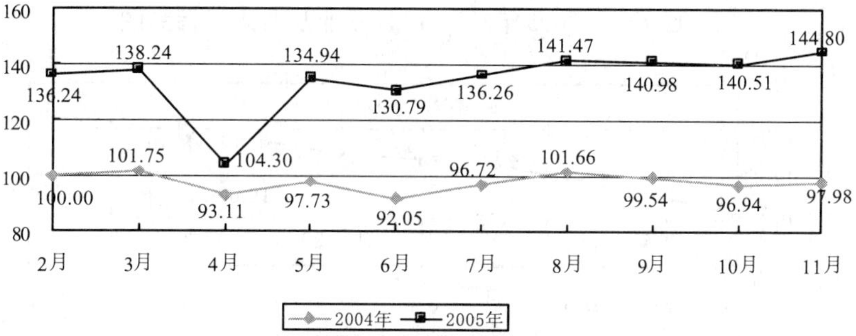

四、人力资本指数平稳上升

2005 年人力资本指数走势平稳上升，11 月该指数为 114.28 点，比 2 月份 107.08 点上升了 7.2 点。与 2004 年同期相比，各月指数均有所提高。

图8　2005年2月—11月人力资本指数图

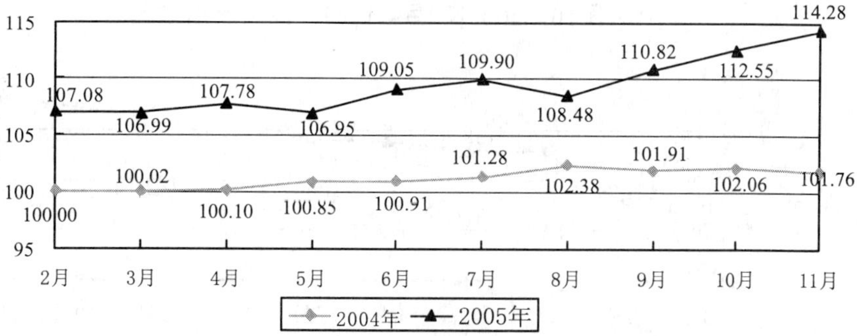

人力资本是中关村科技园区高新技术企业发展的动力源泉，企业从业人员指数是构成人力资本指数的一个重要指数。2005 年 11 月份企业从业人员指数为 133.05 点，比 2 月份上升了 21.76 点，而 2004 年同期，该指数仅上升了 14.21 点。可见，2005 年企业从业人员指数上升幅度高于 2004 年上升幅度。

图9　2005年2月—11月企业从业人员指数图

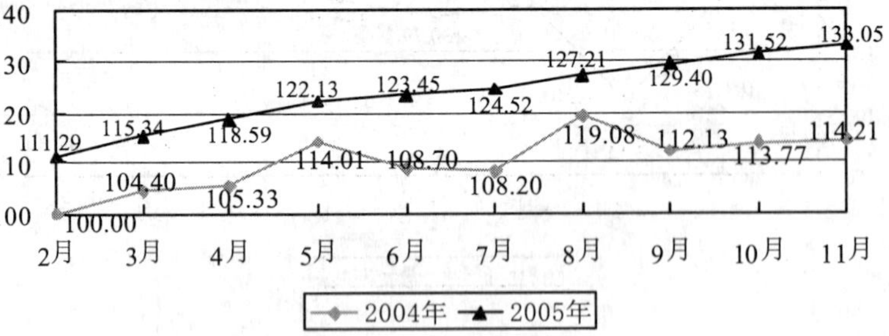

五、企业发展指数快速增长

2005 年以来，企业发展指数保持快速增长的势头，从 2 月份的 114.93 点到 11 月份的 154.01 点，上升了 39.08 点。与 2004 年同期相比，2005 年各月份的企业发展指数都明显高于 2004 年相应月份的指数。

图10　2005年2月—11月企业发展指数图

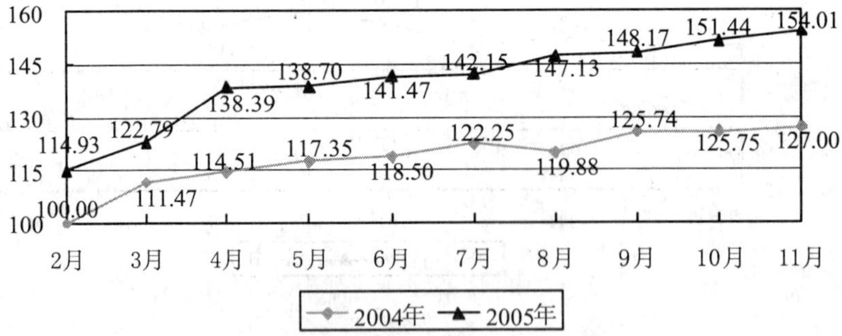

带动企业发展指数上升的主要动力是超 10 亿元企业总收入指数。2005 年 11 月份该指数为 170.49 点，比 2 月份上升了 42.92 点，比 2004 年同期提高了 50.17 点。这个指数主要反映园区超大规模企业的发展状况，超大规模企业的健康发展是中关村科技园区整体稳定发展的重要保障。

图11 2005年2月—11月超10亿元企业总收入指数图

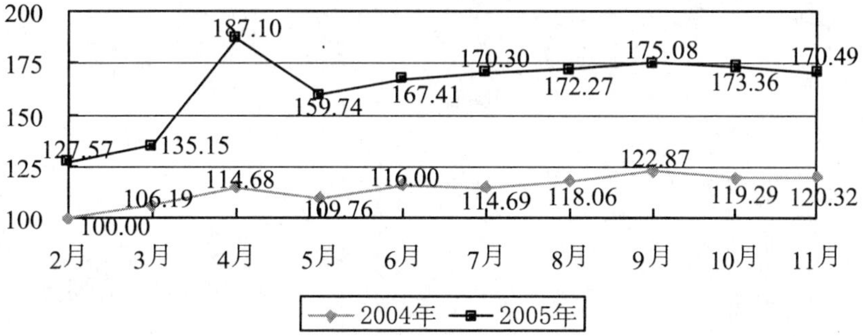

第二部分　专题研究报告

STATISTICAL REPORT

宏观经济

北京市转变经济增长方式的基本情况及战略性思考

◆ 夏沁芳　朱燕南　吕艳芹

内容提要

近10年来，北京一直在积极推进经济增长方式的转变，并取得了一定进展，经济增长的质量和效益都得到了提高。但从总体上看，传统的粗放型增长方式还没有得到根本性转变，主要表现为：经济增长总体上仍具有高投入、低效益的特点；资源和能源约束不断强化，对经济发展的制约十分突出；能源利用效率相对偏低；生态环境承受着较大压力；产业布局分散，资源配置不合理。剖析制约北京市经济增长方式转变的原因，突出表现为以下三个方面：一是市场化进程相对缓慢，影响经济内在活力和资源配置效率；二是投资结构、产业结构不合理，制约经济增长方式的转变；三是资源利用与转化能力不足，影响比较优势的充分发挥。要加快经济增长方式的转变，应从转变传统的体制入手，在宏观调控指导下，更加充分地发挥市场机制对经济增长方式转变的基础性作用；调整和优化经济结构，促进城乡、地区协调发展；倡导循环经济理念，逐步构建节约型的产业结构和消费结构。

经济增长方式是指推动经济增长的各种生产要素的组合方式，其实质是依赖什么要素，借助什么手段，通过什么途径，怎样实现经济增长。现代经济学将经济增长方式分为粗放型增长（外延扩大再生产）和集约型增长（内涵扩大再生产）两种类型。粗放型经济增长方式是指主要依靠增加生产要素投入的数量来增加产品的数量，推动经济增长的方式。集约型经济增长方式则是主要依靠技术进步和改善管理，提高生产要素的质量和使用效益来增加产品的数量和提高产品的质量，推动经济增长的方式。

改革开放以来，我国社会主义现代化建设取得了举世公认的伟大成就，但是，从经济增长的方式来看，走的基本上还是一条粗放型经营的路子。

为解决经济运行中的粗放问题，20 世纪 80 年代中央提出要走内涵式的发展道路；1995 年，党的十四届五中全会通过《中共中央关于制定国民经济和社会发展“九五”计划和 2010 年远景目标的建议》，提出要实现“两个根本性转变”，把转变经济增长方式放到了国家经济发展战略的高度。

此后，我国的经济结构调整和经济增长方式转变取得了一定进展。但从总体上看，经济的快速增长在很大程度上仍然是依靠物质资源的高消耗实现的，并没有从根本上改变“高投入、高消耗、高排放、不协调、难循环、低效率”的粗放型增长方式。由此带来的资源与环境矛盾变得越来越突出，已成为经济进一步发展过程中不可回避、不能绕行的瓶颈。只有加快转变、彻底转变粗放型的经济增长方式，才能缓解、进而从根本上解决这些制约经济长远发展的深层次矛盾和问题。

为此，2003 年，党的十六届三中全会结合我国进入新世纪全面建设小康社会面临的新问题，提出了以人为本，全面、协调、可持续的科学发展观；2004 年底召开的中央经济工作会议进一步强调，2005 年要继续大力推进结构调整，促进经济增长方式转变。

一、近 10 年北京市在推进经济增长方式转变方面的主要进展

根据中央的精神，北京在 1996 年制定的“九五”计划和 2010 年远景目标规划中提出“要走以集约型为主的发展道路，充分利用现有基础，发挥首都综合优势，大力发展适合首都特点的经济，优化结构，

调整布局，努力提高经济效益”。10年来，按照上述思路，北京市积极推进经济增长方式的转变，取得了一定进展。主要标志是：

1．科技进步在经济增长中的含量稳步提高

测算结果显示，随着科技进步快速推进，知识积累的作用逐步增强，科技进步对北京市经济增长的贡献率稳步提高（这里的科技进步贡献率是广义的概念，即全要素生产率，包括了组织管理、规模经营、资源配置技术等因素）。北京市科技进步贡献率由“八五”时期的43.1%提高到“九五”时期的51%，“十五”时期(2001年—2004年，以下同)达到56%。分产业看，第一产业的科技进步贡献率由“八五”时期的47.6%提高到“十五”时期的59.4%；第二产业由42.5%提高到55.9%，其中，工业由42.4%提高到59.4%；第三产业由43.9%提高到56.7%。北京市科技进步速度不断加快，“十五”时期北京市科技进步年均增长速度达到9%，比“八五”时期提高1.3个百分点，为改革开放以来最高水平。

2．能源和资源的利用效率有所提高

能源利用效率进一步提高。2003年北京市GDP总量达到3663.1亿元，比1995年增长2.2倍（2004年为4283.3亿元，比1995年增长2.5倍）；能源消费总量达到4707.5万吨标准煤，比1995年增长33.8%，能源消耗年均增长速度为3.7%，低于年均经济增长率6.6个百分点。北京市万元GDP能耗指标从1995年的2.52吨标准煤下降到2003年的1.29吨标准煤。“十五”时期，万元GDP能耗年均下降6.3%，降幅比“九五”时期扩大0.6个百分点。

工业用水效率得到改善。在工业生产快速增长的同时，北京市工业取水量逐年减少。2003年工业取水量4.6亿立方米，与1997年的7.2亿立方米相比，下降了36.1%。万元工业增加值取水量从1997年的122.5立方米下降到2003年的44.6立方米，按可比价格计算，下降了65.8%。

3．社会劳动生产率逐年上升

社会劳动生产率是地区生产总值与全社会从业人员的比值，它是衡量劳动力投入产出水平的指标。从历史数据分析，近10年来，北京

市社会劳动生产率呈逐年上升的态势。2004年北京市社会劳动生产率达到5.5万元/人，按可比价格计算，比1991年增长3.2倍，年均增长9.4%。劳动生产率的提高，从一个侧面反映了北京市科学技术在生产中的应用日益广泛，工人的技术装备日益先进。

4. 产业结构优化升级

在“首都经济”发展战略的指导下，北京市高新技术产业得到长足发展。2004年，北京市高新技术产业实现工业增加值占北京市规模以上工业增加值的比重达到30%，占北京市生产总值的比重达到8.8%，分别比1998年提高7.4和1.9个百分点。高新技术产业的快速发展，提升改造了传统产业，使技术含量和附加价值较高的现代制造业不断扩大，推动了北京市产业结构的优化升级，促进了北京市经济的快速增长。“九五”以来，第三产业的内部结构日趋优化。新兴产业逐渐替代传统产业占据了主体地位，特别是金融保险业、房地产业、信息传输计算机服务和软件业等发展迅速，实现了年均11—21%的较快增长，对北京市经济增长的贡献率保持在20%以上。2004年，北京的一、二、三次产业结构比例为2.4∶37.6∶60，与1995年相比，第一产业下降3.4个百分点，第二产业下降6.5个百分点，第三产业提高9.9个百分点。

5. 出口结构向深加工方向发展

“九五”以来，北京市对外贸易始终保持了高速增长势头，2004年，地方出口达到106.1亿美元，比1995年增长3.7倍。出口商品结构得到改善，2004年，北京市机电产品出口额占地方出口总值的比重由1997年的37.1%上升到67.1%；高新技术产品所占比重由1999年的20.3%上升到48.8%。出口商品的加工深度、技术含量和产品档次明显提高。

6. 微观经济效益稳步改善

2004年，北京市规模以上工业企业资金利税率达到11.41%，比1996年（5.19%）提高6.22个百分点；总资产贡献率、成本费用利润率分别达到9.85%和6.41%，分别比1997年（分别为6.19%和2.37%）

提高 3.66 和 4.04 个百分点。

二、当前北京市经济增长方式存在的主要问题

1. 经济增长总体上仍具有高投入、低效益的特点

投入产出率（地区生产总值占总产出的比重）是衡量经济总体运行效益的重要指标。“九五”以来，北京市的投入产出率呈逐年下降的趋势。1995 年北京市投入产出率为 34.3%，到 2000 年下降到 30.9%；进入“十五”时期北京市投入产出率继续走低，2003 年仅为 28.7%。虽然“九五”以来北京市经济平均增速达到 10.6%，2004 年更是高达 13.2%，但从总体上看，这一增长主要是依靠高投入得来的。

经济增长对投资的依赖性较强。“九五”以来，固定资产形成额占 GDP 的份额不断上升，“八五”时期为 45.6%，“九五”时期为 56.6%，2001—2004 年为 59.7%。“八五”、“九五”和“十五”前 4 年，每增加 1 亿元 GDP 需要投入的固定资产投资分别是 2.96 亿元、6.33 亿元和 5.59 亿元，分别为同期全国平均水平的 1.8 倍、1.4 倍和 1.1 倍。这种高积累型、外延扩张型的经济增长模式，给资源环境造成巨大压力。

2. 资源和能源约束不断强化，对经济发展的制约十分突出

资源和能源是社会经济可持续发展的物质基础，北京是资源最为短缺的城市之一，近年来，随着经济快速发展和人口压力的增加、资源开发强度的增大，资源和能源供应形势十分严峻。

（1）土地资源。北京市土地面积 16807.8 平方公里，其中适宜居住及发展的平原仅占 38%，人均平原面积 438.8 平方米（按 2003 年在京居住半年以上的常住人口计算），不足全国人均水平的 1/2。目前，土地资源的开发程度已经很高，土地后备资源严重不足。2003 年北京市未利用土地仅占各类土地利用总面积的 12%，而且多为田坎、垃圾场等难以利用的边角地。城乡建设用地矛盾突出。

（2）水资源。1999—2004 年，北京已连续 6 年为干旱年（年降水量未达到多年平均的 595 毫米），不仅导致密云、官厅两大水库存水

量严重不足，而且使地下水持续超采，水位迅速下降，在城近郊区形成近千平方公里的地下水疏漏区。2004年年末，北京市平原区地下水平均埋深19.04米，比2004年末下降0.71米，地下水储量累计减少3.6亿立方米。与供水紧张相对立的是，上世纪90年代以来，城市用水量持续增长，从而使供需矛盾更加突出。2003年，北京市总用水量为35亿立方米，密云、官厅两大水库供水7.8亿立方米（较2000年减少了近1/3），如果将地下水可采量视为多年平均的24.4亿立方米，则供水量之和为32.2亿立方米，供需缺口为2.8亿立方米。

（3）能源。北京地区的能源也极为有限，能源供应以外地调入为主，自产煤炭主要是无烟煤，有少量的水力发电资源。100%的天然气、95%的煤炭、70%的电力、60%的成品油、100%的石油需要从山西、河北、内蒙古和陕西等地调入。2003年，北京市能源供应总量为5517.4万吨标准煤，其中调入量为4831.1万吨标准煤，占能源供应总量的87.6%，对外依存度很高。

3. 能源利用效率相对偏低

2003年，北京市万元GDP能耗为1.29吨标准煤，高于上海20.6%；与国际先进水平相比差距更大，约为美国的2.5倍，英国的3.6倍。从能源消费结构看，工业是北京市能源消费的主要部门，能源消费量占北京市能源消费总量的一半以上。其中黑色金属冶炼及压延加工业、石油加工炼焦及核燃料加工业、化学原料和化学制品制造业、非金属矿物制品业、电力热力生产和供应业等5个高耗能行业（按现价产值计算，单位能耗分别为2.3吨/万元、1.1吨/万元、2.1吨/万元、2吨/万元、2.3吨/万元）的能源消费量占工业能源消费总量的八成以上。北京市规模以上工业企业单位产值能耗为0.66吨/万元，高于上海69.2%。

4. 生态环境承受着较大压力

（1）固体废物综合利用率偏低。2003年工业固体废物产生量达1186万吨，比1995增长10.3%。但固体废物综合利用率仅为71.1%，为1998年以来最低值。

（2）大气污染排放量大的问题仍很突出。2003 年总悬浮颗粒物（0.252）、可吸入颗粒物（0.141）年日均值分别超过国家空气质量二级标准 26%和 14%。据有关资料，目前北京市大气污染中 90%的二氧化硫和 80%的可吸入颗粒物是由燃煤产生的，属于燃煤型的大气污染，而燃煤污染源主要是工业，特别是一些高耗能的重工业。2003 年，北京市煤炭消费量为 2676.7 万吨，其中工业消费占 78.8%。另外，随着机动车的快速增加，二氧化氮浓度有上升趋势，治理污染增加了新的难度。

三、制约北京市经济增长方式转变的原因剖析

转变经济增长方式，需要政府、市场、企业、社会的互动共推。任何一个环节出现问题，都会影响到经济增长方式的转变。因此，制约经济增长方式转变的因素很复杂。从北京市的具体情况分析，突出表现为体制、结构和企业技术创新能力等方面的原因。

1. 市场化进程相对缓慢，影响经济内在活力和资源配置效率

（1）区县及乡镇政府在资源配置上权力过多，过度干预微观经济活动，造成诸多不利影响。长期以来，GDP 与财政收入增长、招商引资成果等成为衡量各级地方政府政绩的主要标准，在此引导下，地方政府出于发展经济增加财力的强烈愿望，竞相充当主导地方经济发展的经济活动主体，热衷于投资扩张，偏好粗放型增长。从北京市的情况看，地方政府利益驱动下的粗放增长突出表现在：一是部分区县功能定位取向雷同，缺乏个性和特色，不仅没有充分发挥各自的比较优势，反而相互碰撞、恶性竞争，降低了城市整体运行效率；二是产业布局不够集中，开发区设置分散、规模小、产业构成相似，很大程度上是低水平重复建设，不仅造成资源的低质低效利用和沉重的环境负荷，而且面临土地资源、水资源短缺的制约。此外，空间上的分散布局也不利于产业链网的形成，使得这些开发区不能很好地发挥产业聚集功能。

2004 年初北京市开展的“土地市场秩序治理整顿工作”结果显示，

北京市 470 个开发区（包括园区、工业大院）中，经区县以下政府和区县所属部门批准设立以及擅自设立的就达 329 个，占全部的 70%。

（2）非公有制经济与中小企业发育不足。个体、私营等非公有制经济以及中小企业的发育程度，是衡量地区市场化水平的重要指标。大力发展非公有制经济和中小企业，对加大企业竞争、提高企业技术创新能力和社会经济运营效率，实现经济增长方式的转变具有积极的作用。

近年来，在市委、市政府的高度重视下，北京市各有关职能部门有针对性地出台了一系列优惠政策，促进了非公有制经济的持续、稳定发展。但是，与上海、江浙等地相比，北京市非公有制经济的发育程度仍然偏低。据工商登记注册资料，截止到 2004 年末，北京市累计登记注册私营企业 22.5 万户，比 2001 年末增加了 10.1 万户，而同期上海的私营企业增加了 20.9 万户，江苏增加了 19.3 万户，浙江增加了 12.4 万户。目前北京市累计登记注册的私营企业数仅相当于上海的 58.4%，私营企业上缴税收额仅相当于上海的 27.5%。

2．投资结构、产业结构不合理，制约经济增长方式的转变

（1）投资结构不合理，更新改造投资比重偏低。企业设备更新和技术改造是保持企业活力和竞争力，推进技术革新和进步的重要手段，有效的更新改造有助于促进经济增长方式由粗放型到集约型的转变。“九五”期间，北京市在中央有关政策的指导下，更新改造投入规模不断加大，1996 年至 2000 年北京市累计完成更新改造投资 931.8 亿元，有效改善了基础设施环境，提高了企业和产品的市场竞争力，加大了环境保护力度，大大促进了北京市的产业升级和结构调整，增强了经济持续发展的后劲。但 2000 年以来，投资过度集中在房地产领域，更新改造投资增速低于同期全社会固定资产投资增速，占全社会固定资产投资的比重逐年下降，由 2000 年的 14.3%降为 2004 年的 6.9%。其中，用于节约能源、增加品种、提高产品质量等内涵型扩大再生产的更新改造投资占全社会固定资产投资的比重由 2000 年的 2.1%降为 2004 年的 1%。2001—2003 年，北京累计完成更新改造投资 572.4 亿元，占全社会固定资产投资的比重为 10.4%，比上海低 8.4 个百分点。

（2）高耗能、高耗水行业仍占据一定比重。近年来，北京市经济发展与资源环境瓶颈制约的矛盾越来越突出。一方面，土地资源紧缺，水资源压力与日俱增；另一方面，产业结构低层次的特点仍比较明显。2004 年，北京市工业十大行业中，化学原料及化学制品制造业、黑色金属冶炼及压延加工业、非金属矿物制品业、石油加工炼焦及核燃料加工业等四个高耗水、高耗能行业赫然在列，分别位居第 3、4、6、10 位，其经济总量占北京市规模以上工业增加值的 23%。

近年来，黑色金属冶炼及压延加工业、石油加工炼焦及核燃料加工业、非金属矿物制品业、电力及热力的生产和供应业、化学原料及化学制品制造业一直是北京市工业各行业中能源消费最多的五个行业，同时这五个行业也是能源利用效率最低的行业。2003 年这五个行业能源消费量占工业能源消费总量的八成以上，为 84.2%，创造的总产值却仅为工业总产值的 17.5%。从工业用水看，2003 年，电力、蒸汽、热水的生产和供应业，黑色金属冶炼及压延加工业，石油加工及炼焦业是主要的耗水行业，取水量占规模以上工业取水量的 68.2%。这三个行业的万元工业产值取水量分别为规模以上工业平均水平的 20.5 倍、1.3 倍和 1.1 倍。

3．资源利用与转化能力不足，影响比较优势的充分发挥

北京的人才、科技资源丰富，在全国具有明显优势。然而，丰富的人才、科技资源并未在推动北京经济发展、促进经济竞争力提高方面发挥巨大作用。原因就在于，北京在资源转化方面存在比较突出的问题，转化能力亟待提高。

（1）企业科技投入不足。企业是经济活动的主体，企业的技术创新能力和竞争力直接影响经济发展，而企业技术创新能力和竞争力的提高有赖于企业科技投入的进一步提高。从全国和各省市科技人力与经费投入的部门分布状况看，基本遵循工业企业投入比例较高、科研机构次之、高等院校投入比例较低的规律。从全国看，2004 年大中型工业企业、科研机构、高等院校科技人员的投入分别占全部科技人员的 41.6%、11.4%和 12.6%，科技经费投入分别占全部的 50%、17.6%

和 7.9%；从上海看，2004 年大中型工业企业的科技人力投入和经费投入占全部的比例分别为 46.3%和 54.9%，可以看出，无论是科技人力投入还是经费投入，大中型工业企业的比例均较高。而北京市 2004 年大中型工业企业的科技人力与经费投入比例仅分别为 11.2%和 11.6%，大大低于全国和上海的水平。上述状况虽然与北京市聚集着大量的科研院所、企业所占比重相对较低有关，但企业投入不足也是一个方面。从有关绝对量的比较看，企业科技投入不足更为明显。2004 年北京市大中型工业企业有科技人员 3.38 万人，仅为上海（5.86 万人）的 57.7%，科技活动经费支出 64.2 亿元，仅相当于上海（200.2 亿元）的 1/3。由此看来，大量的科技人才与经费的投入优势，游离于经济主体之外，未能实现科技与经济的密切结合。

（2）企业尚未成为技术创新的主体。在由计划经济向市场经济转变的过程中，只有企业成为技术创新的主体，才能使技术创新取得良好绩效，从而为经济增长方式的转变提供不竭的动力源泉。2004 年，北京市大中型工业企业科技经费支出中用于新产品开发的支出比重为 43.3%，比上海低 7.2 个百分点。2004 年，北京市专利授权量 9005 件，其中工矿企业 3135 件，占全部的 34.8%，而同期上海工矿企业专利授权量占到全部的 66.8%。可见，北京市企业技术创新的动力和能力与上海有较大差距。

“十五”期间北京市经济发展中面临的七大结构问题

◆ 朱燕南

内容提要

北京市早在“九五”计划中就将“调整产业结构”作为国民经济发展的重要任务；“十五”计划更是明确提出了“推进经济结构战略性调整”是“十五”时期的主要任务之一。经过近十年的努力，北京市在结构调整方面取得了一定进展，但仍存在不少问题，在一定程度上影响了全市经济的持续、快速、稳定发展。本文概括并着重分析了“十五”期间北京市在产业结构、投资结构、利用外资结构、最终消费结构、对外经贸结构、收入分配结构以及供求结构等七方面存在的主要问题。经济结构调整任重而道远，上述几方面问题也是长期以来存在的问题，在很大程度上与经济增长方式密切相关。因此应将经济结构调整与转变经济增长方式联系起来，在发展中推进经济结构调整，在经济结构调整中保持快速发展。

经济结构是人类社会经济生活中的一种极为多元复杂的社会经济现象，自身有着极为深刻的内涵。早在1996年制定的《北京市国民经济和社会发展“九五”计划和2010年远景目标纲要》（以下简称北京市“九五”计划）中，北京就将“调整产业结构”作为国民经济发展的重要任务，国家“十五”计划纲要强调“坚持把结构调整作为主线”，《北京市国民经济和社会发展第十个五年计划纲要》（以下简称北京市“十五”计划）也明确提出了“推进经济结构战略性调整”是“十五”时期的主要任务之一。应该说，北京市长期面临着经济结构调整这一十分紧迫而艰巨的任务，要做到既符合中央对首都发展的要求，又符合首都经济发展的自身需求。经过近10年的努力，北京市在产业结构、所有制结构、城乡结构调整方面取得了一定进展，但是必须清醒地看到，“十五”时期，北京经济结构中仍存在不少问题，在一定程度上影响了北京市经济的持续、快速、稳定发展。

一、产业结构：工业支柱不稳，现代服务业重点发展行业增长放缓

1.传统支柱发展受限，新兴支柱增长放缓，工业持续增长前景不明朗

“十五”以来，电子及通信设备制造业、交通运输设备制造业、黑色金属冶炼及压延加工业、石油加工及炼焦业、化学原料及化学制品制造业一直是居北京市工业总产值前五位的行业，其产值占规模以上工业总产值的一半以上。而黑色金属冶炼及压延加工业、石油加工及炼焦业、化学原料及化学制品制造业又都在北京市工业五个耗能最多的行业之列。北京市“九五”计划中已提出发展工业的“五少两高”原则，即能耗少、水耗少、物耗少、占地少、污染少和附加值高、技术密集程度高；“十五”计划中则明确了要限制化工低端产品生产行业以及黑色金属冶炼业的发展。因此，无论从资源能源状况还是从城市发展方向考虑，这三个行业已被确定为不适宜进一步发展。1996年，北京市在“九五”计划中将汽车与电子行业作为工业重点发展的支柱行业，经过近10年的结构调整，这两大行业逐渐成为北京工业的支撑。2001年前，电子行业是工业中增长最快的行业，“九五”期间年均增速达到43%，对工业增长的贡献率一度达60%以上。之后由于国际市场出现波动，国内竞争加剧，电子行业出现徘徊，2002年，电子行业（电子及通信设备制造业）总产值下降0.9%；此后虽有所恢复，但仍增长较慢。今年上半年，电子行业（通信设备、计算机及其他电子设

备制造业)增加值增长8%,低于北京市规模以上工业平均增速(12%),对规模以上工业增长的贡献率为11.6%。2003年，汽车工业的崛起使之成为北京市工业新的增长点，当年对规模以上工业增长的贡献率达到44.4%。但2004年下半年后，随着汽车消费增长趋于平稳（当年新车销售仅增长3.9%，低于2003年61.5个百分点），汽车生产增势也明显趋缓，今年上半年，汽车行业（交通运输设备制造业）增加值增长10%，低于北京市规模以上工业平均增速2个百分点，对规模以上工业增长的贡献率为7.1%。两大新兴支柱行业对北京市工业增长的支撑作用明显减弱。

在传统的支柱行业发展受限、新兴支柱行业又增势放缓的情况下，工业将依靠什么实现持续稳定增长就成为一个值得深思的问题。

2．第三产业对经济的推动力不强，现代服务业重点行业发展不足

北京的资源环境、城市定位决定了北京的发展空间在第三产业。但从“十五”以来的发展态势看，第三产业对北京市经济增长的推动作用并不突出。2001—2004年，第三产业年均增速为11.7%，较“九五”时期提高0.7个百分点，而工业增速则比“九五”时期提高了2.4个百分点，并超过第三产业增速0.6个百分点，达到12.3%。现代服务业是第三产业的发展核心，北京市“十五”计划指明了现代服务业的发展方向，即优先发展信息服务及中介服务等知识密集型服务业，但从相关行业的发展状况看还不尽如人意。2001—2004年，金融业增加值年均增长8.6%，低于第三产业平均增速3.1个百分点；而且其在第三产业中所占比重也在不断下降，由2000年的26.2%降到2004年的23.3%。旅游业发展也不够明显——虽然“十五”以来，在亚洲金融危机阴云散去后，北京市旅游业加快了前进步伐，但旅游总收入与GDP之比仍呈逐年下降之势，从2001年的39.7%降为2004年的32.9%。此外，2004年信息传输、计算机服务和软件业增加值比2001年增长10.8%，低于第三产业增速0.8个百分点。

二、投资结构：第三产业投资增长放缓，比重下降

在北京市“十五”计划中提出要“推进经济结构调整”，大力发展科技型经济、服务型经济、文化型经济、开放型经济，这在很大程度上需要以不断提升第三产业发展水平作为支撑。

产业的发展离不开投资，产业结构的调整成效与投资结构的变化密切相关。“十五”以来北京市投资结构的变动趋势与产业结构调整方向不尽一致，第三产业投资比重有所下降——用于第三产业的投资占北京市固定资产投资（不含房地产开发投资）的比重由2000年的76.1%逐步降为2004年的67.5%，下降了8.6个百分点；2001—2004年第三产业投资年均增长3.7%，低于第二产业投资增速3个百分点，与“九五”时期相比更是低了10.5个百分点。虽然第三产业投资仍是产业投资的主体，但其增速明显下滑这一态势继续发展下去将影响到第三产业发展的后劲，不利于北京市产业结构调整战略的进一步实施。

三、利用外资结构：外资的行业投向较为集中，重点发展的服务业行业引资相对不足

在固定资产投资的产业分布状况与北京市产业结构战略调整不够协调的同时，利用外资也存在同样的问题。从投产开业的外商投资企业所属行业情况看，制造业企业一直居多，2004年制造业企业所占比重为46.9%。从实际利用外商直接投资情况看，外资主要集中在制造业和房地产业两个领域，虽然二者所占比重呈现逐步下降趋势，但到2004年仍分别达到36.5%和11.8%。联合国贸发会议公布的《2004年世界投资报告》显示，外国直接投资已在全球范围内转向服务业。2002年服务业的外商直接投资存量约占全世界外商直接投资存量的60%，比1990年提高10个百分点。同时，服务业的外商直接投资的内部构成也在发生变化，除金融领域仍占有较大比重外，供电、电信、物流、

商务服务领域的外商直接投资正在占据越来越显著的地位。从北京市情况看，2004年，外资投向信息传输及计算机和软件服务业、租赁和商务服务业的力度有所加大，两个行业实际利用外资分别增长59.4%和99.9%，比重分别达到8.8%和33.4%，但金融业却表现为空白，交通运输、仓储和邮政业所占比重只有3.8%。

外资对重点发展的服务业涉足有限、发展较慢，在很大程度上是由于外资准入制度的限制。在我国加入WTO 3周年的2004年，北京已宣布将开放银行、保险、证券、商业批发与零售、建筑、物流业等六大敏感领域允许外资进入。其中银行、保险、证券及物流业都属于现代服务业范畴，这对于提升北京市现代服务业发展水平及促进产业结构升级将发挥积极作用。但任何领域的外资进入都要经历一段发展、磨合、改进的过程，进一步改善投资环境、加强入资引导、帮助居民转变消费理念等对于加快外资在现代服务业领域的进程具有重要意义。

四、最终消费结构：政府消费增长快于居民消费，城市居民消费增长快于农民消费

在按支出法计算的地区生产总值中，最终消费部分可分为居民消费和政府消费，居民消费中又有非农业居民消费和农业居民消费之分。2001—2004年，政府消费年均增长19.9%，高于居民消费增速7.9个百分点，占最终消费的比重从2000年的33.8%升至2004年的40.2%，上升了6.4个百分点，而居民消费所占比重则在逐步下降。政策因素是政府消费较快增长的主要原因。1998年，为应对亚洲金融危机的冲击，我国开始实施积极的财政政策以扩大内需。积极的财政政策有效地促进了政府消费的增长，但对于居民消费需求的带动相对有限。而居民消费是最终消费的主要组成部分（2004年占最终消费的六成），也是扩大内需的真正动力和最终方向。2005年北京市《政府工作报告》中提出应“保持固定资产投资的合理规模，增强消费对经济增长的拉动作用”，因此如何开发新

的消费热点、加快居民消费的增长是需要解决的重要问题。

此外，在居民消费中，城市居民消费一直是主导，2001—2004 年，城市居民消费年均增长 12.9%，高于农民消费增速 6.3 个百分点。城市居民消费占居民消费的比重由 2000 年的 84.4%升至 2004 年的 87.3%，上升了 2.9 个百分点，而农民消费比重则在一直下降。党的十六届三中全会提出要树立科学发展观，按照“五个统筹”推进各项事业的改革和发展。在“五个统筹”中，城乡统筹居于首位，而统筹城乡市场发展是其中的重要组成部分，农村消费的增长能够有效促进居民消费进而整体消费的增长，对于解决目前存在的投资消费结构不合理的问题也有着重要意义。

五、对外经贸结构：主要依赖于少数几个国家，增加了发展的不确定性

北京市对外经贸对日本、美国、德国三个国家的依存度较大（不考虑香港的影响）。“十五”以来，这三个国家在北京市地方进口、出口总额中所占的比重一直保持在四成左右；从实际利用外商直接投资情况看，三国所占比重占三到四成。而在入境旅游方面，日本、美国、韩国始终是北京市的主要客源国（不考虑港澳台的影响），三国的入境旅游人数占全部入境旅游者的 40%左右。近年来，中国与美国、欧盟的国际贸易争端比较频繁，与日本等国家之间的关系也日趋微妙、复杂，因此这种较为单调的结构将使北京市对外经贸的发展具有一定的不确定性。

六、收入分配结构：城市居民内部收入差距明显扩大

收入差距扩大问题是当前被社会广泛关注的一个问题。从“十五”以来北京市居民收入水平对比情况看，农民内部收入差距逐步缩小，而城乡居民之间、城市居民内部的收入差距均有所扩大，且城市居民内部收入差距扩大程度最为显著，因此本文着重分析城市内部高低收

入户之间收入差距扩大问题。

城市住户抽样调查资料显示，2001—2004 年，20%低收入户人均可支配收入年均增长 6.4%，低于北京市平均水平 4.5 个百分点；而 20%高收入户收入年均增长 13.5%，分别高于北京市平均及低收入户 2.6 个和 7.1 个百分点。高低收入户人均收入比由 2001 年的 3.29∶1 升至 2004 年的 4∶1，扩大了 0.71 点（见表 1）。从反映收入分配差距的基尼系数观察，也可以发现，城市居民基尼系数呈逐年上升趋势，虽尚处于“比较平均”范围，但应谨防这种趋势的继续。

表 1　　城市高低收入户收入比较　　单位：元

	2001 年	高低收入比	2004 年	高低收入比
城市居民人均可支配收入	**11577.8**	3.29∶1	**15637.8**	**4.0∶1**
低收入户	6270.7		7400.9	
高收入户	20652.5		29634.6	
1. **工薪收入**	**7655.6**	3.35∶1	**11590.4**	**3.95∶1**
低收入户	4051.8		5538	
高收入户	13583.8		21852.3	
2. **转移性收入**	**3153.3**	3.01∶1	**5202.2**	**3.85∶1**
低收入户	1810.2		2490.2	
高收入户	5451.3		9595.6	
3. **财产性收入**	**105.1**	6.22∶1	**146.4**	**18.2∶1**
低收入户	49.9		26.2	
高收入户	310.4		478	

再从可支配收入的三大组成部分——工薪收入、转移性收入和财产性收入(由于自 2002 年开始才加入经营性收入且呈下降趋势，故未加以考虑)的变化去分析为什么收入差距不断扩大后发现，高收入户工薪收入大幅提高是二者收入差距扩大的主要原因。2001—2004 年，高收入户工薪收入年均增速达到 17.1%，高于北京市平均 2.9 个百分点；而低收入户工薪收入仅增长 9.1%，比高收入户低 8 个百分点；2004 年高低收入户工薪收入差距为 3.95∶1，高于 2001 年 0.6 点，与可支

配收入差距（4∶1）大致相当。由于工薪收入是可支配收入的主体（2004年占可支配收入的74.1%），因此高收入户在原本收入基数较高的基础上增长又大大快于低收入户就成为高低收入户收入差距继续扩大的主要原因。

对于收入差距扩大应给予客观分析，一方面它是经济社会发展中的正常现象，另一方面又不能任其自由发展。对此，政府可以通过税收等多种手段进行调节和再分配，从而在保证效率的前提下使社会趋于公平和健康地发展。

七、供求结构：基础产品紧缺与最终消费品过剩并存，生产者购进与出厂价格指数差不断扩大

“十五”初期（2001、2002年），从生产者价格水平看，原材料、燃料、动力购进价格指数涨幅较低或下降，工业品出厂价格指数则一直表现为下降。但到了2003年，受国际市场原油价格上涨、国内钢材需求量激增以及棉花等农副产品供应紧张的影响，购进价格指数达到104.7%；2004年，全球原油、钢材、化工产品价格高涨和国内投资需求旺盛引发了购进价格的进一步大幅上涨，达到114.2%。

在基础产品紧缺的同时，多数最终消费品却处于供过于求的状态。据商务部对600种主要商品在全国市场的供求状况调查，“十五”以来，供过于求的商品所占比重虽有所下降，但仍占有较高比例（由2001、2002年的八成以上降到2003、2004年的七成），没有供不应求的商品。因此，工业品出厂价格指数虽也在生产资料价格上涨的带动下从2003年开始有所上涨，并在2004年达到“十五”以来的最高值（103%），但其中的生活资料价格基本持平。近两年来出厂价格指数一直低于购进价格指数，且差距在不断扩大（见图1）。2004年，购进价格指数高出出厂价格指数11.2个百分点，比2001年扩大了10.1个百分点（2000年，出厂价格指数高于购进价格指数2.5个百分点）。

图1　购进价格指数与出厂价格指数差

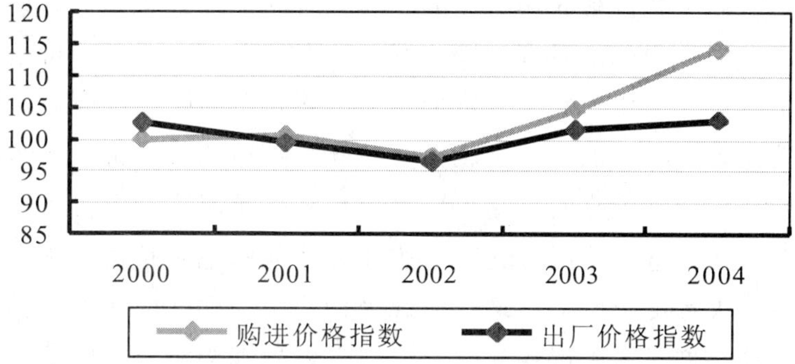

总的来看，目前北京市价格变化的结构性特征较为突出，价格上涨主要反映在上游领域，基础产品价格上涨明显。2003 年，原材料、燃料、动力购进价格指数为 104.7%，在九大类代表品中，农副产品类、黑色金属材料类、燃料动力类和化工原料类涨幅位居前四位，分别上涨 14.3%、10.9%、9.6%和 7.3%；工业品出厂价格指数为 101.5%，其中生产资料价格上涨 2.2%，生产资料中的原料类产品价格上涨 15.5%，而生活资料价格为下降 0.9%。2004 年，基础产品涨价势头更为强劲，原材料、燃料、动力购进价格指数高达 114.2%，其中黑色金属材料类、农副产品类、有色金属材料电线类和燃料动力类涨幅分别达到 24.5%、22.3%、20.9%和 20%；工业品出厂价格指数为 103%，其中生产资料价格上涨 3.7%，生产资料中的原料类价格涨幅为 13.8%，生活资料价格仅上涨 0.6%。随着价格传导机制发挥作用，基础产品价格上涨效应也逐步在消费领域有所显现。2005 年上半年，北京市居民消费价格指数为 101.7%，其中食品类与居住类价格分别上涨 6%和 7%，共拉动总指数上升 2.5 个百分点。

基础产品价格的持续上涨给经济运行带来了一系列的负面影响，如助长盲目投资、加剧煤电油运供求紧张矛盾、缩小了企业的盈利空间、增加了价格总水平上涨的压力等。如果这种情况持续下去，必将影响经济的健康发展。因此，2004 年，国家适时出台了宏观调控政策，以确保经济的持续稳定发展。

应该说，近两年基础产品价格持续大幅上涨，其中很主要的原因是受到了国际市场价格波动的影响（如原油及部分金属原矿、原材料价格上涨）。由此可见，随着区域经济一体化和经济全球化，价格形成机制发生了重要变化，影响价格形势的因素日趋复杂，政府对价格的调节与控制难度不断加大。这就需要政府长期密切关注价格形势，加强对重要基础产品价格的监测、预测、预警以及调控工作。

经济结构调整任重而道远，上述几方面问题也是长期以来存在的问题，在很大程度上与经济增长方式密切相关。因此应将经济结构调整与转变经济增长方式联系起来，以科学发展观为指导，坚持“五个统筹”，继续加大经济结构调整力度，在发展中推进经济结构调整，在经济结构调整中保持快速发展。

当前经济社会发展中需要关注的几个问题

◆ 夏沁芳　仲长远　吕艳芹

内容提要

2005 年上半年，在宏观调控政策的持续作用下，北京市经济保持了平稳较快的增长态势。但是，随着经济发展进入重要战略机遇期，经济、社会的转型导致经济结构、社会结构急剧变动，同时，由经济社会发展的不均衡引起的一些深层次问题也逐步暴露出来。主要表现为：经济增长支撑点发生变化；经济增长方式仍较粗放；失业率有上升苗头；社会分层进入活跃期，分层形态发生变化。这些问题在一定程度上影响着经济社会的持续、稳定发展，需要引起密切关注。

2005 年上半年，在宏观调控政策的持续作用下，北京市经济保持了平稳较快的增长态势。初步测算，上半年实现地区生产总值 2274.5 亿元，按可比价格计算，比 2004 年同期增长 10.4%，仍处于较快增长的轨道上（近 10 年北京市经济平均增速为 10.7%）。

物价形势基本稳定，财政、居民收入增长较快。信贷适度从紧，投资过快增长势头初步得到控制。工业、服务业保持稳定增长，内外市场稳步发展。总的看，当前北京市经济社会运行的基本面表现稳定，全年经济增速达到两位数有较大把握。

但是，随着经济发展进入重要战略机遇期，经济、社会的转型导致经济结构、社会结构急剧变动，同时，由经济社会发展的不均衡引起的一些深层次问题也逐步暴露出来，这些问题在一定程度上影响着经济社会的持续、稳定发展，需要引起密切关注。

一、经济增长支撑点发生变化

工业：一是支柱产业增长放缓。近10年来，经过结构调整，北京市工业逐渐形成了以电子、汽车为支撑的产业结构。2001年前以电子为主，其对北京市工业增长的贡献率一度达60%以上。之后由于国际市场出现波动，国内竞争加剧，电子工业出现徘徊。经过结构调整，2003年，汽车工业崛起，对北京市工业增长的贡献率达到44.4%。但2004年下半年后，随着汽车消费增长趋于平稳，汽车生产增势明显趋缓。2005年上半年，通信电子设备制造业（电子）、交通运输设备制造业（汽车）分别增长8%和10%，低于北京市工业平均水平（12%），增幅同比下降6.6个和56.2个百分点。二是与石油、投资相关的工业生产速度普遍减慢。上半年，在重点监测的13个工业行业中，石油化工、机械设备、水泥建材等行业增速均较2004年同期有较大幅度下降（见表1）。三是现代制造业对工业增长的支撑作用不强。上半年，北京市现代制造业实现工业总产值1417.3亿元，按现价计算，比2004年同期增长14.1%，增幅低于北京市工业总产值平均增速（16.2%）2.1个百分点。现代制造业占北京市工业总产值的比重为47%，比2004年同期下降0.9个百分点（见表2）。

表1　　13个重点监测行业上半年增长情况

	增加值（亿元）	增速（%）	增速同比提高（下降）百分点
农副食品加工业	10.7	18.8	18.8
食品制造业	18.5	10.4	-8.8
纺织业	7.3	6.6	6.2
石油加工、炼焦及核燃料加工业	25.2	30.3	-22.8
化学原料及化学制品制造业	53.2	12.9	-14.4
医药制造业	31.3	21	-30.4
非金属矿物制品业	27.7	9.2	-29.1
黑色金属冶炼及压延加工业	63.2	1.8	10.4
通用设备制造业	32.9	18.4	-8.2
专用设备制造业	33.9	17.7	-42.9
交通运输设备制造业	66.3	10	-56.2
电气机械及器材制造业	29.1	14.4	-17.6
通信电子设备制造业	122.5	8	-6.6

表 2　　现代制造业上半年增长情况

	总产值（亿元）	现价增速（%）	占北京市比重（%）	比重同比提高（下降）百分点
北京市	3016.4	16.2	100	
现代制造业	1417.3	14.1	47	-0.9
其中：电子类	700.6	15	23.2	-0.2
机电类	183.3	18.7	6.1	0.1
交通类	343.4	10.3	11.4	-0.6
医药类	76.6	5.7	2.5	-0.3
其他类	113.4	20.1	3.8	0.1

第三产业：一是整体增速趋缓，对经济的推动力不强。北京的资源环境、城市定位决定了发展空间在第三产业。但从近 10 年的发展态势看，第三产业增速有所趋缓。2001—2004 年，第三产业年均增速比工业低 0.6 个百分点，而“八五”、“九五”期间，第三产业年均增速分别比工业高出 3.6 个和 1.1 个百分点。2005 年上半年，第三产业实现增加值 1301.3 亿元，比 2004 年同期增长 10.5%，增幅低于工业 1.3 个百分点。二是现代服务业的主体行业发展速度相对较慢。2004 年，现代服务业中规模较大的金融业、信息传输及计算机服务和软件业的增加值增速分别为 5.4%和 10.8%，低于第三产业平均增速 6.2 个和 0.8 个百分点。2005 年上半年，金融业实现增加值 300.5 亿元，增长 7.5%，低于第三产业平均增速 3 个百分点；信息传输及计算机服务和软件业实现增加值 165.7 亿元，增长 10.8%，仅比第三产业平均增速高 0.3 个百分点。

二、经济增长方式仍较粗放

经济增长仍未摆脱“速度效益型”的粗放模式。长期以来，北京市工业发展基本呈现“低速低效、高速高效”的特征（见表 3）。2005 年以来，工业增速出现明显下滑，上半年，北京市规模以上工业增加值增长12%，增幅同比下降10.5个百分点，反映到企业效益上，1—5月，北京市规模以上工业企业实现利润104.5亿元，比2004年同期下降10%。企业亏损面达到47%，较2004年同期扩大8.5个百分点；亏损企业亏损总额52.5亿元，增长61.4%（2004年同期为下降5.9%），已超过2004年全年的亏损额。

表3 规模以上工业生产与效益增长变动情况（均使用初步统计数）

	2000年	2001年	2002年	2003年	2004年	2005年1-5月
工业增加值增速（%）	16.7	13.8	8	12.3	19.9	10.8
工业利润增速（%）	65.5	7.9	8.6	40.6	32	-10

高产出低效益状况较为普遍。今年以来，在宏观调控政策作用下，总需求过快增长的势头得到遏制。随着经济增速的明显回落，北京市经济运行中的一些深层次问题开始显现。从工业及部分服务业行业看，高产出、低效益状况较为普遍，大部分行业的销售（营业）收入增速远高于利润增速（见表4）。此外，从外商及港澳台企业上半年生产经营情况看，这一问题也较为突出，1—5月，外商及港澳台企业销售（营业）收入达到1866亿元，比2004年同期增长25.4%；实现利润总额150亿元，增长3.1%，增幅相差22.3个百分点。

表4 1—5月工业及部分服务业行业销售（营业）收入与利润增长情况

	销售（营业）收入		利润总额		收入增速减利润增速（百分点）
	绝对量（亿元）	增长（%）	绝对量（亿元）	增长（%）	
工业	2552.1	21.5	104.5	-10.0	31.5
批发、零售贸易业	3544.0	23.3	89.1	4.2	19.1
信息传输、计算机服务和软件业	294.4	9.6	4.0	-78.8	88.4
租赁和商务服务业	295.6	22.1	71.9	32.6	-10.5
科学研究技术服务和地质勘察业	261.8	37.0	3.0	-23.8	60.8

经济发展对能源的依赖性仍很强。能源消费弹性系数（能源消费增速/ GDP 增速）总体有所上升。2005 年上半年，北京市能源消费量比 2004 年同期增长 7.6%，同比下降 1.3 个百分点；其中工业能源消费量增长 4.1%，同比下降 2.2 个百分点。但北京市能源消费弹性系数由 2004 年同期的 0.58 上升为 0.73；其中工业能源消费弹性系数由 2004 年同期的 0.28 上升为 0.34。表明经济增长对能源的依赖仍很强。一是工业增长对高耗能行业的依存度较大。近年来，北京市工业各行业中耗能最多、能源利用效率最低的五个行业始终是：黑色金属冶炼及压延加工业、化学原料和化学制品制造业、电力热力的生产和供应业、非金属矿物制品业、石油加工炼焦及核燃料加工业。这五个行业占规模以上工业增加值的比重近年来没有明显变化，2004 年为 28.8%，仅比 2000 年下降 0.8 个百分点。2005 年上半年，这五个行业的能源消费量合计占工业能源消费总量的 77.6%；共完成工业增加值 283 亿元，占规模以上工业增加值的 35.4%，对北京市工业增长的贡献率高达 46.8%；其中石油加工炼焦及核燃料加工业、电力热力的生产和供应业分别增长 30.3%和 30%，增幅快于规模以上工业 18.3 个和 18 个百分点。二是煤电紧张状况依然存在。2005 年以来，北京市煤炭库存波动较大，重点监测单位电煤库存最低时只有 14.4 万吨，比警戒库存低 40%，个别电厂多次出现库存不足 2 天用量的情况。上半年全社会用电量 270.4 亿千瓦时，比 2004 年同期增长 9.5%。7 月 20 日，电力最大负荷达到 1059 万千瓦，比 2004 年峰值（943 万千瓦）高出 116 万千瓦。预计夏季电力最大负荷将达到 1075 万千瓦，缺口在 105 万千瓦左右。

三、失业率有上升苗头

经济增速回落在一定程度上对就业带来冲击。2005 年上半年，北京市城镇登记失业率和调查失业率 2005 年均呈上升趋势，达到 2000 年以来的最高点。6 月末城镇登记失业率为 1.88%，比 2004 年同期上升了 0.45 个百分点（部分原因是将农转居、低保和残疾人员纳入登记失业范围），比 3 月末上升了 0.44 个百分点。从北京市统计局调查失业率数据看，二季度比 2004 年同期上升了 0.5 个百分点，比一季度上升了 0.3 个百分点。从失业人员结构看，今年新失业的人数所占比重有所上升，调查数据显示，失业时间在 6 个月以内的失业人员占全部失业人员的比重为 36.2%，比 2004 年同期提高 4.3 个百分点。

区县产业结构调整短期内影响就业形势。2005 年，各区县开始落实区县功能定位，区域内产业结构调整力度加大。一些地区调整与自身功能定位不符的产业，关停了相关企业，但替代产业发展还需要时间，短期内对当地就业产生影响。

四、社会分层进入活跃期，分层形态发生变化

1. 职业流动加快，社会分层进入活跃期

我国的国民经济行业分类历经三版，基本上反映了各时期的行业和职业结构，以此为切入点观察，北京市职业分层变动态势呈现以下特点。

职业分层日趋明显。上世纪 90 年代以来，随着产业结构的调整，北京市职业分层日趋明显，表现为行业间和行业内部差距不断扩大。1992 年，北京市分行业（按门类划分）职工平均劳动报酬最高与最低之比为 1.6∶1，到 2004 年上升到 6.5∶1。2004 年，行业内部职工平均工资差距最大的是制造业，其内部职工平均工资最高的行业（按大类划分）与最低行业间的比例达 7.1∶1。

分层形态不断调整。观察 16 个行业门类 1992—2002 年间（2003 年后采用新的行业划分标准）职工平均劳动报酬所处的位置和增长变动情况，可以发现，北京市职业流动大体分为三个层次、五种变动态势。

(1) 上升层。包括金融保险业、科学研究综合技术服务业、卫生体育社会保障业、教育文化广播电影电视业、国家机关政党社团、其

他行业共 6 个行业。其中，金融保险业属于骤然上升，从 1992 年的倒数第二上升到 1994 年的榜首，并且保持至今。其他 5 个行业属于缓慢上升。10 年内从后 8 名全部上升到前 8 名（见表 5）。上升层各行业工资年均增速高于北京市平均速度 3.6—12.7 个百分点（见表 6）。

表 5　　1992—2002 年在岗职工平均工资（劳动报酬）排名

形态		行业	1992	1993	1994	1995	1996	1997	1998	1999	2000	2001	2002
上升层	骤升	金融保险业	14	15	1	1	1	1	1	1	1	1	1
	缓升	科学研究综合技术服务业	11	11	6	9	7	7	7	5	3	4	3
		卫生体育社会保障业	9	5	9	10	8	8	5	4	2	2	2
		教育文化广播电影电视业	13	13	10	11	12	9	9	7	7	6	8
		国家机关政党社团	15	12	14	13	10	10	10	10	9	7	6
		其他行业	12	14	12	4	4	3	2	2	5	11	5
下降层	骤降	采掘业	2	6	15	15	15	12	15	15	16	14	13
		建筑业	6	7	8	8	9	13	13	14	14	15	15
	缓降	社会服务业	7	9	7	5	6	5	6	9	10	10	10
		地质勘察水利管理业	4	1	4	7	14	15	11	11	11	9	9
		房地产业	5	4	2	2	2	2	3	3	6	8	11
		交通仓储邮电通信业	3	2	5	6	5	6	8	8	8	5	7
		电力煤气水的生产供应业	1	3	3	3	3	4	4	6	4	3	4
沉淀层		农林牧渔业	16	16	16	16	16	16	16	16	15	16	16
		制造业	8	8	13	14	13	14	14	13	13	13	14
		批发零售餐饮业	10	10	11	12	11	11	12	12	12	12	12

表 6　　1992—2002 年各行业工资平均增速　　单位：%

<table>
<tr><th colspan="2" rowspan="2">形态</th><th>行业</th><th>1992—2002 年
工资平均增速</th></tr>
<tr><td>北京市平均</td><td>20.4</td></tr>
<tr><td rowspan="6">上升层</td><td>骤升</td><td>金融保险业</td><td>33.1</td></tr>
<tr><td rowspan="5">缓升</td><td>科学研究综合技术服务业</td><td>24.9</td></tr>
<tr><td>卫生体育社会保障业</td><td>24.2</td></tr>
<tr><td>教育文化广播电影电视业</td><td>24</td></tr>
<tr><td>国家机关政党社团</td><td>25.1</td></tr>
<tr><td>其他行业</td><td>24.1</td></tr>
<tr><td rowspan="7">下降层</td><td rowspan="2">骤降</td><td>采掘业</td><td>16.1</td></tr>
<tr><td>建筑业</td><td>15</td></tr>
<tr><td rowspan="5">缓降</td><td>社会服务业</td><td>20.7</td></tr>
<tr><td>地质勘察水利管理业</td><td>20.1</td></tr>
<tr><td>房地产业</td><td>20</td></tr>
<tr><td>交通仓储邮电通信业</td><td>21.1</td></tr>
<tr><td>电力煤气水的生产供应业</td><td>21.2</td></tr>
<tr><td colspan="2" rowspan="3">沉淀层</td><td>农林牧渔业</td><td>18.1</td></tr>
<tr><td>制造业</td><td>17.6</td></tr>
<tr><td>批发零售餐饮业</td><td>18.5</td></tr>
</table>

（2）下降层。包括采掘业、社会服务业、建筑业、地质勘察水利管理业、房地产业、交通仓储邮电通信业、电力煤气水的生产和供应业，共 7 个行业。其中，采掘业和建筑业属于骤然下降，分别由 1992 年的第 2 名、第 6 名下降到 2002 年第 13 名和第 15 名。其余 5 个行业缓慢下降，各行业工资的年均增速与北京市平均速度大体接近。

（3）沉淀层。包括农林牧渔业、制造业、批发零售餐饮业 3 个行业。这 3 个行业排名变化不大，处于职业分层的下层。各行业工资 10 年平均增速低于北京市平均速度 1.9—2.8 个百分点。

新时期职业流动加快，对社会分层形态产生影响。进入 21 世纪，新兴行业，尤其是新兴服务行业不断涌现，职业流动加快。职业结构调整会对从事这个行业的群体在社会分层中的地位产生影响，同时附着在职业上的从业人口规模也在改变着社会分层形态。从 2005 年上半年在岗职工平均工资情况看，在 19 个行业门类中，高于工资平均线的有 8 个，其中 7 个来自第三产业，目前从业人口规模较大的制造业、建筑业和批发零售贸易业（从业人员比重共占 37.7%）在职业分层中均处于劣势，其工资水平均在平均线以下。其中，占从业人员比重 21% 的制造业，工资水平仅为北京市平均水平的 73.2%。

2. 城、乡收入分层变动态势呈现较大差异

城市居民收入分化现象加剧。从 2002 年和 2004 年城市居民家庭可支配收入分布情况看（详见表 7），年收入在 3—4 万元的家庭最为集中，所占比例分别为 33.4%和 26.8%，而占总户数 1%的最高收入户家庭可支配收入则由 2002 年的 12—15 万元上升为 2004 年的 20—30 万元，数额翻了近一番，收入分层形态呈现拉长、重心下移的趋势。2004 年，城市居民收入的基尼系数比 2002 年提高了 0.03；20%最高和 20%最低收入户人均可支配收入比也由 2002 年的 3.85∶1 上升为 2004 年的 4∶1，反映出城市居民收入分化现象加剧。

表 7　　**城市居民收入分布情况**　　单位：%

家庭可支配收入	2002 年户数构成	2004 年户数构成
合　计	**100**	**100**
2 万元以下	6.23	4.46
2—3 万元	26.68	16.15
3—4 万元	33.40	26.79
4—5 万元	19.67	18.95
5—6 万元	7.29	16.06
6—7 万元	2.69	6.37
7—8 万元	2.30	3.71
8—10 万元	1.06	4.51
10—12 万元	0.58	1.95
12—15 万元	0.10	0.71
15—20 万元		0.24
20—30 万元		0.10

农村居民收入分层形态变化不大。近年来，随着各项惠农政策的出台，以及农村社会保障制度的建立和逐步完善，农村居民收入差距扩大趋势在一定程度上得到了控制。2001 年，北京市农民人均纯收入为 5274 元，其中人均纯收入在 3000—4000 元的家庭最为集中，所占比例为 16.53%（详见表 8）。2004 年，北京市农民人均纯收入为 7172 元，其中人均纯收入为 5000—6000 元的家庭最为集中，所占比例为 12.73%。四年间农民收入分层形态的重心（家庭户数占比例最高的收入区间，2004 年为 5000—6000 元）与中心（收入的平均数，2004 年为 7172 元）的偏离程度基本接近。从 20%最高和 20%最低收入户人均收入比看，2004 年为 5.89∶1，较 2001 年的 5.96∶1 略有下降，反映出农村居民收入分层形态变化不太明显。

表 8　　农村居民收入分布情况　　单位：%

人均纯收入	2001 年户数构成	2004 年户数构成
合　　计	**100**	**100**
2000 元以下	8.26	3.68
2000—3000 元	14.87	9.55
3000—4000 元	16.53	10
4000—5000 元	15.91	12.66
5000—6000 元	11.73	12.73
6000—7000 元	8.86	11.31
7000—8000 元	6.38	7.83
8000—10000 元	7.75	12.21
10000—12000 元	4.17	8.20
12000 元以上	5.54	11.84

3. 处于社会底层群体的生存状况需引起关注

高低收入户消费支出结构存在较大差异。职业和收入的分层必然带来消费的分层。反映消费支出结构的恩格尔系数在高低收入户之间有很大差异。2004 年，20%城市居民最高收入户和 20%最低收入户的恩格尔系数相差 13.3 个百分点；农村 20%最高收入户和 20%最低收入户的恩格尔系数相差 10.4 个百分点。

20%最低收入家庭生存状况需引起关注。居民的全部消费需求可以分成两个部分，一部分是基本消费需求，即居民为了满足基本生活需要的消费需求；另一部分是在满足基本生活需要基础之上的发展型、享受型需求。根据国际通用的居民基本消费需求测定方法，采用扩展的线性支出系统模型对 2004 年北京市城市居民人均基本消费需求进行测算。结果显示，2004 年，北京市城市居民家庭人均消费性支出为 12200.4 元，其中满足基本需求的消费支出占 63.1%。20%最低收入家庭的消费支出没有达到满足基本消费需求的标准，其消费支出仅占基本消费需求的 82.3%。

北京市经济增长率与通货膨胀率变化情况分析

◆ 盛宏清

内容提要

本文运用总供给—总需求理论和北京市 1990—2004 年的统计数据，分析经济增长率与通货膨胀率之间的关系及变化情况，就保持经济高增长、低通胀提出了一些建议。研究表明，经济运行越是平稳，越有助于经济高速发展；在经济高速增长的同时，可以将通货膨胀率控制在较低水平。根据 15 年的发展经验，未来北京市经济增长率的参考值可以保持在 10%左右的水平，通货膨胀率控制在 3%以下。保持经济高增长低通胀的良好格局，需要依托首都资源优势，进一步调整经济结构，运用财政金融政策引导投资方向，提升居民消费水平和消费结构，转变经济增长方式。

改革开放以来，北京市经济高速发展，1979 年—2004 年平均经济增长率为 10.18%，但在 1985 年、1988—1989 年、1993—1995 年出现了三次通货膨胀高峰，1980 年、1986—1987 年、1991—1992 年、1996 年的通货膨胀率也相当高。是否经济高速增长必然伴随高通货膨胀？我们依据总供给—总需求理论，通过 1990 年以来北京市的宏观经济运行统计数据，探讨经济增长率与通货膨胀率之间的关系及变化情况，就保持经济高速增长与低通货膨胀提出一些建议。

一、经济增长率与通货膨胀率之间关系的一般形态

稳定物价与保持经济健康稳定增长是宏观经济的核心问题。政府实施各项经济政策的目的就是要保持经济高速增长的同时，使通货膨胀率处于较低的水平。

在现实的经济生活中，价格水平的变动与经济增长的关系可以有如下四种情况：第一种是低经济增长率伴随低通货膨胀率；第二种是高经济增长率伴随高通货膨胀率；第三种是低经济增长率伴随高通货膨胀率；第四种是高经济增长率伴随低通货膨胀率。之所以出现以上四种形式，是因为在经济周期运行的不同阶段，价格变动和经济增长所处的经济条件以及联系二者之间的经济机制发生了变化。

解释价格水平变动与经济增长之间关系的有用工具是总供给—总需求模型。模型显示，如果经济中有大量的闲置资源，而居民的消费需求和投资需求也不旺盛，则出现低增长低通胀甚至通货紧缩的局面；在短缺型经济中，基础产业成为经济发展的“瓶颈”，当投资需求和消费需求旺盛时，价格水平快速上升，经济也高速增长，出现高增长高通胀的局面；如果经济受到不利的外部冲击，如粮食、原油、原材料等初级产品涨价过快，物价水平上升同时产出下降，出现低增长高通胀的局面；如果经济中出现革命性的技术创新和制度创新，或者经济结构明显优化，或者内外市场原油、原材料、粮食等价格稳定，则总供给将得到改善，产出提高而价格水平下降，经济出现高增长低通胀的局面。

二、1990年以来北京市经济增长率与通货膨胀率的变化情况

1990 年以来，北京市经济整体呈现高速增长的局面。1990 年至 2004 年 GDP 平均增长率为 10.65%。在经济快速发展的同时，出现了一次通货膨胀高峰和一次通货紧缩。1990—1996 年，经济增长逐步加

速，同时通货膨胀逐步升至高峰；1997—2004 年，经济增长处于高位，通货膨胀则处于低位。从这 15 年北京市经济增长与通货膨胀的走势可以看出（如图 1），经济增长率与通货膨胀率[①]之间的相关性在下降。

图 1　北京市 1990 年—2004 年通货膨胀率与经济增长率走势图

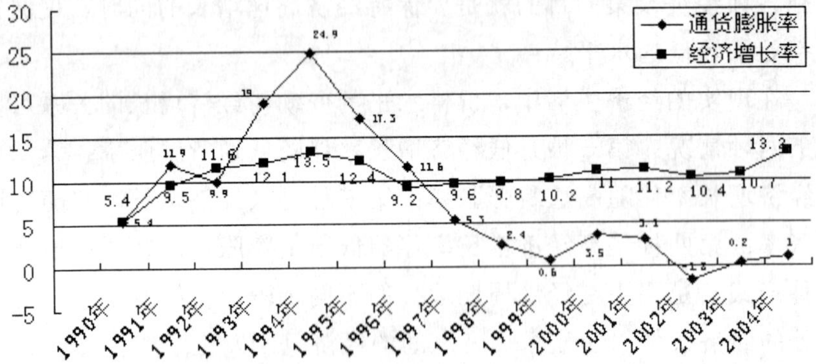

1．前期是高经济增长伴随高通货膨胀

1990—1996 年，北京市经济增长起伏较大，但总体上呈现高速增长的局面。经济增长率从 1990 年的 5.4%稳步上升到 1994 年的峰值 13.5%，随后回落到 1996 年的 9.2%。在这个经济增长区间，经历了一次通货膨胀高峰，通胀率从 1990 年的 5.4%迅速上升到 1994 年的 24.9%，随后回落到 1996 年的 11.6%。在此期间，经济增长率年平均为 10.53%，通胀率年平均为 14.29%，经济高速增长的同时，通货膨胀也处于高位。

经济增长率与通胀率的变化方向基本一致，也是 1990—1996 年的另一个典型特征。通胀率呈现倒“V”字型，经济增长率也呈现倒“V”字型，并且二者同时在 1994 年达到峰值。二者的相关系数为 0.85，说明经济增长率与通货膨胀率呈现高度相关趋势。

2．后期是高经济增长伴随低通货膨胀

1997—2004 年，北京市经济增长高速且平稳，与 1990—1996 年相比，波动幅度较小。经济增长率从 1997 年的 9.6%稳步上升到 2001

[①]通货膨胀是指整体物价水平持续上升的经济现象。本文用北京市的居民消费价格指数变动率表示通货膨胀率。负的通货膨胀即是通货紧缩。

年的11.2%，2002年、2003年有所回落，但2004年又上升到13.2%。在这个经济增长区间，经历了一次通货紧缩，2002年是通货紧缩的谷底。从总体上看，通货膨胀在低位运行，通胀率从1997年的5.3%一路下降到1999年的0.6%，尽管2000年回升到的3.5%，但2002年又下降到-1.8%。2003—2004年通胀率尽管有所回升，但升幅不大，通胀率分别为0.2%和1.0%。在此期间，经济增长率年平均为10.76%，通胀率年平均为1.79%，经济高速平稳增长的同时，通货膨胀处于较低的水平。

经济增长率与通胀率的变化方向基本相反，是1997—2004年的另一个典型特征。经济增长率从1997年的9.6%一路上升到2001年的11.2%，2002年、2003年有所回落，2004年达到峰值13.2%。同时，通胀率从总体上一路走低，2002年出现了首次通货紧缩。二者的相关系数为-0.20，说明经济增长率与通货膨胀率呈负相关趋势。

3. 前期经济运行波动幅度较大，后期比较平稳

在1990—1996年，经济增长率的波峰值是13.5%，波谷值是5.4%，值差为8.1个百分点；通胀率的波峰值是24.9%，波谷值是5.4%，值差为19.5个百分点。而1997—2004年，经济增长率的波峰值是13.2%，波谷值是9.6%，值差为3.6个百分点；通胀率的波峰值是5.3%，波谷值是-1.8%，值差为7.1个百分点。前期经济增长和通货膨胀的峰谷值差都大于后期，但是，后期的年平均经济增长率为10.76%，高于前期的10.53%。这说明，经济运行越是平稳，越有助于经济高速发展；在经济高速增长的同时，可以将通货膨胀控制在较低水平。

三、原因分析

1990年以来，北京市经济增长已经走过了一个完整的经济周期，1996年是该周期的拐点。从2003年开始，北京市经济进入了新一轮增长周期。15年间，以1996年为界，前期出现高增长高通胀的局面主要是投资需求过热和经济发展受“瓶颈”制约的结果；后期出现高增长低通胀的局面主要是经济结构调整优化和经济增长方式向集约型转变的结果。后期经济运行愈加平稳是政府宏观调控政策越发娴熟的表现。

1．前期较强的总供给刚性和过热的投资需求促使经济呈现高增长高通胀的局面

北京是特大型消费城市，同时也是资源紧缺的城市，大部分粮食、原油、原材料都需要从市外购进，且当时对城市基础设施和能源工业的投资不足，宏观经济还未摆脱短缺型，因而总供给刚性较大。从总需求的角度来看，投资需求过热拉动原材料燃料动力购进价格、食品类价格快速攀升。1990年，固定资产投资占当年GDP的比率为35.8%，1994年、1995年上升到59.9%和60.3%，1996年回落到54.3%。1992—1995年房地产开发投资的实际增长率分别为28.2%、46.7%、54.2%和240.7%。加速投资使工业原材料价格上扬，运输等基础设施紧张，但也推动了经济高速发展。1990—1996年，消费需求对经济的拉动作用下降。最终消费率从46.1%下降到38.2%，边际消费倾向[②]也从74.2%下降到1994年的35.5%。消费需求对价格的拉动主要体现在农产品上。此外，90年代初期的体制转轨和价格放开也促使物价水平快速上升。

2．后期投资结构转换、产业结构升级缓解了总供给刚性，消费需求拉动经济高速增长，从而使经济呈现高增长低通胀的局面

为了缓解基础设施对经济发展的制约，北京市加大了基本建设投资力度，基本建设投资占GDP的比重1990年为17.7%，1991—1995年、1996—2000年的比重分别为20.0%和19.8%。另一方面，前期增加的固定资产投资也形成了新的生产能力。再加上市政府的产业调整政策，有力地缓解了总供给刚性，使整体价格水平下降。东南亚金融危机后，世界经济和中国经济都步入通货紧缩，全球价格水平持续下

[②]边际消费倾向是指当年增加的消费与增加的国民收入的比例，描述居民的消费意愿。

跌。而北京市的外贸依存度[3]从 1996 年的 27.7%上升到 2004 年的 54.2%，外部价格水平下跌也下拉了北京市的价格水平。

从总需求的角度看，消费需求对经济增长的贡献加大。最终消费率由 1997 年的 38.9%稳步上升到 2003 年的 53.7%，边际消费倾向也快速上升。同 1990—1996 年相比，1997 年以后各年的最终消费率平均要高出 9 个百分点，边际消费倾向平均要高出 30 个百分点。在此期间，固定投资占 GDP 的比重由 1997 年的 53.1%上升到 2004 年的 59.0%，这是经济高速增长的另一个动力。如此高的投资和旺盛的消费需求没有造成高通货膨胀，主要有三点原因。一是北京市的产业结构调整使企业的投资方向转换，经济增长方式由粗放型向集约型转变，企业经济效益有所提高。1990 年到 2004 年，第一产业在 GDP 中所占的比重由 8.8%逐步下降到 2.4%，第二产业由 52.4%逐步下降到 37.6%，第三产业由 38.8%上升到 60.0%。在经济结构调整过程中，依托首都的智力资源，企业投资逐步以集体民营资本为主，投资领域转向高科技产业、金融服务业、文化教育产业、房地产业等。传统的农业、加工制造业也用高新技术来装备，大大地提高了生产效率，缓解了对初级原材料的依赖。二是北京市对国外消费品和投资品需求增加。北京市的净进口[4]占 GDP 的比重从 1997 年的 2.9%扩大到 2004 年的 13.2%。三是食品类、原材料、燃料、动力购进价格比较稳定。食品类价格指数从 1997 年的 102.2%下降到 2002 年的 98.0%，2003、2004 年分别上升到 103.2%和 104.8%。原材料、燃料、动力购进价格指数从 1996 年的 100.3%下降到 1999 年的 95.8%，而后回升到 2002 年、2003 年的 97.1%和 104.7%。尽管 2004 年北京市原材料燃料动力购进价格涨幅较高，价格指数为 114.2%，但国家的一系列宏观调控措施正逐步取得成效，价格走势还有待观察。

---

[3]北京市的外贸依存度是指地方企业同国外的贸易总值与当年 GDP 的比例。贸易依存度越高，国外价格水平变动对北京市价格水平影响越大。其实，北京市同国内其他地区的商品交换也可以看作“进出口”，这样可以更加详细地考察外部价格水平变动对北京市的影响。

[4]净进口是指地方企业进口超过出口。净进口越大，说明利用国外的净资源越多。

3．合理控制投资增长率是后期宏观经济运行较前期平稳的重要原因

1997—2004 年与 1990—1996 年相比，后期的平均经济增长速度要快于前期，而价格水平比前期稳定得多，主要在于投资规模控制合理，投资结构和产业结构逐步优化。宏观经济的波动主要是由投资的大幅波动造成的。在前期，全社会固定资产投资占 GDP 的比重最低是 1991 年的 32.1%，最高是 1995 年的 60.3%，高低相差 28.2 个百分点；实际固定资产投资增长率[5] 1991 年是-0.2%，最高的 1994 年达到 41.9%。而在后期，全社会固定资产投资占 GDP 的比重在 52.3%—59.0%之间；实际固定资产投资增长率在 1.4%—19.4%之间。固定资产投资波幅减小是宏观经济运行平稳的基石。此外，在后期，居民消费倾向稳定上升和产业结构进一步优化升级也使得宏观经济运行更加平稳。

四、政策建议

1．合理控制投资规模，优化投资结构，保证经济平稳快速增长

依据北京市的经济社会发展战略和 15 年来的发展经验，经济增长率的目标参考值可以保持在 10%左右的水平。这个目标既符合快速发展需要，又考虑到了经济“瓶颈”的制约。合理控制投资规模是保持经济高增长低通胀的关键。投资是经济增长的引擎，也是导致宏观经济大起大落的重要因素。北京市后期的经济增长率比前期高，通货膨胀率比前期低主要是投资规模控制合理，投资结构优化的结果。保持高增长低通胀就是要减小投资波幅，可将实际固定资产投资增长率控制在 8%—16%的范围，在一个经济增长周期内年均增长率可以在 13%左右。如果通货膨胀压力加大，投资增长率可以下调。如果居民消费

[5] 实际固定资产投资增长率是名义全社会固定资产投资增长率减去固定资产投资价格指数变动率。1990 年没有投资价格指数，用 CPI 变动率平减。

倾向提高，投资增长率也应该下调。此外，还应该加强对房地产开发投资的调控。

2．通货膨胀率应该控制在3%以下，积极消除成本推动型通货膨胀

北京市的智力资源、资本存量和逐步升级的产业结构可以支持经济增长率达到10%的水平。根据15年来的发展经验，在高增长的同时，通货膨胀率控制在3%以下是可行的。目前一年期存款利率是2.25%，贷款利率是5.58%，通货膨胀的上限可以设置在存贷款利率之间，但不能太高，上限定在3%是合适的。3%以下的通货膨胀水平既有利于投资需求，又有利于拉动居民消费需求，也不会扭曲市场价格机制。与此同时，我们也应该消除成本推动型通货膨胀。在1993—1995年的通胀高峰和2003—2004年通胀压力加大期间，食品类价格指数高于居民消费价格总指数，而原材料、燃料、动力购进价格指数比工业品出厂价格指数高出很多。因此，应该积极缓解来自供给方面的冲击。

3．调整经济结构与夯实制造业齐头并进，同时提升居民的消费结构和消费水平

2001—2004年，北京市的一、二、三产业的平均比例为2.9∶36.1∶61.0（2004年全国的比值为15.2∶53.0∶31.8）。北京市的产业结构在比例上初步具有发达国家的特征，但是与发达国家相比，在质上仍然有较大的差距。因为发达国家的服务业建立在强大的制造业基础之上。对于北京市来讲，调整经济结构与夯实制造业并不矛盾。只有建立起了强大的制造业以及在此基础上发展的技术服务业、金融服务业、商业等才能提升北京市产业结构的质。调整经济结构和引导投资方向也应充分利用首都的智力资源，形成集约型经济增长方式。

在总需求方面，要注重提升居民消费，而不是政府消费。最终消费率与居民消费率相比，1991—1995年高出11.3个百分点，1996年—2000年高出13.5个百分点，2001年、2002年、2003年分别高出19.5个百分点、20.2个百分点和20.7个百分点。政府消费上升较快，居民消费上升较慢。政府消费较快上升会加大北京市的财政负担，拉动消费需求的重点应该放在居民消费上。稳步增加消费需求不但不会加大通货膨胀，反而会促使经济高速发展。而提升居民消费需要为中低收入群体多创造就业机会，提高他们的收入水平。

附录：表1　北京市 1990—2004 年宏观经济数据　单位：%

年份	经济增长率	通货膨胀率	实际固定投资增长率	固定投资/GDP	最终消费率	边际消费倾向	净进口/GDP	外贸总额/GDP	房地产开发名义增长率	房地产开发实际增长率
1990	5.4	5.4	23.5	35.8	46.1	74.2	-0.9	20.5	—	—
1991	9.5	11.9	-0.2	32.1	37.6	-5.6	1.0	23.0	6.7	-0.6
1992	11.6	9.9	15.6	37.5	37.1	34.0	1.1	24.9	40.4	28.2
1993	12.1	19.0	27.7	47.5	35.9	30.6	9.7	28.0	73.3	46.7
1994	13.5	24.9	41.9	59.9	36.6	39.0	6.1	37.3	70.4	54.2
1995	12.4	17.3	15.8	60.3	36.3	35.5	4.6	31.8	254.6	240.7
1996	9.2	11.6	-4.0	54.3	38.2	50.4	6.2	27.7	-7.0	-15.2
1997	9.6	5.3	6.9	53.1	38.9	44.0	2.9	25.6	0.6	-2.1
1998	9.8	2.4	19.4	57.5	40.3	52.9	3.5	26.8	14.3	13.5
1999	10.2	0.6	1.4	53.8	43.9	88.5	7.3	32.1	11.7	11.8
2000	11.0	3.5	9.8	52.3	49.3	87.8	8.0	38.9	23.9	22.9
2001	11.2	3.1	17.4	53.8	51.6	67.2	10.6	39.0	50.1	49.5
2002	10.4	-1.8	17.1	56.5	52.9	63.2	5.8	36.2	26.2	25.8
2003	10.7	0.2	16.7	58.9	53.7	59.5	9.5	42.8	21.5	19.3
2004	13.2	1.0	12.9	59.0	—	—	13.2	54.2	22.5	18.2

说明：固定投资使用全社会固定资产投资数据，其名义增长率减去固定资产投资价格指数变动率的数值为实际固定投资增长率。房地产开发投资实际增长率＝房地产开发名义增长率－固定投资价格指数变动率。净进口和外贸总额使用北京市地方企业同国外的贸易值。

表 2　　北京市主要投资结构指标　　单位：%

指标	1990	1991—1995	1996—2000	2001	2002	2003
国有经济占全社会固定资产投资的比重	86.0	74.8	61.9	49.2	42.5	34.5
集体民营经济占全社会固定资产投资的比重	14.0	25.2	38.1	50.8	57.5	65.5
城市基础设施投资占全社会固定资产投资的比重	17.6	21.0	25.0	23.3	22.7	19.4
固定资产投资中一产的比重	1.8	1.0	0.3	0.3	0.3	0.3
固定资产投资中二产的比重	31.9	38.7	29.6	20.6	22.2	22.4
固定资产投资中能源工业的比重	6.8	9.6	13.0	6.6	7.4	4.4
固定资产投资中三产的比重	66.3	60.3	70.0	79.1	77.5	77.3

说明：按三次产业划分的固定资产投资不含房地产开发投资。

表 3　　北京市三次产业占 GDP 的比重　　单位：%

指标	1990	1991—1995	1996—2000	2001	2002	2003	2004
一产/GDP	8.8	6.5	4.3	3.3	3.1	2.6	2.4
二产/GDP	52.4	46.6	39.6	36.2	34.8	35.8	37.8
其中：建筑业/GDP	8.6	8.1	8.5	7.5	7.5	7.6	7.5
三产/GDP	38.8	46.9	56.2	60.5	62.2	61.6	60.0

表 4　　北京市主要价格指数（以上年为 100）

年份	固定资产投资价格指数	工业品出厂价格指数	原材料燃料动力购进价格指数	食品类价格指数	居民消费价格指数
1990	—	107.9	114.8	103.7	105.4
1991	107.3	105.8	111.7	111.2	111.9
1992	112.2	100.9	103.3	111.5	109.9
1993	126.6	121.8	133.2	120.7	119.0
1994	116.2	112.9	118.7	126.7	124.9
1995	113.9	107.3	109.7	121.1	117.3
1996	108.2	100.7	100.3	107.7	111.6
1997	102.7	101.1	103.4	102.2	105.3
1998	100.8	95.1	98.1	97.1	102.4
1999	99.9	97.7	95.8	97.7	100.6
2000	101.0	102.5	100.0	97.9	103.5
2001	100.6	99.4	100.5	101.5	103.1
2002	100.4	96.6	97.1	98.0	98.2
2003	102.2	101.5	104.7	103.2	100.2
2004	104.3	103.0	114.2	104.8	101.0

增加住房市场有效供给 化解供需结构性矛盾

◆ 霍 晨 张荣娟

内容摘要

本报告从需求和供给两方面入手，分析了人口、家庭结构、居民收入、土地购置成本以及房屋销售和租赁价格变化等诸多因素对北京住房市场的影响，指出供需结构性矛盾是影响住房市场健康发展的主要因素，针对中低收入群体比重相对较大的现实，提出增加住房有效供给的对策建议。

住房问题是目前人们普遍关注的热点问题，解决好住房问题，改善城乡居民居住条件也是我国全面建设小康社会的重要目标之一。北京作为全国的首都，近年来房价较高更是为社会各界广泛关注。北京住房市场的需求和供给情况到底怎样？主要影响因素有哪些？本文以相关统计数据为基础，从需求和供给两大方面对北京住房市场的现状、结构性矛盾进行了初步分析。

一、住房需求分析

1. 人口变动因素对住房需求的影响

从总量上看，2004 年北京市常住人口已达 1493 万人，而 1990 年的常住人口仅为 1086 万人，15 年间人口累计增长了 407 万人，平均年增 27 万人，2.3%的年增长速度直接推动了对住房的直接购买需求和房屋租赁需求，而租赁需求又可能间接地转化为购买需求。若按2004年人均住房使用面积19平方米计算，北京市年增住房供给513万平方米才能满足新增人口的住房需求。

人口的增长受自然增长和人口迁移两方面因素影响。从北京市人口自然增长情况看，呈递减趋势，自然增长率已由1990年的7.2‰下降为2004年的0.7‰，其中，2003年还出现了人口负增长。

从人口迁移角度分析，外来人口增加是人口增长的主要因素。北京作为首都，中央单位、外省市驻京办事机构、涉外机构较多，每年有大批学生进入中央单位；此外，外籍驻京人口及来京旅游人数也较多。更主要的是，北京经济的快速发展吸引了大量的外来务工人员。统计数据显示，2004年北京市外来人口为330万人，是1990年的6倍，15年间年均增长13.8%。

2. 收入和储蓄对住房需求的影响

收入和储蓄的增加直接引致了对住房的需求。2004年，北京城镇居民人均可支配收入已达15637.8元，是1990年的8.7倍，平均每年增长16.8%。在收入增长的同时，恩格尔系数持续下降（见图1）。2004年北京城镇居民的恩格尔系数为32.2%，比1990年的54.2%低22个百分点，平均每年下降1.6个百分点，这同人们相对稳定的消费习惯和较高的储蓄偏好相一致。

图1　1978—2004年北京城镇居民人均可支配收入、人均储蓄存款余额和恩格尔系数对比曲线

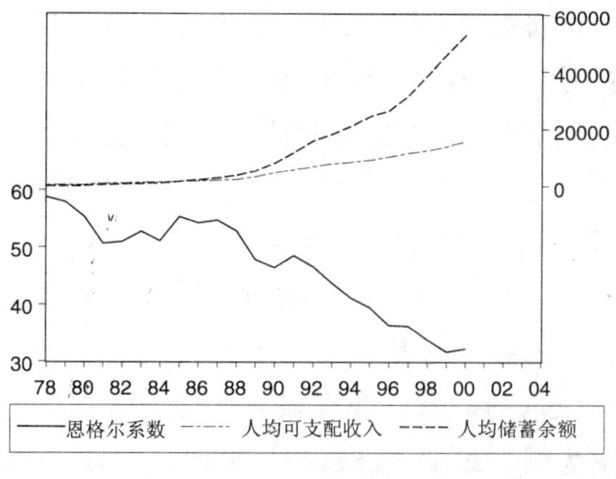

从储蓄情况看，2004年北京城镇居民人均储蓄余额为52647.3元，是1990年人均储蓄余额的 23.8倍，年均增长30%。

收入和储蓄的较快增长都促进了对住房的需求。

3. 家庭户规模变化对住房需求的影响

1997年—2004年北京家庭户规模结构变化显示，一人户、两人户的比例明显上升，而多人户的比例明显下降。1997年平均家庭户规模是3.07人/户，2004年缩小至2.76人/户。家庭户规模缩小在一定程度上扩大了对住房的需求。

表1 家庭户规模变动表 单位：%

	一人户比重	两人户比重	三人户比重	四人户比重	五人户比重
1997 年	7.91	18.36	44.62	17.52	11.59
2004 年	13.30	26.30	39.50	13.00	7.90

从统计数据看，北京城镇居民人均住房使用面积由1990年的14.4平方米增加到2004年的19平方米，而全面实现小康社会的目标值是人均27平方米，因此可以预见，居民改善居住条件的动机将在未来很长一段时间内推动对住宅的需求。

另一方面，由于人们传统观念的改变，北京三世同堂的家庭越来越少，新组建家庭往往倾向于拥有单独的住所。据统计，2004年北京市结婚登记数为12.6万对，比1997年增加了4.3万对，增长了52%，这部分人群存在着现实的住房需求。此外，实行计划生育政策后的第一代独生子女如今已到谈婚论嫁的年龄（近年来，北京青年的平均结婚年龄为28岁），这一代人的消费观念与父母辈截然不同，其生活方式更追求舒适度，从住房需求的角度分析，这部分人也是一个重要的群体。

4. 房屋租赁价格对住房需求的影响

从1998年以来的住宅租赁价格指数可以看出，1998年以来北京住房租赁价格呈上升趋势（见表2）。

在住房租金上涨的同时，我国城乡居民储蓄存款的利率（以一年期定期存款利率为例）却呈下降趋势（见图2），这种情况可能导致人们对住房价格上升的预期，进而提高对住房的投资需求。

表2　　住房租赁价格指数

年份	1998	1999	2000	2001	2002	2003	2004
指数	1	1.004	1.994	1.332	1.093	1.134	1.064

图2　　1990年以来一年期储蓄存款利率

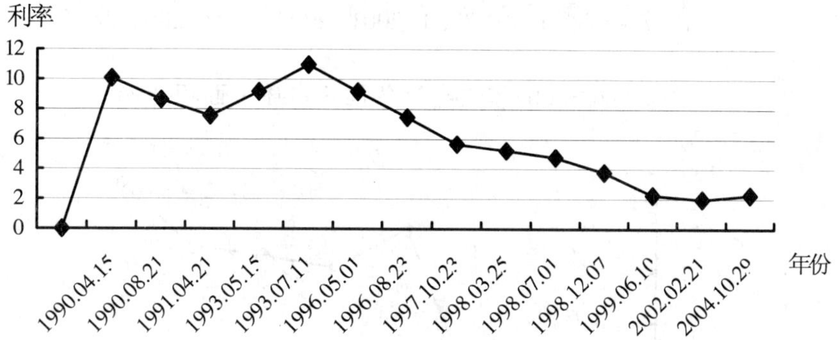

二、住房供给分析

1. 住房供给总量大幅增加

随着住房需求的快速增长，住房供给总量不断增加。1997年，北京市房地产开发投资总额为330.3亿元，2004年增加到1473.3亿元，其中住宅投资比例由40%提高到53%，增加了13个百分点。2004年北京市住房竣工面积为2344万平方米，是1997年住房竣工面积的4.9倍。在供给增长的同时，住宅的销售更是快速增长，2004年住房销售面积占竣工面积的比例为97.5%，而此比例在1997年仅为53.6%。

图3　　1997—2004年建住宅竣工面积

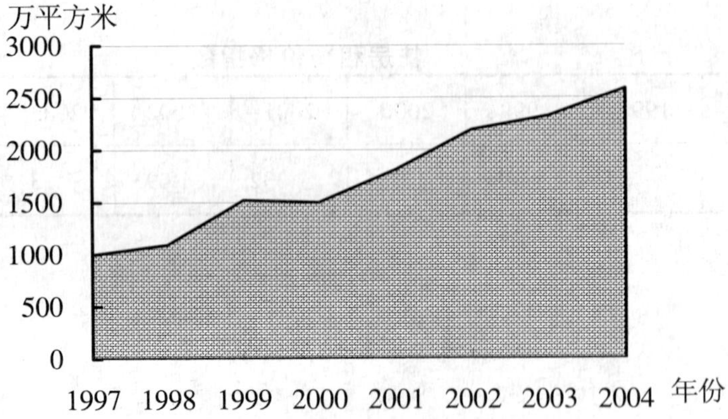

图4　　1997—2004年住宅销售面积占竣工面积比例

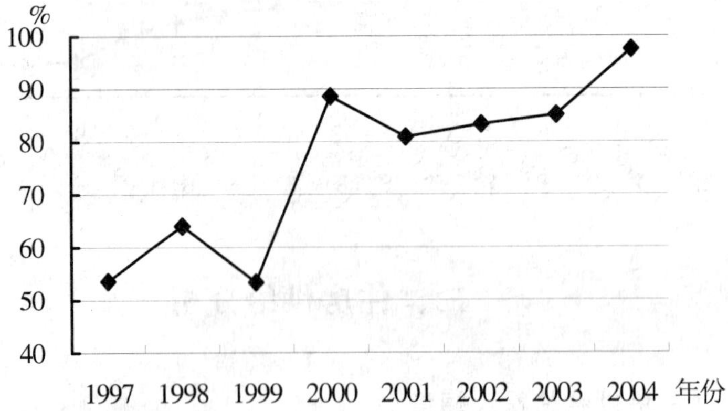

2．住房市场价格相对较高

在住房供给价格方面，我们重点考察住房供给的价格是否大致符合人们的收入阶层结构。

2004年，北京城镇居民家庭的人均可支配收入为15638元，人均住房使用面积为19平方米，按照国外住房价格与居民收入水平6∶1的比例初步测算[①]，北京目前的合理房价应为3713元/平方米，但从市场实际价

① 具体计算方法是：住房价格=年人均可支配收入×6÷（人均使用面积×1.33），1.33是建筑面积与使用面积的对比系数。

格来看，2004年北京住房市场的平均房价达4747元/平方米，远远高于前者。这说明，按城镇居民平均收入水平衡量，北京目前的市场房价偏高。

3．土地购置成本上升较快

土地的稀缺性直接影响住房的供给。1997年—2004年，房地产开发企业累计购置土地7990万平方米，占北京城市居民用地、工矿用地总面积的15.6%，土地开发速度很快。由于土地的稀缺性，土地购置费在房地产销售成本中的比例逐年上升。统计数据显示，土地购置费占房地产开发企业投资比例由1997年的7.2%上升为2004年的18.7%，相比之下，商品房建设投资在房地产开发企业投资中的比例却由1997年的76.9%降至2004年的54.2%。这说明，土地成本上涨因素对于住房供给的影响远胜于工程造价因素。 2005年北京市国土资源局土地供应遵循从严控制总量、严格保护耕地的原则，对商品住宅等经营项目用地实行招标、拍卖、挂牌转让等市场分配方式，因此，在未来一段时间内土地购置费用可能呈上升趋势，房屋销售边际成本将会继续增加，在价格不变的条件下，住房供给会相对减少。

从经济适用房供给情况看，2000年—2004年，经济适用房累计竣工面积为1442万平方米，占住宅竣工面积（8758万平方米）的16.5%，但2004年北京市平均收入以下人口比例达61.2%，所以经济适用房的供给还远远不足。

4．住房供给区域分布不尽合理

从住房供给的区域结构看，1997年以来的新建住宅中，城区住宅约占11.7%，近郊住宅占68.1%，远郊住宅占20.2%。下表是近期不同区域住宅的平均售价，联系北京城镇居民的收入水平进行分析可以发现，大部分人只能负担五环以外的住房价格，然而对这些新建住房来说，由于其所处地区的交通便捷程度相对较低，而且配套设施也不够完善，因此不能形成有效的供给。

表3　　北京市不同区域平均住房价格　　单位：元/平方米

区域	三环以里	三至四环	四至五环	五至六环	六环以外
平均价格	7260	6631	5849	4127	2572

三、住房供求结构性矛盾分析

北京的高房价一直是人们关注的热点。如前所述，按照北京城镇居民目前的平均收入水平，合理房价应该是3713元/平方米，但2004年住房市场的实际均价为4747元/平方米。这说明，即使达到平均收入水平，城镇居民家庭买房也有困难。从北京市的总体情况看，高收入家庭并不多，多数城镇居民家庭的收入水平在平均线以下，而且这种家庭的比重呈上升趋势。

平均线以下的人数比重上升。1995 年、2000 年和 2004 年北京城镇居民的家计调查资料显示，居民家庭收入分布的偏度越来越大[②]。1995 年、2000 年和 2004 年，北京城镇居民人均可支配收入分布曲线的偏度分别为 1.4、1.7 和 2.6，说明低收入户越来越多。我们以平均收入水平为标准，计算出低于平均线的人数比重，1995 年为 53.4%，2000 年为 57.8%，2004 年上升到 61.2%。这意味着，目前有六成的城镇居民家庭收入低于平均水平，而且在过去的 9 年中，低于平均线的人数比重每年将近上升一个百分点。

上述情况表明，虽然北京目前的住房市场供销两旺，但从深层次分析，住房需求与住房供给还存在严重的结构性矛盾，众多需要改善住房条件的低收入者目前买不起房，市场上所销售的商品房大部分被高收入者购买，实现人均 27 平方米的小康住房目标任务还很艰巨。

② 从统计的角度讲，偏度反映收入分布曲线相对于平均数的不对称程度，偏度数值越大，分布越偏斜。

图 5　1995、2000、2004 年北京城镇居民人均可支配收入分布图

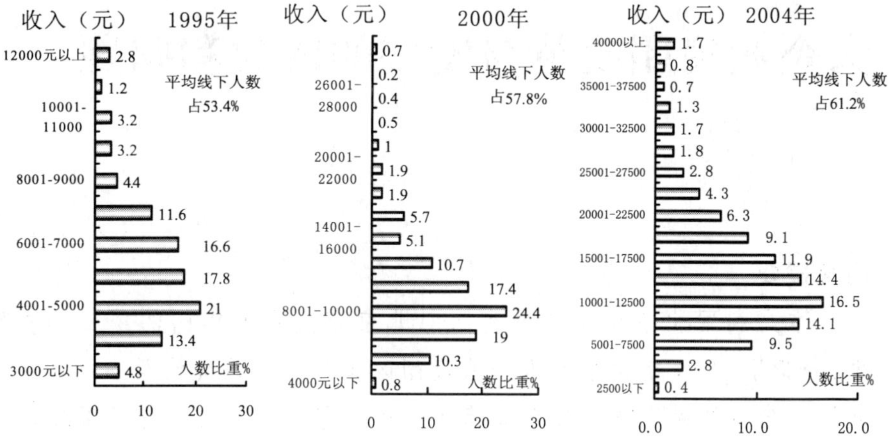

四、一些建议

要化解住房市场的结构性矛盾，必须增加有效住房供给，即增加与大多数中低收入家庭支付能力相对应的住房供给。具体来说，应考虑以下几方面问题：

1．继续增加经济适用房建设用地的供给，适当增加中小户型住房的比重，以适应中低收入人群的购买力。

2．注意完善新建住宅小区的配套设施建设，尤其要改善交通通达状况，在时间上缩短新建住宅小区与城市中心地区的距离。

3．规范二手房和房屋租赁市场，尽量提高闲置房屋的使用效率。

大企业集团改革与发展的成效和问题

◆ 郎 华

内容提要

本文利用北京市企业调查队对北京市大企业集团的统计调查数据,分析了2004年北京市大企业集团改革与发展的现状及存在的主要问题。分析结果表明，目前北京市大企业集团正处在快速发展阶段，呈现出速度与质量、效益协调发展的良好态势。但是集团规模偏小、区域发展能力不足、体制改革有待深化等问题值得关注。

2004年，北京市企业集团在北京市经济持续、较快增长的大环境下，围绕市政府所提出的“培养一批具有市场竞争力的大企业和企业集团”的发展思路，加快发展步伐，在竞争中进一步发展壮大。据统计，2004年北京市146家大企业集团主要经济指标均保持了较好的增长态势，整体实力继续增强，竞争力进一步提高。

一、集团分布状况

1．国有控股集团比重有所下降，但主体地位仍然稳固

按集团母公司登记注册类型分，146家集团中国有企业32家、国有独资公司45家，二者合计占集团总数的52.7%，比重比2003年同期下降3.6个百分点；其他有限责任公司的数量最多，达到54家，占总数的37%，比重上升了3.7个百分点；股份有限公司比2003年增加1家，但仅占总数的3.4%，数量依然较少。从集团母公司控股情况看，国有绝对控股及国有相对控股企业集团共92家，占总数的63%，虽

然比重较2003年同期下降1.6个百分点，但国有经济的主体地位依然稳固。

2．行业集中度高，产业结构逐步优化

按集团主营行业划分，146家集团分布在13个行业门类中，并主要集中在四个行业，其中制造业42家、建筑业20家、批发零售业27家，房地产业21家，这四个行业占集团总数的3/4，而其他9个行业合计只占1/4。在北京市近三年来新成立的集团中，有80%是分布在这四个行业中。从三次产业划分上看，以第一产业为主营的集团仅有1家，份额不足1%，明显处于弱势；以第二产业为主营的集团有69家，占总数的47.3%；以第三产业为主营的集团数量最多，有76家，比重为52.1%，并呈现逐年上升的趋势，表明北京市企业集团的产业结构正在逐步优化。

3．成员企业增加较快，八成以上在北京地区

截止2004年末，146家企业集团共拥有控股子公司1775家，户均12家。其中仅2004年就增加了457家，占成员企业总数的四分之一，显示出较强的扩张能力。从行业分布看，制造业、批发零售业、房地产业和建筑业企业数量居前四位，合计占总量的68.5%，这种集中分布的特征与全集团基本一致。另外，从区域分布看，85.4%的子公司为在京企业，只有260家企业分布在国内28个省（市）地区和韩国、德国和秘鲁三个国家。

二、集团经营持续向好，实力显著增强

1．经营规模继续扩大，保持较快增长

从资产规模看，截止2004年末，146家集团资产总额达7762.6亿元，比2003年同期增长16.3%；户均资产达到53.2亿元，比2003年扩大9.3亿元。从营业规模看，集团全年完成营业收入4005.1亿元，同比增长22.9%。户均营业收入达到27.4亿元，比2003年增加4.9亿元。资产总额与营业收入的增速分别比2003年同期提高4.2和1.1个

百分点。从单个企业来看，有近七成的集团资产规模和营业收入超过了2003年同期水平。其中：资产总额超过百亿元的企业有23家，比2003年增加6家，首钢集团、首都创业集团、首都机场集团名列前三位；营业收入超过百亿元的企业有10家，比2003年增加2家，列前三位的是首钢集团、北京汽车工业控股公司、北京电子控股公司，这些大集团已成为北京市集团发展中的“领头羊”。

2．经济效益大幅增长，运营质量显著提升

2004年，146家企业集团共实现利润总额185.7亿元，同比增长45.9%，继2003年之后增速再创新高。同时，集团亏损面也比2003年下降了3个百分点，为18.3%。随着盈利能力的增强，集团的运营质量也有了明显改善。

表1　　2002年—2004年146家企业集团主要经济指标

主要效益指标	2004年	2003年	2002年
净资产收益率（%）	4.9	3.97	2.74
营业收入利润率（%）	4.03	3.62	3.03
成本费用利润率（%）	4.27	3.84	3.22
资产保值增值率（%）	114.03	111.34	111.23
劳动生产率（万元/人）	46.47	39.61	29.48

3．集团经营日趋多元化，产业关联度提高

充分利用现有资源，开展多元化经营，实现资源共享，形成新的经济增长点，这是企业集团发展的一个重要特征。通过对各集团成员单位的行业类型分析显示，2004年146家集团中有105家集团在多个不同的行业中开展了经营活动，在全部成员单位中有64.2%的企业从事的是非主营业务活动。全年实现非主营业务收入占集团营业总收入的34.4%，比2003年同期提高9.4个百分点。集团多元化经营取得了一定的成效。从多元化经营的方向看，有67%的集团在从事对主业有辅助作用的经营活动，表明集团在实施多元化经营的同时，更加注重提高集团内部产业间的关联度。某些工业企业集团在生产产品的同时，还从事原材料的加工、设备的安装维修和商业销售等活动；某些房地产企业集团还从事装饰装修、物业管理等活动。这种相关多元化的发展使集团内部产业结构得到了优化，不仅有利于提高自身的核心竞争力，同时也必将会在区域经济结构的优化调整中发挥重要作用。

4．研发投入力度加大，发展后劲增强

技术创新是现代企业提高核心竞争力，保持可持续发展的重要源泉，而必要的研发投入则是实现技术创新的基本保证。调查显示，2004年北京市大企业集团共投入研发费用 21.9 亿元，同比增长 51.8%，研发费用占营业收入的比重比 2003 年同期提高了 0.11 个百分点。研发投入的增加使创新成果进一步显现。2004 年大集团实现新产品销售收入 573.1 亿元，同比增长 49%，占营业收入的比重较 2003 年同期提高了 2.5 个百分点。此外，集团技术研发中心的建设也取得新进展。截止 2004 年末，已有 52 家集团建立了技术中心，比 2003 年增加 2 家，并且近八成技术中心的科研设施和经费、人员能够完全或基本满足需要。

5．规模效益显现，少数特大集团贡献突出

从下表中可以看出，随着资产规模的扩大，企业集团的经营水平和盈利能力也在同步增长，充分反映出规模经济对企业集团发展的重要作用。2004 年 23 家资产规模过百亿元的集团的营业收入、资产总额分别占全部集团的 60.6%和 68.4%，对利润总额的贡献率高达 62.8%，成为支撑北京市大集团发展的主要力量。

表 2　　2004 年 23 家企业集团经营水平和盈利能力指标值

分组类型	单位个数	户均营业收入（亿元）	营业收入利润率（%）	净资产收益率（%）	劳动生产率（万元/人）
按资产总计分组：	146	27.4	4.64	5.19	47.41
100 亿元及以上	23	105.5	4.95	6.56	48.15
50—100 亿元	15	50.0	3.88	6.44	47.20
10—50 亿元	49	13.6	3.69	6.08	46.85
10 亿元以下	59	2.8	3.12	3.35	26.38

三、集团体制改革取得成效，制度建设逐步完善

1. 出资人制度进一步明确

明确产权关系、建立出资人制度是现代企业制度改革的重要内容。调查显示，141 家集团已明确了母公司出资人，135 家集团的子公司已全部明确出资人。产权归属清晰使出资人的权利得到保障。在已明确出资人的 141 家集团母公司中，136 家集团母公司出资人能够行使企业重大经营决策权，121 家集团母公司出资人可以行使选择企业经营者的权利，98 家集团母公司出资人有收取资产收益的权利。

2. 法人治理结构逐步健全

股东会、董事会和监事会的建立是法人治理结构规范化的标志。调查表明，146 家集团中已成立董事会的有 104 家，成立监事会的有 64 家，成立股东会的有 58 家。其中有 80%的股东会拥有决定集团经营方针和投资计划、决定和更换董事、审议董事会报告、修改公司章程等重大事项的权利；有 90%的董事会有权决定公司经营计划和投资方案、制定公司财务预算方案、制定公司的管理制度等事项；全部监事会都有权检查公司财务，并对董事、经理执行公司职务时违反法律、法规或者公司章程的行为进行监督。“新三会”的成立充分发挥了决策、执行和监督相互制衡的运行机制。

3. 管理、分配制度建设更加到位

探索集团管理和分配模式的根本目的在于通过完善和规范制度来克服不利于企业集团发展的制约因素，充分发展企业集团的竞争力。调查结果表明，在北京市 146 家大集团中，95%的集团有明确的企业集团重大事项决策程序制度，93%的集团有预算管理制度，80%的集团建立了奖惩制度，另有 105 家集团在本年中建立了新的管理制度。与此同时，集团收入分配制度呈现多样化：97%的集团实行了以岗位工资为主的工资制，60%的集团对经营者实行年薪制，21%的集团开始实行工资集体协商制度。

4. 配套政策进一步落实

近几年来，北京市大力优化发展环境，积极为企业的生产经营构建良好的市场运作机制，同时政府对企业的管理职能正在从直接参与生产经营向以宏观调控为主转变，企业自主权进一步扩大。2004年，146家企业集团中有84.3%的集团拥有投资自主权，68.5%的集团拥有对外担保权，48.6%的集团拥有自营产品进出口权，42.5%的集团拥有对外工程承包与劳动合作权，20.6%的集团拥有境外融资权，另外还有部分集团拥有了合并纳税权和外事审批权。

四、存在的主要问题

1. 集团跨区域发展的能力不足

跨区域经营是企业集团参与国内外市场分工与合作，促进区域经济交流的重要战略，同时也是培育企业集团国际竞争力的必由之路。从目前情况看，北京市大集团跨区域发展能力还不足，主要表现在三个方面：一是实现跨区域经营的企业集团少。在146家企业集团中，国内跨省经营的只有47家，跨国经营的只有3家，分别占32.2%和1.4%，大部分企业集团的经营活动还仅仅局限于本市；二是跨区域经营成员单位少。在1775家成员单位中，85.4%的企业为在京企业，只有260家企业分布在国内28个省（市）地区和韩国、德国和秘鲁三个国家。而且大多数集团的成员单位布局仅限于1—3个省（市、区）之内，远没有达到全国性的层次；三是跨区域经营以中小项目为主。跨区域经营成员单位平均资产规模为2.8亿元，仅相当于总体平均的50%，发展受到一定制约。

2. 集团规模差距较大

企业集团与一般企业的不同之处就在于，它将多个企业联合起来形成较大的规模，并由此产生巨大的规模效益。近年来北京市企业集团的总体规模虽然在不断扩大，但从单个企业的情况看，有76%的集团资产规模小于总体平均水平，其营业收入占总体的比重仅为12.4%，这表明北京市大集团的规模结构不均衡。规模上的不足也必然会带来效益上的差距，资产规模低于总体平均水平的集团户均利润为 3879 万元，与总体平均水平相比，两者相差 3.3 倍。多数集团规模偏小，在一定程度上影响了集团整体实力的进一步提高。

3．集团体制改革亟待深化

从集团登记注册类型看，在 146 家集团中已进行公司制改革的集团有 105 家，其中应作为公有制主要实现形式的股份有限公司仅有 5 家，另外还有 32 家国有企业未进行改制，这说明北京市大集团体制改革进程依然缓慢。同时，部分集团“新三会”不健全反映出企业改制还不到位，法人治理结构有待进一步完善。

北京外贸经济发展变化与 GDP 增长关系浅析

◆ 魏小真

内容提要

本文利用北京 1995 年以来的相关数据，分析了本市外贸经济发展变化对北京市经济总量增长的影响关系。分析结果表明，2004 年北京市外贸经济对 GDP 的直接贡献率为 8.6%，北京进出口货物集散地的特征明显，第三产业部门具有较强的比较优势。但国际旅游对 GDP 的贡献有所减弱，9 年来海关进出口依存度没有明显提升。

随着经济全球化程度的提高，一个国家和地区的经济发展越来越依赖于国内和国际两个市场，我国加入 WTO 加快了中国经济对外开放的进程。北京作为中国的首都，外贸经济发展的步伐也在不断加快，但外贸经济发展变化与地区生产总值是怎样的关系，对北京经济的带动作用怎样，一直以来很难进行量化分析。本文通过对北京 1995 年以来的数据分析，试图从生产和需求的角度，回答这个问题。

一、基本概念

1. 从海关进出口额和 GDP 的概念看，外延和内涵均有一定的差别

从外延看：海关进出口额是指商品和服务进出口的经营总规模，是全部价值量；GDP 是指商品生产、交易和服务过程中新增加价值和固定资产转移价值。

从内涵看：海关进出口所核算的某些商品和服务在交易中可辗转

多次，并反复产生贸易额，而 GDP 核算的只是本期不再投入生产并作为最终产品的价值。

2．从进出口与 GDP 的关系看，生产和需求的观察角度不同

从生产角度看:只有进出口活动中创造的增加值才是 GDP 的直接组成部分。比如：生产出口产品过程中创造的增加值；从事进出口活动产生的交易增值部分。在经济活动中，本市常住单位在一定时期通过进出口生产经营活动所创造的增加值才是 GDP 的直接组成部分。分析进出口对北京市整体经济的直接拉动作用，应该从这个角度观察。

从需求角度看：需求是生产的原动力。在一个开放的城市，总供给是根据需求的结构和总量要求进行调剂的，最终达到总供给与总需求的平衡。总供给包括来自国内市场的资源供给，也包括来自国外市场的资源供给（即进口国外的商品和服务)，总需求包括国内市场需求也包括国际市场的需求（即出口国外商品与劳务)。显然，进出口是经济发展过程中的重要因素之一，它通过引进国外资源及出口商品和服务，使一国（或地区）经济直接与国际市场相联系，调节总供给与总需求，并以此影响 GDP 的增长。

3．从国际旅游与 GDP 的关系看，接待国外旅游者可视同出口

旅游业是通过旅游者在本地区的消费来拉动本地区经济的增长，国外旅游者在本地的消费理论上就是所消费产品和服务的出口。因此，旅游业消费的产品和服务的生产过程，就是 GDP 的直接产生过程，也是 GDP 的直接组成部分。

本文涉及的外贸经济是指，目前可以核算的出口产品的生产、进出口交易活动和国际旅游三部分。

另外，对于一个城市来说，不仅有国际间的流入流出，也有省际间的流入流出，这些因素都影响着一个地区的总供给与总需求，影响一个地区的经济规模，但由于省际间的流入流出核算比较复杂，本文暂不考虑。

二、基本情况

1. 从 GDP 增长情况看

2004 年初步统计本市实现 GDP 4283.3 亿元，比 1995 年增加 2888.4 亿元，增长 2.1 倍，9 年间累计实现 GDP 达到 24095.9 亿元，年均增加 320.9 亿元，平均递增 10.6%。

2. 从海关进出口情况看

2004 年本市完成海关进出口额 946.6 亿美元，相当于同期 GDP 的 1.8 倍，比 1995 年增加 893.5 亿美元，增长 16.8 倍。9 年间累计完成进出口额 3928.2 亿美元，年均增加 99.3 亿美元，平均递增 37.7%；比 GDP 现价 13.3%增长速度快 24.4 个百分点。

2004 年本市完成海关进口和出口额分别为 740.9 和 205.7 亿美元，相当于同期 GDP 的 1.43 倍和 39.7%。9 年间累计完成进口和出口额分别为 2940.6 和 987.6 亿美元，年均增加 78.9 和 20.3 亿美元，平均递增 42.6%和 27.7%。分别快于 GDP 现价增长速度 29.3 和 14.4 个百分点。其中进口的增长明显高于出口的增长，逆差呈不断扩大的趋势。

3. 从生产角度的进出口活动看

从出口产品的生产看，2004 年本市出口产品交货值完成 602.6 亿元，比 1995 年增加 507 亿元，增长 5.3 倍；9 年间平均递增 22.7%，快于 GDP 现价增长速度 9.4 个百分点；占工业销售产值的比重从 1995 年的 5.6%提升到 2004 年的 12.6%。工业出口创造的增加值占 GDP 的比重从 1995 年的 0.2%提升到 2004 年的 3.7%。

从进出口交易活动看，2004 年本市商品购进总值中进口完成 1175.6 亿元，比 1995 年增加 1004.2 亿元，增长 5.9 倍。进口活动创造的增加值占 GDP 的比重从 1995 年的 0.95%提升到 2004 年的 2.12%；出口活动创造的增加值占 GDP 的比重从 1995 年的 2.0%下降到 2004 年的 0.9%。进口和出口因素共同作用，进出口交易创造的增加值占 GDP 的比重 9 年间没有明显变化，1995 年为 2.96%，2004 年为 3.04%。

4．从国际旅游看

2004年本市完成旅游外汇收入31.7亿美元，比1995年增加9.9亿美元，增长45.3%；9年间平均递增4.2%，低于GDP可比增长速度6.4个百分点。国际旅游创造的增加值占GDP比重从1995年的3.3%下降到2004年的1.9%。

三、外贸经济与GDP的相互影响分析

1．进出口活动直接创造的增加值占GDP的比重为8.6%

进出口活动直接创造的增加值是GDP的组成部分。据统计，2004年本市通过生产出口产品、进出口经营和接待入境旅游者等活动直接创造的增加值约370.2亿元，占同期GDP的8.6%；比1995年增长2倍，与GDP增长基本同步，对GDP增长的贡献率为8.6%。其中，生产出口产品创造的增加值159亿元，进出口经营活动创造的增加值130亿元，入境旅游创造的增加值81.2亿元，占同期GDP的比重分别为3.7%、3.04%和1.9%。

2．进出口对GDP增长的影响

海关进出口是影响市场供求关系的因素之一。一般情况下，出口代表总需求的增加，进口则意味着总供给的扩大，因此，海关进出口是通过改变市场容量对GDP增长产生影响的。当出口大于进口时，对内需不足有所弥补，引起需求量相对扩大，供给量相对减少，市场供需关系得到改善，从而促进GDP的增长；当出口小于进口时，导致供给量增大，如此时内需没有明显增加，则意味着需求量相对减少，市场供需矛盾加重，从而会影响GDP的增长。

进入90年代以来，北京海关进出口额始终呈现进口大于出口的格局，从理论上说，在内需没有明显增加的情况下，进口大于出口，外需相对减少，导致供需矛盾加重，使经济增长的难度加大。但从北京海关进出口的特点看，与全国各省市情况均有所不同。一是北京进出口结构减弱了对北京供需市场的影响。以2003年为例，北京按照经营

单位所在地完成的海关进出口额为684.6亿美元，但如果按照境内目的地和货源地划分，完成的进出口额只有313.3亿美元，相当于前者的45.7%。也就是说，北京单位组织了进出口货源但实际出口的货源地和进口的目的地并非北京，这与北京中央单位多，全国性的进出口公司多相吻合。这种进出口结构在调节供需中，一定程度减弱了对本市市场供需的影响，减缓了对GDP增长的压力。二是北京是明显的进出口货物集散地。数据显示，北京商品购进总值中，进口的比重从1995年的9.8%提升到2004年的21.6%，同时销售总额中市外的比重也从1995年的14.4%提高到2004年的37.2%。从海关进口情况看，2003年按经营地划分的海关进口额为516.1亿美元，而按进口目的地划分进口额为213.7亿美元，只占前者的41.4%。说明北京组织的进口的货源，最终大部分分散到了全国各地。具有明显的集散地特征。随着商品进出口数量的增加，地区间的流动量加大，流动中实现了货物的增值，转化为影响GDP增长的直接因素。三是进出口结构调整产生间接效应，带动了相关部门生产的发展和本市产业结构的调整。近年来，北京市机电产品、仪器仪表、高新技术、通信技术产品等高科技产品的出口比重明显增加，从而有利于GDP的持续稳定增长。

3. GDP对进出口的影响

GDP的生产总量影响进出口总量。从投入产出表显示，2002年比1997年，出口增长88.3%，进口增长1.9倍，同期GDP增长77.5%（现价），出口和进口的增长均高于GDP的增长，说明北京市生产的外向程度是增强的。GDP生产的增长与进出口需求的增长相互作用力增大。

GDP的生产结构影响产品的进出口结构。42个部门的投入产出表显示，北京2002年有23个部门出口额大于进口额，有12个部门出口额小于进口额；1997年有20个部门出口额大于进口额，有12个部门出口额小于进口额，生产过程中产品的来源变化，影响进出口的结构。我们把出口大于进口称为出口型部门(反之称为进口型部门)，通过对比我们发现，2002年在第一二产业的部门中，有4个部门从1997

年的进口型转为出口型，3 个部门从出口型转为进口型，中间投入产品来源的结构变化直接影响进出口结构的变化。（由于 1995 年使用的是 1994 年的国家行业标准，2002 年使用的是 2002 年的国家行业标准，因此，在进行结构比较时，部门内容有一定出入。由于第三产业部门变化较大，故没有进行比较。）

4. 从进出口结构看产业的比较优势

当出口大于进口时，对内需不足有所弥补，引起需求量相对扩大，供给量相对减少，市场供需关系得到改善，从而促进 GDP 的增长。这里我们把出口大于进口的行业作为相对有比较优势的行业定义，根据 2002 年北京市 40 个部门投入产出表显示，共有 23 个部门具有比较优势，其中，工业只有 9 个行业有比较优势，占工业 24 个行业的 37.5%。与工业不同，北京很多服务业行业则是出口大于进口，既是北京的重点发展部门，同时相对其他部门有明显的比较优势。交通运输及仓储业，邮政业，信息传输计算机服务和软件业，住宿餐饮业，租赁和商务服务业，综合技术服务业和旅游业等拥有显著的比较优势，他们的净出口占其总产出比重超过 5%，占有一定份额。而这些行业均是为生产者提供服务的行业，这些行业附加值较高，增加值率均高于北京市平均水平，属于知识密集型产业，大力发展将有利于北京经济结构的调整和升级，有利于经济总量的提升。

四、值得关注的问题

1. 北京经济的进出口依存度没有明显提升

根据全国部分省市的海关进出口资料显示，没有任何一个地区进出口的经营地与进出口目的地和货源地存在明显差异。表 1 列举了四个直辖市的资料。

表 1　　海关进出口额　　单位：亿美元

	按经营地分			按境内目的地和货源地分		
	2000 年	2002 年	2003 年	2000 年	2002 年	2003 年
北京	496.2	525.1	685	242.4	267	313.3
天津	171.5	228.1	293.4	171.6	228.5	300.3
上海	547.1	726.3	1123.4	547	722.5	1105.2
重庆	17.9	17.9	25.9	18.5	20.2	25.6

因此，从北京的情况看，直接影响北京供求关系的进出口数据应按照出口的货源地和进口的目的地分析更为准确。1996 年—2003 年，北京市按照进口的目的地和出口的货源地划分的进出口额分别增长 8.9%和 6.6%，均慢于 GDP 平均递增 10.3%的速度，从进出口额占 GDP 比重看，“九五”时期为 73%，“十五”前三年为 72.9%，北京经济的进出口依存度没有提升。

2. 北京经济的进出口依存度低于津沪

考虑到进出口对北京市场供需的直接影响，按照进口目的地和出口货源地分析北京的进出口情况，进出口额占 GDP 的比重 2003 年比 2000 年下降 9.2 个百分点。与津沪比较，低于两市同期水平，变化趋势也与两市相反（见表 2）。

表 2　　进出口储存度比较

	GDP（亿元）			进出口占 GDP 比重（%）(按境内目的地和货源地分)		
	2000 年	2002 年	2003 年	2000 年	2002 年	2003 年
北京	2478.8	3212.7	3663.1	80.9	68.8	70.8
天津	1639.4	2051.2	2447.7	86.6	92.2	101.5
上海	4551.2	5408.8	6250.8	99.5	110.6	146.3
重庆	1589.3	1971.3	2250.6	9.6	8.5	9.4

3. 北京工业从进出口结构看缺乏比较优势

在 2002 年北京市 40 个部门投入产出表中，工业部门共 24 个，其中出口大于进口的部门只有 9 个。值得关注的是，北京近年来发展比较快，对北京工业带动作用比较强劲的交通运输设备制造业、通信设备计算机及其他电子设备制造业、化工工业、仪器仪表等行业，进出口的规模均比较大，但并没有构建一个大进同时能够大出的经济循环结构，大量的生产资料进口，但加工后的产品并未实现全部出口，多数产品滞留于国内，外汇收支并未达到平衡。在需求不变的情况下，必然对本地的生产和就业带来压力，同时也说明产品的国际市场还需要进一步扩展。

注：文中使用 2004 数据均为初步统计数据。

海关进出口额取自《中国统计年鉴》

农村全面小康综合实现程度81.7%位居全国第二位

◆ 孟素洁

内容提要

根据国家统计局农调总队提出的农村全面小康标准和综合评价方法，我们对2000年—2004年北京农村全面小康程度进行了监测。监测结果表明，2000年—2004年北京市农村全面小康综合实现程度从57.6%提高到81.7%，提高了24.1个百分点。到2004年，在农村全面小康社会评价指标体系18项指标中，实现程度达到100%的指标从6项上升到9项，实现程度在60%—99%之间的指标从3项上升到5项，实现程度在60%以下的指标从9项下降到4项。

十六大报告指出："我们要在本世纪头20年，集中力量，全面建设惠及十几亿人口的更高水平的小康社会，使经济更加发展、民主更加繁荣、社会更加和谐、人民生活更加殷实。"国家统计局农调总队根据建设全面小康社会的科学内涵，全面考虑物质文明、精神文明和政治文明三方面的内容，参照"三步走"战略构想的基本目标、2000年前后世界中等收入国家有关指标的平均水平、中国农村20%最高收入农户有关指标的平均水平、2000年城镇居民有关指标的平均水平和大城市郊区有关指标的平均水平，构建了包括经济发展、社会发展水平、人口素质、生活质量、民主法制和资源环境6个子系统在内的18项指标组成的《农村全面小康社会评价体系》。

根据国家统计局农调总队提出的全面小康标准和综合评价方法，我们对2000年—2004年北京农村全面小康程度进行了监测。

一、北京农村全面小康社会建设现状

1. 北京农村全面小康综合实现程度达81.7%

2000年—2004年，北京市农村全面小康综合实现程度（注）从57.6%提高到81.7%，提高了24.1个百分点。2004年北京农村全面小康社会六个子系统的综合实现程度由高到低依次是：人口素质实现程度100%、经济发展实现程度92.1%、生活质量实现程度84.1%、社会发展实现程度78.7%、民主法制实现程度65.7%和资源环境实现程度14.3%。

表1　　2004年北京市农村全面小康综合实现程度

指　　标	单　位	总　体 小康值	全　面 小康值	实际值	实现程度 %
A、经济发展					**92.1**
1. 人均可支配收入	元/人	2200	6000	5847	96.0
2. 第一产业劳动力比重	%	50	35	33.8	100.0
3. 小城镇人口比重	%	16	35	28.0	63.2
B、社会发展					**78.7**
4. 农村合作医疗覆盖率	%	10	90	71.9	77.4
5. 农村养老覆盖率	%	1.8	60	24.4	38.9
6. 万人农业科技人员数	人	1	4	4.9	100.0
7. 农村居民基尼系数	—	0.35	0.3-0.4	0.3	100.0
C、人口素质					**100.0**
8. 平均受教育年限	年	7.4	9	10.0	100.0
9. 平均预期寿命	年	69.5	75	76.3	100.0
D、生活质量					**84.1**
10. 恩格尔系数	%	49	40	32.6	100.0
11. 居住质量指数	%	18	75	65.5	83.3
12. 文化娱乐消费支出比重	%	2.5	7	4.3	39.1
13. 农民信息化程度	%	28	60	76.2	100.0
E、民主法制					**65.7**
14. 对村政务公开满意度	%	55	85	80.0	83.3
15. 农民社会安全满意度	%	60	85	72.0	48.0
F、资源环境					**14.30**
16. 常用耕地面积变动幅度	%	-0.3	0	-9.0	-100.0
17. 森林覆盖率	%	16.5	23	35.5	100.00
18. 万元农业GDP用水量	立方米	2600	1500	1312	100.0
综合实现程度	%				**81.7**

在农村全面小康社会评价指标体系 18 项指标中，实现程度达到100%的有 9 项指标，分别为第一产业劳动力比重、万人农业科技人员、农村居民基尼系数、农村劳动者平均受教育年限、农村人口平均预期寿命、农村居民恩格尔系数、农民生活信息化程度、森林覆盖率、万元农业 GDP 用水量；实现程度在 60%—99%之间的有 5 项指标，分别为农民人均可支配收入为 96%、小城镇人口占比重为 63.2%、农村合作医疗覆盖率为 77.4%、农村居民居住质量为 83.3%、农民对政务公开的满意度83.3%；实现程度在 60%以下的有 4 项指标，分别为农村养老保险覆盖率实现程度为 38.9%、农民社会安全感满意度为 48%、农民文化娱乐消费支出占比重实现程度为 39.1%、常用耕地变动幅度为-100%。

2．北京农村全面小康综合指数位居全国第二

2004 年，全国农村全面小康社会综合实现程度为 21.6%，有三分之二的省（区、市）农村全面小康实现程度低于 30%（见表 2）。

表 2　　**2004 年部分省市农村全面小康实现程度**

地区	实现程度(%)	位次
全　国	**21.6**	
上　海	87.8	1
北　京	81.7	2
天　津	67.8	3
浙　江	58.9	4
广　东	46.7	5
江　苏	46.6	6
山　东	42.8	7
福　建	39.5	8
河　北	30.1	10
内蒙古	12.0	20
重　庆	10.3	21

从全国 31 个省市农村全面小康综合实现程度看，只有北京、上海、天津全面小康超过 60%，北京位居全国第二，已走在全国的前列。从 2004 年北京与全国农村全面小康社会指标体系的六个子系统实现程度比较

看：全国经济发展实现程度为12.1%，比北京低80个百分点；社会发展全国为33.1%，比北京低45.6个百分点；人口素质全国为15%，北京已实现100%；生活质量全国为28.7%，比北京低55.4个百分点；资源环境全国为-22.4，北京为14.3%；民主与法制全国为69%，北京比全国低3.3个百分点。

3．北京与上海、天津的比较

2004年，北京农村全面小康实现程度达81.7%，上海为87.8%，天津为67.8%，北京比上海低6.1个百分点，比天津高13.9个百分点。其中经济发展综合实现程度上海为100%，北京为92.1%，天津为78.8%；社会发展综合实现程度上海为90.9%，北京为78.7%，天津为30.4%；人口素质综合实现程度京、津、沪均为100%；生活质量实现程度上海为97.1%，北京为84.1%，天津为81.4%；民主与法制实现程度上海与天津均为100%，北京为65.7%；资源环境实现程度上海为-38.6%，天津为-100%，北京为14.3%。

从18项指标实现程度看，北京与上海在农村城镇人口占比重、农村养老保险覆盖率、农民文化娱乐消费支出占比重、农民对社会安全感满意度4项指标差距明显（见表3）。

二、北京农村建设全面小康社会进程的突出特点

1．经济、社会进程快、水平高

北京在农村全面小康社会建设中，经济发展和社会发展进程较快。经济发展综合实现程度2004年比2000年提高37.1个百分点，比2003年提高9.7个百分点。其中农民人均可支配收入实现程度从2000年的61.2%提高到2004年的96%，上升了34.8个百分点。"十五"期间，北京市加大农民的就业技能培训和农村富余劳动力转移力度，第一产业从业人员向二三产业转移加快，第一产业从业人员占比重从2000年的42%下降到33.8%，实现程度从53.3%提高到了100%。

农村社会发展水平综合实现程度比2000年提高21.7个百分点，

比 2003 年提高 4 个百分点。其中农村合作医疗覆盖率从 2000 年的 38.3%提高到 71.9%，实现程度从 35.4%提高到 77.4%，提高了 42 个百分点。

表 3　　2004 年京、津、沪三市农村全面小康实现程度比较

指　　标	北京（%）	天津（%）	上海（%）
A、经济发展	**92.1**	**78.8**	**100.0**
1. 人均可支配收入	96.0	69.3	100.0
2. 第一产业劳动力比重	100.0	100.0	100.0
3. 小城镇人口比重	63.2	100.0	100.0
B、社会发展	**78.7**	**30.4**	**90.9**
4. 农村合作医疗覆盖率	77.4	13.4	96.3
5. 农村养老覆盖率	38.9	8.6	62.2
6. 万人农业科技人员数	100.0	16.7	100.0
7. 农村居民基尼系数	100.0	100.0	100.0
C、人口素质	**100.0**	**100.0**	**100.0**
8. 平均受教育年限	100.0	100.0	100.0
9. 平均预期寿命	100.0	100.0	100.0
D、生活质量	**84.1**	**81.4**	**97.1**
10. 恩格尔系数	100.0	100.0	100.0
11. 居住质量指数	**83.3**	80.1	100.0
12. 文化娱乐消费支出比重	**39.1**	35.6	77.8
13. 农民信息化程度	100.0	96.9	100.0
E、民主法制	**65.7**	**100.0**	**100.0**
14. 对村政务公开满意度	83.3	100.0	100.0
15. 农民社会安全满意度	48.0	100.0	100.0
F、资源环境	**14.3**	**-12.1**	**-38.6**
16. 常用耕地面积变动幅度	-100.0	-100.0	-100.0
17. 森林覆盖率	100.0	7.7	-85.5
18. 万元农业 GDP 用水量	100.0	100.0	100.0
综合实现程度	**81.7**	**67.8**	**87.8**

2. 农民生活质量明显提高

农民生活质量实现程度比 2000 年提高 14.3 个百分点，比 2003 年提高 2.7 个百分点。其中居住质量指数从 2000 年的 52.43%提高到 2004

年的65.5%，实现程度从60.4%提高到83.3%。构成居住质量指数的6项指标中，清洁能源使用户数比重从2000年的38.6%上升到2004年的60.9%，享受卫生厕所户数的比重从10%上升到27%，户外道路硬化的农户比重从60%上升到88.1%，农民人均住房面积从28.9平方米提高到34.2平方米，引用自来水农户比重从90%上升到91.8%，钢混、砖木住房占比重从97.5%上升到99.3%，农民的生活环境有了明显的改善。

3．耕地减少造成资源环境实现程度低

2004年，资源环境综合实现程度仅为14.3%，在六个子系统中实现程度最低。由于城市建设的发展，耕地不断被占用，2004年比2000年，北京市耕地面积减少139万亩，耕地面积变动幅度综合实现程度为-100%。但是从资源环境方面的林木覆盖率和万元农业GDP用水量两项指标看，2004年实现程度都达到了100%。

4．区域发展差距明显

2004年，北京市13个郊区县农村全面小康综合实现程度均超过70%，实现程度最高的是海淀区为89.2%，最低的是延庆县为73.7%。综合实现程度超过80%的有海淀、朝阳、丰台、门头沟、顺义、通州、怀柔（见表4）。

表4　分区县全面小康综合实现程度

区　县	综合实现程度%	区　县	综合实现程度%
北京市农村	81.7	通州	83.8
朝　阳	83.9	大兴	77.2
丰　台	85.6	房山	77.7
海　淀	89.2	平谷	77.9
门头沟	81.0	怀柔	84.6
昌　平	79.8	密云	76.7
顺　义	85.1	延庆	73.7

从各个子系统实现程度看，经济发展实现程度达到100%的区县有朝阳、丰台、海淀，超过90%的有顺义、房山、门头沟，实现程度最低的是密云县为71.9%；社会发展综合实现程度80%以上的有丰台、

海淀、通州、昌平、大兴、怀柔、延庆，实现程度最高的是海淀为89%，实现程度最低的是门头沟为40.5%；人口素质实现程度13个区县都达到了100%；生活质量实现程度有四个区县实现了100%，分别是朝阳、海淀、顺义、通州，超过80%的有丰台、昌平、平谷、大兴，实现程度最低的是密云为69.7%。

三、北京农村全面小康建设的难点

1．耕地面积连年减少

随着农村城市化进程的加快，大量耕地被占用，使北京耕地减少情况突出，没有做到占补平衡，新增耕地微乎其微。由于耕地面积连年减少，在评价农村全面小康实现程度的18个指标中，常用耕地面积变动幅度是唯一负增长的指标，其中2004年的变动幅度为-9%。由于常用耕地面积变动幅度以大于0作为目标值，该指标在北京城镇化加速期很难达到全面小康的要求。

2．农村民主法制建设较为薄弱

民主法制实现程度为65.7%，是唯一低于全国平均水平的指标。社会和公共安全是构建和谐社会的重要方面，也是建设全面小康社会的重要方面。然而，北京面临日益增多的外来人口、失业人口以及不断拉大的城乡差距等不稳定因素，使北京民主法制建设任重而道远。

3．农民文化娱乐消费比重偏低

从监测结果看，农民收入水平还不高，与城市居民相比，农民在交通、通讯、教育、医疗等诸多方面的支出与城市居民相当。因此农民在保证吃、穿、用的开支以外，用于文化娱乐的消费很少，也较难提高，2004年只达到4.26%，比2000年仅上升了0.16个百分点，实现程度不及农村全面小康标准的40%。

4．农村社会保障体系有待进一步完善

从上世纪90年代起，北京市开始探索建立现代农村社会保障体系。

近年来，随着农村经济的发展，北京市农村社会保障建设也加快了步伐，逐渐建立起包括农村社会养老保险、农村合作医疗、农村最低生活保障等形式在内的农村社会保障体系，一定程度上保证了部分农民“病有所医，老有所养”的问题。但依然存在覆盖面小、保障水平低，离实现符合全面小康社会要求的农村社会保障体系还有较大差距。

从2004年的情况看，北京农村养老保险覆盖率是实现程度最低的指标，仅为24.4%，实现程度为38.9%，离60%的全面小康目标值仍有较大差距；北京农村新型合作医疗参合率为71.91%，实现程度为77.39%。农村新型合作医疗近年来虽然推进较快，但保障水平偏低的问题较为突出，农民一旦生病住院，报销比例低，农民负担仍然很重。

5．农村城镇化水平低

在农村全面小康综合评价系统中，农村小城镇人口比重是反映城乡社会经济统筹发展和城市化水平的重要指标，农村小城镇聚集功能发挥不足，城镇化进程滞后。2004年农村小城镇人口比重仅为28%，实现程度仅为63.2%。

6．人居环境改善还需加大力度

农民生活环境的改善是全面小康建设的重要内容，评价居住质量指数的指标包括住房面积、房屋结构、饮用自来水、生活能源、卫生厕所、室外道路6个方面。2004年北京农村居民居住质量指数的实现程度为83.3%，虽比2000年有很大提高，但个别指标距全面小康目标还相差甚远。其中，卫生厕所使用率仅为27.4%，距70%的目标值相差42.6个百分点；使用清洁能源农户比重仅为60.9%，距70%的目标值相差9.1个百分点。

综上所述，北京农村距实现全面小康社会还有一定距离，难点在于农村民主法制建设、城镇化的推进、农民生活质量的提高、农民居住环境的改善、农村社会保障体系的健全。

针对存在的问题，在以后的工作中要加快解决农民向市民转变中的社会保障问题，让农民逐步自觉自愿地从“土地保障”和“家庭保障”变为社会保障，尽快完善农村社会保障体系；加快小城镇建设的步伐，为农民创造更广泛、更多的就业机会，促进农村劳动力向非农产业转移，提高农民的收入水平和生活质量，缩小城乡差别，构建和谐社会；加大对农村基础设施建设力度，改善农民的居住环境质量；进一步加强北京农村的基层民主法制建设，使社会公正度和安全感不断提高。

注：农村全面小康社会的综合评价方法

综合评价的基本步骤是：(1)全面小康目标值为上限，2000 年总体小康值为下限，评价的起点为 2000 年。（2）确定每个指标的实现程度。每个指标的实现程度是该指标的实际值减去 2000 年总体小康值，除以全面小康目标值与 2000 年总体小康值的差。（3）计算各种指标的实际得分，每个指标的实际得分是该指标的实现程度与其权数的积。我们采用了国际上常用的美国学者萨迪（T.L.Saaty）教授提出的层次分析法（AHP）来确定各指标的权重。（4）把单个指标得分加总即得出一个地区全面小康综合实现程度。

"十五"期间城乡差距与农村内部差距分析及对策思路

◆ 孟素洁

内容提要

"十五"期间，北京市城乡差距进一步拉大、农村内部发展不平衡问题引起各级政府和社会各界广泛关注。2004年，北京市城乡居民收入比例为2.18：1。以城市20%最高收入组的收入水平与农村20%最低收入组的水平相比为11.34：1。城乡在社会、经济、居民生活质量、基础设施等诸多方面都存在显著差距。农村居民内部贫富差距大于城镇居民，且近年来有扩大趋势，农村基尼系数从2000年的0.32上升到2004年的0.34。城乡差距的不断扩大和区域发展不平衡，将不可避免地带来政治、社会等很多方面的矛盾，造成社会的不稳定。

城乡差距和区域发展不平衡，是各国工业化进程中共同存在的现象。按照经济理论，经济发展过程中，城乡差距总是先逐步扩大，然后缩小的。美国经历了70年的努力，工农收入才由2.5：1缩小到1：1左右。但如果这种差距过大，就不可避免地带来政治、社会等诸多方面的矛盾。改革开放以来，随着北京市经济的快速发展，城乡经济基本处于一种非均衡的发展态势，这种不均衡为打造首都国际化大都市，加快城市化、现代化进程打下了基础。但在北京市城市化已进入高级阶段[①]，人均GDP达到5000美元，接近中等发达国家水平的情况下，

---

① 城市化率为2004年北京统计年鉴资料。美国的城市历史学家诺瑟姆

城乡非均衡发展还继续惯性推进，城乡之间的差距以及农村内部的差距还有进一步扩大的趋势，这就不能不引起关注。本文就城乡居民收入差距、城乡经济社会发展存在的差距以及农村内部发展的不平衡加以分析，并提出加快城乡统筹和区域协调发展的对策思路。

一、城乡居民收入差距的表现

1．城乡收入差距的演变

（1）1978 年—1985 年，农民收入增长快于城市居民，1984 年是城乡差距最小年份。改革开放初期，北京市城乡居民生活都处于较低水平。1978 年，中央和市委、市政府出台了一系列促进农民增收的政策，多次提高农产品收购价格，乡镇企业得到前所未有的超常规发展，农村经济实力显著增强。1978 年至 1985 年，农民人均纯收入年均增长 19.3%，比城市居民可支配收入增速快 5.4 个百分点，这是改革开放以来农民收入增长最快的阶段，也是唯一快于城市增长的阶段，城乡收入比例由 1.62∶1 缩小到 1.17∶1，1984 年城乡居民收入比例为 1.05∶1，是自 1978 年以来城乡差距最小的年份。

（2）1986—1992 年是农民收入增长的缓慢阶段。北京经济发展结构性矛盾开始显现，乡镇企业出现滑坡，农业出现生产资料价格上涨、农产品卖难现象，农业比较效益下降。1985 年—1992 年，农民人均纯收入年均增速为 10.6%，比城市居民收入低 4 个百分点。城乡居民收入比例由 1.17∶1 扩大到 1.51∶1。

（3）1993—2004 年是城乡差距不断扩大的阶段，2000 年城乡收入比达到历史最大值（见图 1）。这一阶段是北京大搞城市建设，经济进入快速发展的阶段，城乡差距在这一阶段不断扩大。12 年间，农民人均纯收入年均增长 13.5%，比城市居民低 3.6 个百分点；城乡居民

（R.M.Northem）于 1979 年提出了著名的 S 形曲线，把城市化的过程分为初级、中级、高级三个阶段：初级阶段，城市化率在 30%以下；中级阶段，城市化率在 30%—70%之间；高级阶段，城市化率在 70%—90%之间。

收入差距由1992年的795元扩大到2004年的8466元。城乡居民收入比例由1.51∶1扩大到2.18∶1，2000年这一比例曾达到历史最高为2.21∶1（见图2），预计2005年将超过这个比例。（国际劳工组织公布1996年资料显示，大多数国家城乡居民收入比例在1.5∶1以内）

图1　　城乡居民收入折线图

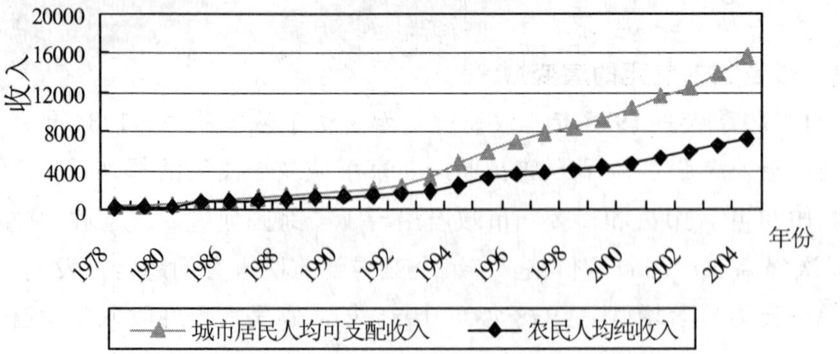

图2　　城乡收入比例

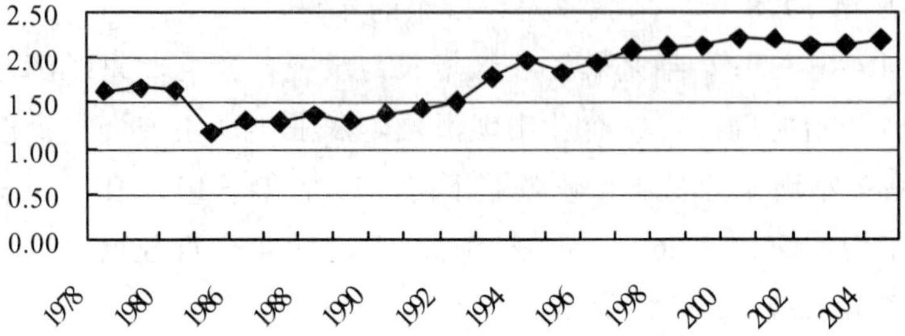

2. 城乡收入差距的程度

（1）2004年农民收入水平仅相当于城市居民低收入组的水平，比城市居民落后8年。2004年，北京市农民人均纯收入7172元，相当于城市居民低收入组7400.9元的收入水平。2004年农民人均纯收入略高于1996年的城市居民人均可支配收入，比城市居民落后8年。

（2）1994年后，城乡收入差距呈加速扩大趋势。1978年，城乡收入相差仅 140 元，1988 年差距超过 300 元，1993 年超过 1000 元，1994 年，城乡收入差距超过 2000 元，1996 年超过 3000 元，1997 年超过 4000 元，2000 年超过 5000 元，2001 年就超过 6000 元，2003 年超过 7000 元，2004 年超过 8000 元（见图 3）。

图3　城乡居民收入差额

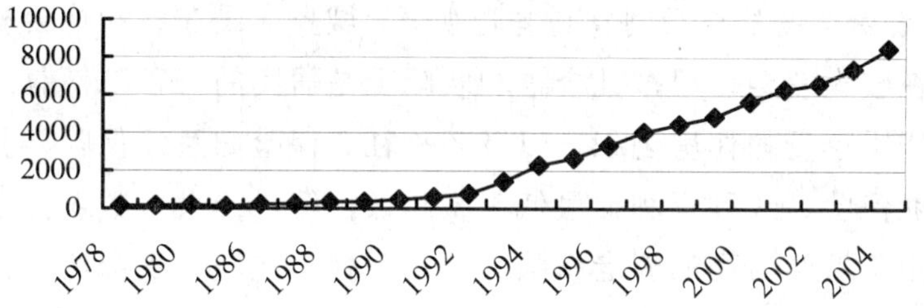

（3）城乡居民消费差距大于收入差距。2004 年，城市居民人均生活消费支出 12200 元，农村居民为 4886 元，城乡居民消费比例为 2.49：1，大于收入差距 31 个百分点；城市居民消费倾向为 78%，农民为 68%，相差 10 个百分点。

城乡居民生活质量差距明显。2004 年，城市居民食品支出为 3926 元，是农村居民的 2.5 倍。其中城市居民肉、蛋、奶、水产品支出为 1160.2 元，是农村居民的 2.6 倍；城市居民衣着支出为 1063 元，是农村居民的 2.9 倍；城市居民家庭设备、用品及服务支出为 824 元，是农村居民的 3.1 倍；城市居民交通通讯支出为 1562 元，是农村居民的 2.9 倍。从反映生活水平的重要指标恩格尔系数看，2004 年城市居民和农村居民的恩格尔系数分别为 32.2%和 32.6%，尽管农村居民与城市居民很接近，但是城乡居民消费水平仍存在质的差异，农村居民恩格尔系数是低水平下的相对合理。从城乡居民家庭百户拥有耐用消费品情况看，城市居民百户拥有空调机为 136 台，农村居民为 47 台；微波炉城市居民 87 台，农村居民为 26 台；淋浴器城市居民为 94 台，农村居民 41 台；移动电话城市居民 165 部，农村居民为 102 部；家用电脑城市居民为 79 台，农村居民为 27 台。

（4）城乡居民家庭财产差距悬殊。到2004年末，城市居民人均储蓄存款余额约为50254元，农村居民约为11935元，城市居民是农村居民的4.2倍。据城市居民抽样调查资料显示，2004年，城市居民人均用于储蓄、储蓄性保险、购买有价证券的支出达4201元，相当于当年农民收入的59%。

（5）城乡居民社会福利待遇差距明显。城乡居民在各种社会福利方面也存在较大差距。很多社会福利实际上是居民的一种隐性收入。目前城市居民享受的住房公积金以及各种社会保险如医疗保险、养老保险、失业保险、各种福利如最低工资和低保等，绝大多数农民都不能享受。由于城镇居民的养老保险、公费医疗、住房公积金等是按照工龄、工资基数等不同条件按比例计提，因此很难计算。据城市居民住户调查资料显示，2004年，城市居民人均社会保障支出为1155元，以社会福利方式获得的隐性收入估计在1000元以上，如果考虑城镇居民享受的各种社会福利，城乡居民收入差距会更大。

二、城乡经济、社会发展差距

1. 农村经济增长慢于城市，经济总量占北京市的份额下降

从经济发展进程看，农村经济增长长期落后于城市。1990年—1995年，北京市地区生产总值年均增长速度为22.7%，农村为21.2%；1996—2000年，北京市为12.2%，农村仅为5.5%；2001—2004年，北京市经济增长速度为14.8%，农村为13.2%。

1990年北京市人均地区生产总值是农村的1.63倍，1995年为1.5倍，2000年为2倍；2004年为2.4倍。

农村经济占北京市经济总量份额呈下降趋势。1990年农村地区生产总值占北京市的比重为23.4%，1995年为22%，2004年（初步统计数）为15.3%。

2. 城乡经济实力及投资差距悬殊，农村经济实力更显脆弱

乡村人口占北京市常住人口比重为24%。2004年北京市地方财政

收入达 830 亿元，农村为 40.6 亿元，仅占北京市的 4.9%，财政支出北京市为 974 亿元，农村为 64 亿元，仅占北京市的 6.6%。城镇人均财政收入为 6969 元，农村为 1128 元，城镇是农村的 6.2 倍。

从支撑经济增长的重要因素——固定资产投资情况看，1995 年，北京市完成全社会固定资产投资 841.5 亿元，农村为 40.2 亿元，仅占北京市投资的 4.8%；2000 年北京市为 1297.4 亿元，农村为 55.6 亿元，占北京市的 4.3%；十六大召开后，虽然市委、市政府对农村经济发展给予了高度重视，农村投资有了较大幅度增长，但占北京市比重仍不足 10%。受诸多方面因素影响，2004 年，农村固定资产投资完成 195.2 亿元，比 2003 年下降 9.4%。

3. 城乡人口分布差异

北京市行政区划面积 1.64 万平方公里，人口密度 909 人/平方公里。但人口分布过于集中在城区，城乡人口密度差距很大。按常住人口计算，2004 年城八区 8%的土地面积上居住了 62.1%的常住人口，人口密度高达 6779 人/平方公里，其中核心区以 0.6%的土地面积容纳了 13.4%的人口，人口密度高达 2.17 万人/平方公里；十个远郊区县拥有北京市 91.7%的土地面积，却只居住了 37.9%的人口，人口密度仅为 376 人/平方公里。核心区的人口密度是远郊区县的 58 倍。

4. 城乡社会事业发展的差距

城乡在医疗资源的获得上存在较大差异。2004 年，平均每千人拥有医院床位，城市为 6 张，农村为 2.9 张；平均每千人拥有医生，城市为 4.2 人，农村为 3 人；在文化设施方面，城市平均每万人拥有公共图书馆、阅览室藏书 1.9 万册，农村只有 0.8 万册。2004 年，城乡住户抽样调查结果表明，教育文化娱乐服务支出城市居民为 2116 元，农村居民为 771 元，城市居民是农村居民的 2.7 倍。

5. 城乡公用事业的差距

城乡最为明显的差别还体现在基础设施等公用事业建设上。虽然北京城市基础设施在全国处于先进水平，但农村基础设施仍较落后，农村居民饮用水大部分为自备水源，实现集中供水的地区仅限于部分小城镇的镇区。据有关部门调查初步统计结果显示，2004 年，有 18% 的村还以吃井水为主，37%的村未通有线电视，19.8%的村道路没有硬化，75%的村垃圾靠露天垃圾池或随意堆放，19.3%的村垃圾不清运、不处理，37.4%的村污水随意排放，15%的村人畜共处。有一部分村尚未建卫生室，平均 3 个村才有一所小学。

三、农村居民内部贫富差距扩大

农村居民内部贫富差距大于城镇居民，且近年来有扩大趋势。2004 年农村居民 20%高收入组与 20%低收入组收入比为 5.89∶1，大于城市居民的 4∶1。1995 年农村居民基尼系数为 0.33，2000 年为 0.32，2004 年为 0.34。而城市居民 1995 年基尼系数为 0.29，2000 年为 0.26，2004 年为 0.29。

农村居民内部收入差距拉大的主要原因，一是近郊与山区农民收入差距拉大。近郊区由于城市化进程加快，农民收入水平快速提高，2000 年至 2004 年，近郊农民人均纯收入年均增长了 11%；而山区农民虽然享受很多市政府的扶持政策，经济有了较快的发展，2000 年至 2004 年，山区农民收入与近郊同步增长，但由于经济发展基础差，山区农民收入处于较低水平，2004 年山区农民人均纯收入为 5736 元，比城市居民落后 10 年，比近郊落后 5 年。二是高低收入组农民收入增速基本同步，拉大了贫富差距。2004 年比 2001 年，20%高收入组农民人均纯收入年均增长了 10.9%，比 20%低收入组收入增速仅低 0.5 个百分点。高低收入组收入差距由 2001 年的 9377 元上升到 12772 元。

四、农村区域发展不平衡

受自然条件、区位条件和区域功能的制约，山区经济发展落后，农民收入水平低，基础设施薄弱，社会发展滞后，与平原存在较大差距，农村内部呈现区域发展不平衡。

1．山区面积大，经济份额小

山区行政区划面积（占北京市的62%）占农村的67.8%，乡村人口占北京市常住人口的8.6%，占北京市乡村人口的35.5%；2000年—2004年，平原地方财政收入年均增长16%，山区仅增长8%，2004年山区地方财政收入21.4亿元，占农村财政收入的三分之一，其中上级补助占到了52.6%，山区财政支出18.1亿元，仅占农村的29.2%，其中财政供给人员工资总额2.9亿元，占财政支出的15.5%，比平原高6.2个百分点，山区人均财政支出1416元，平原为1904元，平原比山区高34.5%；2004年山区固定资产投资仅占北京市全社会固定资产投资的3%，占农村固定资产投资的32.1%；"十五"期间，山区与平原经济增长虽然基本同步，但由于山区经济基础水平低，因此差距继续呈扩大趋势。

2．山区、平原农民收入差距明显，山区比平原落后3年

2004年山区农民人均纯收入为5736元，比平原的7652元相差1916元，相当于平原2001年的收入水平，山区比平原落后3年。"十五"期间山区农民人均纯收入年均增长11.4%，虽略快于平原，但收入差额扩大了611元。

3．山区基础设施薄弱

山区基础设施状况十分落后，2004年，有20%的农户尚未通自来水；平原公路密度为1.91公里/平方公里，山区公路密度仅为0.53公里/平方公里；83个山区乡镇只有35个汽车站，14个垃圾处理站，山区绝大部分农户和公共厕所未改造，山区人民的生产生活条件还很艰苦。

4．山区社会发展滞后

2004年，山区教育事业费支出占财政支出的比重为6.5%，比平原地区低4.7个百分点；山区每4个行政村拥有1所小学，比平原低一倍；山区平均6个村有一个图书室或文化站；山区农村基本养老保险参保率为11%，比北京市农村平均水平低13.4个百分点。

五、城乡差距以及农村内部差距扩大的主要原因

1．二元结构的管理体制是造成城乡差距扩大的重要因素

长期以来，政府管理体制是城乡分割的二元管理体制，规划、基础设施建设、经济发展以及教育、卫生等许多管理部门，只管城市不管农村。而农口部门过去以抓农业生产为主，在社会福利制度、税收、就业、户籍等方面的制度安排上，都加速了城乡差别的进一步扩大。目前城市福利制度已基本完善，但农村社会福利制度刚刚起步，即使已有的社会福利项目如医疗、低保等，与城市相比也存在很大差别。城乡分割的二元管理体制，对农民限制过多服务过少，既不利于城市带动农村，也不利于农村内部搞活。在首都总体建设中，考虑城市地区多，考虑农村地区少，缺乏长远科学的规划，特别是在农村教育、环境、基础设施和公用事业等方面建设投入严重不足，使得城乡差别日益明显。企业、人口和各种物质文化成果向城市聚集，城市人均占有资源总量快速增加，而农村人均资源很难增长。一方面是城乡资源配置不合理。另一方面，乡村建设资金短缺，农村建设长期以来大多依靠集体经济和农民投入，城市建设以较低补偿或者无偿征占土地等形式，向农民索取过多，投入少，使农民利益大量损失，削弱了农村自我发展的能力，难以跟得上城市繁荣的脚步。农村城市化的滞后，使农村富余劳动力不能有效地转移出去，一些乡村无序开发，盲目扩张，甚至侵占耕地，侵犯农民利益。1995 年—2004 年北京市耕地面积减少 244.4 万亩，乡村人口只减少 14.6 万人，平均减少一亩耕地只减少 0.06 人，明显低于上海的 0.74 人和天津的 0.43 人。而另一方面，人口向城镇的聚集被严格控制，城乡之间人均资源、经济和文化成果的占有差距就不可避免地要扩大。

2．产业的差异加速了城乡差距的扩大

城乡差距与城乡产业特性有关。现在的农村虽然已经包含了多种产业，但农业在其经济结构中的重要地位，是其与城市区别的一大特

征。农产品收入需求弹性小的特点，注定了在经济发展达到一定程度后，农业的增长必然要慢于二、三产业。农业和非农产业劳动生产率的过大差距是造成城乡二元结构的经济基础。偏低的农业劳动生产率使农民在收入分配中处于劣势地位，导致城乡经济社会发展的分割。非农产业的劳动生产率大幅提高，农业劳动生产率的提高相对缓慢，比较劳动生产率出现下降趋势，导致两者差距拉大。2004 年，北京非农产业劳动生产率为 52715 元/人，农业劳动生产率为 17130 元/人，两者之比为 3.08∶1。这一比例虽然低于全国的 5.5∶1 和上海的 7.7∶1，但明显高于日本、美国、加拿大等发达国家和香港、新加坡等新兴工业化国家和地区。

20 世纪 80 年代由于农村改革率先启动，农村在经济机制上具有更大的灵活性，农村的第二产业曾经有过较快的增长。但随着宏观调控力度的加大和城乡统筹步伐的加快以及城市改革的深化，城市工业规模、档次迅速上升，乡镇企业一度被定位为城市大工业的加工和配套企业，农村乡镇企业异军突起的优势不复存在。1978 年—1994 年，乡镇企业总收入年均增长速度为 34%，1995 年—1998 年仅为 8.7%，下降了 25.3 个百分点，农村第二产业的发展速度明显下降。

3．非均衡发展战略的惯性推动了城乡差距继续扩大

非均衡发展战略不仅使城市的产业快速发展，而且使城市各项基础设施不断完善。“十五”以来，尽管市委、市政府在农村电网改造、道路交通、通讯等方面加大了投入，但所有燃气、电力、交通、通讯无不紧紧围绕城市中心和卫星城展开，城乡之间基础设施建设的差距不断扩大。企业为了追求效益，新项目普遍选在基础设施条件较好的城市及其辐射地区，城乡物质基础的差距将继续拉大经济发展的差距。

六、缩小城乡差距，推进城乡一体化进程的思路

1．着力落实中央提出的“两个趋势”

目前，北京市“工业反哺农业、城市带动农村”条件已经具备，

且趋势愈加明显，2003 年和 2004 年，政府向农村投入公共资源的力度前所未有。在政府向农村增加投入的同时，更要注重引导和鼓励社会资金投向农村。在农村义务教育、卫生、社会保障、基础设施等方面政府要加大投资力度，有效抑制城乡差距，使农村经济、社会协调发展，与建设首都国际化大都市相适应。

2．变差距为动力，开展社会主义新农村建设，改变农村落后面貌

农村的落后既是差距，更是动力，按照十六届五中全会提出的“生产发展、生活富裕、乡风文明、村容整洁、管理民主”的要求，在北京市农村有层次、有重点、分阶段、分步骤地开展新农村建设。结合农村的实际情况，全面开展农村的环境整治，有重点、分步骤地解决农村垃圾、污水问题，加快推进农村改厕，解决目前农村人畜共处问题；加快农村村内道路硬化以及饮水安全等基础设施和公用事业的建设力度。在最短的时间内改变农村面貌，改善农民生产、生活条件，以新农村建设推动农村城镇化，有效抑制城乡差距的扩大。

3．推进农村城镇化进程，走中国特色的城镇化道路

城镇化快速推进时期也是经济快速增长时期。目前农村劳动力过剩，解决就业问题主要靠发展非农产业和推进城镇化。城镇化的发展要以扩大就业为前提，城市人口规模大，有聚集效应，第三产业容易发展起来，扩大就业成本低。要制定有利于扩大就业的政策，促进农村劳动力向非农产业的转移。处在经济体制改革和经济结构调整的双重转变时期，隐性失业显性化，资本有机构成呈明显提高趋势，我们将长时期面临沉重的就业压力。农民增收难和贫困问题，在很大程度上是就业问题。为了扩大就业，我们要注重发展劳动密集型产业，注重扶持中小企业，注重发展非公有制经济，鼓励农民自主创业。

4．空间布局，科学功能定位

要充分利用落实《北京城市总体规划》（2004 年—2020 年）的有利时机，把调整空间布局作为解决城乡二元结构矛盾的根本举措，加强城乡发展空间的统一规划，优化城乡之间的空间关系与产业联系。科学地定位城乡功能，在研究和配置生产力时，把城市和农村放在国民经济大盘子里统一考虑，打通城乡生产要素合理流动的市场渠道，促进农村的劳动力、土地和城市人才、资本、技术等生产要素的双向流动和有效组合。统筹城乡产业结构，合理空间布局，形成城乡紧密的产业互动链条，以城市二、三产业带动农村二、三产业，并通过农村二、三产业的发展，推动城市产业层次的提升。改革现行的道路交通管理办法，降低或取消北京地区的高速公路收费，有效地疏散城市人口，缓解城市中心区的压力，推动城市功能向郊区的分化和转移，以新城为依托构筑多中心城市，促进城乡协作和经济交融，实现以城镇化为内涵的城乡一体化和区域协调发展。

5. 统筹城乡社会事业

加快建立和健全农村社会保障制度，特别是对问题突出、矛盾尖锐、涉及人员多的失地农民问题，实施有重点的突破，尽快建立和解决占地补偿、安置遗留问题，进一步推动农村合作医疗和养老保险制度的建立与完善。着力研究农村教育、卫生等社会事业的体制改革，充分利用城市的资金、人才优势，建立城乡互补的教育、卫生体系，推动农村社会事业的发展，最大限度地缩小城乡之间社会事业发展方面的差距。

“十一五”时期，北京市各项工作将以城乡统筹的科学发展观为指导，以构建和谐社会为前提，农村各项事业的发展将会处于空前良好的政策环境之中。农村地区的城镇化进程将结合新农村建设有重点地推进，社会事业和基础设施状况将得到根本性的改观，农民的权益将在制度和法规不断完善的基础上得到保障，城乡差距扩大之势将会有效地得到抑制。

产业经济

北京现代制造业研究

◆王　敏　周　博

内容提要

为贯彻落实《中共北京市委北京市人民政府关于振兴北京现代制造业的意见》，本文对北京工业的发展情况进行了全面的分析，在此基础上，结合北京工业结构和布局调整的实际情况，按照可持续发展的要求，提出了北京现代制造业的界定和划分标准，通过数量分析及专家评估确定了北京现代制造业的行业组成，并分析了北京现代制造业的发展现状，提出现代制造业未来发展的指导原则和主要措施。

一、现代制造业研究背景

21世纪，我国进入全面建设小康社会、加快推进社会主义现代化的新的发展阶段。特别是我国加入世贸组织和北京成功申办2008年奥运会，使首都的发展站在了一个新的起跑线上。中共北京市委第九次党代会确定了到2008年北京要实现人均国内生产总值达到6000美元，在全国各省市中率先基本实现现代化的宏伟目标，同时明确提出要实现这一目标必须全面振兴北京现代制造业。

近些年来，随着工业结构和布局调整力度的加大，本市钢铁、煤炭等传统产业处于压减萎缩状态。高新技术产业除电子信息产业外，其他领域尚未形成规模，迫切需要加快培育和扶持新的产业增长点。以高新技术产业为先导，现代制造业为支撑充分体现了城市工业化向更高阶段发展的客观规律。大力振兴现代制造业，是首都经济战略在新世纪的延伸和拓展，它有利于整合现有资源，发挥科技、人才、智力比较优势，也是北京按照党的十六大确定的走新型工业化道路的重要尝试。2003 年 2 月，中共北京市委、北京市人民政府颁布《关于振兴北京现代制造业的意见》，明确了今后若干年加快发展北京现代制造业的任务、目标和对策建议。在这一背景下，本课题对北京工业的发展情况进行全面的分析，在此基础上，结合北京工业结构和布局调整的实际情况，按照可持续发展的要求，提出了北京现代制造业的界定和划分标准的建议。

二、加快发展现代制造业的必要性

北京市工业经过 50 多年的发展，已经逐步发展成为包括机械、电子、汽车、石油化工、建材、冶金、医药、纺织服装和食品等 35 大行业，160 个中类、395 个小类较为完整的工业体系。2003 年，北京市完成工业增加值 1032 亿元，增长 12.2%，占地区生产总值的 28.2%，对北京市经济增长的贡献率达到 33.2%。其中，规模以上制造业工业企业 3936 家，制造业增加值占规模以上工业的比重为 90.1%。制造业提供就业岗位 93.3 万个，总资产 4354.4 亿元。实现销售收入 3600.6 亿元，占北京市规模以上工业的 92.7%；实现利润 216.4 亿元，占北京市规模以上工业的 92%。北京市的制造业在北京市第二产业中占有绝对的主导地位，不但是财政收入的重要来源，也是解决城市就业问题的重要渠道，在北京市的经济发展中占有举足轻重的地位。

然而，由于计划经济时代遗留的一些问题，北京制造业自身发展存在着种种缺陷，主要问题包括：

1．总体规模小

2003 年，北京市制造业拥有规模以上企业 3936 家，从业人员 93.3 万人，工业总产值 3613 亿元，资产总值 4354.4 亿元。而上海全市制造业拥有规模以上企业 10891 家，从业人员 215.6 万人，工业总产值

10037.9亿元，资产总值10413.6亿元。北京市上述指标仅为上海制造业的36.1%、43.3%、36%和41.8%，均在50%以下，总体规模明显低于上海。

2.支柱产业少

2003年，北京市主要行业电子、交通和冶金分别完成工业总产值942.6亿元、456.1亿元和376.2亿元，占北京市工业制造业总产值的49.1%，其他制造业产值较低，分量弱，发挥作用有限。相比之下，上海市已基本形成电子信息产品制造业、汽车制造业、石油化工及精细化工制造业、精品钢材制造业、成套设备制造业以及生物医药制造业六大支柱制造业，2003年六大支柱制造业完成工业总产值6559.6亿元，占上海工业制造业总产值的65.3%。

3. 产业效益低

2003年，北京市规模以上制造业实现销售收入3600.6亿元，利润216.4亿元，仅相当上海制造业的三成左右。人均劳产率仅为9.8万元，除电子及通讯设备制造业和石油加工、炼焦及核燃料加工业人均劳产率达到23.4和21万元，绝大多数产业的人均劳产率在5—10万元之间。上海全市制造业产业的人均劳产率已超过12.4万元，其中电子信息产品制造业、汽车制造业、石油化工及精细化工制造业、精品钢材制造业、成套设备制造业以及生物医药制造业六大支柱制造业的人均劳产率分别为13.1万元、45.1万元、19.7万元、52.7万元、9.9万元和10万元，平均值达到25.1万元。北京市制造业效益水平远远低于上海。

4. 国际市场竞争能力弱

2003年北京市制造业产品出口交货值为403.9亿元，仅为上海（2705.3亿元）的14.9%左右。出口结构单一，电子及通讯设备制造业出口达236.1亿元，占北京市制造业出口的58.5%。

5. 发展后劲不足

2003年，北京制造业固定资产总投资、更新改造投资额仅为129.9亿元和78.3亿元，分别占北京市的16.3%和36.2%。上海全市制造业固定资产总投资额、更新改造投资额为551.6亿元和225.4亿元，分别占上海市的41%和58.1%。相比之下，北京市制造业固定资产总和更新改造投资额仅为上海市的23.5%和34.7%，投资规模和力度远远低于上海。

由于北京市制造业存在以上问题，北京市制造业向现代制造业转变尤其显得重要和迫切，这也是经济发展的客观需要。振兴北京市现代制造业，实现以高新技术产业为先导，体现知识经济特点的现代制造业，对于推动工业结构调整、实现重构产业群体目标具有重大意义。

三、现代制造业的界定和划分方法

1. 现代制造业基本内涵

现代制造业是在我国经济结构调整过程中提出的新的产业概念。现代制造业，就是用现代科学技术武装起来的制造业，是现代科学技术与制造业相结合的产物。现代制造业的实质是制造业结构的升级优化，是指采用高技术和先进适用技术对原材料（采掘业的产品和农产品）进行加工或再加工，以及对零部件装配的工业的总称。与传统制造业相比，现代制造业更加强调以知识和技术为投入因素，即应用现代制造技术、现代生产组织系统和现代管理理念所进行的以现代集成制造为特征、知识密集为特色、高效制造为特点的技术含量高、附加值大、产业链长的产业组织体系。

现代制造业从外延上一般分为两大类：一是高新技术产业中的制造业。这是高新技术发展成熟而形成的新型制造业形态，是现代制造业的典型形态。二是先进适用技术制造业，是经过用高新技术或现代管理手段，对传统产业进行改造提升后的产业形态，也是现代制造业的有机组成部分。

2. 现代制造业的主要特点

（1）高科技，高附加值。更加强调以知识和技术为投入因素，企业的工艺、装备、材料高技术化，产品的科技含量和附加值较高。如普通机床采用集成电路技术提升为数控机床后售价可提高5—10倍。新产品研发过程中采用以集成电路技术为主的CAD（计算机辅助设计）、参数优化、仿真、虚拟制造等先进手段，将会提高效率 12-15 倍。

(2) 发展势头良好，产业关联度高，对国民经济带动作用大，能迅速成为产业发展的重要支撑。

(3) 符合现代社会可持续发展理念，具有资源节约、有利环保等特征。

3. 现代制造业划分方法

划分原则：一是根据现代制造业基本内涵和主要特征，并从北京的实际情况出发；二是遵循统计分类的一般性原则，注意数据的可采集性和可操作性；三是明确现代制造业是国民经济行业分类派生出的一个相关分类，应以我国国民经济行业分类的小类为基础，将符合基本要求的行业归并为现代制造业；四是应采用定量和定性分析相结合的方法。

划分方法：主要是对北京市制造业的 383 个小类行业进行筛选，确定属于现代制造业的范围。具体分两个层面操作：第一，根据现代制造业基本内涵和主要特征，对北京市高新技术产业的 89 个行业进行筛选，采用专家判断法，确定其中 84 个行业纳入现代制造业范围；第二，对其余 294 个小类行业（简称非高新技术行业）进行定量分析。依据相关指标进行综合评价，筛选出符合现代制造业基本内涵和主要特征的小类行业，在此基础上再进行专家判断，最后将两部分合并、综合筛选，最后确定北京现代制造业的统计范畴。

(1) 非高新技术行业的确定

①确定量化指标

为了反映现代制造业的特点，我们选了三组指标，称为一级指标。其中第一组为科技指标，下设科技活动单位数、R&D经费外部支出、R&D经费内部支出，有R&D活动单位数、设备购置、科技活动经费支出、科技经费筹集合计、科技活动人员、劳产率等9个二级指标；第二组为生产经营指标，下设人均销售产值、人均利税、现价工业总产值增长率等3个二级指标；第三组为可持续发展指标，由于北京是个水资源极度缺乏的城市，所以将万元产值水耗作为二级指标。其中科技指标主要反映工艺、装备、材料高技术化，产品科技含量和附加值高的特点，生产经营指标主要反映行业的发展态势；可持续发展指标主要反映现代制造业资源节约和有利环境的特点。

②计算行业分值

首先，以294个制造业小类行业的2003年数据为基础，对其进行标准化。标准化的具体方法是，在每个矩阵各列中选取最大值S_{max}（2003年各项指标的最大值）和最小值S_{min}(2003年各项指标的最小值)，然后通过下面的公式进行计算：

$$S_i=\frac{X_i-S_{min}}{S_{max}-S_{min}}$$（S_i为正向指标） （1）

对于可持续发展指标（万元产值水耗），由于水耗是负向指标，则通过下面的公式进行计算：

$$S_i=\frac{S_{max}-X_i}{S_{max}-S_{min}}$$ （2）

其中，S_i是各小类行业标准化后的数值，S_{max}表示指标最大值，X_i是各小类行业某项指标具体数值，S_{min}表示指标最小值。

最后，通过加权平均，得出各小类行业综合得分（Z_i）。公式如下：

$$Z_i=\sum_{j=1}^{3}W_jS_{ij}$$ （3）

其中，W_j表示指标S_{ij}的权重，S_{ij}表示每一指标标准化后的值。其中一级科技指标权重为80%，二级指标权重平均分配，各占4/45；一级生产经营指标15%，二级指标平均分配，各占5%；可持续发展指标权重为5%。

③分析计算结果

通过以上计算得出各小类行业综合分值，按照分数从高到低排列，然后运用专家判断法，对部分不符合要求的行业依次进行剔除。例如，对涉及“其他”字眼的小类行业，其性质不很重要，规模不是很大，虽然得分比较高，位次靠前，但考虑到其范围无明确界定、内部产品不明确的特点，我们在筛选中将其舍弃。再例如，钢压延加工、水泥制造、原油加工及石油制造、铝冶炼、毛针织品及编织品、卷烟制造等一些行业得分也比较高，位次也比较靠前，但是，由于有的行业环境污染大，消耗资源多，不符合可持续发展的理念；有的行业不符合首都未来产业发展政策；有的行业科技含量不高；有的行业目前生产的大部分产品还停留在传统产业的技术水平。我们在筛选中也都将其一一剔除，最后筛选出汽车整车制造 、光电子器件及其他电子器件制造、轻质建筑材料制造、铁路机车车辆配件、铁路机车车辆及动力组、金属结构制造、汽车零部件及配件、改装汽车制造、内燃机及配件、车辆飞机及工程机械轮胎制造、起重运输设备制造等11个小类行业纳入现代制造业统计范围。

（2）高新技术行业的确定

随着经济的发展、科技的进步以及产业结构的调整，现行高新技术产业中的某些行业情况有所变化。依据上述同样的理念，对北京市高新技术产业的 89 个小类行业也进行了筛选，将其中的复混肥料制造、其他肥料制造、化学农药制造、染料制造和核燃料加工 5 个小类行业从现代制造业中剔除。

经过上述筛选，我们最终确定 95 个制造业行业小类为北京现代制造业统计范畴（见表 1）。其中，高新技术产业 84 个行业，非高新技术产业 11 个行业，这 95 个行业小类涉及到 14 个行业大类和 45 个行业中类。

四、北京现代制造业现状分析

1．北京现代制造业发展现状

依据上述划分结果，我们对北京市现代制造业现状进行了简要的分析。2003年，北京市拥有规模以上现代制造业企业1203家，占北京市规模以上工业企业总数的29.9%；从业人员有33万人，占全部从业人员的32.7%；资产总额2075.9亿元，占全部的40.1%；全年实现工业总产值

1972.3亿元，比2002年增长35.2%，占北京市规模以上工业的51.8%，同比提高5.8个百分点；实现工业增加值480.1亿元，占规模以上工业的47.4%，实现销售收入2020.2亿元，实现利税209.7亿元，分别占北京市规模以上工业的52%和50%，现代制造业是北京工业经济发展的强大支柱，同时也是首都经济发展十分重要的力量。

2．现代制造业内部结构

按照国民经济行业分类和内部关联性，我们将现代制造业（95个行业小类）分为电子信息产业、机电产业、交通运输设备产业和医药产业四大产业以及其他产业。

表1　　　2003年各大产业占现代制造业比重情况

	现价产值（亿元）	比重（%）	实现利税（亿元）	比重（%）	资产总额（亿元）	比重（%）
电子信息产业	909.1	46.1	70.3	33.5	856.8	41.3
机电产业	271.2	13.8	32.9	15.7	413.8	19.9
交通运输设备产业	439.4	22.3	56	26.7	342.7	16.5
医药产业	133.2	6.8	28.7	13.7	240.9	11.6
其他产业	219.4	11	21.8	10.4	221.7	10.7

从表1中可以看出，在资产总额、实现利税和现价产值上，电子产业表现出明显的优势，均占北京市现代制造业的1/3以上。交通运输设备制造业的现价产值列第2位，汽车整车制造业2003年实现产值比2002年增长1.8倍，是交通运输设备制造业的主要拉动力量。机电产业虽然涉及行业最多，但经济总量不大，产值比重比交通运输设备制造低8.5个百分点。医药产业所占各项比重均不高，尚处在发展阶段。

从2003年现代制造业内部结构分布看，北京市工业结构已经发生了一些积极变化。振兴现代制造业的重点项目北汽控股公司与韩国现代汽车公司合资生产的现代轿车发展迅速，2003年北京市汽车整车制造实现产值315.8亿元，比2004年增长1.8倍，占北京市规模以上产值的比重为

8.3%，同比提高4.8个百分点。北京市发展现代制造业，以振兴汽车制造业为突破口取得了初步成果，交通运输设备制造业对工业经济的支撑作用明显增强。

3. 空间分布

北京市现代制造业主要分布在海淀、朝阳、亦庄和顺义近郊地区，2003 年共实现工业总产值 1474.1 亿元，占北京市现代制造业 69.8%；远郊地区昌平和房山各占 9.9%和 6.1%。

表 2　各区县现代制造业产值及比重

区县名称	现代制造业产值（亿元）	比重（%）
北京市总计	**1972.3**	**100.0**
东城区	39.2	2.0
西城区	14.8	0.7
崇文区	17.4	0.9
宣武区	3.4	0.2
朝阳区	339.6	17.2
丰台区	72.9	3.7
石景山	19.0	1.0
海淀区	456.2	23.1
门头沟	3.8	0.2
房山区	119.8	6.1
通州区	20.8	1.1
顺义区	282.4	14.3
昌平区	195.8	9.9
大兴县	25.3	1.3
怀柔县	20.1	1.0
平谷县	15.8	0.8
密云县	25.8	1.3
延庆县	2.4	0.1
亦　庄	297.9	15.1

现代制造业的发展以园区为主要载体，初步形成了产业集群。如高新技术产业中的电子信息产业主要分布在海淀科技园区的电子信息产业群、朝阳的电子城和亦庄的星网工业园的移动通信产业群等。新

兴的汽车制造业分布在顺义。近几年顺义区利用自身得天独厚的地理位置，结合资源优势发展很快，形成了现代制造业的生产配套基地，拥有北京现代、松下和爱立信等大型汽车、电子企业。目前北京市初步形成了以中关村科技园区特别是海淀园为现代制造业的研发基地和技术创新中心，远郊区县工业园区逐步成为现代制造业的生产配套基地。

五、现代制造业未来发展的指导原则和主要措施

以党的“十六大”精神为基本指导思想，充分考虑当前面临的机遇、挑战和加快建设北京现代化国际大都市的现实需要，以加快提升首都工业经济总量，推进城乡经济一体化为基本出发点，充分利用北京特有的科技、人力资源以及信息等优势，培育龙头企业，形成大企业——产业链——产业群相互衔接的产业格局，全面振兴北京现代制造业。

1．指导原则

北京现代制造业发展应遵循以下“六个结合”的原则：

(1) 产业优势与区位优势相结合的原则。即综合考虑产业在不同区域间的分布特征以及产业在区域内部所处地位两个方面，发挥比较优势，合理布局。

(2) 重点突出与整体推进相结合的原则。即综合考虑重点产业和重点区域优先扶持以及现代制造业整体发展两个方面，以点带面，发挥重点产业和重点区域的示范作用，带动北京市现代制造业的发展。

(3) 国内外市场需求和消费结构导向相结合原则。即将北京市现代制造业主动纳入全球和全国制造业的发展循环及战略调整中，并坚持市场导向的原则，整合社会资源，激活经济要素。

(4) 布局调整与环境保护相结合的原则。即综合考虑现代制造业产业布局和可持续发展两方面因素，促进和保障现代制造业与人口、资源、环境的协调发展。

(5) 总量扩大与效率提高相结合的原则。即在着眼于总量提升的同时，又注重效率提高，充分利用现有资源，提高资源利用率。

(6) 整合存量与壮大增量相结合的原则。即对现有的产业存量要按照科学、合理的思想有效整合，优化升级，巩固存量优势，同时要不断壮大产业增量，形成规模优势。

2. **主要措施**

(1) 提高技术创新能力，培育企业核心竞争力。技术创新是企业竞争力的根本，技术创新不足也是当前制约北京市工业企业发展的突出问题，影响企业的发展后劲。提高企业的技术创新首先要加大投入，完善机制，处理好研发与引进的关系，促进技术与产业的对接。通过创新，振兴一批名牌；通过引进，发展一批新品牌，着力打造自己的品牌产品。

(2) 以信息化带动工业化，加快传统产业改造步伐。加大信息技术在制造业的应用广度和深度，积极推进企业管理信息化、技术信息化，营销方式信息化。运用以信息技术为代表的高新技术推动产业结构的优化升级，走新型工业化路子，不断提升北京市制造业的现代化水平和综合竞争实力。

(3) 抓住国际产业转移机遇，提高对外开放水平。认真研究当前国际产业转移的特点和趋势，发挥北京市的比较优势，如市场优势、科技人才优势、基础设施等各方面的优势，进一步完善投资环境。通过多种方式鼓励跨国公司把更高技术水平、更大附加值含量的制造环节和研发机构落户北京市，提高利用外资质量和水平。

(4) 树立区域意识，实现多方联动。制定产业空间布局规划，打破行政区划边界，强化周边产业的配套功能，借助环渤海经济圈，促进京津冀区域经济协调发展。以市场为导向，将现代制造业与现代物流相结合，统一规划，互相促进，通过现代制造业的发展，向上带动第一产业发展，向下延伸第三产业，促进现代服务业的发展。

附表 1

类　　别	行业代码	行业名称
电子类	4011	通信传输设备制造
	4012	通信交换设备制造
	4013	通信终端设备制造
	4014	移动通信及终端设备制造
	4019	其他通信设备制造
	4020	雷达及配套设备制造
	4031	广播电视节目制作及发射设备制造
	4032	广播电视接收设备及器材制造
	4041	电子计算机整机制造
	4042	计算机网络设备制造
	4043	电子计算机外部设备制造
	4051	电子真空器件制造
	4052	半导体分立器件制造
	4053	集成电路制造
	4059	光电子器件及其他电子器件制造
	4061	电子元件及组件制造
	4062	印制电路板制造
	4071	家用影视设备制造
	4072	家用音响设备制造
机电类	3411	金属结构制造
	3512	内燃机及配件制造
	3521	金属切削机床制造
	3530	起重运输设备制造
	3577	衡器制造
	3642	印刷专用设备制造
	3645	照明器具生产专用设备制造
	3661	电工机械专用设备制造
	3662	电子工业专用设备制造
	3669	航空、航天及其他专用设备制造
	3691	环境污染防治专用设备制造
	3695	社会公共安全设备及器材制造

续表 2

类　　别	行业代码	行业名称
	3911	发电机及发电机组制造
	3912	电动机制造
	3919	微电机及其他电机制造
	3921	变压器、整流器和电感器制造
	3922	电容器及其配套设备制造
	3923	配电开关控制设备制造
	3924	电力电子元器件制造
	3929	其他输配电及控制设备制造
	3931	电线电缆制造
	3933	绝缘制品制造
	3939	其他电工器材制造
	3940	电池制造
	3971	电光源制造
	3979	灯用电器附件及其他照明器具制造
	3999	其他未列明的电气机械制造
	4111	工业自动控制系统装置制造
	4112	电工仪器仪表制造
	4113	绘图、计算及测量仪器制造
	4114	实验分析仪器制造
	4115	试验机制造
	4119	供应用仪表及其他通用仪器制造
	4121	环境监测专用仪器仪表制造
	4122	汽车及其他用计数仪表制造
	4123	导航、气象及海洋专用仪器制造
	4125	地质勘探和地震专用仪器制造
	4126	教学专用仪器制造
	4127	核子及核辐射测量仪器制造
	4128	电子测量仪器制造
	4129	其他专用仪器制造
	4141	光学仪器制造
	4151	电影机械制造
	4153	照相机及器材制造

续表 3

类　　别	行业代码	行业名称
	4155	计算器及货币专用设备制造
	4159	其他文化、办公用机械制造
	4190	其他仪器仪表的制造及修理
交通类	3711	铁路机车车辆及机动车组制造
	3713	铁路机车车辆配件
	3721	汽车整车制造
	3722	改装汽车制造
	3725	汽车零部件及配件
	3761	飞机制造及修理
	3762	航天器制造
医药类	2710	化学药品原药制造
	2720	化学药品制剂制造
	2740	中成药制造
	2750	兽用药品制造
	2760	生物、生化制品的制造
	2770	卫生材料及医药用品制造
	3681	医疗诊断、监护及治疗设备制造
	3683	实验室及医用消毒设备和器具的制造
	3684	医疗、外科及兽医用器械制造
	3686	假肢、人工器官及植（介）入器械制造
其他类	1320	饲料加工
	1494	食品及饲料添加剂制造
	2330	记录媒介的复制
	2632	生物化学农药及微生物农药制造
	2651	初级形态的塑料及合成树脂制造
	2652	合成橡胶制造
	2653	合成纤维单(聚合)体的制造
	2661	化学试剂和助剂制造
	2665	信息化学品制造
	2911	车辆、飞机及工程机械轮胎制造
	3124	轻质建筑材料制造
	3143	光学玻璃制造

北京大中型工业企业订货调查报告

◆ 王 敏 李 阳

内容提要

本文在北京市大中型工业企业订货情况一次性问卷调查的基础上，分析了企业订货的现状及其所存在的问题和困难。"以销定产"已成为大中型工业企业组织生产活动的主流。目前企业产销衔接良好，产成品库存正常，订货量稳中有升，订货预期较乐观。但也存在着市场竞争加剧，订货量波动较大等问题。

企业订货作为宏观经济的先行指标，可以从一个侧面反映未来一个时期的经济走势。为了解北京市工业企业订货状况，2005 年 8 月，北京市统计局开展了大中型工业企业订货情况一次性问卷调查。

本次调查范围为北京市全部大中型工业企业。大中型工业企业的划分是根据第一次全国经济普查数据，按照《统计上大中小型企业划分办法（暂行)》中工业企业规模划分标准确定的。调查问卷由被调查企业负责签订购销合同的部门负责人填写，总共发放问卷 496 份，回收问卷 489 份，其中有效问卷 489 份，有效回收率为 98.6%。

调查结果显示，北京市大中型工业企业订货具有以下几个特点：

一、"以销定产"成为大中型工业企业组织生产活动的主流

在 489 份有效问卷中，"以销定产"的企业 407 家，占到了总数的 83.2%；16.8%的企业"以产定销"，其中除个别军工保密企业和以零

售为主的消费品生产企业外，多属于电力、燃气及水的生产和供应业。

按客户订单组织货源就是通过订单的形式来反映市场需求，实现按需定制的柔性化生产。发展订单工业，等于把工业生产的销售活动移到产前，减少生产的盲目性和价格波动等不利影响，使工业生产具有比较稳定的销售渠道，并能够按照合同价格卖出产品，获得较好收益，确保企业流动资金及时回收。

二、大中型工业企业订货量稳定，订货预期较乐观

在 489 份有效问卷中，存在订货的企业有 446 家。截止到 2005 年 8 月底，68.8%的企业认为订货处于正常水平；15.5%的企业认为高于正常水平；15.7%的企业认为低于正常水平。

关于企业今后订货情况，问卷调查显示，71.1%的企业认为订货达到预期；而认为订货不足的有 129 家企业，占全部的 28.9%。其中，190 家（占 42.6%）企业预期本企业产品订货将增加，认为基本持平的 133 家（占 29.8%），下降的 20 家（占 4.5%），不好估计的 103 家（占 23.1%）。从调查结果可以得出北京市大中型工业企业订货情况良好，不仅订货量稳定而且预期会增加。

三、大中型工业企业订货额稳中有升，出口产品订单主要来自亚洲、欧洲和美洲

2005 年 1—8 月，北京市大中型工业企业订货额为 2299.2 亿元，比 2004 年同期增长 18.4%。其中 306 家企业的订货额大于 2004 年同期，占全部订货企业的 71%；125 家企业订货额小于 2004 年同期，占 29%。1—8 月，大中型工业企业国外订货额为 448.2 亿元，同比增长 53.2%，占全部订货额的 19.5%。其中，124 家企业有来自亚洲的出口产品订单，62 家企业有来自欧洲的出口产品订单，61 家企业有来自美洲的出口产品订单，22 家企业有来自除上述地区外其他国家的出口产

品订单。

四、重点行业订货增长较快，通信设备、计算机及其他电子设备制造业占国外订货六成以上

从分行业订货情况看，1—8 月，通信设备、计算机及其他电子设备制造业、交通运输设备制造业、化学原料及化学制品制造业、石油加工、炼焦及核燃料加工业和黑色金属冶炼及压延加工业五大行业订货额达 1566.0 亿元，占全部订货额的 68.1%。其中交通运输设备制造业订货额 331.4 亿元，比 2004 年同期增长 40.8%；石油加工、炼焦及核燃料加工业订货额 209.2 亿元，增长 30.9%；通信设备、计算机及其他电子设备制造业订货额 591.8 亿元，增长 19.7%。

表 1　　2005 年 1—8 月大中型工业企业订货情况

行　　业	2005 年 1-8 月份累计订货额（亿元）	行业所占比重（%）	2004 年 1-8 月份累计订货额（亿元）	行业所占比重（%）	比 2004 年同期增长（%）
总　　计	**2299.2**	**100.0**	**1941.4**	**100.0**	**18.4**
通信设备、计算机及其他电子设备制造业	591.8	25.7	494.5	25.5	19.7
交通运输设备制造业	331.4	14.4	235.3	12.1	40.8
化学原料及化学制品制造业	238.8	10.4	220.5	11.4	8.3
石油加工、炼焦及核燃料加工业	209.2	9.1	159.8	8.2	30.9
黑色金属冶炼及压延加工业	194.8	8.5	179.4	9.2	8.6
电气机械及器材制造业	116.0	5.1	129.4	6.7	-10.3
通用设备制造业	88.3	3.8	74.4	3.8	18.8
饮料制造业	88.0	3.8	74.1	3.8	18.6
专用设备制造业	72.9	3.2	71.4	3.7	2.2
非金属矿物制品业	55.0	2.4	52.0	2.7	5.8
食品制造业	46.6	2	38.7	2	20.4
医药制造业	43.1	1.9	37.7	1.9	14.3
仪器仪表及文化、办公用机械制造业	38.9	1.7	30.0	1.5	29.7

表 2　　2005 年 1—8 月大中型工业企业国外订货情况

行　　业	2005 年 1-8 月累计国外订货额 (亿元)	行业所占比重（%）	2004 年 1-8 月累计国外订货额 (亿元)	行业所占比重（%）	比 2004 年同期增长（%）
总　　计	**448.2**	**100.0**	**292.6**	**100.0**	**53.2**
通信设备、计算机及其他电子设备制造业	287.2	64.1	177.3	60.6	62
黑色金属冶炼及压延加工业	36.2	8.1	9.7	3.3	272.6
专用设备制造业	15.2	3.4	13.1	4.5	16.5
通用设备制造业	14.3	3.2	12.3	4.2	15.9
纺织服装、鞋、帽制造业	11.6	2.6	8.3	2.8	40.2
仪器仪表及文化、办公用机械制造业	10.6	2.4	11.0	3.8	-3.8
电气机械及器材制造业	9.3	2.1	10.2	3.5	-8.9
交通运输设备制造业	8.3	1.9	8.8	3	-5.3
煤炭开采和洗选业	7.3	1.6	4.9	1.7	49.5
医药制造业	5.4	1.2	4.1	1.4	30.9
农副食品加工业	5.0	1.1	4.0	1.4	26.8
纺织业	4.4	1	4.3	1.5	1.3
橡胶制品业	4.3	1	4.6	1.6	-6.5

1—8 月，通信设备、计算机及其他电子设备制造业国外订货额 287.2 亿元，比 2004 年同期增长 62%，占全部国外订货额 64.1%，该行业一直是北京市出口的主导行业。黑色金属冶炼及压延加工业产品主要以内销为主，由于今年国际成交价高于国内市场售价，产品的国际销量大增，1—8 月，黑色金属冶炼及压延加工业国外订货额达到 36.2 亿元，同比增长 2.7 倍，占全部国外订货额的 8.1%，比重同比提高 4.8 个百分点。

五、大中型工业企业产销衔接良好，产成品库存处于正常水平

库存控制问题一直是企业产品订货管理难题之一，企业既不能没有库存，又不能库存过多。在 436 家填写库存状况的企业中，25.2%的企业认为产成品库存比 2004 年同期有所增加，50%的企业认为基本持平的，24.8%的企业认为有所减少。

六、大中型工业企业目前在产品订货中遇到的主要问题和困难

1．147 家（占 33%）企业深感市场竞争激烈，订货压力增大

尤其对市场中存在的严重扰乱市场秩序的恶性竞争、无序竞争和假冒产品深恶痛绝却又非常无奈。

2．74 家（占 16.6%）企业认为产品订货量波动大，难以合理安排生产

订货不足会导致企业加工生产能力的浪费，订单过多又会由于企业自身生产能力限制难以保证交货时间。具体影响因素如下：某些省市地方保护主义严重、受出口配额限制影响（欧美贸易设限）、人民币升值导致出口产品利润降低等。

3．63 家（占 14.1%）企业指出产品订货合同中的交货时间、价格及质量难以保障

原因如下：产品需求旺季或紧急订单多的时候，企业生产能力不足，难以保证产品交货时间；采购的原材料未能及时到货，影响企业交货时间；市场供求变化和其他因素的影响，企业与客户每年签订的购货意向或订货协议多数保量不保价，价格随行就市。

4．32 家（占 7.2%）企业认为原材料等成本上涨影响了企业产品的订货

在 443 家填写原材料购进价格的企业中，266 家企业认为本企业主要原材料购进价格比 2004 年同期有所提高（占 60.1%），137 家认为基本持平(占 30.9%)，40 家认为价格下降（占 9.0%）。除原材料成本上涨外，部分企业还存在能源、运输、劳动力以及代销商等环节的成本上涨。

5．64 家（占 14.3%）企业货款回收困难、流动资金紧张。其中有 8 家企业因流动资金紧张导致订货合同难以履行

6．21 家（占 4.7%）企业意识到自身产品宣传力度不够，订货渠道亟待拓宽

其中包括企业产品信息发布的及时性；企业产品销售网络建设、客户管理的科学系统性；企业产品订货渠道的广泛性以及企业产品订货招投标方式的多样性。

7．29 家（占 6.5%）企业自身新产品开发速度过慢，缺少有竞争力的新产品，主要是缺乏相关技术人员。企业由于缺乏核心技术和成本优势，产品附加值低，市场竞争力弱。

8．16 家（占 3.6%）企业强调企业产品订货中的交通运输问题。其中提到公路、铁路运力紧张等问题

除上述集中体现的主要问题和困难外，北京市大中型工业企业目前在产品订货方面还存在以下一些问题和困难：产品订货合同中的条款（如付款方式、订货单位以及产品包装等）有待规范，以保障合同的执行；企业产品销售信息系统和客户信用体系还不健全；北京企业的知名度有待进一步提高，要创造品牌效益。

北京市工业布局现状及调整方向

◆ 王 敏 周 博

内容提要

工业布局是工业生产的空间组织形式,对城市发展有着重要影响。从整体上看,当前北京工业发展重心由城区向郊区转移、空间拓展方式由“分散式”向“集群式”转移;各功能区工业的发展呈现出各自的特点,并针对存在的问题提出,在当前北京市工业发展中,应注意根据各功能区不同的功能定位,确定各自的工业发展目标,同时北京市应增强首都经济辐射力,与周边地区实现区域互补,协同发展。

工业布局是工业生产的空间组织形式，既受自然、经济与技术、社会发展要求和区位等客观因素的影响，又受决策者意识等主观因素的影响。城市各区域产业结构的转换演变决定着城市工业化、现代化的进程，也深刻地影响着国民经济的发展。从首都经济的发展进程来看，工业行业结构和布局的调整在城市发展中，承担着重要的角色。

一、北京工业布局的演变及特点

1．北京工业布局发展历史

北京工业布局发展历史大致可分为三个阶段：

第一阶段，建国初至50年代末。初步形成东郊棉纺织区，东北郊电子工业区，东南郊机械、化工区和西郊冶金、机械重工业区，以上工业区分布在当时的城区之外。

第二阶段，60 年代至 70 年代。北京工业从产业结构上向基础原材料工业倾斜。尽管新建大型企业开始在郊区布局，但仍有相当数量的工业企业分布在城区和城区边缘地带。初步显现了城市中心区地域扩展与城市功能的矛盾。

第三阶段，80 年代至今。随着我国社会主义市场经济的不断发展和北京城市规划的两次调整，开始实施以解决污染扰民为目的的企业搬迁和组建郊区县工业科技园区。当前面临的主要是解决中心城区内工业分布散乱，自身求发展及工业在郊区县合理分布等问题。

2. 北京工业布局现状

改革开放以来，首都经济快速发展，产业结构不断优化，城市化进程加速，尤其是近几年，首都经济发展进入了转变增长方式和调整结构的关键阶段，三次产业在城市的不同区域内呈现出明显的积聚和扩散效应，主要表现为中心城区工业生产功能下降，现代服务功能上升；在生产功能中，传统工业生产功能下降，高新技术产业生产功能上升。

（1）工业发展重心由城区向郊区转移。2004 年，北京市工业总占地面积 260 平方公里，占北京市城镇建设用占地面积的 15.8%。其中城区（城八区）工业占地 137.7 平方公里，占北京市工业的 53%。2004 年底，已累计完成 210 家工业企业的搬迁，转让占地面积 10.3 平方公里。2004 年，北京市城区拥有工业企业 14787 户，占北京市工业企业的比重由 2000 年的 49.6%下降至 39.7%；实现工业总产值 3003.9 亿元，占 50.3%，比 2000 年下降 11.8 个百分点；从业人员达 72.2 万人，比 2000 年减少 11.5 万人。与此同时，郊区（除城八区以外的区县）工业逐步壮大，拥有工业企业 22440 户，实现工业总产值 2970.9 亿元，占北京市工业的比重分别比 2000 年提高 9.9 个和 11.8 个百分点。从业人员为 88.5 万人，比 2000 年增长 43.1%。城区和郊区的工业投资比例由 2000 年 66∶34 发展到 2004 年的 40∶60。

郊区工业发展明显快于城区。2000 年-2004 年城区工业总产值的平均增速为 15.6%，低于北京市工业增长水平。而郊区工业平均增长速度为30.4%，分别高于北京市工业和城区工业8.5个和14.8个百分点。

现代制造业逐渐替代传统产业成为郊区工业的主导行业。2004年，郊区通信电子设备计算机及其他电子设备制造业、交通运输设备制造业和化学原料及化学制品制造业分别实现工业总产值524.9亿元、583.5亿元和280.4亿元，占北京市同行业的比重分别为42.1%、77.1%和67.6%，比2000年分别提高了22.8个、61.3个和35个百分点。

北京市的工业布局经过近几年的调整，已经发生了积极的变化，呈现出由中心城区向郊区扩散的新格局。

（2）工业空间拓展方式由"分散式"向"集群式"转移。上个世纪80年代，北京市工业在经济全球化的背景下，结合工业布局和产业结构调整，开始在城市的郊区建设工业开发区，经过10多年的发展，工业开发区已成为北京市工业发展的重要载体和新的增长点。2004年，国家对各类开发区进行清理整顿以后，北京市共有28个工业开发区，区内有工业企业5633户，比2000年增长2.3倍，累计建成区工业用地面积43.1平方公里，比2000年增长1.8倍；区内工业企业实现工业总产值2707.7亿元，比2000年增长1.5倍，实现利润159.9亿元，增长84.9%。开发区工业经济总量在北京市工业比重显著上升，主要经济指标占到北京市四成以上。2004年，开发区内工业企业实现的工业总产值占北京市45.3%，比2000年提升5.7个百分点，利润总额占41%。开发区工业企业多以加工贸易生产为主，外向型经济特征比较明显，2004年，区内工业企业实现出口交货值511亿元，占北京市工业出口的比重高达72.8%。

二、新规划中各功能区的定位及对工业发展的要求

2004年，北京市委、市政府对北京市城市功能定位和各区县的功能定位及发展目标进行新的规划。新规划提出北京未来的主要发展目

标定位是“国家首都、国际城市、文化名城和宜居城市”。指出在北京市域范围内构建“两轴－两带－多中心”的城市空间结构，并将北京市从总体上划分四类区域，分别是首都功能核心区、城市功能拓展区、城市发展新区和生态涵养发展区。

1. 首都功能核心区

是首都功能及“四个服务”的主要载体。包括东城、西城、崇文和宣武4个区。对工业发展的要求是占GDP的比重逐渐降低，可适度发展一些无污染、低耗能的都市工业。

2. 城市功能拓展区

是体现北京现代经济与国际交往功能的重要区域。包括朝阳、海淀、丰台、石景山4个区。对工业发展的要求是大力发展高新技术产业，利用科技人才优势，加强新产品的科技研发，提高科技成果转化效率。

3. 城市发展新区

是北京发展制造业和现代农业的主要载体，是未来北京经济重心所在。包括通州、顺义、大兴、昌平、房山和亦庄开发区。对工业发展的要求依托各级工业园区，充分发挥产业积聚效应，大力发展现代制造业，争取成为全国重要的现代制造业基地。

4. 生态涵养发展区

是北京的生态屏障和水源保护地，是保证北京可持续发展的关键区域。包括门头沟、怀柔、平谷、密云和延庆。对工业发展的要求是发展消耗低、污染少的都市型工业和现代制造业。

三、功能区工业发展现状

各区域的经济发展，必然伴随着各区域的产业结构的不断变化，工业在各功能区的经济发展中占有不同的地位。

1．总体概况

静态比较：四大功能区呈现“弱、强、强、弱”的格局。即工业总量主要集中在城市功能拓展区和城市发展新区，首都功能核心区和生态涵养发展区工业发展规模相对偏小。

动态比较：四大功能区呈现“慢、中、快、中”的发展态势。即城市发展新区工业增长速度较快，拓展区和生态涵养区工业增势平稳，首都功能核心区工业增长速度低。

质量比较：根据北京工业要以可持续发展为原则，走新型工业化道路，加快形成以高新技术产业和现代制造业为主体的发展要求。我们对反映工业运行质量的“高新技术产业占工业总产值的比重”、“产品销售利润率”、“人均劳产率”、“万元产值能耗”、“万元产值水耗”五项指标的原始数据进行无量纲化处理，在此基础上分别乘以各项指标权重（权重依次为30%、20%、10%、20%和20%），计算出各功能区综合得分，对各功能区的工业增长方式、运行质量进行综合评价。结果表明在北京市四大功能区中首都核心区得分最高，为88分，城市发展新区84分，功能拓展区67分，生态涵养区45分。

表1　　2004年工业在四大功能区发展情况

	企业户数		工业总产值		年末从业人员		工业总产值比2000年增长（%）
	绝对量（户）	比重（%）	绝对量（亿元）	比重（%）	绝对量（万人）	比重（%）	
合　计	**37227**	**100.0**	**5974.8**	**100**	**160.7**	**100**	**21.9**
首都功能核心区	1479	4.0	409.8	6.9	11.1	6.9	6.3
城市功能拓展区	13308	35.7	2328.5	39.0	61.1	38.0	14.4
城市发展新区	17243	46.3	2643.0	44.2	67.4	41.9	33.8
生态涵养发展区	5197	14.0	327.9	5.5	21.1	13.2	12.9

表 2　　各区域工业运行质量指标

	高新技术产业占工业总产值比重(%)	利润率(%)	劳产率(元)	万元产值能耗(吨/万元)	万元产值水耗(立方米/万元)
全　市	**33.9**	**6.3**	**98347**	**0.43**	**5.4**
首都功能核心区	38.2	11.4	127434	0.42	5.4
城市功能拓展区	38.4	4.9	95606	0.52	8.6
城市发展新区	35.4	5.8	83560	0.38	2.8
生态涵养发展区	12.1	4.9	51837	0.49	7.6

表 3　　各区域各项指标得分

	高新技术产业占工业总产值比重	利润率	劳产率	万元产值能耗	万元产值水耗	综合得分
首都功能核心区	99	100	100	90	52	88
城市功能拓展区	100	43	75	73	33	67
城市发展新区	92	51	66	100	100	84
生态涵养发展区	32	43	41	78	37	45

2. 发展特点

(1) 首都功能核心区。产业结构不断优化。首都功能核心区地处城市中心位置，随着城市发展和规模的不断扩张，核心区功能进一步得到提升。2004 年核心区第三产业实现增加值 1355.1 亿元，占该区地区生产总值的比重高达 88.4%。都市产业实现工业总产值 56.2 亿元，占全区工业 13.7%。电力、燃气及水的生产和供应业实现工业总产值 141 亿元，占 34.4%，目前生产服务型行业是核心区的主要工业行业。

表 4　　首都功能核心区工业总产值排前五位行业

行业名称	工业总产值（亿元）	占全区工业比重（%）
合　　计	**409.8**	**100**
电力热力的生产和供应业	141	34.4
通信设备计算机及其他电子设备制造业	117	28.6
印刷业及记录媒介的复制	25.9	6.3
仪器仪表及文化办公用机械制造业	21.9	5.3
水的生产和供应业	21	5.1

总部经济特征明显。随着时代的发展，核心区作为直接的生产“车间”的功能被弱化，服务中心，管理中心和创新中心的功能逐步强化，总部经济特征愈来愈显著。2004 年核心区拥有工业企业 1479 户，仅占北京市工业企业 4%；而工业企业资产总计高达 6794.4 亿元，占北京市工业 50.5%；所有者权益 5609.2 亿元，占北京市工业 64.1%。在核心区工业企业盈利结构中，投资收益是企业获利主要渠道，区内企业营业利润为 21.3 亿元，投资收益为 84.4 亿元，各占利润总额的 19.7% 和 78.1%。

（2）城市功能拓展区。重化工业特征明显。2004 年城市功能拓展区实现工业总产值 2328.5 亿元，占北京市工业 39%。区内重工业发展迅速，重工业产值占全区工业的 86.6%，高于北京市 5.6 个百分点。2000 年—2004 年平均增速为 15.1%，快于轻工业 4.6 个百分点。拓展区工业涉及 37 个行业大类，其中通信电子计算机及其他电子设备制造业、黑色金属冶炼及压延加工业、交通运输设备制造业、化学原料及化学制品制造业和电气机械及器材制造业总产值比重占全区工业 63.8%。

表 5　城市功能拓展区工业总产值排前五位行业

行业名称	工业总产值 （亿元）	占全区工业比重 （%）
全区合计	**2328.5**	**100**
通信设备计算机及其他电子设备制造业	604.2	25.9
黑色金属冶炼及压延加工	479.6	20.6
交通运输设备制造业	168.6	7.2
化学原料及化学制品制造业	130.1	5.6
电气机械及器材制造业	104.2	4.5

工业技术研发能力较强。2004 年拓展区内规模以上工业企业科技活动经费支出总额 60 亿元，占北京市规模以上工业科技活动经费支出的 68.5%。区内规模以上工业企业研究与实验发展经费支出(R&D)占销售收入 1.8%，比北京市工业平均水平高 0.8 个百分点，远远高于核

心区、城市发展新区和生态涵养区 1.2 个、1.3 个和 1.5 个百分点。拓展区高新技术产业实现总产值 893.4 亿元，占北京市高新技术产业 44.1%，比重位居四个功能区第二位。产业内部电子与信息、光机电一体化两大领域支撑作用突出，分别实现总产值 608.4 亿元和 156.6 亿元，占区内高新技术产业 68.1%和 17.5%。

（3）城市发展新区。主导行业带动力强。2004 年，城市发展新区的工业生产活动涉及 39 个行业大类。年产值超过 100 亿的行业共 5 个，依次是交通运输设备制造业、通信电子计算机和其他电子设备制造业、化学原料及化学制品制造业、石油加工炼焦及核燃料加工业和煤炭开采及洗选业。五大行业共实现工业总产值 1673.7 亿元，占全区工业 63.3%，其中，交通运输设备制造业和通信电子计算机和其他电子设备制造业分别实现工业总产值 545.1 亿元和 518.6 亿元，占全区工业 40.2%。

表 6　　城市发展新区工业总产值排前五位行业

行业名称	工业总产值（亿元）	占全区工业比重（%）
全区合计	2643	100
交通运输设备制造业	545.1	20.6
通信设备计算机及其他电子设备制造业	518.6	19.6
化学原料及化学制品制造业	269.1	10.2
石油加工炼焦及核燃料加工业	237.2	9
煤炭开采及洗选业	103.7	3.9

现代制造业迅速发展。由于市内企业外迁、国际产业转移和区位优势，城市发展新区现代制造业发展迅猛。2004 年发展新区内从事现代制造业生产的企业 2776 户，占全区工业企业的 19.6%。实现工业总产值 1491.8 亿元，占 56.4%；实现利润 110.8 亿元，占 72.3%，比重分别高于北京市 9.3 个和 28.1 个百分点。

外向型经济特征显著。2004 年区内“三资”企业实现工业总产值 1212.5 亿元，占全区工业比重为 45.9%，实现利润 74.8 亿元，占 48.8%。发展新区内工业企业实现出口交货值 441.9 亿元，占北京市工业出口的

63%，销售产值出口率为17.2%，高于北京市平均水平5.2个百分点。

（4）生态涵养发展区。轻重工业均衡发展。2004年生态涵养发展区内轻工业实现工业总产值159.3亿元，重工业实现工业总产值168.6亿元，轻重工业的比例为48.6∶51.4。

“十五”初期，生态涵养发展区内多以发展食品、饮料、纺织服装鞋帽制造为主的都市产业，2004年，涵养区都市产业实现工业总产值146亿元，占全区的44.5%。由于北京现代汽车进驻顺义区后，其汽车零部件生产辐射到涵养区内，使得交通运输设备制造业一跃成为该区域的主导行业之一。2004年，交通运输设备制造业、食品制造业、饮料制造业、纺织服装鞋帽制造业分别占全区工业的11.7%、10.5%、8.7%和6.7%。

表7　生态涵养发展区工业总产值排前五位行业

行业名称	工业总产值（亿元）	占全区工业比重（%）
全区合计	**327.9**	**100**
交通运输设备制造业	38.5	11.7
食品制造业	34.4	10.5
饮料制造业	28.4	8.7
非金属矿物制品业	23.6	7.2
纺织服装、鞋、帽制造业	22	6.7

小型企业支撑作用明显。2004年，生态涵养发展区内的小型工业企业5140户，占全区工业的98.9%，实现工业总产值209.8亿元，拥有资产299.9亿元，实现利润69.2亿元，分别占全区工业的64%、65.8%和45.5%。

四、存在的主要问题

1. 首都功能核心区仍存在一些高污染的行业

新修编的《北京城市总体规划》中指出，保护古都风貌、改善人居环境是首都功能核心区的主要任务之一，但该区域内部分工业行业的发展与该区的功能定位仍不协调。2004年，核心区内共有28户企业从事造纸、水泥及石膏制品制造、玻璃及玻璃制品制造以及电镀业等高污染行业，比 2000 年多 13 户，实现工业总产值 1.9 亿元，扣除不可比因素，比 2000 年增长 5.6%。另外核心区内都市工业所占比重偏低，仅为 13.7%，低于北京市 0.5 个百分点。

2. 城市功能拓展区工业增长方式较为粗放

2004 年，拓展区工业能源消费总量为 1209.8 万吨标煤，工业用水 19940.3 万立方米，分别占北京市工业的 47.4%和 62%。万元产值能耗 0.52 吨标煤，高于北京市平均水平 0.09 吨标煤；万元产值水耗 8.6 立方米，远远高于北京市 5.4 立方米的平均水平。在资源、能源高消耗的同时，产出效益却较低，区内工业企业实现利润 113.3 亿元，产品销售利润率为 4.9%，低于北京市工业平均水平 1.4 个百分点，同时低于城市发展新区 0.9 个百分点。正是由于能耗高、效益低，拓展区运行质量综合得分为 67 分，在四功能区中排列第三。

3. 城市发展新区内部发展不平衡、科技创新不足

城市发展新区工业最具有发展潜力，但新区内部存在发展不均衡现象。2004 年，新区内的顺义区实现工业总产值 673.5 亿元，分别是大兴区、通州区的 3.3 倍和 3.2 倍。从单位产出看，各地区相差更为悬殊。亦庄开发区户均实现产值 1.6 亿元，分别比大兴区、通州区高出 29.7 倍和 22.7 倍。城市发展新区科技创新不足。2004 年，城市发展新区的高新技术产业实现工业总产值占到北京市 46.2%，位居各功能区之首，但新区规模以上工业企业的研究与实验发展经费支出(R&D)占销售收入的比重仅为 0.5%，低于北京市 0.5 个百分点。新区工业企业缺乏自主品牌，核心技术依赖于外方。

4. 生态涵养发展区行业分布分散，产值能耗、水耗较高

2004 年，在北京市 39 个行业大类中涵养区覆盖了 37 个行业大类，行业规模普遍偏小。通过分散度指标测算涵养区的分散度为 0.3，高于北京市 0.2 个百分点，在四个功能区中分散度最高。

2004 年，涵养区万元产值能耗 0.49 吨标煤，万元产值水耗 7.6 立方米，高于北京市平均水平 0.06 吨标煤和 2.2 立方米。主要是存在一些高耗能、高污染行业。2004 年非金属矿物制品业、化学原料及化学制品制造业和有色金属冶炼及压延加工业实现产值 39 亿元，占全区工业的 11.9%，这三个行业能源消费量占全区工业的 37.9%。

五、对北京市工业布局的思考

1. 工业布局调整目标

目前各功能区工业的发展与其功能定位存在着一定差距，各功能区应该根据功能定位，确立自身的优势产业，对于一些不适应本区域发展的行业通过淘汰、外迁及调整产品结构等方式进行优化。同时加大高新技术产业带和现代制造业产业带的建设，逐步构建主导产业突出、配套完善、产业梯次合理、相对集中的产业空间发展格局。首都功能核心区要利用大都市特有的信息流、人才流、物流等资源，重点发展产品设计、科技研发等具有一定技术含量和就业含量的都市工业；城市功能拓展区要依托中关村科技园区建设科技成果孵化和辐射基地，加快高新技术产业的发展；城市发展新区要利用顺义空港优势、亦庄开发区的后发优势进行外向型现代化工业基地建设；生态涵养发展区要发展节约资源、能源，以保护环境为前提的都市工业。

2. 缩小区域经济差距

区域经济差距是由地理位置、资源条件和区域功能定位等因素决定的，因此城市内部区域的差距是经济发展中的必然现象，但如果差距超出稳定发展的范围，就会影响城市的发展和城市功能的发挥。目前，北京市各功能区经济发达程度存在差异，2004年，北京市人均GDP最高的区域首都功能核心区与最低的区域生态涵养发展区相差3.8倍。作为政府应结合各区域产业基础和功能定位，加快工业布局调整，转变区域产业结构，从而加快小城镇建设，提供更多的就业岗位，逐步调整城乡收入差距，促进城乡协调发展。

3. 增强首都经济辐射力，实现区域互补、协同发展

北京是环渤海经济圈中的重要城市，因此不能脱离环渤海经济圈

乃至全国大的区域环境来规划未来发展。北京产业结构呈“三二一”格局，有别于周边城市“二三一”的产业结构，其优势产业在第三产业和现代服务业。因此北京应强化这种优势，在促进城市经济发展的同时，加快物流、资金流、信息流、技术流的流通速度，增强辐射效应，带动周边城市共同发展。

从工业行业内部结构看，北京与天津大致相同，重点行业主要集中在通信设备计算机及其他电子设备制造业、交通运输设备制造业、黑色金属冶炼及压延业、化学原料及化学制品制造业和石油加工炼焦及核燃料加工业。据初步统计，2004 年这五大行业占两市规模以上工业企业总产值比重约为 60%左右。由此看出，北京与天津的工业尚未形成优势互补局面。北京及周边城市应尽快打破行政区划界限和利益壁垒，共同制定环渤海经济圈发展规划，根据各城市自身的优势，确定其在经济圈未来发展中承担的角色。

北京市商品住宅投资性购房调查报告

◆ 郑　新　王铁梅　丁卓茹　李优亮

内容提要

房地产市场上可能存在的投资过度问题关系着市场的健康发展，一直是社会各界密切关注的问题。2004 年 11—12 月，我们在北京市范围内开展了一次关于商品住宅投资性的快速调查，以摸清北京市商品住宅投资性购房比例、结构等情况。调查结果显示，目前北京市的商品住宅投资性比例约为 17%。调查还发现，目前北京市房地产市场上的投资者以本市居民居多；在投资者的职业分布上，企业管理人员所占比重最高；在投资房型分布上，面积 100—150 平方米，单价 5000—7000 元的商品住宅所占比例最高；在投资方式上，近三成投资住宅短期转手，逾两成投入租赁市场，近五成空置以待升值。结合对投资者购房资金来源的分析，我们认为，当前北京市投资性购房比例尚在 20%的国际警戒线以内，投资者购房对银行资金依赖性相对较小，其投资行为尚属理性。最后，我们根据分析结果提出了一些规范北京市房地产市场的对策建议。

近几年来，北京市房地产业持续、快速发展。房地产业作为国民经济的支柱产业，有效地刺激了内需的扩大，拉动了经济的增长。2003 年北京市房地产业完成增加值 190.5 亿元，占国内生产总值的 5.2%，高出全国平均水平 1.5 个百分点。然而，随着北京市商品房供求关系、价格走势、销售结构的不断变化，社会各界对北京市房地产市场的可持续发展问题给予了特别的关注，尤其关注商品住宅中投资性购房比重以及其对北京市房地产市场未来发展的影响。

为了摸清北京市商品住宅投资性购房比例、结构等情况，市建委和市统计局于 2004 年 11—12 月间联合开展了一次商品住宅投资性购房快速统计调查，现对调查结果报告如下，仅供参考。

一、投资性购房的概念及调查对象的确定

根据房地产业界专家对投资性购房的较为一致的看法，我们对商品住宅投资性购房的概念作了如下界定：在商品住宅中（不含经济适用房），购房者不以满足自己或家人居住需要为目的，而是以获取投资回报为目的的购房行为。具体是指办理入住手续后①已发生过产权变更的商品住宅；②未发生过产权变更，但已出租的住宅；③装修后空置半年以上的装修房；④尚未入住且空置半年以上的毛坯房。

本次调查从北京市2004年6月底以前竣工且销售率较高的小区中随机抽取了 15 个住宅小区，对其物业管理公司或房地产开发公司进行统计调查；同时从这些小区中随机抽取了 100 幢居民住宅楼，对其中的 530 户购房者进行了问卷调查。

本次调查的15个住宅小区涉及了北京市城八区及通州区等9个区县，抽取的 100 幢商品住宅楼共有商品住宅 7459 套，总面积 90.5 万平方米，其中已销售商品住宅 7149 套，总面积 86.6 万平方米。各被调查小区商品房平均销售价格跨度较大，其中每平方米平均售价在3000—5000 元的占 25.5%，5000—7000 元的占 54.3%，7000—10000元的占 8.4%，10000 元以上的占 11.8%。

二、调查的基本情况

1. 商品住宅投资性购房比重为 17%

调查显示：在已销售的 7149 套商品住宅中，属于投资性购房的为1215 套。按此计算，当前本市商品住宅投资性购房比重约为 17.0%（见

表1）。

表1　已销售商品住宅结构情况表　单位：套、平方米

	合计	
	套数	面积
已销售商品住宅合计	**7149**	**866490**
一、已实际居住的商品住宅	**6566**	**779300**
其中：出租的	286	31536
1．已发生过产权变更	346	47187
2．未发生过产权变更	6220	732113
二、尚未居住且空置半年以上的商品住宅	**583**	**87190**
1．装修房(含业主自己装修)	419	65135
2．毛坯房	164	22055
投资性购置商品住宅	1215	165913
投资性购房比例(%)	17.0	19.1

注：已实际居住的商品住宅中包含空置半年以下的商品住宅。

2．投资性购房的主要特征

(1) 投资者群体结构特征——在全部投资性购房中本市居民投资性购房数量最多，但境外人士比例最高。本次调查的7149套已销售商品住宅中，本市居民、外省市人士和境外人士购买的分别为4726套、2389套和34套，其中属投资性购房的分别为853套、349套和13套，投资性购房比例分别为18%、14.6%和38.2%。这一情况表明，境外人士在购房时的投资倾向要高于国内居民（见表2）。

表2　投资主体区域分布情况表　单位：套、平方米

	本市居民		外省市人士		境外人士	
	套数	面积	套数	面积	套数	面积
已销售商品住宅合计	**4726**	**574863**	**2389**	**286761**	**34**	**4866**
一、已实际居住商品住宅	**4287**	**507836**	**2245**	**266598**	**34**	**4866**
其中：出租的	188	19537	95	11508	3	491
1．已发生过产权变更	226	31291	110	14659	10	1237
2．未发生过产权变更	4061	476546	2135	251939	24	3628
二、未居住且空置半年以上商品住宅	**439**	**67027**	**144**	**20163**	**0**	**0**
1．装修房(含业主自己装修)	309	49365	110	15770	0	0
2．毛坯房	130	17662	34	4393	0	0
投资性购置商品住宅	853	117855	349	46330	13	1728
投资性购房比例(%)	18.0	20.5	14.6	16.2	38.2	35.5

注：已实际居住的商品住宅中包含空置半年以下的商品住宅。

(2) 投资者职业分布特征——在全部投资性购房中企业管理人员投资比重最高。从调查结果分析，在投资者中企业管理人员所占比重最高，达 23.6%；第二、三位为个体工商业者、各类专业技术人员及教师，分别占 20.8%和 16.8%；其后依次为：自由职业者（14.4%）、机关及事业单位干部（11.3%）、工人、商业服务人员（8.1%）、离退休人员（3.4%）、其他职业人员（1%）和无业、待业及离岗人员（0.6%）（见图 1）。

图 1　　投资群体职业分布情况

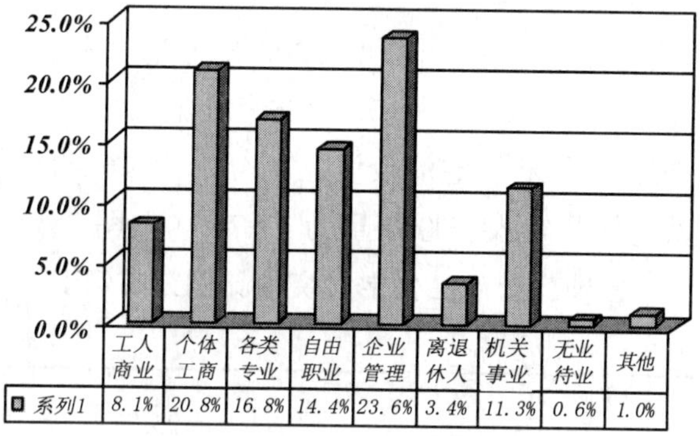

本市投资者中，企业管理人员和各类专业技术人员及教师居多，分别占到本市投资者的 25%和 18%；外省市投资者以个体工商业者和自由职业者及企业管理人员为主，分别占 19.9%、18.8%和 18.8%；境外投资者主要是企业管理人员和自由职业者，分别占 31.8%和 25%。

(3) 投资对象特征——在全部投资性购房中面积 100—150 平方米，单价 5000-7000 元的商品住宅数量近半，但 200 平方米以上住宅投资购房比例最高。调查显示，在被调查的 7149 套已售商品住宅中，单套面积在 100—150 平方米的住宅所占比重达到了 45.8%。而在 1215 套投资性商品住宅中，面积在 100—150 平方米的住宅所占比重也最大，达 45%；面积在 70—100 平方米、150—200 平方米及 200 平方米以上的住宅分别占 17%、25%和 10%；而面积在 70 平方米以下的住宅仅占 3%（见图 2）。这一结构特征与近年来北京市商品房市场以 100

—150 平方米房型占主要地位的供应结构相一致。

图2 投资性购置商品住宅的房型分布情况

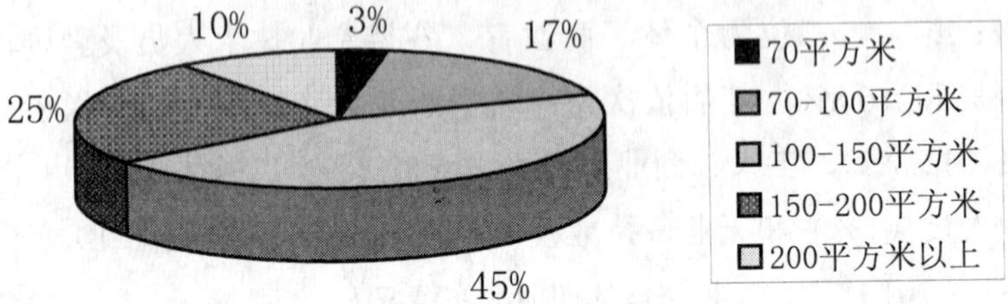

在各种投资性商品住宅中，面积在 200 平方米以上的住宅投资性比例最大，达 31.6%；其次是 70—100 平方米住宅为 25.1%；100—150 平方米和 150—200 平方米住宅的投资比例分别为 16.8%和 9.9%；面积在 70 平方米以下的住宅投资性比重为 17.7%（见图 3）。

图 3 各种房型商品住宅投资性比例分布情况

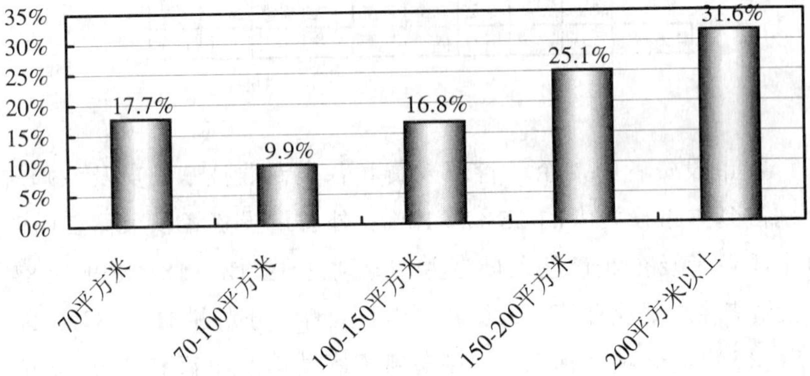

若以单价 7000 元作为本市房地产市场上中低与中高价商品住宅的分界线，那么，从调查数据显示看，单价在 7000 元以上和以下的商品住宅在投资群体的构成上存在着较大差异。其中，单价 7000 元以下的投资性商品住宅中，本市投资者购置的占到 71.9%；而单价 7000 元以上的投资性商品住宅中，本市投资者购置的仅占 39.4%，而外来投资者购置的占 60.6%。

（4）投资方式特征——在全部投资性购房中近三成短期转手，逾两成投入租赁市场，近五成空置以待升值。调查显示，在1215套投资性商品住宅中，已转售的346套，占28.5%；已出租的286套，占23.5%；空置的583套，占48%。

从现阶段情况看，逾两成的投资性商品住宅被投向租赁市场，可见目前投资者中相当一部分采用以租养房的方式来获取投资收益；有近三成的投资性商品住宅已通过转让方式实现收益；仍有近五成的投资性商品住宅以空置的方式等待获利空间。

（5）投资资金来源特征——在全部投资性购房中自有资金占50%以上。调查显示，从购置时所支出的资金构成看，自有资金占总资金的比重最高，达56.8%；商业贷款次之，占31.3%；其他依次是，单位补贴6%，公积金贷款5.9%。因此从总体情况看，投资者在购房时主要依靠的仍是自有资金，对银行贷款的依赖度并不很高。

三、当前北京市投资性购房尚在合理范围内

当前投资性购房比例尚在警戒线以内。从国外的经验数据看，一般认为当投资性购房比重超出总成交套数的20%时，房地产市场会孕育一定的风险。本次调查范围内商品住宅的投资性购房比重为17%，总体水平尚在警戒线内，可见目前本市投资性购房比重仍处于正常范围内。但是，若将一些不确定因素，如空置半年以内的商品住宅中也会存在一定比重的投资性购房情况，以及将商品住宅办理房屋所有权证前发生的预售转让等投资性因素考虑在内，那么本市商品住宅投资性购房的实际比重将会比调查值稍高。因此，我们认为，在目前本市投资性购房比重尚未超出经验警戒线的同时，也应高度关注其发展趋势。

当前投资性购房以自有资金为主，对银行资金依赖性相对较小。购房者预先支付的房款进入房地产业的资金链，其是否稳定对房地产市场的运转发挥着重要作用，当它对信贷资金依赖性太高时，难免会和资金链中其他环节一样对金融体系造成一定的压力，隐含着一定的

金融风险。在本次调查的投资性商品住宅中，完全使用自有资金购置的超过总套数的 26%；从资金总量的构成看，自有资金占 56.8%，银行贷款（包括商业贷款和公积金贷款）占 36.7%。由此可见，目前的投资性购房对信贷资金依赖性从总体上看并不很高。因此，一旦楼市有所波动，所产生的风险和损失大部分将由投资者个人承担，对银行等金融机构造成的直接影响相对较小。

当前投资者的投资行为尚属理性。在市场经济条件下，当社会上某一投资品的投资回报率较高时，就会吸引大批投资者，这是社会必然现象。而判断其投资行为是否属理性，则主要观察其投资行为（或投资规模）是否与其投资实力相适应。本次调查数据显示，只有 10.5%的投资者年家庭收入低于 5 万元，23.7%的投资者家庭年收入在 5—10 万元之间，43.9%的投资者家庭年收入在 10—20 万元之间，另有 21.9%的投资者家庭年收入在 20 万元以上。这表明，目前投资者的投资强度与其经济实力呈较强的正相关关系。同时，从投资者的职业分布来看，收入较高的企业管理者位居投资者榜首，其次是各类专业人士及个体工商业者，而其他类职业人士由于其收入较低或无稳定收入来源所占比例明显较低。这反映出投资者的投资行为与其风险承担能力在分布上有一定的一致性，也反映出投资者有较为理性的投资心态。

四、规范房地产市场的对策建议

针对当前投资性购房比重较高的状况，我们认为有必要在一定时期内采取一些具体的经济手段加以适当调控，确保投资性购房控制在警戒线以内。

1. 进一步拓宽和规范市场信息渠道，增强市场信息的透明度

近几年来，本市房地产市场供求信息通道已有了很大发展，但仍不够完整和规范。需求者只能通过各种媒体，在看似丰富，实质“散”、“乱”并尚欠真实的房产广告中搜寻供房信息，导致了部分住房消费者未能在第一时间获得市场供房信息，转而向投资购房者购买住房。

这样不仅大大提高了住房消费者的购房成本，也助长了投资购房行为的升温。因此，应该拓宽市场信息渠道，尽早向社会公布规范、可靠的供房信息。对此，北京市建委在整体规划、分步实施等原则指导下，已开始启动商品房预售网上签约和登记系统的建设。2005 年一季度系统开通后，商品房买卖合同必须在网上填写和下载，从而使开发企业、购房者和政府对信息的利用对称透明，使管理部门及时了解全面、准确的市场销售情况，加强政府对交易市场的监控，防止无证售房、假证售房、少批多售、一房多售等欺诈行为，保障交易的安全。

2．进一步加强税收调节制度

针对目前投资购房利润较高，投资者队伍较快增长的现状，应尽快促进物业税的征收和严格房产税的征收，从而压缩投资收益空间，使部分投资者在预期收益下调的情况下主动退出投资购房市场，以达到抑制“过度炒作”的目的。另外，建议在对预售商品房转让时，对出卖人按成交价征收契税，视同其已进行了房屋交易。

3．搞活住房二级市场

一个成熟、健全、理性的房地产市场，需要一、二、三级市场的互相支持、相互促进和共同繁荣，在此基础上形成的房地产市场梯级消费格局，才是符合市场规律和百姓需求的良性模式，实现房地产市场持续、健康、平稳的发展，防止大起大落。

北京市房地产企业对国务院宏观调控措施的反应

◆ 李燕琴

内容提要

2005年4月27日，国务院提出了调控房地产市场的八大措施，通过土地、税收、金融、法制以及政府监管等手段，来调节目前房地产投资规模和价格上升幅度过大的问题。

5月8日、9日，北京市企业调查队对14家房地产开发企业（其中：资质一级的5家；资质二级的4家；资质三级的5家）进行了走访，与企业负责人进行了座谈。本文反映了房地产开发企业对调控措施的反应、看法及对房地产市场健康发展的建议。

房地产业作为国民经济的支柱性产业，促进其健康发展对推动经济的发展，解决就业问题将起到积极的作用。但近年来房地产市场投资规模和价格上升幅度过大的问题日益显现。2005年一季度，全国房屋销售价格比2004年同季上涨9.8%，比2004年四季度上涨2.7%。在35个大中城市中，有8个城市房屋销售价格同比涨幅超过10%。北京市比2004年同期上涨6.5%。普通住宅和高档住宅售价分别比2004年同期上涨8%和8.9%，均创下北京市1998年以来的最高涨幅。2003年以来中央先后出台了一系列措施，引导、规范房地产市场健康发展。2005年全国“两会”上，房地产价格问题写进政府工作报告。反映了中央各部门在房地产泡沫问题的认识上已达成了统一。4月27日，国务院又明确提出调控房地产市场的八大措施，通过土地、税收、金融、法制以及政府监管等手段，来调节目前房地产投资规模和价格上升幅度过大的问题。

为了及时了解八项措施出台后房地产开发企业的反应、看法和意见。5月8日、9日，北京市企业调查队对14家房地产开发企业（其中：资质一级的5家；资质二级的4家；资质三级的5家）进行了走访，与企业负责人进行了座谈。

一、房地产企业认为调控措施及时

被调查的14家企业有13家及时了解了国务院出台的调控措施，并引起了注意。12家企业认为调控措施出台得及时。对措施评价“很好”的企业有3家；评价“好”的企业有6家；评价“一般”的企业有5家。

企业负责人高度评价调控措施，认为它的作用主要体现在：1、调整了房地产开发结构，引导房地产开发步入良性发展轨道。2、通过税收杠杆抑制超规模房屋消费的增长，使房地产消费及房地产价格调整到与国民经济相适应的水平。3、遏制了违规操作行为，规范了市场秩序，增强了市场透明度，有利于创造公平竞争的市场环境。

也有些企业认为国务院出台的八项措施比较宏观，还应尽快出台配套措施。

二、调控措施对房地产市场走势的影响

1. 半数企业认为房地产市场预期持续走高

在被访的14家企业中，9家企业认为调控措施的出台对北京市房地产发展有很大或较大的影响；2家企业认为对市场影响不大；3家企业认为对市场的影响看不准。

在对今明两年房地产市场走势的预测中，7家企业预测市场将在宏观调控下，以较快的速度发展，预期仍会持续走高；2家企业认为

市场将保持现有水平，不会发生变化；4 家企业认为市场将呈现起伏不定的局面；仅有 1 家企业认为市场走低。

2. 房地产企业认为 2005 年房价将略有上涨

被访的 14 家企业中，10 家企业认为房价略有上涨。企业反映房地产开发是综合拉动经济发展的内在动力，也是一项长期的基础建设项目，因此，政策的调整从近期来讲不会对房地产价格产生太大影响，而且房地产价格在现有水平上会略有上涨。原因是：

（1）成本推动价格上涨。“831”政策出台后，土地竞争激烈，土地价格成本增加，能源和原材料价格上涨使建安成本增加，传导到下游必然会提高房价。

（2）需求拉动价格上涨。部分人群消费不够理性，超前消费。

（3）奥运商机，市场预期较高，带动市场发展。

企业反映不同结构的商品房价格变化不同。普通商品房的价格基本是由供需关系决定的，由于经济适用房的供应量上升，低档商品房的房价将出现下降的趋势。但在总量控制和房价控制的综合作用下，高档商品房的供给会减少，加之中等收入群体的增加，中高档商品房的价格有可能继续上涨。

3 家企业认为八项措施的出台会对价格上涨有所抑制，房价预期会略有下降；1 家企业表示对房价的走势看不准。

三、企业采取措施应对八项调控措施

在被访的 14 家企业中，已有 2 家企业采取了应对措施；8 家企业表示将采取应对措施。企业采取的主要措施是加大对普通住宅（普通商品房和经济适用房）的开发力度；加大土地储备力度，确保企业项目开发的正常需要。

此外，企业还表示要加强资金储备，保持发展后劲；依法运作，规范经营；同时加强对市场信息的收集、分析，寻找新的商机，以便更好地拓展市场。

四、企业认为商品房结构不合理、土地供应紧张、市场秩序混乱是房地产市场存在的主要问题

在对目前房地产市场存在的主要问题的分析中，被访的14家企业中有11家认为目前北京市商品房结构不合理； 8家企业认为土地供应紧张，其中有6家企业认为土地供应紧张是最主要的问题；7家企业认为市场秩序混乱。

企业同时反映了土地挂牌招标、经济适用房销售过程中的问题和土地成本过高、信息披露混乱等问题。

1．土地挂牌招标后，企业间的竞争导致土地价格上涨，这部分成本必然会由购房者承担

北京大兴区的一个房地产开发项目，通过土地挂牌招标后建设成本达到每平方米4500元，销售价格每平方米5000多元，业内人士讲那个地段的商品房售价每平方米应不超过3000元。由于土地挂牌招标操作流程比较复杂，且新老政策衔接不及时、不到位使企业在实际操作中处于被动地位；拍卖土地的配套市政设施不到位，给项目开发带来不便。

2．经济适用房销售存在问题

政府对经济适用房的销售虽然有相应的政策，但由于购买资格审核存在漏洞，造成富人侵占了政府给低收入群体的住房补贴。又由于经济适用房周边的交通、能源等设施不配套，造成部分经济适用房空置，没有充分发挥经济适用房对房地产市场的补充调节作用。

3．土地成本加大，征地周期长

企业反映2001年北五环每亩白地50-60万元，现在涨到120万元；从征地到销售的时间周期是过去的2至3倍。

4．信息混乱，不能正确引导消费

各部门、各中介机构都在披露房地产信息，同样一个指标，如房屋价格、空置率，各部门公布的数字不一致，数出多门。

五、企业对房地产市场健康发展的建议

1．土地供应有序化

结合市场需求制定科学合理的土地供应计划，在一定程度上避免由于土地供应量偏紧而导致土地价格和商品房价格上涨过快。

2．加强税收调节

调整税收政策，实行银行及商品房管理部门联网办公，限制多房户的购房消费，抑制房屋炒作的现象。制定的措施要具有可操作性，并在执行过程中加大监督检查力度。

3．加强城镇规划

出售土地的市政配套设施要完善，政府要在明确区域项目规划要求（包括价格、房屋面积、环境配套设施等）的基础上实行土地公开招标，使政府、群众、企业三方受益。

4．政府应采取经济适用房、廉租屋、房租补贴、购房贴息等多种政策措施解决低收入群体的住房难问题

在经济适用房的建设中控制标准，并严格进行经济适用房的购买资格审核。

5．要引导和调节居民的住房消费行为，鼓励消费者根据自身收入水平采取租赁、购房等多种形式解决居住问题

6、提高社会诚信度。通过建立和完善个人及企业的诚信档案，不断促进房地产市场的健康发展和良性互动

7．要规范市场信息披露制度，明确房地产数据的口径、范围、标准和发布部门。有效提高房地产市场信息的准确性、及时性，有利于政府、企业、消费者对市场做出准确的判断

8．要加强对宏观调控措施及各配套措施落实、执行情况的监督检查，使措施收到应有的效果

此外，企业反映房地产项目经营周期长，政府在制定、出台有关政策时要考虑到政策的延续性，确保企业健康、可持续发展。

对北京市投资效益的评价与分析

◆ 陈宝生　王铁梅

内容提要

固定资产投资是经济增长的重要推动力，提高固定资产投资效益是加快发展经济的重要途经。“九五”以来北京市投资效益明显提高，建设工期逐步缩短。但部分效益指标仍低于全国水平，房地产开发仍存在一些问题，商品房空置面积居高不下。

固定资产投资，具有调节供给和需求的双重功能，投资效益直接影响到企业效益或社会事业的发展进步，进而对整体经济产生影响。近 3 年以来北京市固定资产投资以平均每年 18%左右速度增长，使北京市的经济实力不断加强，促进了经济的发展，社会事业的进步。本文对“九五”以来北京市投资宏观经济效益和微观经济效益的基本情况进行描述，并与全国进行比较，对提高固定资产投资效益的走势进行评价分析。

一、投资效益的概念

固定资产投资效益是指固定资产投资中投入与产出之间的比率。宏观效益是指以国民经济为总体，众多项目效益及其相互联系、相互制约而产生的连锁效益的总和，反映资源配置的总体效益，与政府在促进经济增长、技术进步、社会稳定以及环境保护等方面的经济社会发展目标相联系。微观效益是指投资项目的直接经济效益，反映投资资源的利用率，即投资过程中的资源耗费大小与投资完工后供给能力或产出水平的大小。

投资效益指标诸多，本文就宏观效益和微观经济效益中所包含部分经济指标“九五”以来的变化，与固定资产投资建设主要指标进行对比分析，对北京市的投资效益进行衡量评价。

二、投资效益指标明显提高，但部分主要指标低于全国平均水平

宏观经济效益指标包括：投资贡献率、固定资产交付使用率、建设周期、投资效果系数、项目建成投资率、未完工程占用率、商品房空置率等。从以上几个方面来量度北京市固定资产投资项目的建设效益，可以看出，除未完工程占用率以外，近年来北京市建设效益与前些年相比有较大提高。

1. 投资贡献率有升有降

投资贡献率是反映投资对经济拉动的重要指标，“九五”时期北京市投资贡献率起伏波动较大。投资与国民经济增长高度正相关。

1997 年亚洲金融危机使我国出口、消费增长受到影响，固定资产投资成为拉动经济增长的主要因素，投资贡献率高达 96.3%。1999 年受需求不足经济走势疲软和投资结构调整的影响，当年的投资贡献率仅为 9.2%。“十五”以来，北京市经济稳步增长，投资贡献率增长速度超过 GDP 的增长速度，各年的投资贡献率均超出“九五”时期的平均水平，出现平稳上升态势。 但投资对经济的贡献率在 2004 年有所降低。从另一个角度讲，北京市的经济增长不能长期靠投资作为拉动经济主导因素，提高消费、扩大出口也应成为促进经济全面发展主要动力。

表 1　　“九五”以来北京全社会固定资产投资贡献率

	“九五”时期	2001 年	2002 年	2003 年	2004 年
投资完成额（亿元）	5461.7	1530.5	1814.2	2157.1	2528.3
地区生产总值（亿元）	10072.1	2846.3	3212.7	3663.1	4283.3
投资贡献率（%）	42.1	63.2	77.4	85.9	59.9

2. 固定资产投资交付使用率近年来呈现下降趋势，低于全国平均水平

固定资产投资的目的是为了形成新的生产能力和使用效益，因此，交付使用率的高低是衡量固定资产投资效益好坏的最直接的指标之一。“九五”时期，北京市全社会固定资产投资交付使用率为 80.3%，与“八五”时期的 61.7%相比，上升了 18.6 个百分点；进入“十五”以来，北京市固定资产投资交付使用率处于下降态势，2003 年为 61.3%。与全国相比，北京市固定资产交付使用率长期低于全国平均水平。“七五”时期全国为 84%，北京市为 72.3%，比全国低 11.7 个百分点；“八五”时期，全国下降为 73.1%，北京市也下降为 61.7%；“九五”时期，全国上升到了 81.5%，北京市虽上升到了“七五”以来最高水平，达 80.3%，但仍比全国平均水平低 1.2 个百分点。“十五”以来，北京市的固定资产交付使用率开始逐年降低，不仅低于全国水平，也开始低于上海。到 2004 年北京市固定资产交付使用率低于全国平均水平 1.4 个百分点，低于上海 10.4 个百分点，但高于天津、重庆两市。

表 2　　“九五”以来北京全社会固定资产投资交付使用率

	“九五”时期	2001 年	2002 年	2003 年	2004 年
投资完成额（亿元）	5461.7	1530.5	1814.2	2157.1	2528.3
新增固定资产（亿元）	4385.2	1275.9	1376.5	1324.2	1458
交付使用率（%）	80.3	83.4	75.9	61.3	57.5

表 3　　固定资产交付使用率　　单位：%

	2001 年	2002 年	2003 年	2004 年
全　国	**75.7**	**74.3**	**67.9**	**58.9**
天　津	66.9	66.2	62.7	51.1
上　海	59	55.6	66.7	67.9
重　庆	65.1	72.7	60.7	49.0
北　京	83.4	75.9	61.0	57.5

3. 基本建设项目建设周期缩短

建设周期是从宏观经济的角度反映建设阶段全部建设项目所需要的平均建设时间，是从建设速度方面反映投资宏观效益的重要综合指标。“九五”期间，北京市固定资产投资在建项目周期缩短，平均建设周期为 4.5 年。近几年，由于国家逐步对重点项目按工期组织施工建设，同时，在建设领域推行投资包干责任制和招投标等制度，对缩短建设项目的建设工期起到了积极的促进作用。虽然建设项目逐年增加，建设规模不断扩大，但建设周期反而缩短，2004 年与“九五”初期相比，基本建设项目的建设周期平均缩短了 1.5 年。这表明在加强项目管理、提高建设速度、缩短建设工期方面取得了十分明显的效果。1999 年以后受国家扩大内需政策影响，北京市加大了对基础设施等方面重大工程的投资力度，由于其规模普遍较大，建设周期有加长的趋势，但在 2002 年以后又要明显缩短。

表 4　　1996—2004 年基本建设项目周期　　单位：年

年份	建设周期（年）	年份	建设周期（年）
1996	4.9	2001	5.1
1997	4.7	2002	4.4
1998	3.9	2003	2.9
1999	4.5	2004	2.8
2000	4.7		

北京市基本项目建设周期趋势与全国相比，1998 年以前趋势比较一致，1999 年以后建设周期长，且差距加大，但从 2002 年开始，北

京市和全国的建设周期明显缩短。

图 1 “九五”以来全国和北京各年基本建设项目建设周期比较

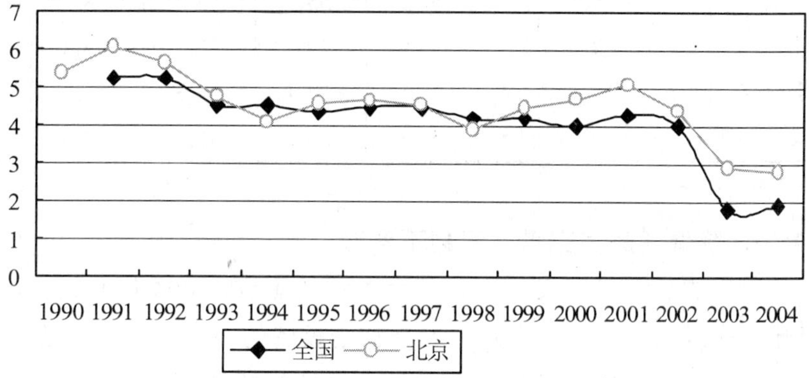

4. 项目建成投产率基本保持稳定并略有上升，但仍低于全国水平

项目建成投产率是反映一定时期内，全国或某一部门、地区全部投产项目占全部施工项目的比率。“九五”期间，北京市仅基本建设项目就建成投产了 6161 个，建成投产率平均为 32.6%。比“八五”时期提高了 3.9 个百分点。“十五”时期的前 4 年北京市基本建设项目建成投产了 3223 个，建成投产率平均为 40 %，比“九五”期间提高了 7.4 个百分点，项目投产率继续提高。

与全国比较，北京市与全国一样稳步上升。全国基本建设项目建成投产率的平均水平由“七五”时期的 53.9%，稳步上升到“九五”时期的 56.2%，上升了 2.3 个百分点；而同期北京市的项目建成投产率由“七五”时期的 29.7%，上升到“九五”时期的 33.9%，也呈上升趋势，但比同期全国的平均水平低 22.3 个百分点。同时也分别低于天津、上海 23.4 和 4.2 个百分点，2004 年北京市建设项目投产率与全国缩小到 8.2 个百分点，比上海高出 10.7 个百分点，比天津低 8.5 个百分点（见表 5）。

表 5　　北京基本建设项目建成投产率与全国比较

	"八五"时期	"九五"时期	2001 年	2002 年	2003 年	2004 年
全国	55.8	56.2	55.9	53.8	53.7	52.5
北京	29.7	33.9	39.6	40.7	44.8	44.3
上海	34.4	38.1	27.4	26.9	16.6	33.6
天津	50.6	57.3	50.2	49.7	54.6	52.8

5．降低商品房空置面积刻不容缓

北京的房地产开发一直是社会关注的焦点，2004 年北京市的房地产开发完成投资 1473 亿元，占全社会投资的 55%以上，商品房建设领域的经济效益提高直接关系北京市投资领域经济效益提高，并在其中起着举足轻重的作用。"九五"以来，北京市的商品房空置面积维持在 1000 万平方米左右，占全国商品房空置面积的 8.4%，在 4 个直辖市中（见表 6）占的比重最高。减少商品房空置面积已成为提高北京市建设领域经济效益的重要内容。2004 年底，北京市商品房空置面积 1044.1 万平方米，其中 1 年以上商品房空置面积 298.8 万平方米，占北京市商品房空置面积 28.6%；三环路以外商品房空置面积 818.9 万平方米，占北京市商品房空置面积 78.4%。提高房地产业的社会经济效益已成为提高全社会固定资产投资经济效益重要举措。

表 6　　商品房空置面积　　单位：万平方米

	2001 年	2002 年	2003 年	2004 年
全国	11952.5	13156.1	13427.7	12325.8
北京	1204.9	918.9	1123.4	1044.1
上海	959.5	677.0	522.3	359.4
天津	445.9	484.5	363.1	164.7
重庆	484.5	559.6	551.3	567.7

6．投资效果系数有一定波动

固定资产投资效果系数是一定时期内地区生产总值增加额与全社会固定资产投资额的比值，它反映了每亿元的固定资产投资所提供的地区生产总值增加额。当然，由于新增地区生产总值并不完全是由固定资产投资形成的，因此该指标只能近似地反映固定资产投资宏观经济效果的变化趋势。

图2　“九五”以来北京投资效果系数

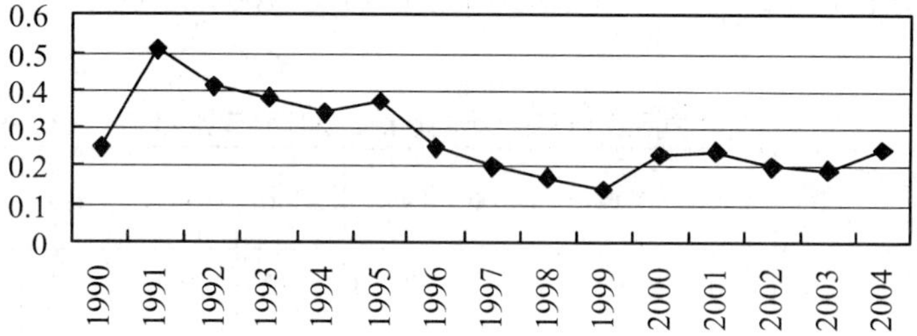

表 7　“九五”以来各时期的投资效果系数

	“九五”时期	2001 年	2002 年	2003 年	2004 年
地区生产总值增加额（亿元）	1083.9	367.3	362.8	450.4	620.2
全社会固定资产投资额（亿元）	5461.7	1530.5	1814.2	2157.1	2528.3
投资效果系数	0.20	0.24	0.20	0.21	0.24

“九五”以来北京市的固定资产投资效果系数年度间波动起伏较大，高的年份达 0.25，低的年份 0.17，相差 0.08 点。“九五”时期为 0.20，分别比“七五”和“八五”时期低了 0.14 和 0.18 点。反映了 GDP 增加所需成本呈上升趋势，GDP 增长代价不菲。

随着 2008 年奥运会的逐步临近，奥运场馆建设、奥运配套相关设施建设的全面铺开，奥运经济对北京市投资规模影响十分显著。与“九五”时期北京市的投资效果相比，“十五”时期前 4 年平均投资效果系数逐年提高，2004 年投资效果系数已达 0.24，奥运经济对北京市国民经济增长的拉动作用在投资领域有所显现。

从“九五”以来北京市固定资产投资效益的变化趋势可以看出：一是北京固定资产投资效益指标年度间有一定波动，稳定性有待提高；二是北京市固定资产投资效益需要稳定的投资环境、稳定的投资项目。

因此，“十五”期间如何进一步提高固定资产投资效益是北京市经济的工作重点。

7. 微观经济效益中建设工期加快

“九五”以来北京市按投资额计算的平均建设工期比较短，2 年以下工期所占比重平均在 95%左右，特别是 2002 年以来，建设工期进度加快。

表 8　“九五”以来 2 年以下工期所占比重表　单位：亿元

工期＼年度	1996	1997	1998	1999	2000	2001	2002	2003	2004
计划总投资	2018	2230	2324	2553	2720	2474	2327	3022	3523
# 建设工期不足 1 年	1748	2084	2114	2342	2359	2066	2046	2843	3248
建设工期 1 年	42	33	55	101	68	167	72	55	102
建设工期 2 年	49	66	42	49	105	84	44	36	61
2 年以下工期比重（%）	91	98	95	98	93	93	93	97	97

三、影响投资效益的主要因素

投资规模、投资结构和投资效益三者相互影响，密切相关。

对应于既定的经济环境与经济条件，一个国家或地区在理论上存在着一个最适度的投资规模，在该水平上，社会的边际成本等于边际收益。但是，由于体制、政策、经济环境等多方面的原因，北京市固定资产投资规模并不是稳定增长，而是经历了几次剧烈的波动，往往偏离了该时期适度规模，一度时期投资效益偏低，经济增长的成本较高。根据国家有关部门的划分并结合北京的实际情况，可将投资增长类型划分为四类：投资增长速度低于 5%为低速增长；投资增长速度在 5%-20%为中速增长；投资增长速度在 20%—35%为高速增长；投资增长速度高于 35%为投资超高速增长。近年来北京市投资增长属于中速增长。

表 9　　“九五”以来与投资增速有关的主要指标

指标＼年度	1996	1997	1998	1999	2000	2001	2002	2003	2004
全社会固定资产投资增速（%）	4.2	9.6	20.2	1.3	10.8	18	18.5	18.9	17.2
固定资产交付使用率（%）	72.9	71.0	70.2	89.0	93.3	83.4	75.9	61.3	56.5
GDP 增长率（%）	15.8	12.0	11.1	8.1	14.0	14.8	12.9	12.4	16.8
投资效果系数	0.25	0.20	0.17	0.14	0.23	0.24	0.20	0.21	0.24

注：GDP 增长率为现价.

1．投资规模低速增长时期

从上表可以看出，年度投资规模过小的时候，经济增长速度往往不高，1996 年、1998 年和 1999 年最为明显，由于当时主要依靠高投入来维持较高的经济增长，一旦投资增速下滑，经济增长速度也会受到较大的影响。从投资效益上看，这 3 年反映建设效益的固定资产交付使用率虽然较高，但反映运行效益的投资效果系数平均仅为 0.22，是四种投资增长类型中最低的。

2．投资规模中速增长时期

“九五”以来投资规模中速增长的年份相对集中在近几年。投资增长速度在 5—20%之间不一定就是适度投资规模，还要从经济整体来衡量规模是否适度。当投资规模的年增长率保持在中速增长时，不但当年的经济增长速度较高，而且投资效果系数也较高。如 2004 年 GDP 增长 18.6%，投资效果系数达到 2002 年以来最高，为 0.24,。建设效益和运行效益均优于投资规模低速增长时期的指标值，且地区生产总值增长比投资增长高出 1.4 个百分点。

3．投资规模高速增长时期

北京市投资高速增长的年份“九五”以前为 1987 年、1990 年和 1995 年，投资增长速度均在 28%左右，“九五”以来，仅有 1998 年投资增速超过 20%。这一时期的经济增长也在 10%左右，投资效果系数与中速增长时期相当，但固定资产交付使用率却比中速增长时期低了

19个百分点。

表10　　投资高速增长年份的主要投资效益指标

	1987年	1990年	1995年	1998年
全社会固定资产投资增长速度（%）	28.2	28.4	29.7	20.2
固定资产交付使用率（%）	65.8	77.2	47.2	71.6
GDP增长率（%）	14.1	9.8	28.7	11.1
投资效果系数	0.31	0.25	0.37	0.17

4. 投资规模超高速增长时期与投资效益

投资规模超高速增长时期集中在1992年至1994年，在当时特定的历史背景下，投资规模迅速扩大，经济保持较高增长。从数据上看，投资效果系数平均是四种模式中最高的，似乎投资超高速增长时期投资效益最好，但应看到，在运行效益较好的时候，反映建设效益的指标——固定资产交付使用率是四种模式中最低的，投资增速与GDP增速的差值也是最大的。

从以上四种投资增长模式对投资效益的影响分析中可知，从经济增长、建设效益、运行效益三方面综合考虑，投资规模的增长速度在中速增长（5%—20%）时经济增长较好，投资的建设和运行效益也能保持较高的水平。

四、对提高投资效益的几点建议

1. 保持适度的投资规模。投资规模的大起大落会严重影响投资效益。从本文的分析可以看出，投资规模中速增长时的投资效益较高，因此，保持适度规模是提高投资效益的重要前提。

2. 应发挥各区县的地理、人文、环境、资源优势，积极建设适合当地的经济发展的项目，既集中了力量、扩大了规模，又避免了因重复建设所导致的低效投资及各区县与邻为壑、争相无序引资带来的投资资源浪费和税收流失。要避免形成一方面房地产行业投资高涨，而另一方面商品房空置逐年增加，以提高整个社会经济效益。

3. 要抓住当前经济增长形势与地方财政收入状况良好的有利时机，加快推进政府投资体制的改革，解决当前公共投资领域中存在的一个思维误区，即缩小城乡之间、地区之间的经济发展差距重于缩小城乡之间、地区之间社会发展差距的错误观念，把缩小社会发展差距作为衡量公共投资效率的主要指标，加大对地方政府投资结构的调控力度，千方百计引导与动员地方公共财力，加强包括农村义务教育、乡村医疗保健、乡村公路等项目投资的力度。在重视社会经济发展的同时，要分出必要的财力加强对社会稳定的投入与体制改革成本方面的投入，使公共投资更加符合社会协调发展的要求，争取更大的社会经济效益。

从六大结构看北京消费市场变化

◆ 金顺爱

内容提要

“十五”时期以来，北京市消费市场总量规模逐年扩大，但内部结构差异明显，本文通过对区域分布、行业类型、所有制类型、企业规模、业态构成和商品销售等不同构成进行分析，反映消费市场结构变化。

“十五“时期以来，北京市消费市场快速发展，总量规模逐年扩大。2000—2004 年，社会消费品零售总额由 1443.3 亿元提高到 2191.8 亿元，四年间零售额增加 748.5 亿元，增长 51.9%。消费市场结构发生了新的变化，下面通过区域分布、行业类型、所有制类型、企业规模、业态构成和商品销售等不同结构进行分析。

一、北京市销售规模总体大幅提高，区县间分布差异较大

1. 区县销售规模总体大幅提高，内部构成发生变化

2004 年，北京市城区实现零售额 506.6 亿元，比 2000 年增长 78.6%，占零售额的比重为 25.7%，比 2000 年下降 0.4 个百分点；近郊区实现零售额 1064.4 亿元，增长 92.4%，在各区县中增幅最高，占零售额比重为 54%，提高 3.1 个百分点；远郊区县由于总量规模较小，内部结构变动对市场总体影响不大，2004 年远郊区县零售额分别增长 57.6%和 72.3%，比重下降 2.5 个和 0.2 个百分点。

2. 海淀、朝阳区零售额比重仍占绝对优势，平谷、怀柔区仍位居后列

海淀、朝阳区是北京市人口最多，经济最发达地区，销售规模远远高于其他区县。2004 年，海淀区、朝阳区零售额分别比 2000 年增长 50.6%和 1.1 倍，占零售额的比重为 20.3%和 18.7%，其中朝阳区比重提高了 2.3 个百分点，海淀区虽然下降 4.1 个百分点，但绝对优势依然明显；平谷、怀柔两区的销售规模在北京市最小，2004 年，两区零售额合计占零售额的比重为 2.1%，比 2000 年下降 0.3 个百分点。

3. 石景山区、东城区零售额增速最快，宣武区、房山区增长缓慢

近几年来，石景山区、东城区销售大幅增长。2004 年，两区零售额分别比 2000 年增长 2.4 倍和 1.4 倍，在北京市增幅最高；零售额增速最慢的是宣武区和房山区，分别增长 31.1%和 45.8%。

4. 区县间分布差异较大

目前北京市年人均实现零售额最高的东城区和最低的平谷区相差 1.8 万元，相差 4.1 倍；零售额增速最高的石景山区和最低的宣武区增幅相差 1.6 倍。这里固然有统计口径的原因（按商业法人在地原则统计），但从另一方面也反映了不同区域居民的消费水平以及商业设施建设等方面存在的差距。

二、三大行业销售全面增长，行业间发展差异较为明显

表 1　　社会消费品零售额行业构成

	零售额（亿元）			比重（%）	
	2004	2000	04/00	2004	2000
合　　计	**2191.8**	**1443.3**	**151.9**	**100**	**100**
批发、零售业	**1778.7**	**1025.5**	**173.4**	**81.2**	**71.1**
限上企业：批发业	237.8	107.4	221.4	10.8	7.4
零售业	871.4	544.9	159.9	39.8	37.8
餐饮业	**190.2**	**86.4**	**220.1**	**8.7**	**6.0**
限上企业：餐饮业	82.3	44.9	183.3	3.8	3.1
其他	**222.9**	**331.4**	**67.26**	**10.1**	**22.9**

1．三大行业销售全面增长

2004年，北京市批发、零售业（以下简称商业）实现零售额1778.7亿元，比2000年增长73.4%，占北京市零售额的比重为81.2%，提高10.1个百分点；餐饮业实现零售额190.2亿元，比2000年增长1.2倍，占北京市零售额的比重为8.7%，提高2.7个百分点，餐饮消费成为2004年消费市场一大亮点。

2．限额以上企业发展态势较好

2004年，北京市限额以上企业实现零售额1191.5亿元，比2000年增长70.9%。其中批发业实现零售额237.8亿元，增长1.2倍，在三大行业中增幅最高；零售业和餐饮业分别实现零售额871.4亿元和82.3亿元，分别增长59.9%和83.3%，均高于北京市零售额51.9%的平均增幅。

3．行业间零售额构成变化较大

近几年，随着批发企业进入零售渠道的增多，批发业实现的零售额明显增加。2004年，批发业零售额占限额以上企业零售额的比重为20%，比2000年提高4.6个百分点；餐饮业零售额比重为6.9%，提高0.5个百分点；零售业实现的零售额比重为73.1%，下降5.1个百分点。

三、不同所有制企业共同发展，外资企业发展尤为看好

近几年，随着商业企业兼并重组，企业集中度不断提高。2004年，北京市限额以上商业单位数为2018个，比2000年减少292个，下降12.6%。单位数虽然减少，但零售额大幅增长，全年实现零售额1109.3亿元，增长70.1%。

1．不同所有制商业企业共同发展

（1）内、外资企业零售额同步大幅增长。2004年，北京市限额以上内资商业单位数为1965个，比2000年下降13.9%，实现零售额1005.1亿元，增长68%；外资企业单位数为53个，增长89.3%，零售额与单位数同步快速增长，全年实现零售额104.2亿元，增长93%。

（2）内、外资企业零售额比重发生变化。2000—2004 年，北京市内资企业占限额以上商业零售额的比重由 91.7%下降到 90.6%，下降 1.1 个百分点，其中，国有企业降幅最大，由 41.9%降到 20.8%，下降 21.1 个百分点；外资企业零售额比重由 8.3%提高到 9.4%，提高 1.1 个百分点。

（3）股份有限公司发展迅猛。2004 年，北京市限额以上股份有限公司为 79 个，实现零售额 206.1 亿元，分别比 2000 年增长 25.4%和 1.5 倍，股份有限公司占限额以上商业零售额的比重为 18.6%，提高 5.8 个百分点。

表 2　商业零售额所有制构成（限额以上企业）

	单位数（个）			零售额（亿元）			比重（%）	
	2004	2000	04/00	2004	2000	04/00	2004	2000
合　计	**2018**	**2310**	**87.4**	**1109.3**	**652.3**	**170.1**	**100.0**	**100.0**
内资	**1965**	**2282**	**86.1**	**1005.1**	**598.3**	**168.0**	**90.6**	**91.7**
国有	597	1088	54.9	230.7	273.1	84.5	20.8	41.9
集体	194	570	34.0	64.9	91.3	71.1	5.8	14.0
股份	79	63	125.4	206.1	83.8	245.9	18.6	12.8
外资	**53**	**28**	**189.3**	**104.2**	**54.0**	**193.0**	**9.4**	**8.3**
港澳台	22	12	183.3	25.3	5.3	477.3	2.3	0.8
外商	31	16	193.8	78.9	48.7	162.0	7.1	7.5

2．外资商业企业为繁荣首都消费市场作出积极贡献

近年来北京市外资商业发展明显加快，与内资企业共同为繁荣首都消费市场做出了积极贡献。

（1）外资商业对就业做出积极贡献。随着北京市国有企业改革的深化，国有企业对劳动力的吸纳能力下降，外资企业成为增加就业的新领域。2004 年末，北京市限额以上商业从业人员为 23.7 万人，比 2000 年末下降 5.5%，但外资企业从业人员大幅增长，四年间增长 1.1 倍，占从业人员比重为 6%，提高 3.3 个百分点。

表 3　　商业从业人员所有制构成（限额以上企业）

	从业人员(人)			比重（%）	
	2004	2000	04/00	2004	2000
合　　计	**237496**	**251401**	**94.5**	**100.0**	**100.0**
内资	**223199**	**244650**	**91.2**	**94.0**	**97.3**
国有	70251	144323	48.7	29.6	57.4
集体	16565	36829	45.0	7.0	14.6
股份	40364	22806	177.0	17.0	9.1
外资	**14297**	**6751**	**211.8**	**6.0**	**2.7**
港澳台	3323	1043	318.6	1.4	0.4
外商	10974	5708	192.3	4.6	2.3

（2）外资商业对税收做出积极贡献。2004 年，北京市限额以上商业实现税金总额 51.4 亿元，比 2000 年增长 50.9%，其中外资企业增长 3 倍，增幅远高于内资企业 37%的增长水平；外资企业占税金总额的比重为 14%，比 2000 年提高 8.7 个百分点；对税金总额的贡献率为 91.6%，提高 87.6 个百分点。外资企业对税收贡献大幅提高，主要来自外商投资企业，其贡献率提高 89.3 个百分点。

表 4　　商业税金总额所有制构成（限额以上企业）

	税金总额（亿元）			比重（%）		贡献率（%）	
	2004	2000	04/00	2004	2000	2004	2000
合　　计	**51.4**	**34.0**	**150.9**	**100.0**	**100.0**	**100.0**	**100.0**
内资	**44.2**	**32.2**	**137.0**	**86.0**	**94.7**	**8.4**	**96.0**
国有	12.0	23.7	50.7	23.4	69.7	7.0	98.8
集体	2.1	2.3	88.2	4.04	6.9	-223.3	-6.6
股份	10.2	2.9	347.0	19.8	8.6	-40.8	4.6
外资	**7.2**	**1.8**	**399.7**	**14.0**	**5.3**	**91.6**	**4.0**
港澳台	0.8	0.2	482.4	1.6	0.5	-1.1	0.6
外商	6.4	1.6	391.3	12.4	4.8	92.7	3.4

四、企业运营质量整体改善，不同规模的企业间差异较大

目前，北京市社会消费品零售总额由限额以上企业和限额以下两

部分构成。2004 年，这两部分分别实现零售额 1191.5 亿元和 1000.3 亿元，占北京市零售额的比重为 54.4%和 45.6%。

限额以上商业企业销售规模不断扩大，运营质量明显改善。2004 年，限额以上商业企业实现零售额 1109.3 亿元，比 2003 年增长 10.3%；累计实现利润总额 167.4 亿元，增长 1.1 倍，但不同规模的企业间存在较大差异。

表 5 商业企业经营情况规模构成（限额以上企业）

	单位数（个）			零售额（亿元）		比重（%）		利润总额（亿元）		比重（%）	
	企业个数（个）	亏损个数（个）	亏损面（%）	2004	为2003年（%）	2004（%）	2003（%）	2004	比2003年（%）	2004（%）	2003（%）
合　计	**2018**	**709**	**35.1**	**1109.3**	**110.3**	**100.0**	**100.0**	**167.4**	**209.0**	**100.0**	**100.0**
大型	81	12	14.8	490.1	113.4	44.2	43.0	103.4	300.4	61.8	43.0
中小型	1937	697	36.0	619.2	107.9	55.8	57.0	64.0	140.1	38.2	57.0

1．大型企业支撑作用明显，发展态势良好

2004 年，北京市 2000 余家限额以上商业企业中，大型企业为 81 个，仅占 4%；全年实现零售额 490.1 亿元，比 2003 年增长 13.4%，比重为 44.2%，提高 1.2 个百分点；累计实现利润总额 103.4 亿元，增长 2 倍，占利润总额的 61.8%，提高 18.8 个百分点。

2．中小型企业市场份额有所降低，发展态势值得关注

2004 年，北京市占限额以上商业企业总数 96%的中小型企业实现零售额 619.2 亿元，比 2003 年增长 7.9%，占零售额的比重降低了 1.2 个百分点，市场销售份额降低的同时，效益水平与大型企业也存在较大差距。2004 年末，中小型企业亏损面达到 36%，高于大型企业 21.2 个百分点；全年累计实现利润总额 64 亿元，占 38.2%，增幅为 40.1%，大大低于大型企业 2 倍的增长水平。

五、传统零售业态受到挤压，新型业态发展壮大

随着我国零售市场的对外开放，国际上新型零售业态在我国迅速发展壮大，北京市的零售业态也随之经历着深刻的变革，朝着多元化方向发展，目前已形成了多种业态竞争的格局。

表 6　　商业零售额业态构成（限额以上企业）

	单位数(个)			零售额（亿元）			比重（%）	
	2004 年	2000 年	04/00	2004 年	2000 年	04/00	2004 年	2000 年
零售业	**1174**	**1319**	**89.0**	**868.7**	**556.3**	**156.16**	**100.0**	**100.0**
百货商店	130	281	46.3	262.2	266.2	98.5	30.2	47.9
超级市场	54	66	81.8	182.7	69.6	262.5	21.0	12.5
专业（专卖）店	569	474	120.0	306.1	130.1	235.3	35.2	23.4
其他	421	498	84.5	117.7	90.5	130.1	13.6	16.2

1．传统大型百货业销售下降，主导地位被动摇

近几年，随着新型零售业态的不断兴起以及现代流通方式的变化，北京市传统百货业的市场份额逐渐受到挤压。

据对限额以上零售企业统计，2004 年北京市限额以上百货业单位数为 130 个，比 2000 年减少 151 个，降幅达 53.7%；百货业单位数大幅下降的同时，销售额也出现下降，全年共实现零售额 262.2 亿元，比 2000 年下降 1.5%，降幅虽不大，却是零售企业中唯一下降的一种业态；百货业占零售额的比重由2000年的47.9%降为2004年的30.2%，下降 17.7 个百分点，其主导地位被动摇。

2．新型零售业态不断崛起，发展态势良好

（1）超级市场发展迅猛。超级市场在北京市的发展始于 80 年代中后期，从其产生至 90 年代中期的一段时间里，在北京市零售市场并没有占据很重要的地位，然而近几年，超级市场发展势头非常迅猛。

据对限额以上零售企业统计，2004 年北京市限额以上超级市场单

位数为 54 个，比 2000 年减少 12 个，降幅为 18.2%；单位个数虽然下降较多，但销售额大幅增长，全年共实现零售额 182.7 亿元，比 2000 年增长 1.6 倍，在各零售业态中长势最为强劲；超级市场零售额的比重为 21%，提高 8.5 个百分点。

（2）专业（专卖）店异军突起。北京市专业（专卖）店最受瞩目的来自服装、家电、药店和家居建材等行业，特别是家电专业店以其相对价格较低、专业服务、连锁经营等优势，迅速分割了原有大型百货商店的家电销售份额，成为专业店取得成功的突出代表。

据对限额以上零售企业统计，2004 年北京市专业（专卖）店单位数为 569 家，比 2000 年增加 95 个，增长 20%；专业（专卖）店销售额与单位数同步快速增长，全年共实现零售额 306.1 亿元，比 2000 年增长 1.4 倍；其比重为 35.2%，提高 11.8 个百分点，2004 年已取代百货业，成为零售业的主力业态。

（3）便利店、无店铺销售初露锋芒。除了上述几种主要业态，便利店、网上销售、电话销售等新型零售业态也相继在北京市出现，但目前在市场所占份额还很小。2004 年，便利店的零售额仅占 0.8%，无店铺销售占 0.1%。当前，尽管大规模开展无店铺销售的条件还不具备，但反映了未来的发展趋势，日益显示出北京市零售业态多元化的特征。

3．以连锁经营为代表的现代流通方式活力增强

90 年代初，北京市率先在全国推进商业连锁，十几年时间里，连锁经营快速发展，取得了长足进步。

据统计，2004 年北京市连锁企业单位数为 152 个，实现零售额 635.2 亿元，分别比 2003 年增长 4.1%和 32.6%，占北京市零售额的比重由 25%提高到 29%。其中，零售业单位数为 103 个，增长 9.6%，在单位数稳定增长的同时，销售额大幅增长，同期实现零售额 586.5 亿元，增长 33.2%，是同期北京市零售额增长率的 2.3 倍，占北京市零售额的比重为 26.8%，比 2003 年提高 3.8 个百分点。

表 7　　连锁企业经营情况

	单位个数（个）			零售额（亿元）			比重（%）	
	2004 年	2003 年	为 2003 年	2004 年	2003 年	为 2003 年	2004 年	2003 年
连锁企业	**152**	**146**	**104.1**	**635.2**	**479.2**	**132.6**	——	——
零售业	**103**	**94**	**109.6**	**586.5**	**440.2**	**133.2**	**100.0**	**100.0**
#百货商店	3	2	150.0	59.8	49.7	120.3	10.2	11.3
超级市场	26	26	100.0	286.1	192.6	148.5	48.8	43.8
专业店	41	31	132.3	199.2	154.8	128.7	34.0	35.2
专卖店	14	14	100.0	7.2	5.3	135.8	1.2	1.2
便利店	13	14	92.9	12.8	11.3	113.3	2.2	2.6
仓储式商场	5	5	100.0	18.6	23.3	79.8	3.2	5.3
其他	1	2	50.0	2.8	3	93.3	0.5	0.7

4. 连锁经营方式总体水平偏低

目前，连锁经营方式在北京市总体上仍处于导入期和初步发展阶段，连锁企业规模普遍偏小，市场竞争力、抗风险能力与发达国家以及我国上海等地区相比有较大差距。从门店数看，2004 年，北京市连锁企业店铺数量在 14 个以下的比率高达 60.5%，也就是说，大部分企业没有达到国际公认的连锁企业赢利点水平。即使北京市最大的连锁企业——亚飞汽车连锁店和物美集团的门店数也不过几百家，而两年前上海联华超市门店数就已达 1920 家，美国沃尔玛、法国家乐福的门店数分别达到 4000 家和 9000 家；从销售额看，北京市最大的连锁企业——物美商业集团 2004 年零售额为 105.3 亿元，占北京市零售额的比重为 4.8%，而沃尔玛一家连锁企业 2002 年销售额比北京市全年零售额还多 700 多个亿。可见，目前北京市连锁经营总体发展水平仍然较低。

六、商品销售结构发生变化，市场增长格局明显改善

1. 市场销售结构呈现新的特点

进入 21 世纪，特别到了 2001 年，北京市人均 GDP 突破 3000 美

元后，居民消费结构进入富裕型，市场销售结构随之呈现新的变化。

表 8 社会消费品零售额用途构成

	零售额（亿元）			比重(%)	
	2004	2000	04/00	2004	2000
合　计	**2191.8**	**1443.3**	**151.9**	**100.0**	**100.0**
吃	610.8	410.2	148.9	27.9	28.4
穿	242.1	173.0	139.9	11.0	12.0
用	1224.6	810.9	151.0	55.9	56.2
烧	114.4	49.2	232.4	5.2	3.4

（1）吃、穿类商品稳步增长。近年来，北京市吃、穿类商品继续稳步增长，2004 年分别实现零售额 610.8 亿元和 242.1 亿元，比 2000 年增长 48.9%和 39.9%，占北京市零售额的比重为 27.9%和 11%，分别下降 0.5 个和 1 个百分点。

（2）用类商品占据半壁江山。随着居民消费结构的改善，汽车、通讯产品逐渐成为消费主流，使得用类商品快速增长。2004 年，北京市用类商品实现零售额 1224.6 亿元，比 2000 年增长 51%，用类商品占北京市零售额的比重为 55.9%，远远高于其他类商品市场销售份额。

（3）烧类商品大幅增长。2004 年，由于燃油价格上涨和汽车消费需求增加，北京市成品油销售大幅增长，全年实现零售额 114.4 亿元，比 2000 年增长 1.3 倍，占北京市零售额的比重为 5.2%，提高 1.8 个百分点。

2．市场消费增长点明显扩散

2004 年以来，北京市消费结构进一步改善，通讯、住宅类商品持续热销，汽车销售保持一定增长，新的消费增长点不断出现，市场呈现多点带动局面。

（1）通讯器材类商品持续热销。据对限额以上商业企业类值统计，2004 年，北京市通讯器材类实现零售额 38.3 亿元，比 2003 年增长 41%，增幅比 2003 年提高 2.7 个百分点。

（2）住宅消费继续升温。2004 年，北京市住宅销售面积为 2285.8

万平方米，实现销售额 1085.1 亿元，分别比 2003 年增长 29.1%和 37.5%。住房需求的增加带动了消费品市场相关商品销售升温，同期，限额以上商业企业中建筑及装潢材料类实现零售额 27 亿元，增长 1 倍，家电和家具类分别实现零售额 117.2 亿元和 11.2 亿元，增长 18.8%和 11.8%。这三类商品合计对限额以上商业企业零售额的贡献率为 32.3%，比 2003 年提高 20.5 个百分点。

（3）汽车销售保持一定增长。2004 年初，北京市机动车市场延续了 2003 年的高增长，此后逐步趋向平稳发展，全年共销售机动车 44.7 万辆，增长 9.8%，其中新车销售 30.4 万辆，增长 3.9%；旧车销售 14.3 万辆，增长 24.8%。

（4）消费增长点明显扩散。2004 年以来，服装、美容、首饰类等商品成为消费品市场新的增长点，全年限额以上商业企业中金银珠宝、电子出版物及音像制品、服装鞋帽和化妆品类零售额分别增长 35.3%、20.8%、20.7%和 17.2%，合计对限额以上商业企业零售额的贡献率为 38.4%，比 2003 年提高 31.4 个百分点。

3．汽车对消费品市场的支撑作用发生变化

2004 年以来，北京市汽车销售总量保持高位运行，特别是 3、4 月份，销量突破 4 万辆，此后，汽车销售逐步下滑，全年增长 9.8%，大大低于 2003 年 56.6%的增速。其中，新车销售增速回落 61.5 个百分点，旧车回落 13 个百分点。此外，由于价格下调，汽车价值量大幅下降。据对限额以上商业企业统计，全年汽车实现零售额 144.6 亿元，比 2003 年下降 23.2%，而 2004 年汽车是拉动北京市消费增长的主要力量，对限额以上商业企业的贡献率达到 43.9%，2004 年汽车对消费品市场的支撑作用发生了明显变化。

综上所述，目前北京市消费市场总体发展态势良好，呈现出销售规模快速扩大，商业布局趋向合理，经济效益整体改善，不同所有制企业共同发展，零售业态较为齐全，市场消费点明显扩散的局面，但也存在结构发展不平衡等问题。

发展循环水务　建造节约型城市

◆ 郑　新　刘红红

内容提要

“十五”期间，北京市不断强化水资源管理，节约用水和水源保护工作得到加强，污水处理能力有所提高；但从整体上看，水环境状况仍不容乐观，排水管网建设滞后，节约用水仍有很大空间和潜力。

2005 年是“十五”规划的最后一年，也是执行《21 世纪初期首都水资源可持续利用规划》的关键性一年。本着治污为先、节水为本的原则，北京市大力发展循环水务，不断强化水资源管理和节水工作，利用经济杠杆抑制了过度的用水需求，实现了水资源的统一管理。

在城市取水方面，随着节约用水力度加强，水资源供给量由 2000 年的 40.4 亿立方米减少到 2004 年的 34.6 亿立方米。2000 年至 2004 年期间，城镇累计节约用水 2.7 亿立方米，工业用水重复利用率由 91%提高到 95%，农业部门推广先进灌溉方式，用水实现了计量式管理。在城市供水方面，城镇自来水普及率达到 100%，综合生产能力为每日 399.3 万立方米，自来水管道由 2000 年的 7610 公里延伸到 9980 公里，2004 年城镇自来水销售量为 8.3 亿立方米，自备井使用量 5.6 亿立方米；在城市排水方面，北京市污水处理厂由 4 个增加到 25 个，污水处理能力由每日 128 万立方米增长到 255 万立方米，市区污水处理率由 39%提高到 58%，污水回用能力达到每日 30 万立方米。

一、水源保护工作不断加强，但水环境整体状况仍不容乐观

“十五”期间北京市水源保护工作不断加强，水库周边环境得到整治和改善，密云水库在进水量连年下降的情况下始终保持清洁。截至2004年，环保部门监测的19座水库中有12座水质达标，达标库容占总库容的67.2%，比2000年提高1.1个百分点，密云水库、怀柔水库的水质符合二类水体水质标准。2004年监测的76条河段中，符合标准要求的有23条河段，其长度占实测河流长度的45.2%，比2000年提高了3.6个百分点。

但从整体上看，北京市水环境状况仍不容乐观，虽然近两年降雨量大幅增长，污水处理率逐年提高，城市中心区河道治理基本完成，但北京市地表水水质没有彻底好转，地下水开采量继续增加。2004年环保部门监测的20个湖泊中，水质达标的只有1个，比2000年减少6个，达标湖泊容量占实测容量的35.2%，下降24.3个百分点；河流中二类功能水体达标河段长度比重为73.2%，比2000年下降了2.6个百分点；官厅水库水质仍为四类。

表1　北京市监测的河流、水库以及地下水埋深情况

	达标河段百分比（%）	达标库容百分比（%）	达标湖泊容量百分比（%）	平原区地下水平均埋深（米）
2000年	41.6	66.1	59.5	15.36
2001年	39.8	67.4	49.9	16.42
2002年	36.4	66.9	49.3	17.48
2003年	42.2	67.2	48.4	18.33
2004年	45.2	67.2	35.2	19.04

二、污水处理厂建设进程加快，排水管网建设滞后成为软肋

进入“十五”以来，北京市调动多方面力量加大污水处理厂建设投资力度，截至2004年，共完成建设投资34亿元，建设力度大大超

过以往任何时期。城近郊区先后建成了卢沟桥污水处理厂、清河污水处理厂二期、吴家村污水处理厂、肖家河污水处理厂，污水处理日能力达到190万立方米，污水处理率由2000年的39%上升到2004年的58%。远郊区县污水处理厂建设和改造工程也陆续完成，2004年污水处理日能力达到65万立方米，污水处理率达到40%。2005年底日设计能力60万立方米的小红门污水处理厂将建成运营，届时北京市污水处理日能力将超过300万立方米，意味着城近郊区90%以上的污水可以得到无害化处理。

但是城市排水管网建设滞后、原有管网设施老化等原因严重地制约了城市排涝、污水处理和中水利用能力的全面提升，成为构建循环水务系统的软肋。资料表明，2004年北京市排水管道密度为5.74公里/平方公里，不仅低于其他直辖市，还低于全国7.2公里/平方公里的平均水平。污水管道铺设缓慢，"八五"期间北京市排水管道铺设长度为154公里，"九五"期间铺设长度153公里，2001年至2004年仅为131公里；污水处理厂运行能力无法充分发挥，2004年污水集中处理量为5.5亿立方米，仅比2003年增长1.1%。

表2　2004年北京市排水系统与其他城市对比

	排水管道密度（公里/平方公里）	污水管道长度（公里）	污水管道占排水管道长度的比例（%）	污水集中处理率（%）
北京	5.74	2909	42.8	53.93
天津	18.66	4126	44.2	53.67
上海	8.28	3228	50.0	74.47
重庆	7.30	1297	34.6	12.59

三、水源浪费从消费环节转到取水和供水环节，农村地区节水潜力较大

经过多次调整，北京的综合水价已经上涨到每立方米5.04元，居民用水价格也从1990年以前的每立方米0.12元上升到3.7元，居全国之首。

随着水价提高和居民节水意识加强，目前北京市居民人均年生活用水量已基本稳定在30立方米左右，2004年城镇新水使用量为13.9亿立方米，仅比2000年增长了6.5%。工业节水效果较好，北京市工业用水从2000年的5.2亿立方米下降到2003年的3.3亿立方米，2004年继续下降，其中工业河水用量维持在每年1亿立方米左右，随着城市中水的使用，工业河水用量将继续减少。但水务企业经营状况没有显著改善，尽管北京市自来水漏损率由2000年的20%下降到2004年的15%，但漏损量仍高达1.2亿立方米，相当于400万本市居民一年的用水量，“十五”以来四年累计自来水损失量高达4.8亿立方米，而自备水使用中的损失量还无法统计。水资源浪费环节从消费环节逐步转到取水和供水环节。

表3 北京市有关供水、用水、污水处理现状比较 单位：亿立方米

	2000年	2001年	2002年	2003年	2004年
一、水资源供给量	40.4	38.93	34.62	35.8	34.6
其中：农村	16.49	17.40	15.45	13.8	17.9
二、城镇用水量	13.0	13.0	13.7	12.8	13.9
三、城镇污水处理量	3.70	3.63	4.34	5.44	5.50

注：水资源供给量指各种水源工程为用户提供的包括输水损失在内的毛供水量；城镇用水量为城镇范围内自来水销售量与自备水井使用量之和。

尽管北京市近年来大力发展节水型农业，但从2004年农村地区用水实现有表计量得到的数据看，北京市农村节水空间仍然较大。2004年农村机电井用水量为17.48亿立方米，中小水利工程用水0.45亿立方米，农村地区用水近18亿立方米，占北京市水资源供给量的52%，高于城镇用水量29%。鉴于北京市水源分布主要在广大农村地区，而用水人口又集中在城镇地区，水务管理部门应大力推进城乡统筹工作，充分发挥集防洪、蓄水、供水、用水、节水、排水、水资源保护与配置、污水处理和再生水利用为一体的循环水务管理功能，确保北京市宝贵的水资源得到最有效的利用和节约。

简析金融信贷与北京市房地产市场发展的相互影响

◆ 王铁梅　李优亮　王　斌

内容提要

近年来，北京市房地产市场发展较快，房地产开发投资保持了较高增速。金融的支持是房地产业快速发展的重要影响因素，房地产开发贷款在金融机构贷款余额中所占的比重也越来越大。商品房价格的持续上涨，相对于居民可支配收入而言，房价持续处于一个较高的水平，也给金融稳定带来了一定风险。加强对房地产市场的调控仍然很有必要。

2005年3月份以来，国家有关部门连续出台了一系列针对房地产市场的调控政策，特别是5月11日国务院转发建设部等七部委关于稳定房价的八条意见，对调整住房供给结构、遏制投机性需求、引导社会对房地产价格形成合理预期、促进房地产市场的供求平衡和健康发展，发挥了积极作用。北京房地产市场供求已开始发生较明显的变化，房地产投资增幅出现明显回落，期房销售面积同比出现下降，房价上涨势头得到初步抑制。

房地产开发投资具有资金密集型特点。目前房地产开发企业多数自有资金较少，建设资金主要来源于银行贷款。由于近几年北京市房地产市场发展较快，房地产贷款规模也越来越大，在金融企业贷款余额中的比重越来越大。房地产行业与金融行业呈现一种相互依赖的关系。房地产市场的健康发展对北京市金融环境的稳定，对北京市经济社会的发展进步起着举足轻重的作用。对其未来走势，也需要给予密切关注和监控。

一、北京市房地产市场快速发展，投资增速较快

从2000年到2004年，北京市房地产市场快速发展，投资规模增长较快。5年中，北京市房地产开发累计完成投资4971亿元，占同期全社会固定资产投资完成额的53.3%，年均增幅达30.1%，2004年当年完成开发投资1473.3亿元，是2000年的2.8倍。在全部房地产开发投资中，住宅5年累计完成2748.2亿元，年均增幅29.6%。5年中，商品房竣工面积累计达1.1亿平方米，年均增长17.6%，其中商品住宅竣工8758万平方米，年均增长18.7%；商品房销售面积累计达8238万平方米，年均增长20.9%，其中商品住宅销售7687万平方米，年均增长20.5%。

2005年上半年，北京市房地产市场继续稳定增长，完成投资529.8亿元，同比增长8.1%，其中住宅投资完成254.5亿元，同比下降2.6%。房地产开发投资的增速虽比上月有所下降，但仍保持了较大规模。

二、金融的支持是房地产业快速发展的重要因素

房地产开发投资的较快增长背后是房地产贷款的较快增长。由于房地产开发投资是资金密集型行业，一个项目从前期的立项开始，到土地使用权购买、项目建设，往往涉及到数亿资金，规模较大的小区建设甚至需要投入数十亿资金。而目前我国房地产开发企业往往自有资金较少，加上房地产信托等直接融资方式不发达，开发资金主要依赖于银行等金融机构。据人民银行估计，目前房地产开发资金来源中，银行贷款的比重在55%以上。

由于我国商业银行的收入来源目前仍高度依赖于信贷业务产生的利差收入，在目前国内投资渠道狭窄、信贷投向范围有限的情况下，

房地产贷款由于市场需求旺盛、政策支持等因素，被认为是一种优良的贷款资产，近几年规模不断扩大。2003年底，北京市房地产贷款余额为3122.8亿元，占各项贷款的比重仅为27.5%，2004年底提高到3779.6亿元，比重达到了30%。2005年6月末，房地产类贷款的增速仍为21%，比其他各项贷款增速高10.2个百分点，在各项贷款中的比重也再次提高了1.6个百分点。

目前银行资金进入房地产企业主要有如下渠道：一是房地产开发企业直接从金融机构贷款；二是房地产企业通过建筑企业垫资建设，间接利用金融机构贷款；三是通过商品房预售，银行贷出的个人住房信贷按揭贷款进入房地产企业成为开发资金。

从整个操作过程来看，一个房地产项目正常的运作程序要经过购地、盖楼、出售等步骤，开发商在运作过程中会尽量利用外部资金。一般的模式是开发商先用一定比例的资金购入土地使用权，再以土地使用权为抵押从银行获得贷款，缴纳土地出让金。房屋建设时，要求建筑企业垫资建造。房子在建设过程中，甚至在开始动工建设前，就开始预收买房业主的购房款。在市场需求旺盛，售价上升的情况下，这样一个环环相扣的资金链条很容易顺利运转；而在市场需求萎靡，后续的预售环节难以顺利筹集到建房资金时，却极有可能造成烂尾工程，给金融机构和购房业主带来巨大损失。

2004年以来，国家针对局部地区出现的房地产过热趋势出台了一系列的宏观调控措施。其中关键的一条是要求2004年8月31日后，不得再以历史遗留问题为由采用协议方式出让经营性土地使用权，国有土地使用权招标、拍卖、挂牌出让必须公开进行，房地产开发企业在办理土地使用权证时必须缴清全部的土地出让金。同时要求预售商品房在办理预售许可证时，投入开发建设的资金必须达到工程建设总投资的25%以上。新的规定出台后，房地产开发企业原有融资链条受到了较大冲击，对自有资金的要求提高，加之宏观调控政策的影响，今年上半年，房地产开发贷款增加额比2004年同期下降21.8%，部分企业反映资金不足，后续的开发受到一定影响。

三、房地产业面临较为宽松的金融环境，在一定程度上放大了房地产投资需求

为扩大内外需求，拉动经济增长，近年来我国实行了比较宽松的金融政策，在一定程度上促进了房地产市场的快速发展。从整体上来看，这些宽松的金融环境主要包括两方面，持续走低的人民币利率和较低的人民币汇率。

人民币存贷款利率持续走低与商品房价格的连续上涨形成强烈的反差，促进了房地产投资需求的扩大。自 1996 年 5 月 1 日以来，人民币名义利率连续降息，已处于历史低位。目前人民币一年期存款利率仅为 2.25%，扣除 20%的利息税，实际利率仅为 1.8%，考虑到通货膨胀因素，目前人民币存款已接近零利率水平。另一方面，改革开放以来，我国经济快速发展，居民积累了大量的资金。同时，近年来我国在医疗、养老、教育等领域进行了力度较大的市场取向改革，出于保障未来支出的考虑，绝大多数居民很难将这些资金用于日常消费，只能寻找投资渠道。据人民银行统计，2004 年底，我国居民储蓄存款余额已经达到 12 万亿元，北京市的居民储蓄存款余额达到了 6122.3 亿元。对比银行存款的低利率，股市的下跌，商品房价格的连续上涨，房地产投资变得更有吸引力。

居民投资房地产的方式主要有两种，一是短期投资，收益主要来自于商品房买卖差价；二是中长期投资，收益主要来自于房屋出租租金。从短期投资来看，近几年来，北京市的商品房涨幅均超过了银行贷款利率，以 2005 年 1—6 月为例，商品住宅期房平均价格达到了 6555 元/平方米，比 2004 年同期增长 14.3%，远高于按揭贷款利率 5.82% 的水平，且投资时只需支付 20—30%的首付款，自有资金的收益率更高。从中长期投资方式来看，据建设部门统计结果计算，其房屋出租投资收益率亦高于银行存款利率。

人民币汇率的相对稳定，与人民币升值预期的提升，促进了外资房地产投资需求的扩大。自 1994 年以来，出于拉动出口，促进经济增长等宏观经济目标，我国改革了汇率制度，美元对人民币汇率从 1993 年底的 5.77 上升到 1∶8.7。汇率改革使我国的出口规模大幅增长，年出口额从 1993 年的 917.6 亿美元上升到 2004 年的 5934 亿美元，增长达 5.47 倍。但经过十几年的发展，目前的汇率制度已经逐渐不适应对外经济交流的需要。海外游资开始预测人民币将要升值，以人民币计值的资产价格将要上涨，因此开始进入中国投机。据人民银行统计，2005 上半年末，我国外汇储备达到 7110 亿美元，其中在上半年净增加的1010亿美元中仅500亿美元是贸易顺差。房地产由于流动性较好，价格上涨较快，成为外资炒作的一个主要渠道。2004 年下半年，人民银行上海分行曾专门组成课题组进行调研，其调研报告指出，2003 年和 2004 年度的上海房地产开发融资中，外资所占比重已经增长到相当惊人的比例。如 2003 年第四季度，上海市房地产开发融资中外资比重 81.9%；2004 年 2 月和 5 月，外资占比亦分别为 79.1%和 66.8%。在北京，我们也看到了外资进入的身影，如 2005 年 3 月，摩根士丹利公司整体介入购买了富力城写字楼。

宽松的金融环境在一定程度上放大了房地产需求。但从长期来看，人民币利率不可能长期保持低水平，面临着上升的压力。虽然 7 月 21 日人民币对美元汇率升值 2%，但从购买力平价来看，人民币升值尚未到顶，国外对人民币预期仍然有想像空间。作为外资进入中国资本市场渠道之一，房地产市场仍存在继续接纳国外热钱的可能性。

四、相对于居民收入，北京市房价仍处于较高水平，市场存在一定风险，也给宏观经济发展带来了一定的影响

2004 年以来，北京市个人住房贷款余额在房地产贷款中所占比重一直保持在 45%左右。个人住房贷款是房地产贷款资金链的最后一环，也是最关键的一环，不少银行将个人住房信贷视为低风险的信贷品种，

并将其作为信贷业务扩张的重点。截至2005年6月末，北京市个人住房贷款余额1867.3亿元，其不良贷款率仅为1.69%。短期来看，这几乎可以说是当前银行资产类别中质量最高的贷款种类之一。但长期来看，作为房地产贷款的主体，个人住房贷款的潜在风险不容忽视，如果银行不能对当前个人住房贷款面临的潜在风险进行有效的识别与控制，那么，未来个人住房贷款的快速扩张可能成为银行的一个不容忽视的风险源。

2004年底，北京市城镇居民人均可支配收入为15637.8元，而同期商品住宅的平均售价为4747元/平方米，按户均人口2.95人、中等收入家庭购买74平方米普通住房计算（2004年底，北京市城镇居民平均住房使用面积约为25平方米/人），房价收入比为7.6∶1。若以2005年上半年的商品住宅期房价格来计算，则这一比例将更高。值得注意的是，从收入结构来看，北京市居民收入水平差距较大，60%的市民处于平均收入线以下，目前的房价对中低收入阶层来说仍难以承受。

房价相对较高给居民的消费行为和结构带来了一定影响。后果之一是储蓄率上升，消费难以拉动。2004年，北京市社会商品零售总额为2191.8亿元，而同期商品住宅销售额达到了1249.1亿元，两者之比为1.75∶1。从中可以看出，住房购买占到了北京市居民各项支出的大头。消费水平不提高，只能依靠投资拉动经济增长，经济增长方式转变就存在困难。

通过以上分析，我们认为，为切实提高人民群众的住房水平，并防范金融风险，促进北京市经济社会的健康发展，构建和谐社会，对房地产市场需要进一步加强调控。

北京市体育及相关行业发展状况

◆ 张雪梅　任　虹

内容提要

近年来，随着市委、市政府“新北京、新奥运”发展战略的贯彻落实，北京体育及相关行业进一步发展，体育竞技成绩斐然，为实现以“奥运”为契机将北京建设成国际化体育中心城市的目标奠定了基础。2004年经济普查资料表明，北京市体育及相关行业拥有从业人员7.7万人，实现收入合计196.2亿元，创造增加值47.7亿元。体育及相关行业的产业化经营不断推进。但总体上看其在北京市经济总量中的比重仍然很小，产业规模还有待进一步提高。体育设施的社会化、产业化经营有待进一步发展。

2004年北京市完成奥运场馆建设投资10.8亿元，奥运经济拉动首都经济发展的趋势愈加明显。近年来，随着市委、市政府“新北京、新奥运”发展战略的贯彻落实，北京体育及相关行业进一步发展，为实现以“奥运”为契机将北京建设成国际化体育中心城市的目标奠定了基础。

一、北京体育及相关行业产业化经营初见成效

北京市经济普查资料表明，2004年北京市体育及相关行业拥有从业人员7.7万人，实现收入合计196.2亿元，创造增加值47.7亿元（见表1）。

表 1　　2004 年北京体育及相关行业

	收入合计（亿元）	增加值（亿元）	从业人员（万人）
合　计	**196.2**	**47.7**	**7.7**
体育彩票	7.3	7.0	0.4
体育用品销售业	137.6	24.2	4.0
体育用品制造业	3.5	0.9	0.3
体育健身服务业	47.8	15.6	3.0

体育及相关行业的统计范围包括体育彩票销售、体育用品制造、体育用品销售和体育健身服务四部分。体育健身服务业作为体育本体产业，创造增加值 15.6 亿元，占总量的 32.7%；体育用品销售行业增加值 24.2 亿元，占 50.7%。这两大行业吸纳从业人员 7 万余人，占全部体育及相关行业从业人员的九成。体育彩票创造增加值 7 亿元，占 14.7%，体育用品制造行业在体育及相关行业总量中规模最小，仅占 1.9%。

据对北京市体育和休闲健身娱乐活动两大行业法人单位的主营活动统计，2004 年北京市体育组织主办、承办体育赛事 3688 场次，主办、承办体育赛事收入 1.2 亿元；主办、承办群众性体育活动 1516 场次，收入 0.2 亿元。体育场馆举办体育比赛 634 场次，其中国际比赛 110 场次；举办体育活动 13180 场次；体育场馆收入中门票收入 3 亿元、场租收入 0.4 亿元。北京市体育和娱乐健身场所全年共接待健身人数 1400 万人次。

1．市民青睐在休闲娱乐中健身，休闲健身业前景看好

与单纯的体育锻炼相比，北京市居民更青睐于休闲健身，将休闲娱乐与健身融为一体。北京市休闲健身业法人单位 414 个，全年接待健身人数 903.6 万人次，接待收入 7.5 亿元。平均每个健身场所年接待健身人数 2.2 万人次，人均消费 83.6 元。休闲健身项目集中在游泳、保龄球、台球、乒乓球、羽毛球、健美与棋类。按体育活动项目分，消费最高的项目是高尔夫，消费最低的项目是台球。北京浩沙健与美健身俱乐部以其大众化、连锁化的优势，高居休闲健身业接待健身人次首位，全年接待 194.1 万人次。青鸟健身、颐方园、华腾健身和中体倍力也以其休闲娱乐兼专业健身于一体的优势吸引了大量市民，分别接待了 41.8 万、25.5 万、20 万和 16.6 万人次的健身人数。休闲健身越来越受到市民的欢迎，彰显出休闲健身娱乐业的发展前景。

2．体育用品销售快速增长，在体育及相关行业中比重最大

2004 年北京市体育用品销售收入为 137.6 亿元，创造增加值 24.2 亿元，分别占体育及相关行业总量的 70.1%和 50.7%，是北京市体育及相关行业中经济规模最大的部分。

近年来，北京市居民健身意识明显增强，居民体育健身消费快速增长。据北京市城市居民家庭消费支出调查，2002 年到 2004 年，居民人均体育健身支出从 19.8 元上升到 40.3 元，增长了 1.04 倍，快于同期居民文化体育娱乐支出增幅 81 个百分点。其中体育器材和用品购买支出从人均 5.1 元上升到 9.9 元，增长了 94.1%。

体育用品销售行业经济规模连年快速增长，且在体育及相关行业总量中的份额也不断加大。2004 年体育用品销售收入合计达到 137.6 亿元，增加值 24.2 亿元，比 2001 年分别增长 1.5 倍和 22.2%；分别快于同期体育及相关行业总体规模增幅 62.6 个和 17.4 个百分点。体育用品销售行业的收入和增加值在体育及相关行业中的比重，分别上升了 17.8 个和 7.2 个百分点，有力带动了体育及相关行业整体规模的提升。

3．体彩公益金在全民健身工程和场馆建设中发挥作用

1995 年发售体育彩票以来，北京市销售额迅速增长。截止 2004 年，累计销售额 52 亿元，提取公益金 17.1 亿元。2004 年，北京市体育彩票销售额 7.3 亿元，提取公益金 2.6 亿元。北京市体育局利用体育彩票公益金为引导资金，为 1200 个行政村配建全民健身居家工程，配建了 25 个标准工程。还扶持建设了龙潭湖体育主题公园、东四奥林匹克示范社区和 2 个国家级社区健身中心。全年投入公益金 4200 万元，配建 1229 个全民健身工程，总面积 82.6 万平方米。

自 1998 年至今，北京市全民健身工程总计达到 5103 个，总面积

365.6万平方米，投入公益金1.8亿元。

二、体育事业深入开展

1．从城镇到乡村，全民健身工程积极推进

为构建多元化全民健身服务体系，北京市体育部门积极推进各项群体工作。2004年以农村体育为重点，在1200个行政村配建了全民健身工程，使行政村的工程配建率达到了55%。北京市188个乡镇均建立了全民健身组织机构，北京市90%的村委会建立了体育组织。京郊足球场、篮球场、乒乓球馆、游泳馆、健身房等体育设施总数613个。农民健身活动蓬勃开展，2004年乡镇体育活动达900项次，参加体育活动人数超过百万人次，5万多农民进行了体质测试，农村体育工作取得了显著成绩。

全民健身晨晚练辅导站2004年新增707个，目前北京市共有4437个晨晚练辅导站，社会体育指导员配备率达到100%，每天锻炼人数达40万人。

2004年北京市各类群体活动共计3240项次，参加活动人数达到532.7万人次，体育人口由2002年的49.7%增加到52.4%。北京市群体活动的开展，扩大了全民健身的社会影响，为创建和谐社会以及营造与奥运会相适应的体育文化环境，起到了积极作用。

2．28届奥运会实现了北京竞技体育的历史性突破

2004年雅典举办的第28届奥运会，北京市31名运动员参加了16个大项28个小项的比赛。共获得金牌5枚、银牌1枚、铜牌1枚。北京为国家贡献奥运金牌数位居全国各省市首位，实现了北京竞技体育的历史性突破。2004年北京体育健儿共获得国际比赛金牌29枚、银牌11枚、铜牌6枚；国内比赛金牌37枚、银牌18枚、铜牌34枚，北京竞技体育迈上了新的台阶。

3．迎奥运体育场地建设步伐加快，标准场地种类更丰富

为迎接2008年奥运会，北京体育场馆建设步伐加快。2003年北

京市体育场地普查资料显示，北京市共有标准体育场馆6100个，场地面积2700.9万平方米。平均每万人拥有体育场地4.2个，人均体育场地面积1.9平方米。

北京市体育场地种类丰富，质量标准都有了新变化，室内场地数量增多，大众健身场所明显增加，共有58种场地类型，其中体育场93个、体育馆36个，游泳场馆446个、各种训练房1729个。

从地域分布看，体育场地主要集中在海淀、朝阳和顺义三个区，其场地数量分别为1107个、876个和603个，合计占北京市总量的42.4%；数量最少的是宣武、石景山和门头沟，分别为73个、57个和56个。根据场地位置分布，校园的场地数量占到48.8%。海淀区体育场地数量最多，源于其地域内高等院校的集中。其余分布在宾馆饭店、居住小区、乡村及其他场所的体育场地的数量分别占北京市总量的15.1%、6.6%、9.1%和20%。北京市体育场地分布广泛，类型丰富多样，适应了不同人群的需求，对体育事业和全民健康发挥了积极作用。

三、目前体育及相关行业发展中存在的不足

1. 体育本体产业有待进一步发展

北京体育及相关行业发展的目标是建设后奥运时期的国际化体育中心城市。近年来北京市体育事业蓬勃发展，体育竞技成绩斐然，体育及相关行业的产业化经营不断推进。但在北京市经济总量中的比重仍然很小，产业规模还有待进一步提高。

作为本体产业的体育健身服务业所占的份额偏低，对带动体育及相关行业整体经济的贡献力度不足，没有形成支柱性优势。2004年该行业实现收入和增加值分别占体育及相关行业总量的24.4%和32.7%，比体育用品销售行业所占比重低45.7个和18个百分点。体育健身服务业比重偏低的同时，还呈现继续下降的趋势。

2004年北京市体育和休闲健身行业中，企业单位接待健身人数1121.4万人次，占这两大行业全部法人单位接待人数的85.3%。但企

业的经营效益并不乐观，合计亏损 2.4 亿元。企业亏损面高达 81.4%，亏损企业合计亏损 2.9 亿元，直接影响了体育健身行业的整体效益。其中，体育行业的企业亏损面为 77.9%，亏损 1.0 亿元；休闲健身行业的企业亏损面为 84.3%，亏损 1.9 亿元。份额不到 20%的盈利企业实现收入 5.8 亿元，利润仅 0.5 亿元，不足以带动全行业经济效益的增长。

2．体育投融资体制建设有待进一步加强

北京市体育彩票发行自 2001 年达到 15 亿元销售额的高峰以后，近年来持续下滑。2001 年、2002 年、2003 年和 2004 年北京市体育彩票销售额分别为 15 亿元、13.1 亿元、11.2 亿元和 7.3 亿元，四年来下降了 51.2%；提取公益金分别为 4.5 亿元、4.5 亿元、3.9 亿元和 2.6 亿元，四年来下降了 42.7%。北京市体育彩票销售额在全国各省市排名由 2001 年的第 3 名下降为第 6 名。体彩销售作为重要的融资来源，销售额连年下降应引起有关部门的重视。这也反映出目前体育投融资渠道单一，体制尚不健全的问题。

3．体育设施的社会化、产业化经营有待进一步提高

2003 年北京市体育场地普查数据显示，经营性场地 1794 个，占北京市标准场地总量 29%；公益性场地 4306 个，占 71%。北京市体育场地全年经营收入 14.4 亿元，其中经营性场地收入占 95.5%，公益性场地收入仅占 4.5%。平均每个体育场地年经营收入为 23.6 万元，其中经营性场地年收入 76.5 万元，公益性场地仅有 1.5 万元。数据表明，北京市体育场地中 70%是公益性的，其微弱的经营收入远远不能维持场地的正常运营，还必须需要依靠政府财政支持，这在一定程度上制约了体育的产业化经营和效益规模。

对体育场地开放情况统计，北京市 6100 个体育场地中，不对外开放的场地占到 41.8%，其经营收入只有北京市体育场地经营收入的 4%，开放率不高成为影响北京市体育场地经营收入总规模的一个重要因素。而占总量 58.2%的全部开放和部分开放的 3553 个体育场地，年经营收入合计 13.8 亿元，占北京市体育场地经营收入总额的 96%。场地开放率低制约了体育场地的经济规模总量。北京市体育场地的经营存在着一方面是大量体育场馆的服务对象有限，利用率不高，另一方面是部分场馆健身人群相对密集的矛盾，以及体育场馆数量与经营收入、产业经济规模不匹配的矛盾。

4．体育及相关行业的产业政策有待进一步放宽

体育及相关行业的发展离不开政府产业政策的支持。近年来。北京市体育行政部门在建立体育及相关行业政策方面做了很多工作，取得了初步成效。但目前体育及相关行业发展中还有很多方面缺乏长期稳定的优惠扶持政策，制约了产业的长远发展。尤其是政府财政投入政策、产业项目基建投资政策、社会集资政策、税收政策、体育彩票和体育基金等方面缺乏比较完整、系统、全方位、多层次的体育及相关行业配套政策。

2008 年奥运会，将新建一批大型综合体育中心，原有场馆也纷纷得到改建扩建。配套的酒店住宿设施、快捷便利的交通、国际商务往来和旅游业等现代服务业的发展将因此而快速提升，北京市经济将进入一个快速增长的新阶段。北京市“十一五”规划把大力发展现代服务业列入工作重点，体育作为其中的重要内容被纳入国民经济总体发展的规划中。各有关部门应该抓住奥运契机，抓住发展现代服务业的契机，以建设国际化体育中心城市为目标，提高北京体育的国际地位，全面推进北京体育事业发展，大力发展具有首都特色的体育及相关行业。

北京市第三产业发展现状、问题与前景

◆王 滨 徐 燕

内容提要

2004年，北京市第三产业实现增加值4111.2亿元，占北京市生产总值的67.8%。第三产业的国民经济主体地位进一步巩固，内部行业结构日趋合理，金融业等重点行业运行平稳，四大功能区发展各具特色。当前，北京市第三产业仍存在一些问题，如支撑产业发展的制造业基础不强；受投资回落影响，产业增长后劲不足；现代服务业发展不充分等，但同时也面临着难得的发展机遇，我们要以2008年北京奥运会为契机，大力发展第三产业。

改革开放以来，北京市第三产业迅速崛起。特别是近年来，产业规模不断扩大，内部结构逐步优化，新兴产业迅速壮大，第三产业在繁荣首都经济、扩大国际交往、完善城市功能等方面日益发挥着积极的作用。

一、第三产业保持持续发展态势

1. 产业规模不断扩大，经济主体地位继续巩固

2004年，北京市第三产业共有法人单位21万个，从业人员474.8万人，资产总额20万亿元，实现收入2.3万亿元，分别占第二、第三产业总体的82.1%、67.3%、92.3%和72.9%；实现增加值4111.2亿元，占北京市生产总值的67.8%，三次产业结构在2003年1.8：29.6：68.6

的基础上进一步得到优化，第三产业依然占据着国民经济主导地位。

2. 利用外资持续增长，外资企业效益良好

2002 年以来，北京市第三产业利用外资的比重一直稳定在 60%以上，远高于第一产业和第二产业（见表 1）。2005 年 1—3 季度，北京市新批外商投资企业 1558 家，其中第三产业占四分之三；北京市合同外资金额 50 亿美元，投向第三产业的外资比重达 67.3%；北京市实际利用外资 28.2 亿美元，第三产业实际利用外资占 70.2%。第三产业利用外资呈现以现代服务业为主体的发展格局。2005 年 1—10 月，投向现代服务业的外资占北京市合同外资金额的 58.3%，占第三产业利用外资的 85.5%；实际利用外商直接投资 20.9 亿美元，占三产实际利用外资的 99.1%。商务服务、房地产、计算机应用服务、信息咨询、金融等现代服务业是外商投资的重点领域。其中租赁和商务服务业是引资最为活跃的行业，2005 年 1—10 月，行业实际利用外资占第三产业的 58.3%，同比增长 44.2%。

外资企业的盈利能力明显优于内资企业。2004 年，第三产业中港澳台商投资企业的平均收入利润率为 18.1%，外商投资企业的平均收入利润率为 14%，而内资企业仅为 6.1%。

表 1　　2002 年—2004 年实际利用外资情况　　单位：万美元、%

行　业	2002 年	比重	2003 年	比重	2004 年	比重
总　计	**179257**	**100.0**	**214675**	**100.0**	**308354**	**100.0**
第一产业	**5508**	**3.1**	**196**	**0.1**	**1022**	**0.3**
第二产业	**56154**	**31.3**	**73980**	**34.5**	**113981**	**37.0**
第三产业	**117595**	**65.6**	**140499**	**65.4**	**193351**	**62.7**
信息传输、计算机服务和软件业	21771	12.1	17044	7.9	27166	8.8
批发和零售业	807	0.5	6864	3.2	6373	2.1
住宿和餐饮业	279	0.2	12734	5.9	1038	0.3
房地产业	33917	18.9	32827	15.3	36370	11.8
租赁和商务服务业	49323	27.5	51522	24.0	103005	33.4
其他行业	11498	6.4	19508	9.1	19399	6.3

3. 企业经济效益良好，对地方税收的贡献进一步加大

2004 年，北京市第三产业企业实现利润 1552.2 亿元，其中信息传输、计算机服务和软件业、租赁和商务服务业、金融业、批发和零售业是利润总额最多的四大行业。信息传输、计算机服务和软件业实现利润 550 亿元，占第三产业全部企业利润总额的 35.5%；租赁和商务服务业、金融业、批发零售业分别占 15.8%、15.3%和 14.3%。从行业大类来看，住宿业、教育、新闻出版业、卫生、娱乐业、软件业是第三产业中盈利能力较强的六大行业，其中住宿业的销售收入利润率最高，达到 43.5%；教育达到 32.7%，其他四个行业的销售收入利润率也均在 25%以上。2005 年，第三产业企业的经济效益进一步提高，有效促进了地方税收的增长。2005 年 1—3 季度，北京市服务业企业上缴税金 470.3 亿元。其中上缴营业税占北京市的 87.2%，同比增长 14.5%，高于北京市 0.9 个百分点；上缴企业所得税占北京市的 71.5%，同比增长 23.2%。

二、重点行业运行平稳

金融业、批发零售业、信息传输及计算机服务和软件业、房地产业是北京市第三产业的四大支柱行业，2004 年行业增加值分别为 713.8 亿元、587.7 亿元、449.6 亿元、436.1 亿元，占北京市 GDP 的比重均在 7%以上，占第三产业增加值的比重均在 10%以上。

图 1　2004 年第三产业内部行业增加值比重（按行业门类）单位：%

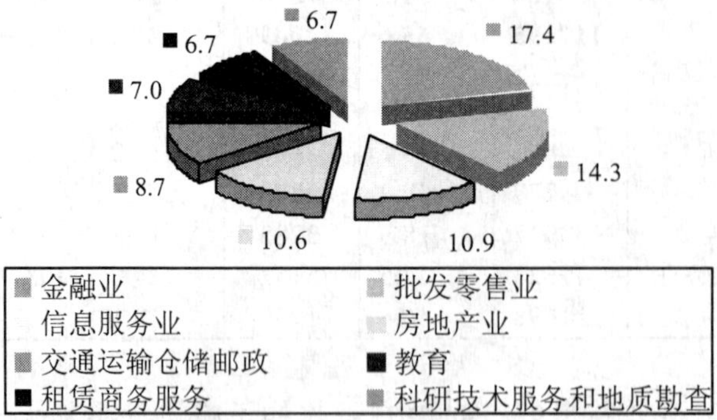

2005年，第三产业各个行业继续保持平稳运行态势。信息传输及计算机服务和软件业、其他服务业增加值增速分别为14.7%和13.9%，均高于第三产业（11.2%）和北京市GDP(11.1%)的增长水平;交通运输仓储和邮政业、信息传输计算机服务软件业、批发和零售业、金融业四大行业增速逐季增长。

三、区域分布相对集中

北京市第三产业主要集中在首都核心区和城市功能拓展区（见图2）。2004年，这两个区域共有第三产业单位16万个，占北京市第三产业单位总数的77.5%；实现收入2.1万亿元，占北京市第三产业收入总额的91.4%；实现增加值3385亿元，占北京市第三产业的比重达到82.3%。区域中第三产业各个行业所占比重均超过70%，其中，批发和零售业、金融业、信息传输计算机服务和软件业、租赁和商务服务业、科学研究技术服务和地质勘察业、文化体育和娱乐业占北京市的行业比重高达90%以上。

图2　四大功能区第三产业发展情况　　单位：%

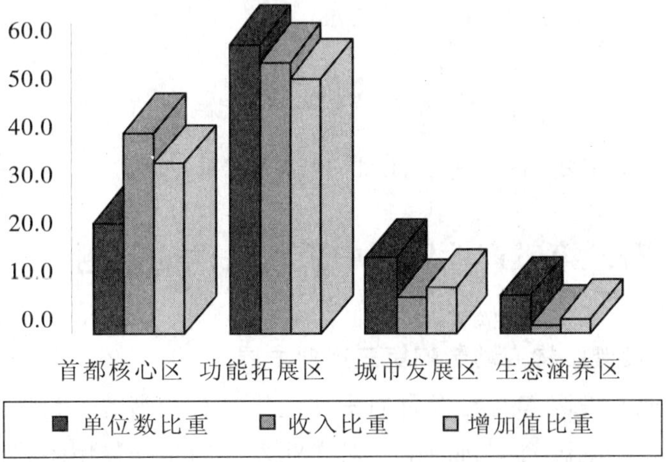

从行业结构看，第三产业在四大功能区的发展各有侧重。首都核心区和功能拓展区的重点行业主要有金融业、批发和零售业、信息服务业、租赁和商务服务业、房地产业等；城市发展新区和生态涵养区的重点行业主要是房地产业、批发和零售业、教育以及公共管理和社会组织等。

图 3　四大功能区第三产业行业结构　　　　单位：%

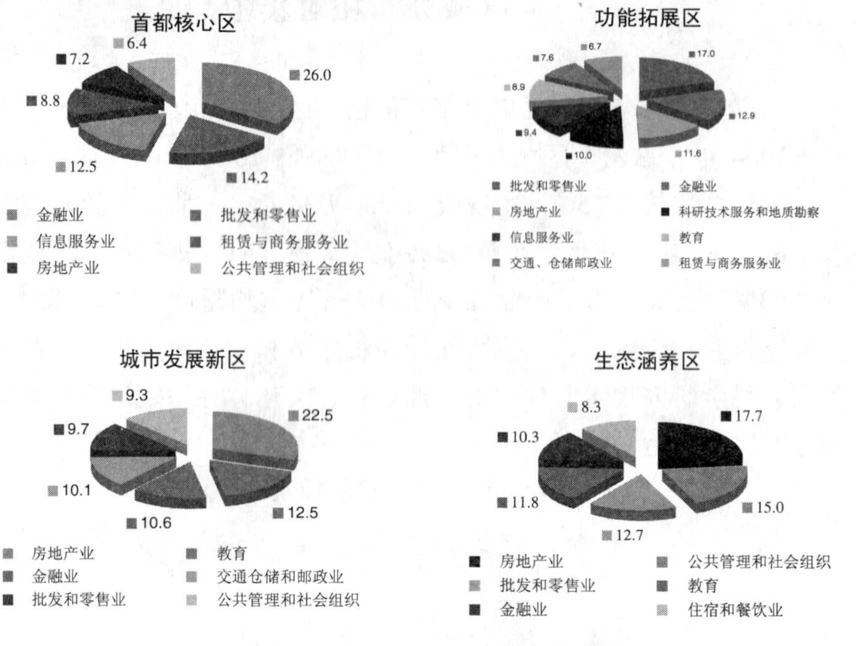

注：图例中显示数字为各区域中重点行业的增加值比重。

四、第三产业发展中值得关注的问题

1．产业投资结构变动影响第三产业发展

第三产业的变动趋势与投资的变动趋势具有较高的一致性（见图4），近年来，产业投资有所回落，对产业发展的带动作用不强。2004年，第三产业投资占北京市固定资产投资（不含房地产开发投资）的比重从 2001 年的 80.8%降到 67.6%，下降了 13.2 个百分点；2002 年

开始，第三产业投资的比重逐年回落，第三产业投资年均增长 3.7%，低于二产投资增速 3 个百分点，与“九五”时期相比更是低了 10.5 个百分点。今年虽然第三产业仍是产业投资的主体，但其比重和增速明显下滑的态势没有得到根本的转变。1—3 季度，第三产业累计完成投资 456.4 亿元，产业投资比重为 69.6%，仅相当于 1997 年的水平，产业发展的后劲不足。

图 4 1994 年—2004 年第三产业比重与投资比重变动比较分析 单位：%

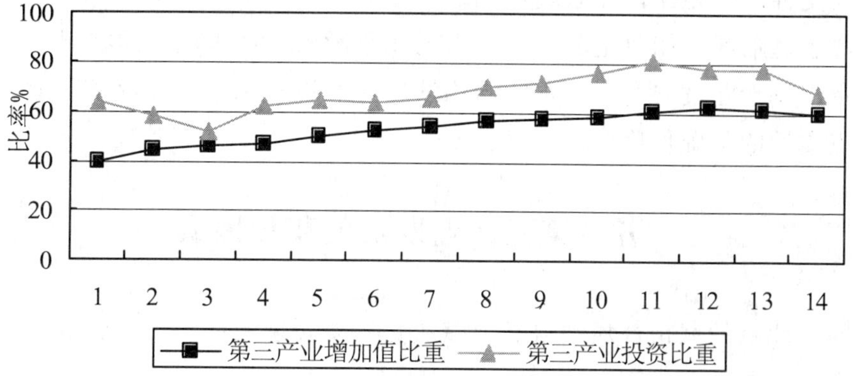

2．现代服务业还存在较大的发展空间

现代服务业在首都经济社会发展中的积极作用日益明显，但发展潜力还有待进一步挖掘。一是支柱行业带动力不强。2005 年现代服务业中规模较大的金融业实现增加值 792.8 亿元，同比增长 9.9%，低于三产平均增速 1.3 个百分点，低于北京市 GDP 增速 1.2 个百分点；房地产业实现增加值 488.9 亿元，同比增长 8.8%，低于三产平均增速 2.4 个百分点，较北京市增速低 2.3 个百分点，对三产内部结构升级不足以形成强劲的拉动力。二是优势行业发展不到位。北京科技信息发达、教育水平高，人才聚集，有大批现代化的文化、医疗、体育设施，发展现代服务业的比较优势明显，但 2004 年，教育业占北京市经济的比重为 4.7%，科学研究和技术服务业占 4.6%，文化、体育和娱乐业占 2.4%、没有达到应有的发展水平。

3．支撑第三产业发展的制造业基础不强

当前，现代服务业与现代制造业相互依托、相互融合、相互发展的趋势越来越明显。现代制造业的发展为现代服务业提供了巨大的市场空间，现代制造企业的生产与服务功能日益融合，服务含量在整个企业产值和增加值中所占的比重越来越高。如目前跨国公司汽车销售收入中有约45%分配给零部件生产商和装配商，而其余55%分配给了专业汽车设计、广告公司、保险公司等服务性行业。目前与上海的六大支柱产业相比，北京现代制造业主要依托电子和汽车产业，在当前电子通信产品相对饱和、汽车市场竞争激烈、销售疲软的状况下，北京市制造业发展存在一定的结构性风险，没有对第三产业发展形成多点支撑的基础作用。

五、第三产业发展的积极因素

北京的城市性质和自然禀赋决定了要发展经济、扩大就业，实现全面、协调、可持续发展就必须走集约化的道路，大力发展第三产业。当前，第三产业发展正面临着机遇。

1．社会服务需求不断增加

一是随着产业分工的细化和居民收入的提高，企业和家庭活动外置化趋势加快，新的服务门类不断产生。特别是网络的普及使得商业、金融、旅游、餐饮、咨询、教育、医疗等传统服务业突破了时空界限，电子商务、网上银行、远程教育和医疗、现代物流等基于网络技术的服务业得到了迅猛发展。二是随着服务业消费结构的转变，科技含量高、休闲娱乐性强的消费，如短信服务、网络游戏、移动网络服务等日益成为新的需求热点，并带动第三产业相关行业迅速发展。

2．区位发展优势明显

在新一轮国际产业转移的过程中，上海、北京等具有比较优势的地区率先成为了国际现代制造业转移的承载地。与此同时，和国际制造行业联系紧密的投资公司陆续跟进。目前，北京累计批准的外资投资性公司达到 139 家。外资在制造业的投入促进了跨国公司总部、研发机构和物流公司的发展。截至 2004 年底，北京市累计设立外资研发中心 189 个，跨国公司总部 7 家。世界 500 强企业在京开办代表处、办事处的有 293 家，占总数的 58%。总部经济在北京“生根”，产生了五个效应，即税收供应效应、产业集聚效应、消费带动效应、就业乘数效应和社会资本效应。这些效应的显现都直接或间接地为高端现代服务业特别是生产性服务业的发展提供了机遇。

3．2008 年奥运会的带动作用不容忽视

据有关部门预计，在 2008 年奥运会的带动下，北京市将累计新增投资 1600 亿元左右，奥运投资将使北京经济总量增速每年平均加快 0.8 个百分点。奥运还将带动消费支出增长 880 亿元，按照 2004 年居民服务性消费比重 32.2%计算，新增服务性支出将达到 280 多亿元。2008 年至 2010 年北京市年入境旅游者将达到 470 多万人次，2010 年旅游外汇收入将达到 50 亿美元。此外，奥运会将产生 180 多万个就业机会，增加的就业岗位主要集中在建筑业和第三产业。奥运会的举办将大大拓展第三产业发展的潜在市场空间，特别是旅游会展业、文化体育产业、房地产业、商业餐饮业、信息咨询业、金融保险业、邮政电信业等行业的发展速度将明显加快。同时，服务业等各行业在营销方式、服务技术、经营理念、经营业态等方面将逐步与国际接轨，第三产业内部结构也将得到优化升级。

北京广告业发展现状及前景

◆ 李晓敏

内容提要

广告业作为第三产业的新兴行业，在为企业创造良好经济效益的同时，也日益发挥着引导健康消费和促进社会主义精神文明建设的重要作用。2004年经济普查数据显示：北京市广告业总体规模继续扩大，多种经济形式共同发展，市场化程度不断提高，行业群聚效应初步显现。但同时，北京市广告业还存在一些问题，如行业整体发展水平不高，专业技术人员较少，低水平竞争加剧等。“十一五”期间，作为北京市经济发展的重点行业，广告业仍有较大发展潜力，其在国民经济中的比重将进一步提高。

广告业作为知识、科技与人才密集型行业，具有现代服务业的典型特征，其发展水平是一个国家或地区综合经济实力和社会文化质量的重要反映。改革开放20多年来，北京市广告业从无到有，日益呈现快速发展的态势。2004年经济普查，首次对北京市广告行业活动情况进行了全面调查，为分析研究广告业发展情况提供了重要的基础资料。

一、北京广告业总体情况

1. 广告营业收入超过200亿元

经济普查数据显示，2004年北京市有专业广告企业5800余家，从业人员6.5万人；广告企业拥有资产总计244.4亿元，广告设备净值 14.5 亿元；全年实现营业收入 237.9 亿元，实现利润 14.1 亿元，上缴税金 13.1 亿元，实现增加值 40.9 亿元。

2．广告合同签约达 20 万个

2004 年北京市广告企业共签订广告合同 20.1 万个，其中公益广告 2501 个；广告企业拥有客户 14.4 万个，其中成功服务两年以上的长期客户占 17.8%；企业综合代理服务品牌数为 4.1 万个，其中成功案例数达到 78%。

3．自有户外广告数量达 5 万余个

普查资料显示，北京市各类自有户外广告数量达 57661 个，其中墙面广告 21422 个、灯箱广告 0152 个、路旗广告 11078 个，是户外广告的主体形式，占各类户外广告总量的 91.3%。

二、北京广告业主要特点

1．代理媒体广告占据主体地位

从广告企业业务经营的性质看，包括自有媒体经营和代理媒体经营。北京作为全国的政治、文化中心，国内各大强势媒体云集，成为全国的媒体投放中心。因此，媒体代理型广告企业较多是北京市广告业的主要特点。北京市广告企业中有八成为代理媒体经营单位，两成为自有媒体经营单位，两类单位广告营业额所占份额为 9∶1。

2．传统大众媒体仍是主流，新兴分众媒体异军突起

从广告在各类媒体的分布情况看，2004 年，北京市广告市场主要由电视、广播、报纸、杂志四大传统大众媒体“分食”，其广告营业额占全行业的 71.1%。其中，电视广告独占鳌头，营业额比重达 40.9%，其优势地位是其他媒介难以逾越的；私车拥有量的快速增长，也为北京交通台等电台媒体稳定了大批听众，促使广播广告量大幅增长，其广告营业额比重为 2.4%；而各平面媒体在竞争日趋激烈的形势下，为融通资金、扩大发行量，在广告业务接洽上给予投资方大量的优惠政策，间接带动了广告投放量的不断攀升，报纸、杂志广告的营业额比重分别为 18.9%和 8.9%。

与传统大众媒体相比，新兴的分众媒体近几年有异军突起之势，日益成为广告业的重要形式。其中，随着网络普及和网民的大幅快速增加，2004 年，互联网广告营业额接近 10 亿元，占北京市广告营业额的 4.5%，超过广播广告 2.1 个百分点。以楼宇广告、公交广告为代表的户外广告近年来强势崛起，其广告营业额占北京市的 12%，超过杂志广告 3.1 个百分点，成为北京市广告业中第三大广告媒体。此外短信广告、直邮、免费赠送等其他广告营业额占 12.4%，也是不可小觑的广告形式。

图 1　　各种广告形式营业额比重

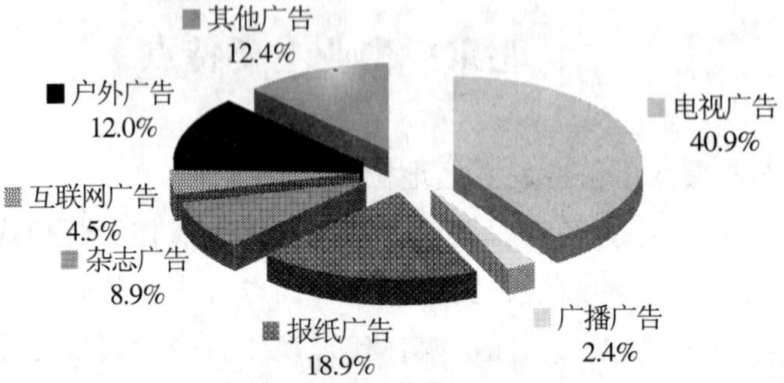

3．私营企业发展迅猛，外资企业效益突出

目前北京市广告业企业多种经济形式并存，但私营企业占据绝对比重。2004 年，北京市私营广告企业达 4300 多家，占北京市广告企业的 74.6%；私营广告企业从业人员占全行业的 64.6%、实现收入占 43.5%，是广告行业中的重要组成部分。从历年新开业的私营广告业企业看，2001 年以后，私营广告企业呈飞跃式发展，新开业的私营广告业企业以年均 1000 家的速度递增，发展迅猛。

与私营广告企业数量快速扩张不同，外资广告企业则在规模效益上占据明显优势地位。从 1986 年全国第一家合资广告公司在北京市成立，到 2004 年，北京市已有 69 家外资广告企业，目前世界十大广告公司入驻北京市的有三家。虽然外资企业数量只占全行业的 1%，从业人员不足全行业的 7%，但其资产规模、实现收入、利润和上缴税金均占全行业的 30%左右。在北京市收入亿元以上的 38 家大型广告业企业中，15 家为外资企业；303 家收入在 1000 万至 1 亿元的中型企业中，有外资企业 17 家。外资企业户均收入达到 1 亿元，户均利润为 741 万元，远高于本土广告公司，是广告业中最为活跃的成分。

随着私营广告公司的迅速发展，国有、集体公司所占份额明显下降，两类广告公司的企业数、收入均占 5%左右，有限责任、联营企业逐渐增多，企业数与收入的比重为 18%左右，北京市广告业的市场化程度正不断提高。

4．广告企业群聚效应初步显现

从北京市广告企业地区分布看，朝阳和海淀集中了北京市较多的广告企业及从业人员，两区共有广告企业 3300 多家，从业人员为 3.9 万人，分别占北京市的 57%和 60%。

从规模看，以朝阳、东城为商务圈的东部地区是北京市广告业发展快、规模化经营程度较高的地区，两区广告企业的资产、收入、利润、税金分别占北京市广告企业的 65.7%、70%、85.1%和 71%；从北京市广告企业开业时间看，20 世纪 90 年代成立的规模较大的广告企业主要分布在东城，而随着朝阳 CBD 商务中心的崛起，朝阳区聚集了越来越多的大中型广告企业，广告企业分布呈东渐现象，广告行业的群聚效应在北京市的东部地区初步显现。2004 年北京市 38 家亿元以上大型广告企业中朝阳、东城占到 30 家，其收入规模占亿元以上企业的 88%。

三、北京广告业发展中存在的主要问题

1．广告企业整体发展水平不高

从广告企业的资质水平看，北京市具有资质的广告企业数量少，比重低。2004 年普查数据显示，北京市有资质等级的广告企业 217 家，

占全行业的比重不足 4%。其中，有一级资质等级企业 151 家，二级资质等级 35 家，三级资质等级 31 家。北京市资质以上广告企业营业额占北京市广告业营业额的 25%。

2. 广告行业专业技术人员较少

从广告业从业人员的构成看，从业人员学历较高，但专业技术人员较少。2004 年，北京市广告业从业中具有大专以上学历的人员为 4.6 万，占全部广告业从业人员的 70.8%；但具有一定专业技术的人员仅为 0.9 万，占广告业从业人员的比重仅为 13.8%，表明北京市广告行业专业性人才数量不足，特别是国际广告运作经验总体仍然欠缺，高水平的整合营销、传播策划、广告制作人才严重缺乏。

3. 低水平竞争现象比较普遍

一般认为，广告企业与客户之间能合作 2—3 年，就是建立了比较稳定的业务关系。但从目前北京市广告企业的情况看，广告企业与客户之间的关系松散，“一锤子买卖”的现象普遍存在，成功合作两年以上客户的比率仅为 17.8%。低水平、高强度竞争的后果导致北京市广告企业经营状况欠佳，难以做大、做强。2004 年，年营业额在 100 万以下的广告企业占 72.4%，全年收入仅为 8.6 亿元，而亏损金额高达 2.5 亿元。

四、北京广告业发展历程与前景分析

广告业的发展有利于信息快速沟通，交易迅速达成，资金加速周转，产品更新换代。广告业在服务于企业，为社会创造更多的经济效益的同时，也服务于消费者，并有力地支持新闻、文化、体育等公益事业的发展。其在经济社会发展中起着催化剂和润滑剂的重要作用。因此，广告业的发展水平与发达程度，在一定程度上体现着一个国家或地区的经济发展水平和社会文化水准。

1. 广告企业的数量将进一步增加、质量将进一步提高

从目前北京市现存广告业企业的开业时间分布与规模情况看，北

京市广告业发展大致经历了三个阶段：起步恢复阶段（1979—1989年）：自1979年北京市恢复广告市场后10年左右时间里，北京市广告业从无到有，开始起步。这一阶段每年新成立的专业广告企业寥寥无几，规模也较小。平稳发展阶段（1990—1999年）：这一阶段广告业发展加快，开业企业明显增加，国有、集体企业逐步改制完成，市场化程度有所提高。快速增长阶段（2000年以后）：这一阶段私营广告企业大幅增加，企业数量迅猛增长，企业综合实力不断增强。

2. 广告业在国民经济中的比重应进一步提高

近年来，北京广告业虽然发展速度较快，但毕竟发展时间短，起点比较低，作为第三产业的重要组成部分，广告业在国民经济中的比重还比较小。2004年，北京广告业增加值占地区生产总值的比重不足0.7%，而日本和美国这一比率已达到1.2%和2.3%。

广告业是文化产业和创意产业的重要组成部分，是“十一五”时期北京市重点发展的六大行业之一。今后一段时期，广告业发展的政策、制度和市场环境将进一步趋好，发展潜力较大，其在北京市经济中的地位将进一步提高。

社会发展

新时期北京社会发展的八大考验

◆ 仲长远

内容提要

进入 21 世纪，北京社会发展呈现出很多新特点，从人群的自然属性、组织程度和经济性角度看，北京社会发展面临着八大考验：1. 人口增长惯性和不确定性加大；2. 老、中、青性别失衡同时出现；3. 生活方式对人群健康的影响日益突出；4. 高等教育资源日趋紧张，压力巨大；5. 就业压力加大与“银发人才”浪费并存；6. 家庭规模缩小，结构简单，养老负担重；7.. 社区整合、转型、加速发展，管理压力加大；8. 职业分层与产业结构同向调整，分层形态不协调。

进入 21 世纪，北京经济社会发展迈上新台阶。这一时期经济结构、社会结构变动活跃，转型特征明显。北京社会发展呈现出很多新特点，同时也面临一系列考验。人是构成社会的基础要素，是我们观察社会的根本出发点，从人群的自然属性、组织程度和经济性等方面看，北京社会发展面临着八大考验。

一、人口增长惯性和不确定性加大

上世纪 90 年代以来，北京市人口呈现低出生、低死亡、高增长的特点。常住人口出生率由 1990 年的 13‰下降到 2004 年的 6.1‰，死亡率由 1990 年的 5.8‰下降到 2004 年的 5.4‰。同时，人口增长有加快趋势。"八五"、"九五"期间，北京平均每 5 年增加 139 万常住人口，而"十五"前 4 年常住人口就增加了 129 万。2004 年，北京市常住人口达到 1492.7 万人。按此速度发展，2020 年将总人口规模控制在 1800 万人左右有较大困难。

人口增长分为自然增长和迁移性增长，迁移性增长是北京总人口增长的主要因素。迁移性增长包括户籍机械增长和没有户籍变动的外来人口增长。进入 21 世纪，北京户籍人口机械增长一直保持在千分之两位数以上，2004 年达到 12.7‰的历史较高水平；外来人口增长更快，2001—2004 年，在京居住半年以上的外来人口年均增长 65‰。1991—2004 年的 14 年间，北京常住人口增加了 407 万，其中，外来人口增加占 63%，户籍机械增加人口占 30%，自然增长人口仅占 7%。

从以上分析可以得出三点结论。第一，尽管当前北京人口自然增长率水平较低，但由于基数原因，增长惯性仍很大。第二，迁移性增长，尤其是外来人口增长，对北京人口规模影响很大，是总人口增长的不确定性因素。第三，户籍机械增长是可控性增长，人口控制的难点在于对外来人口增长的控制。近年户籍机械增长处于较高水平，与首都人才吸引政策、高校扩招、京郊小城镇建设过程中部分房地产开发商以解决本市户口吸引外地购房者等因素有关，但户籍机械增长毕竟还是一种可控性增长。而控制外来人口增长，特别是控制无序流动的外来人口有较大难度。长期以来，外来人口对北京市城市建设、经济增长等方面做出了很大贡献，对外来人口合理结构、合理规模、合理增速的研究需要尽快开展，这对控制北京市总人口意义重大。

二、老、中、青性别失衡同时出现

性别是人口的自然属性之一，两性平衡是社会和谐的体现。性别比（以女性人口为 100，男女人数之比，其正常范围是 102—107）是观察人口性别结构的重要指标。第五次人口普查数据显示，北京市常住人口性别比为 108.9，超出正常值上限 1.9，在四个直辖市中排首位，在全国排第六位。而同样属于外来人口大量流入的上海，当时人口性别比尚在 105.7 的正常范围。北京市人口性别比失衡表现为“两高一低”，即出生婴儿性别比高，婚龄人口性别比高和老年人口性别比低三个特点（见表 1）。

表 1　　第四次和第五次人口普查分年龄人口性别比

年龄	“四普”（1990 年）	“五普”（2000 年）		
	常住人口	常住人口	户籍人口	外来人口
合　计	**107.03**	**108.93**	**101.10**	**152.13**
0—4	106.38	110.81	107.96	116.82
5—9	106.67	109.55	106.36	128.23
10—14	107.38	106.45	105.82	116.47
15—19	115.30	111.71	107.89	122.23
20—24	126.27	126.68	116.87	141.23
25—29	113.95	116.58	100.43	150.87
30—34	107.99	117.70	101.00	175.51
35—39	102.88	115.29	103.93	208.44
40—44	100.20	108.83	101.28	251.59
45—49	95.20	103.04	97.33	213.32
50—54	96.72	99.79	95.61	173.42
55—59	108.00	91.29	89.33	126.27
60—64	105.57	90.57	89.46	115.56
65—69	101.36	99.91	99.56	107.69
70—74	95.93	98.43	98.57	93.93
75—79	83.84	90.54	91.03	74.05
80—84	66.43	80.01	81.18	52.28
85—89	51.79	66.53	68.49	35.41
90—94	37.18	48.86	50.83	29.28
95—99	30.86	39.66	41.07	30.29
100 岁以上	8.11	18.55	22.00	4.17

首先，出生婴儿性别比高。第五次人口普查数据显示，0—4 岁总人口性别比为 110.8，其中，户籍人口性别比为 108，外来人口性别比为 116.8。低龄人口性别比偏高对未来总人口性别比失衡有明显的推动作用。同时，外来低龄人口性别比高反映出人口管理中可能存在漏

洞。

其次，婚龄人口性别比高。第五次人口普查时，北京市 20—45 岁人口性别比基本都在 110 以上，其中，20—24 岁人口性别比达到 126.7。婚龄人口性别失调会造成婚姻挤压。在总人口处于“增长型”的条件下，通过年龄差位婚配，这个问题尚不突出。但目前北京市生育水平较低，出生人口性别比又偏高，婚龄人口性别失调给社会稳定带来的潜在影响就需要重视了。

最后，老年人口性别比低。由于生物学因素，男性死亡率高于女性，随着年龄的不断上升，老年人性别比总体呈下降趋势，且年龄越大性别比越低。北京市较早进入老年型社会，这个问题更为突出，50 岁及以上各年龄组女性人口普遍超过男性人口，而从全国范围看，70 岁及以上各年龄组女性人口才开始超过男性人口。

三、生活环境、生活方式对人群健康的影响日益突出

人群的健康状况是社会现代化水平、医疗卫生条件、人民生活水平以及人群生活方式的综合反映。观察死因结构是了解人群健康状况的一个切入点。脑血管病、心脏病和恶性肿瘤一直排在北京市死因顺位前三位，只是具体位次略有变化。2004 年，这三种疾病死亡人数占全部死亡人数的比重均超过 20%，共占全部死亡人数的 69.3%。与上世纪 90 年代相比，虽然这三种疾病的死亡率有较大下降，但集中程度较高，占全部死亡人数的比重一直稳定在 60%—70%。这一方面反映出，在医疗技术水平提高的同时，一些关键医学领域还需要重大突破。另一方面，这些疾病与人们生活环境、生活方式和饮食结构也有密切的联系，环境污染、紧张的生活节奏和高蛋白、高脂肪食物的过度摄入正影响着人群的健康。

此外，与“八五”时期相比，受经济条件和医疗卫生水平限制的疾病，如新生儿病，已经退出前十位死因。与全国前十位死因相比，北京已经没有“围产期疾病”等受经济发展水平和医疗卫生条件影响的疾病。传染病在 1997 年后也已经下降到第十位，但 2003 年非典疫

情发生后曾上升到第九位，其位次变化需要我们继续观察（见表 2）。

表 2　　北京及全国死因顺位

顺位	北京（2004 年）	占死亡人数%	全国（2003 年城市）	占死亡人数%
1	脑血管病	24.93	恶性肿瘤	25.47
2	心脏病	23.60	脑血管病	19.95
3	恶性肿瘤	20.74	呼吸系病	14.63
4	呼吸系病	9.34	心脏病	14.43
5	损伤和中毒	5.11	损伤和中毒	6.16
6	内分泌、营养、代谢及免疫疾病	3.26	消化系病	3.66
7	消化系病	2.40	内分泌、营养、代谢及免疫疾病	2.66
8	泌尿、生殖系病	1.47	泌尿、生殖系病	1.34
9	神经系统病	0.70	神经系统病	0.91
10	传染病	0.66	围产期病	0.89

四、家庭规模缩小，结构简单，养老负担重

家庭是社会的细胞，能折射出社会的发展变化。进入 21 世纪，北京市居民家庭呈现规模小型化、结构简单化、养老负担重的特点。第五次人口普查数据显示，北京市平均家庭户规模为 2.9 人，比第四次人口普查减少了 0.3 人。抽样调查数据也显示北京市城市居民家庭和农村居民家庭户均规模缩小的趋势。

家庭结构简单。北京市家庭结构以一代、二代家庭为主。从第五次人口普查数据看，北京市 409.7 万家庭户中，一代家庭有 126.7 万户，二代户家庭有 224.1 万户，二者共占全部家庭户的 85.6%，比第四次人口普查时提高了 1.8 个百分点。一代户中，单身老人户和只有一对老夫妇的家庭达到 31.4 万户，占一代户家庭的 24.8%，占全部家庭户的 7.7%，这其中有很多是空巢老人家庭，需要社会给予更多的关注。

家庭养老负担重。全部家庭户中，有 60 岁及以上老人的家庭占 28.6%，其中，有一个 60 岁及以上老年人的家庭占 16.3%，有两个 60 岁及以上老人的家庭占 12.1%。家庭养老负担加重是老龄化社会的必然趋势，关键是如何通过社会化手段缓解这一矛盾。

五、社区整合、转型、加速发展，管理压力加大

社会学领域的社区是一种地域性的生活共同体，包括城市社区和农村社区。近几年，随着城市化进程加快，城市社区快速扩张，农村社区逐渐整合，管理压力在逐步加大。

从数量和规模看，近几年城市社区的基层组织机构——居委会快速增加。社区统计数据显示，2003 年，北京市社区居委会达到 2237 个，其中，1000—3000 户的中型社区占 54%，3000 户以上的大型社区占 8%。农村社区的基层组织机构——村委会，数量则呈下降趋势。2004 年，北京市有村民委员会 3978 个，比 1991 年减少了 173 个。乡政府 42 个，仅相当于 1991 年的 20%。

从社区功能看，随着强调社区服务功能的现代房地产业的迅猛发展，城市社区医疗、健身、娱乐等功能逐步产生、完善。农村社区功能也由传统的组织农业生产向安置就业和为农业生产服务转变。现代社区应该有社会控制的功能，人口管理、社区矫正、基层矛盾消解等工作都以社区为载体。有关资料显示，北京市平均每个城市社区专职工作者要面对 800 余个社区居民。乡村地区外来人口聚居，常住人口一直稳定在 360 万左右，管理压力也比较大。目前，社区发展水平不一，在基层组织、实有人口、基础设施等重要信息缺失的情况下，难以形成社会控制力。

六、高等教育资源日趋紧张，压力巨大

北京是全国教育资源尤其是高等教育资源最集中的地方。初等教

育主要面向北京的常住人口，高等教育则吸引了全国乃至全世界的学子。受高校扩招和新生人口减少等因素影响，北京市呈现初等教育规模迅速缩小、高等教育快速发展的态势。同时，教育资源调整过程中出现的一些问题需要我们关注。

表 3　　教育资源基本情况

	学校数（所）		占全体在校生比例（%）		每一专任教师负担学生数（人）	
	普通高等学校本专科	小学	普通高等学校本专科	小学	普通高等学校本专科	小学
1995	65	2867	9.0	49.7	5.0	16.5
1996	65	2780	9.1	48.1	5.2	16.1
1997	65	2696	9.5	47.1	5.4	15.7
1998	63	2511	10.4	44.9	5.8	14.9
1999	64	2352	11.6	41.5	6.7	13.7
2000	59	2169	14	36.8		12.8
2001	61	1960	16.4	32.1		12.1
2002	62	1824	19.1	28.5	19	12
2003	73	1652	21.4	26	19	11
2004	77	1504	24	24.7	17.1	10.6

注：在校生包括研究生和普通高等学校本专科、普通中等学校、小学和特殊教育学校学生

2004 年，北京市普通高等学校达到 77 所，比建国初期增加了 64 所，与 2000 年相比，增加了 18 所。有小学 1504 所，比历史上最多的 1965 年减少了 4384 所，比 2000 年减少了 665 所。普通高等学校在校生占全体在校生的比例达到 24%，比 2000 年提高了 7.6 个百分点。小学在校生比例为 24.7%，比 2000 年下降了 12.1 个百分点（详见表 3）。

同时，我们也要看到这一现象背后的问题。首先，高等教育资源压力加大。2004 年高等学校每一教师负担 17.1 个学生，比 1995 年增加 12.1 个。师生比过大对教育教学质量会产生不利影响。近年，研究生比例上升速度很快，2004 年占在校生总数的比例达到 6.9%，比 2003 年提高 1.2 个百分点。高等教育资源将面临着更大的考验。其次，初等教育专任教师水平有待提高。2004 年，北京市小学中具有本科及以

上学历的专任教师仅占 22.2%，小学教师仍以大专学历为主。此外，北京高等学校外地毕业生留京愿望较强，他们是户籍人口机械增长的重要组成部分，在就业压力加大的情况下，未就业或者就业不理想滞留在京的毕业生也会对社会稳定造成影响。

七、就业压力加大与“银发人才”浪费并存

北京完全进入老年型社会已经 10 余年了。根据有关研究成果，预计 2020 年北京 60 岁以上人口比例将上升到 23%，达到 410 万人左右，提前 10 年达到全国 2030 年人口老龄化 23.3%的预测水平。按照人口发展规律，人口老龄化必然会使劳动力资源减少，给社会保障带来巨大压力。世界上多数老龄化国家都先后采取延长职工法定退休年龄的方法缓解社会保障和劳动力短缺的压力。

北京是否适合采取这种方法呢？第一、从退休年龄看，目前北京市执行国家男性 55—60 岁、女性 50—55 岁的法定退休年龄，比其他老龄化国家平均退休年龄低 5—10 岁，有一定上调空间（详见表 4）。第二、从劳动力资源现状看，近几年，北京市劳动力资源已表现出老化趋势，将近一半的劳动力人口年龄在 35 岁及以上。第三、目前，北京市社会保障发展不足，压力巨大。以上三个方面说明北京有延长退休年龄的基础和客观需要。

表 4　　部分国家退休年龄　　单位：岁

	男性	女性
中国（北京）	55—60	50—55
英国	65	60
美国	65	65
日本	60	56
德国	63	60

但同时我们也必须看到，目前北京劳动力资源仍处于比较丰富的阶段，外来人口进京工作期望较高，企业转轨过程中大量职工分流下岗，就业压力很大。2005 年上半年，北京市城镇登记失业率和调查失业率

都达到2000年以来最高水平。可见，退休年龄延长的条件还不成熟。

不延长职工退休时间并不意味着对老年人力资源可以忽视和浪费。对于老年人口中高学历、高技术、专家级的“银发人才”应加大开发力度。第五次人口普查数据显示，北京市60岁及以上人口中，具有大学本科和研究生学历的占9.8%，比全国平均水平高8.8个百分点。而2004年，北京市城镇单位从业人员中聘用、留用的离退休人员比例仅为3.1%。对“银发人才”不加以利用可以说是一种资源浪费，管理、医疗、教育培训、图书出版发行、机械设计等需要丰富经验的老年工作者的领域，尤其需要加大对“银发人才”的开发。

八、职业分层与产业结构同向调整，分层形态不协调

观察社会分层一般有职业、收入和消费三个角度，收入和消费对职业有很强的依附性，在这里我们重点关注职业分层。上世纪90年代以来，随着产业结构的调整，职业结构开始发生变化，第三产业中的现代服务业在分层中处于上升地位。其中，金融保险业从1992年的第14位，上升到2002年的第1位，平均增速高于北京市平均增速12.7个百分点。传统服务业位次有所下降。其中，如批发、零售贸易及餐饮业由1992年的第10位下降到2002年的第12位，平均增速低于北京市平均增速1.9个百分点。第二产业各行业均呈下降趋势。其中，制造业从第8位下降到第14位，建筑业从第6位下降到第15位，增速比北京市平均增速分别低2.8个和5.4个百分点。第一产业在职业分层中沉淀在底层。农林牧渔业10年间一直排在末位，增速比北京市增速低2.3个百分点（见表5）。

表 5　　1992、2002 年在岗职工平均工资（劳动报酬）排名

产业	行业门类	1992	2002	状态	平均增速
第三产业	金融保险业	14	1	↑	33.1
	卫生体育社会保障业	9	2	↑	24.2
	科学研究综合技术服务业	11	3	↑	24.9
	其他行业	12	5	↑	24.1
	国家机关政党社团	15	6	↑	25.1
	交通仓储邮电通信业	3	7	↓	21.1
	教育文化广播电影电视业	13	8	↓	24
	地质勘察水利管理业	4	9	↓	20.1
	社会服务业	7	10	↓	20.7
	房地产业	5	11	↓	20
	批发零售餐饮业	10	12	↓	18.5
第二产业	电力煤气水的生产供应业	1	4	↓	21.2
	制造业	8	14	↓	17.6
	采掘业	2	13	↓	16.1
	建筑业	6	15	↓	15
第一产业	农林牧渔业	16	16	→	18.1

附着在职业上的从业人员规模对分层形态有重要影响。19 个行业门类中，在岗职工平均工资在北京市平均线以上的行业有 8 个，其从业人员仅占全部从业人员的 24%，而在平均线以下的行业有 11 个，其从业人员占北京市从业人员的 76%（见表 6）。用 2004 年各行业从业人员比重和各行业在岗职工平均工资构造职业分层形态，可以看出北京市职业分层呈不规则橄榄型，但重心偏下，下端行业密度高，上端行业密度低，分层形态不协调（见图 1）。政府应该关注并千方百计提高从业者比重较高行业的职工收入，以形成更和谐的分层形态，这对社会稳定至关重要。

表 6　　2004 年北京市各行业工资排名及从业人员比重

排名		行业	平均工资（元）	从业人员比重（%）	合计（%）
1	（高于北京市平均线）	金融业	80785	1.9	24
2		信息传输、计算机服务和软件业	62200	4.4	
3		电力、燃气及水的生产和供应业	41854	0.7	
4		科学研究、技术服务和地质勘察业	41160	4.5	
5		卫生、社会保障和社会福利业	39678	2.2	
6		文化、体育和娱乐业	38817	2.1	
7		公共管理和社会组织	38038	3.4	
8		教育	32625	4.9	
9	（低于北京市平均线）	房地产业	27675	3.8	76
10		批发和零售业	27264	12.8	
11		租赁和商务服务业	26516	8.0	
12		水利、环境和公共设施管理业	25609	0.9	
13		交通运输、仓储和邮政业	24628	6.5	
14		制造业	22338	17.7	
15		建筑业	20606	8.6	
16		采矿业	20392	0.3	
17		住宿和餐饮业	17965	5.1	
18		居民服务和其他服务业	16735	5.2	
19		农、林、牧、渔业	14677	7.2	

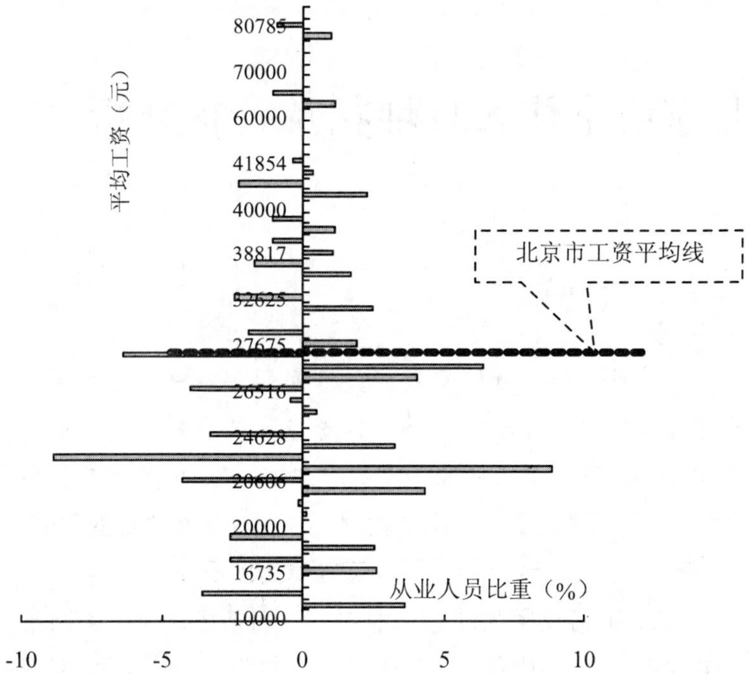
平均工资（元）
80785
70000
60000
41854
40000
38817
52625
27675
26516
24628
20606
20000
16735
10000
北京市工资平均线
从业人员比重（%）
-10
-5
0
5
10

北京市常住人口现状及特征分析

◆ 庞江倩

内容提要

人口问题是可持续发展的关键问题，经济社会发展中的许多矛盾和问题都与人口问题分不开。随着经济社会发展水平的提高，北京市常住人口出现了新的变化趋势。本文重点分析了北京市常住人口的变动特点，提出主要面临的人口问题，并探讨了解决这些问题的途径。

2005 年初我国大陆人口总数达到 13 亿，这一结果比原计划目标（20 世纪末人口控制在 13 亿以内）推迟了 4 年，表明我国在人口控制方面取得了显著成效。北京作为首都，在控制人口自然增长方面做出了积极贡献，常住人口自然增长率早在1998年就已经降到1‰以下。随着经济社会发展水平的不断提高，北京的人口发展出现了新情况和新特点，人口发展的这些变化不仅关系到当前北京市经济和社会发展的全局，也会影响到今后北京市的现代化进程。

一、常住人口变动特点

1. 常住人口持续增长

2004 年底，北京市常住人口达到 1492.7 万人。其中：具有北京市户籍的人口 1162.9 万人，居住半年以上的外来人口 329.8 万人，外来人口占常住人口的 22%，也就是说，每 5 个常住人口中就有一个外来人口。在 4 个直辖市中，北京的常住人口位于重庆和上海之后，排在第三位。

从增长情况看，常住人口增速平稳，但年均增量不断提高。常住人口年均增长率在20世纪80年代为2.0%，90年代升至2.3%，2000—2004年增速没有变化，仍保持90年代的水平。尽管如此，由于人口基数的作用，常住人口年均增长的绝对量在逐步提高。20世纪80年代，平均每年增加20万人，90年代为28万人，2000—2004年达到32万人。

图1　北京市常住人口年均增长率及增长量

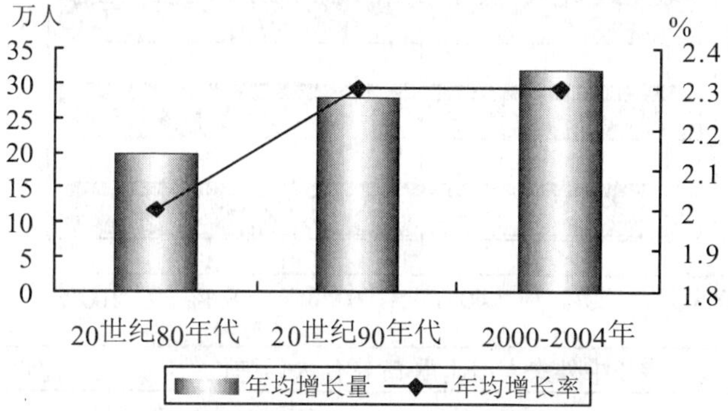

2．外来人口增长是常住人口增长的主要因素

常住人口增长由户籍人口增长和外来人口增长构成。20世纪80年代，北京市常住人口增长以户籍人口增长为主，平均每年增加的常住人口中，户籍人口占75%。进入90年代，外来人口大量涌入，外来人口增长逐渐成为北京市常住人口增长的主要因素，平均每年增加的常住人口中，外来人口占73%，户籍人口只占27%。外来人口增长主要由三个原因造成：一是北京经济的快速增长和城市建设的迅猛发展，为外来人口提供了大量适宜的就业岗位；二是北京城市功能的多元化吸引了大量的外来人口；三是农村大量富余劳动力向大城市转移、集中，寻找就业机会。2000—2004年，平均每年增加的常住人口中，外来人口比重降至57%，户籍人口比重升至43%。这种变化主要是由于户籍迁移人口的大量增加造成的。20世纪90年代北京市户籍人口迁移增长每年在6万人左右；2001年以来，每年达到13万人左右，增长了1倍多。户籍迁移人口的增长主要是由于学校扩招和部分户籍

迁移政策的出台造成的。最近几年，北京市出台了一些户籍迁移政策，如吸引高科技人才的落户政策、吸引小城镇投资性移民的落户政策、婴儿随父落户政策、夫妻投靠落户政策、老人投靠子女落户政策等，这些户籍迁移政策的实施使户籍人口迁移增长大量增加。

图2　北京市常住人口增长构成

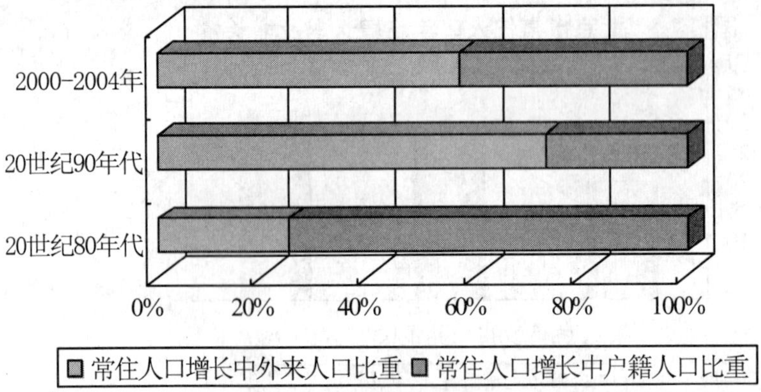

3．常住人口地区分布差异明显

从地区分布看，近一半的常住人口集中在近郊区。2004 年底，北京市 4 个城区常住人口 200.4 万人，占 13.4%；4 个近郊区 727.2 万人，占 48.7%；10 个远郊区县 565.1 万人，占 37.9%。从人口密度看，北京市常住人口密度为每平方公里 910 人，地区分布呈梯度变化，即城区人口密度最高，为 21691 人/平方公里；近郊区次之，为 5699 人/平方公里；远郊区县最低，每平方公里只有 376 人。城区的人口密度是近郊区的 4 倍，远郊区县的 58 倍；而近郊区的人口密度是远郊区县的 15 倍。北京市的人口密度低于上海[①]（2699 人/平方公里），略高于天津（859 人/平方公里）。

20 世纪 90 年代，北京市常住人口地区分布呈现出由城区向近郊

① 北京市土地面积数据取自《北京统计年鉴·2005》；上海人口密度数据为 2003 年数据。

20 世纪 90 年代，北京市常住人口地区分布呈现出由城区向近郊区扩散的态势。1990—2000 年的 10 年间，城区常住人口减少 21.9 万人，而近郊区和远郊区县均有不同程度的增加。其中近郊区增加 241.6 万人，年均增长率达到 4.8%，远高于北京市常住人口的增长速度；而远郊区县仅增加 57.9 万人，年均增长率为 1.2%。2000 年以来，随着旧城改造、绿化隔离地区的建设以及远郊区县城镇的发展，人口分布呈现出新的变化趋势，即人口不仅向近郊区扩散，也开始向远郊区县扩散。2000—2004 年，城区减少 12.2 万人，近郊区和远郊区县分别增加 85.2 万人和 56.1 万人，远郊区县常住人口年均增长率提高到 2.6%，近郊区常住人口年均增长率降至 3.2%。

4. 人口文化素质稳步提高

人口文化素质的高低是决定一个地区是否兴旺发达的重要因素。随着经济社会的迅速发展，科教兴国战略的实施，北京市教育事业取得了巨大成就，人口文化素质稳步提高。1990 年，北京市 6 岁及以上人口的平均受教育年限为 8.6 年，2000 年达到 10 年，2004 年上升到 10.5 年。2004 年，6 岁及以上人口中受过大专及以上教育的占 23.9%，受过高中教育的占 23.4%，受过初中教育的占 33.9%，受过小学教育的占 14.5%。与 2000 年相比，受过大专及以上教育的人口增长最快，其比重上升了 6.4 个百分点。

北京市人口文化素质在全国名列前茅，由于资料限制，我们用 2000 年人口普查数据进行比较。2000 年，全国人口平均受教育年限为 7.6 年，上海、天津、重庆三个城市分别为 9.3 年、9.0 年、7.3 年，同期北京为 10 年。

5. 人口老龄化程度进一步加剧

人口老龄化是指老年人口在总人口中的比重不断上升的过程，比重越高，老龄化程度越高。 联合国把一个国家 65 岁及以上人口比重超过 7%定义为老龄社会。按照这一标准，北京市于 20 世纪 90 年代初期进入老龄社会，在 4 个直辖市中，进入老龄社会的时间仅慢于上海。据测算，2003 年北京市 65 岁及以上老年人已经达到 141 万人，在总人口中的比重上升到9.7%。与2000年相比，老年人口总量增加了26万人，年均增长率为7.0%，在总人口中的比重上升了1.3个百分点。老年人口的增长远远快于总人口的增长，同期总人口的年均增长率只有2.2%。随着人口老龄化程度的加剧，老年人口越来越多，随之而来的老年人口问题将会越来越突出，对经济社会的影响也会越来越明显。

二、值得关注的几个问题

1．人口规模问题

从上述分析可以看出，北京市常住人口一直保持增长的势头。2000年以来，常住人口平均每年增加32万人，相当于增加一个崇文区的人口。如果按照这一趋势发展下去，2008年北京市常住人口将突破1600万人。目前，受资源承载能力和基础设施的限制，北京市的人口规模已经成为城市发展的制约因素，巨大的人口压力使北京市水资源和土地资源的使用更加紧张，交通拥堵严重，环境问题日益突出。

2．人口地区分布问题

虽然北京市的人口分布呈现出由城区向近郊区及远郊区县扩散的态势，但是从现状来看，人口扩散速度较慢，人口分布仍然不合理，城区人口密度过高，近郊区人口过于集中。为分担市区相应功能，缓解市区人口压力，早在1982年《北京城市总体规划》中就提出要重点建设燕化、通县、黄村、昌平4个卫星城；1993年在《北京城市总体规划（1991—2010)》中又明确提出要建设14个卫星城。然而从卫星城的发展来看，其吸引市区人口的功能并没有得到充分发挥。2000年人口普查资料显示，1995—2000年迁入卫星城的人口中，90%以上是卫星城所在区县的人口和外省市人口，只有不到10%的人口来自城近郊区。主要原因是卫星城交通和基础设施建设薄弱，对城近郊区人口缺乏吸引力。

3. 人口老龄化问题

一般进入老龄社会的发达国家都具有很强的抚养老年人口的经济实力，人口老龄化与经济发展和生育率的下降基本上是同步的，而北京市的人口老龄化主要是由于持续的低生育水平引起的，因此，它是与经济发展不同步的超前老龄化，对北京市经济社会发展的影响较为明显。

一是加重劳动人口的抚养负担。1990年以来，北京市总抚养比和少年儿童抚养比不断下降，老年人口抚养比逐年上升。2003年，北京市总抚养比为24.8%，少年儿童抚养比为12.7%，老年人口抚养比为12.1%，这表明每100名劳动年龄人口需要负担25名非劳动年龄人口，其中负担少年儿童13名，负担老年人口12名。与2000年相比，总抚养比和少年儿童抚养比分别下降了3.4个和4.7个百分点，老年人口抚养比上升了1.3个百分点。

二是加重了社会养老负担。随着社会经济条件的变化，北京市家庭养老的功能正在弱化。由于独生子女家庭显著增加，家庭供养资源不足，子女养老的人均负担成倍增长，难以承担照料老人的全部责任，越来越多的老年人将逐步依靠社会供养。因此，老年人口的迅速增加，加重了社会养老的负担。

三、解决人口问题的途径

1. 合理控制人口规模

北京的人口增长主要来自迁移增长，一方面是外来人口的增长，另一方面是户籍迁移的增长，因此对人口规模进行调控应从外来人口增长和户籍迁移增长两个方面入手。在对人口规模进行调控时应遵循两个原则：一是城市规划要按照可持续发展的要求，充分考虑资源环境对人口的承载能力，合理规划人口规模与分布，使其既要满足经济发展、城市建设的需要，又尽可能减少对资源环境造成的负面影响。二是在控制人口规模时，要尊重市场规律，根据市场的需求而不是以行政手段来控制人口。

2．引导城近郊区人口外迁

修编后的《北京城市总体规划（2004—2020 年）》提出，到 2020 年要在北京市域范围内，构建“两轴—两带—多中心”的城市空间结构，重点发展新城，鼓励和引导中心区产业、人口和其他城市职能向新城、新产业带转移。按照这一规划，未来 16 年中，城区和近郊区人口要向远郊区县转移。要想实现城近郊区人口的外迁，就要增强迁入地的吸引力。一方面要解决交通问题，建成快速、大容量的公共交通网络；另一方面要加强迁入地配套设施的建设，重视教育、文化、卫生事业的发展，建立一流的学校、医院、便利的商业网点和功能齐全的社区，使迁入地各种服务设施水平与方便程度优于城近郊区。只有这样，才能吸引更多的人口外迁，实现合理的人口分布。

3．完善养老保障体系

人口老龄化是北京市人口发展的一大趋势。要解决好老龄化带来的各种问题，就要不断完善社会养老保障体系。一要大力发展经济，为社会养老保障体系提供雄厚的物质基础。二要实现社会供养、家庭供养和老年自养三位一体的养老保障体系，增强社会养老功能，鼓励家庭养老，提高老年人自养能力，保障老年人的生活质量。三要搞好社区建设，充分发挥社区对老年人的服务功能。

北京市职工工资快速增长与差距扩大并存

◆ 徐景超

内容提要

职工工资水平的高低及收入差距的大小是和谐社会发展不可忽视的问题。改革开放以来特别是十余年来，北京市职工工资得到普遍提高，但同时行业间职工工资水平呈现较大差距，且差距呈扩大趋势。本文重点分析了北京市职工工资的基本情况及成因、变动特点和值得关注的问题。

一、职工工资的基本情况及成因

1．职工工资基本情况

2004 年，北京市城镇单位（不含私营、个体，下同）职工平均工资为 28348 元。有 17.9%的单位达到或超过北京市平均水平，这些单位的职工平均工资为 51373 元，比 2003 年增长 21.9%；有 82.1%的单位没有达到北京市平均水平，其职工平均工资为 15318 元，增长 10.6%。北京市城镇单位中，有 25%的单位职工平均工资低于 6851 元；50%的单位低于 11301 元；75%的单位低于 22001 元。

2004 年，我市职工平均工资高于全国，在五个城市中,位于广州之后，上海、天津和重庆之前，排在第二位，继 2000 年以来始终保持这一格局。

2004 年在 19 个行业门类中，有 8 个行业职工平均工资高于全市平均水平，排在前四位的是金融业（78399 元）、信息传输计算机服务和软件业（61022 元）、科学研究技术服务和地质勘查业（39844 元）、电力燃气及水的生产和供应业(39645 元)。有 11 个行业职工平均工资低于全市平均水平，如农林牧渔业、居民服务和其他服务业、住宿和餐饮业、建筑业等。

图 1　　职工平均工资频数分布（以单位数作频数）

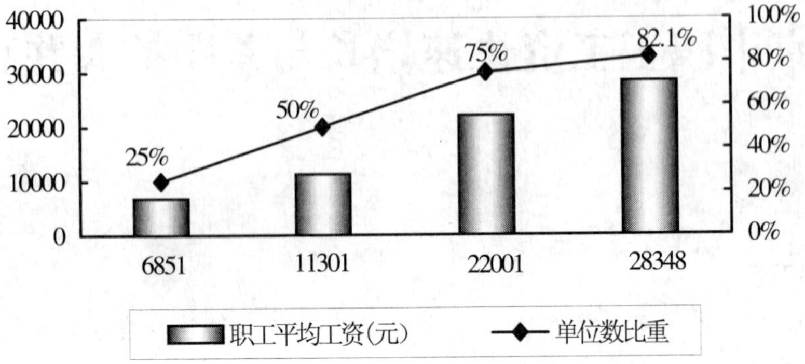

2．职工工资增长成因

从新中国成立到 20 世纪 80 年代初，在计划经济管理体制下，对国有企业的工资制度实行高度集中的管理模式，集体企业一般参照执行，在工资管理方面企业基本没有自主权。这一时期为职工工资平稳期，职工平均工资年均增长仅 1.6%。

20 世纪 80 年代，自 1983 年起，部分企业试行工资总额与经济效益挂钩浮动办法，进而实行两保一挂的承包责任制，解决了国家与企业的一级分配问题。1987 年企业经营承包责任制（两保一挂）普遍实行，使工资增长与经济效益挂钩，企业工资增长逐步加快。这一时期为工资改革启动期，职工平均工资年均增长 12.1%。

20 世纪 90 年代，1992 年邓小平同志南巡讲话以后，市场机制对收入分配的调节作用增强。从股票和金融证券市场的开放完善到国有企业大规模的股份制改造，从三资企业的增加到民营高科技企业的创立，从高薪聘请海归留学人员的政策到机关、事业单位调资及教师的加薪，“脑体倒挂”的局面开始扭转，这些都促进了北京市收入分配格局的调整和工资水平的大幅提升。这一时期是以 1993 年的全国工资改革为起点的快速增长期，职工平均工资年均增长 19.5%。

2000—2004 年，随着我国加入世贸组织，一些企业工资水平超高速增长。这一时期为工资高位相对稳定阶段，职工平均工资年均增长 15.9%。

从职工平均工资增长的绝对量看，20 世纪 80 年代平均每年增加

181 元；20 世纪 90 年代年均增加 1307 元；2000—2004 年年均增加 3156 元。工资增长的绝对量在逐步提高。

二、职工工资变动特点

1. 职工工资快速增长的同时，收入分配格局有明显改变

1990—2004 年间，职工工资水平曾经排在 16 个行业门类第 13 位的金融业（职工平均工资年均增速，20 世纪 80 年代为 10.7%，20 世纪 90 年代为 26.4%，2000—2004 年为 34.9%），以年均递增 28.7%的速度上升为工资水平最高的行业。公共管理和社会组织、卫生社会保障和社会福利业、教育行业年均增长超过 20%，电力、燃气及水的生产和供应业年均增长 19.5%。而在 20 世纪 90 年代以前职工工资水平位居榜首的采矿业，90 年代以后职工平均工资年均增长仅为 13.7%，为各行业最低，工资水平后移至 19 个行业门类的第 15 位。建筑业、农林牧渔业、制造业、批发和零售业职工平均工资增幅也低于北京市 18.4%的平均增幅。

表 1　　部分行业职工工资水平及增速比较

	职工平均工资（元）			1980—1990 年年均增长（%）	1990—2004 年年均增长（%）	2004 年比 1990 年平均工资增加（元）
	1980 年	1990 年	2004 年			
北京市职工平均工资	848	2653	28348	12.1	18.4	25695
金融业	824	2283	78399	10.7	28.7	76116
电力、燃气及水的生产和供应业	942	3236	39645	13.1	19.6	36409
卫生、社会保障和社会福利业	833	2867	39320	13.2	20.6	36453
公共管理和社会组织	922	2252	37653	9.3	22.3	35401
教育	925	2398	32233	10.0	20.4	29835
批发和零售业	789	2535	25355	12.4	17.9	22820
制造业	824	2664	21061	12.5	15.9	18397
采矿业	1065	3303	19939	12.0	13.7	16636
建筑业	906	2940	19575	12.5	14.5	16635
农林牧渔业	722	2104	14364	11.3	14.7	12260

2. 职工工资快速增长的同时，行业间职工工资差距呈逐步扩大趋势

1990 年以前，不同行业职工工资水平差距较小，最高行业与最低行业之比不超过 1.6 倍。20 世纪 90 年代以后，职工工资快速增长的同时行业间差距迅速扩大，职工工资最高行业与最低行业之比由 1990 年的 1.6 倍扩大至 2004 年的 5.5 倍。

3. 职工工资快速增长的同时，行业内部有不同程度的工资差距

由于各单位的经济类型、隶属关系、所在区域、经营状况及所在小行业不同等因素影响，导致同一行业门类不同大类职工平均工资有差距。2004 年，行业内部职工平均工资差距最高的是制造业，这一行业中职工平均工资最低的皮革、毛皮、羽毛（绒）及其制品业与最高的烟草制品业相差达 6.1 倍。差距最小的是科学研究、技术服务和地质勘查业，其职工平均工资相对最低的科技交流和推广服务业与最高的地质勘查业差距仅为 0.2 倍。

表 2　2004 年行业内部职工平均工资均值、最高值和最低值及高低差距

行　　业	平均值（元）	最高值（元）	最低值（元）	高低相差（倍）
金融业	78399	97948	62528	0.57
信息传输、计算机服务和软件业	61022	71095	54091	0.31
科学研究、技术服务和地质勘查业	39844	44293	36875	0.20
卫生、社会保障和社会福利业	39320	40122	22971	0.75
公共管理和社会组织	37653	40576	32908	0.23
教育	32233	37184	23639	0.57
房地产业	26165	42250	19822	1.13
批发和零售业	25355	36402	17169	1.12
制造业	21061	70909	9984	6.10
建筑业	19575	24287	16397	0.48
居民服务和其他服务业	16207	17497	13529	0.29

三、值得关注的问题

一是大多数单位收入偏低。2004 年少数单位（17.9%）职工平均工资高于北京市平均水平；多数单位（82.1%）在北京市平均线以下。职工平均工资分布曲线呈偏态分布，平均工资向右偏，表明在高位有极端值，拉高了北京市职工工资的平均水平。

图 2　　2004年职工平均工资分布

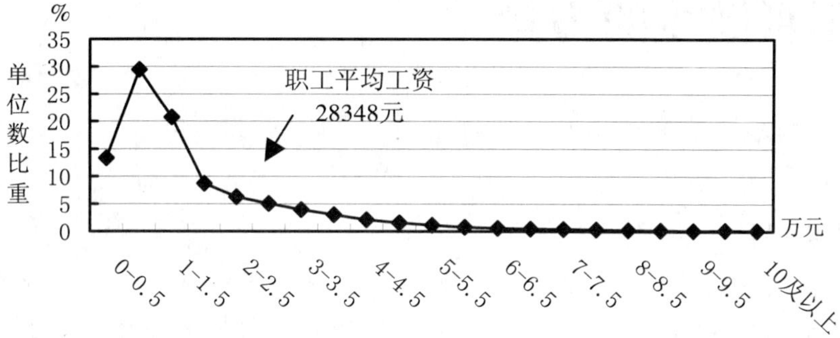

二是改革开放以来工资总体水平稳步增长，但行业间差距呈扩大趋势。北京市行业间职工工资差距由 1990 年的 0.6 倍扩大至 2004 年的 4.5 倍。

三是垄断性行业获取高收入依然存在。如金融业职工年平均工资比 14 年前增加了 7.6 万元，电力、燃气及水的生产和供应业增加 3.6 万元。

农民工已成为北京市经济建设中不可缺少的力量

◆ 邬春仙

内容提要

众多的农民进城就业，给城市的经济生活带来了活力。北京作为首都和特大城市，外地农民工也不断增加，对城市的经济社会发展做出了重要贡献。本文分析了在京外省市农民工的特点、对北京市经济建设的积极作用、带来的一些问题以及发展趋势，供有关部门参考。

众多的农民进城就业，给城市的经济生活带来了活力。北京作为首都和特大城市，外地农民工也不断增加，对城市的经济社会发展做出了重要贡献，同时也给城市管理带来一些问题。全面正确认识外地农民工的作用，对农民工的发展进行科学合理的引导，是构建和谐社会、实现经济社会持续健康发展的长远之计。

一、农民工的含义

农民进城就业是农村富余劳动力转移的重要途径，是推进城镇化必然要经历的过程。2004 年我国城镇人口占常住人口的比重 41.8%，与同等经济发展水平国家相比约低 10 个百分点。2003 年，我国耕地总面积 13004 万公顷，耕地不足造成农村的剩余劳动力日益增多。随着农业和农村经济结构的调整、工业化、城镇化进程的加快，二、三产业规模迅速扩大，形成了对劳动力的新需求，大量的农村劳动力通过各种途径进入城市就业。因此，农民工是工业化、城市化的必然产物，同时是农民寻求自身发展的必由之路。

农民工是我国社会主义现代化建设中出现的一个特殊群体，是指长期生活在城镇、从事第二、第三产业劳动并获得收入，但户口在农村、户籍身份是农民的劳动者。大体上分为两类：一是离土不离乡的农民工，主要是在本乡或本村的乡镇企业里或附近的工厂、商店、机关等地方就业，住在家里的农民工。二是离土又离乡的农民工，他们在城里的工厂、机关、商业及服务部门就业。本文反映的就是第二类，即“离土又离乡的农民工”的基本状况，这部分农民工目前已成为北京现代化建设中不可或缺的重要力量。

二、北京市农民工的现状及特点

随着北京市经济社会的发展，外来人口规模总量逐年加大。2004年北京市共有农民工（不含北京市各郊区县的农民，下同）286.5 万人，在外来人口中占 66.2%，比 1999 年增长 90.4%，平均每年递增 13.7%。

图1　1999—2004年农民工人数　单位：万人

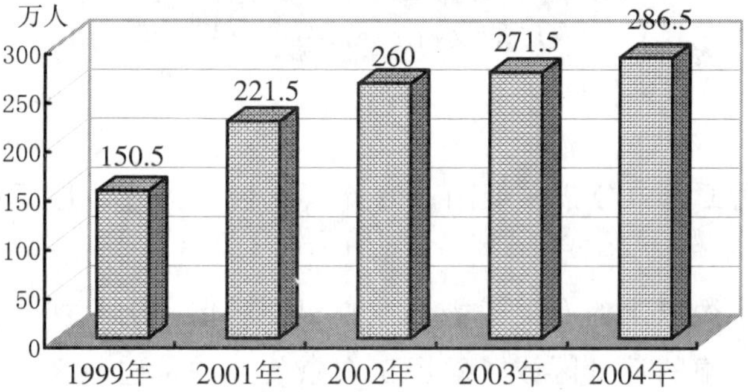

北京的农民工主要来自农业大省。从年龄结构看，主要是 15 到 49 岁之间的青壮年劳动力，在北京从事二、三产业。由于受自身条件的局限，农民工只能选择北京劳动力市场中需求有缺口、劳动强度大、工作时间长、北京人不愿意干的工作岗位。目前北京市农民工的结构呈现“五个集中”的特点：

1. 农民工集中在建筑业、住宿和餐饮业、批发与零售业、制造业等行业

虽然农民工遍布北京市的各个行业，但数量分布很不均匀。2004年北京市农民工主要集中从事建筑业、住宿和餐饮业、批发与零售业、制造业、居民服务和其他服务业，从事以上五个行业的农民工人数占北京市农民工总数的84.4%。其中，从事建筑业的人员为72.1万人，占全部农民工的25.2%；从事住宿和餐饮业的人员为48.3万人，占全部农民工的16.8%；从事批发与零售业的人员为44.9万人，占全部农民工的15.7%；从事制造业的人员为42.5万人，占全部农民工的14.8%。从事居民服务和其他服务业的人员为34.2万人，占全部农民工的11.9%。

图2 2004年农民工行业分布

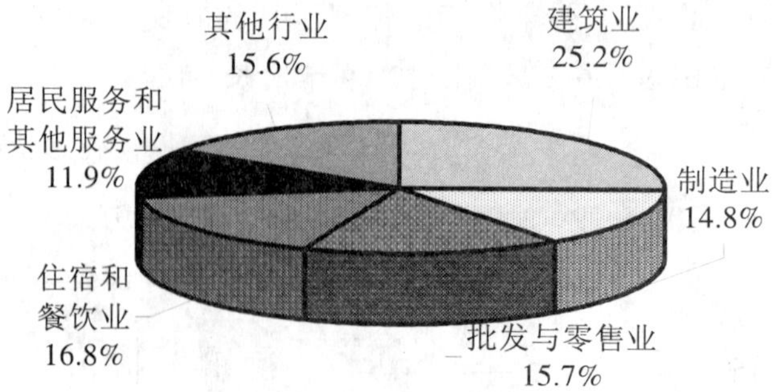

2.农民工集中分布在朝阳、海淀、丰台、大兴、昌平和顺义六个区

由于半数以上的农民工需要在京租住房屋，因此拥有充足房源且房价相对低廉的近郊区成了农民工在京就业的首选地区。2004年，北京的农民工集中分布在朝阳、海淀、丰台、大兴、昌平和顺义六个区，其农民工人数占北京市农民工总数的73.9%。其中：朝阳占23.1%；海淀占18.9%；丰台占9.5%；大兴占8.9%；昌平占7.8%；顺义占5.7%。

3．农民工年龄集中在15—49岁年龄段，且性别比随年龄增大呈上升趋势

2004年，北京市286.5万外来农民工中，96.9%的人年龄在15岁—49岁之间。其中，20—24岁年龄组的人数比重最高，占全部农民工总数的22.8%；30—34岁年龄组占18.8%；25—29岁年龄组占18.4%。在全部农民工中男女比例相差较大，男性199.9万人，女性86.6万人，性别比为231。随着年龄的增加性别比呈扩大趋势，15—19岁年龄组性别比为142；20—24岁年龄组性别比183；44—49岁年龄组性别比增大为494。可见随着年龄的增大，只有极少的女性离开家庭，而一定数量的男性农民工依然根据自己的身体情况及家庭经济条件选择进城打工。

4．农民工的受教育程度集中在初中文化水平

文化知识水平的高低已成为农民工进城就业的基本条件，在北京生存发展必须具备一定的劳动技能，因此，进入北京的农民工基本上是受过初等教育的青年。2004年，在286.5万的农民工中，受教育程度为初中及以上的人数为240.9万人，占北京市农民工的比重为84.1%，其中初中文化程度的占69.7%。由于农民工的平均年龄较低，平均受教育年限为9.1年，高于本市农业就业人口平均受教育年限8.9年的水平。

5．农民工的来源地集中在河北、河南、安徽、山东、四川五大农业省

在北京居住的农民工来源地广泛，涉及30个省、自治区，但主要集中在河北、河南、安徽、山东、四川五大农业省，来自以上五个省的农民工占全部农民工总数的64%。其中：排在前三位的是河北省、河南省、安徽省，所占比重分别为21.3%、18%和8.8%。除河北省和山东省是因为地理位置的优势来京打工人数多以外，其他三个省2004年农民人均纯收入指标均低于全国农民人均纯收入2936元的平均水平，因此，以上三省的农民外出打工是提高收入、改善生活、寻求发展的一条重要途径。

三、农民工进城就业的积极作用

外省市农民工来京务工，使北京拥有了相对廉价的劳动力资源。农民工在各自工作的领域创造了巨大的经济效益。多年来，农民工在用自己的汗水实现着自身价值的同时，也为城市创造了财富。大量的农民工学习了先进的生产方式，接受了新的文化理念并把这些技术和理念带回农村，对于促进农村经济社会的发展、提高农村文明水平起到了潜移默化的作用。

1. 农民工进城就业为北京市国民经济的发展做出了贡献

农民工分别在北京的30个行业工作，主要集中在建筑业、制造业和批发零售业。2003年北京市建筑业从业人员81.73万人，实现增加值279.83亿元，人均创造增加值34238元，由农民工创造的建筑业增加值达到233亿元；制造业从业人员137.8万人，实现增加值1032亿元，人均创造增加值74891元，由农民工创造的增加值达到301.8亿元；批发与零售业从业人员86.13万人，实现增加值248.86亿元，人均创造增加值 28893 元，由农民工创造的批发与零售业增加值达到123.1亿元。以上三个行业的农民工创造的增加值达657.9亿元，相当于北京市金融保险业、国家机关、政党机关和社会团体、其他行业当年创造的增加值总和。

2. 农民工已经成为城市建设不可缺少的重要力量

农村劳动力与城市劳动力的就业领域有较强的互补性，农民工主要从事建筑、环卫、餐饮等行业。2003年，在建楼修路的建筑工人中，农民工的人数占整个建筑工人的比重达到83.6%。在批发和零售业中，农民工的比重达到49.5%，已接近一半。在制造业从业人员中，农民工的比重达到29.3%。从近几年情况看，农民工进入北京劳动力市场对加速二、三产业的发展和方便市民的生活起到了十分重要的作用。目前北京市民的生活已难以离开农民工了，特别是在春节期间，农民工要回家过年，送煤工、送奶工、保姆和清洁工暂时短缺，给北京市民的生活带来不便。

3. 农民工进城就业增加了自身的收入，促进了城乡统筹发展

农民进城就业是转移农村富余劳动力、增加农民收入的重要途径。农民工获得现金收入，可以直接支持本地的农业建设和提高生活水平。2003年，北京市农民工月均收入875元，年均收入10500元，相当于当年全国农民人均纯收入的4倍。这在一定程度上提高了来源地农民的收入水平，对于缩小城乡差距，推进城乡统筹，具有积极的作用。同时，由于农民工在城、近郊区租住房屋，相应增加部分城镇居民和本地农民的收入。2003年外来的农业人口每户月租房支出为333元，仅此一项，一年就给北京城乡居民增加了46.2亿元的其他收入。

四、大量农民工进京带来的一些其他问题

农民工进城就业，在促进城市繁荣的同时，也在公共卫生、交通、资源、医疗及治安等方面带来需要认真加以研究的问题。

1. 一定程度增加了本市的就业压力

农民工就业涉及北京市主要生产领域，但每个行业农民工所占的比重不同。比重最高的是建筑业、批发与零售业以及制造业，三个行业农民工占本行业从业人员的比重分别为83.6%、49.5%和29.3%。尽管农民工进入的主要领域多是对就业人员文化素质要求不高、以体力劳动为主的行业，但是北京市的就业岗位是有限的，部分行业外来农民工的就业比例高，必然要挤占本市人口的就业岗位，会相应减少本市人口的就业机会。

2. 增加城市能源和基础设施的负担

规模庞大的农民工进城就业使北京的城市能源和基础设施的负荷不断加重，给交通、供水、供电以及就医等方面造成了更大的压力。按照北京市民生活平均消耗的能源水平计算，286.5万的农民工每天需要消耗生活用水26.84万吨，每天消耗电力383万千瓦时，每天消

耗煤炭 147 万千克，每天清运垃圾 0.22 万吨，相当于增加了一个朝阳区全部人口的日消耗量。

3．增加了城市管理的工作量

涌入城市的农民工以青年为主，他们在北京就业、生活多年，从最初的单身劳动力来京，发展到一个家庭的整体进入。增加了出租房屋管理、计划生育和治安管理的工作量。政府管理部门不仅要加强对农民工的教育和引导，同时还要关注他们的住房、就业、社会保障以及子女入学等问题。

五、农民工的发展趋势预测

大量的农民工之所以能够在北京生存下来，最根本的原因就是他们能够在城市找到就业岗位或赚钱门路，说明目前北京市的确存在对农民工的客观需求。

1．从城市的就业结构看，存在着对农民工的客观需求

2000 年人口普查数据表明，在北京市 1356.9 万常住人口中，15—59 岁劳动年龄人口有 1002 万人，占 74%。未来几年本市劳动力资源不会出现资源短缺现象。但由于城市劳动力的就业观念、就业渠道、工资待遇等方面的原因会导致某些就业岗位出现劳动力空缺，如服务业、住宿与餐饮业、建筑业等行业对农民工仍然存在一定的需求。

2．从企业降低用工成本看，存在着对农民工的客观需求

据对 2003 年数据分析，企业雇佣一个北京人的成本相当于雇佣 2.3 个农民工。虽然近几年使用外地人员的成本在不断提高，但平均成本还是比雇佣北京人低，造成这种差异的原因，一是外来农民工就业岗位大多数属于体力劳动，对人员素质要求较低；二是用人单位总是力求以最小的投入获得最大的产出，提供的工资待遇较低；三是社会保险征缴面还不够广泛，个别企业单位不给农民工上保险。在经济利益的驱动下，一些企业特别是私营和个体经营单位仍会使用农民工。

综上所述，今后几年北京市对外来劳动力人口仍有一定的需求，预计 2005 年农民工将突破 300 万人，2008 年达到 360 万人。

北京市传统行业离岗人员生活状况调查报告

◆ 霍　晨

内容提要

为及时了解北京市传统行业离岗人员的生活现状，北京市统计局与北京市委研究室联合组织了一次针对汽车、化工、机械行业离岗人员的问卷调查。调查结果表明：离岗人员的收入比离岗前平均下降了44.4%，其生活困难主要集中在看病吃药、供子女上学等方面。离岗人员中半数以上有就业愿望但未找到新工作，年龄大、学历低是其再就业难的主要原因。近半数的被调查人员认为其生活困难尚未得到有效解决，对未来的总体信心不够乐观。

加强和谐社会建设是十六届五中全会提出的重要战略任务之一。为及时了解北京市传统行业离岗人员生活状况，增强政府工作的针对性，北京市统计局与北京市委研究室于2005年8月联合组织了一次离岗人员问卷调查。

调查采用多阶段抽样方法，样本共计1000户，分别取自北汽控股、机械局、化工集团等部分下属企业。调查问卷主要包括离岗人员工作生活现状、离岗前后生活状况比较、离岗后再就业情况及生活与社会诉求等内容。

一、被调查人员基本情况

1. 年龄和受教育状况

1000户被调查样本中，男性占60.7%，女性占39.3%。从年龄分布看，被调查者平均年龄为47.5岁，其中40—50岁的占52.1%。从受教育情况看，离岗人员中高中文化程度者最多，占52.1%；初中文化程度者次之，占33.4%；大专、本科文化程度者分别仅占11.3%和2.6%（见表1）。

表1 离岗人员年龄分布

年龄组	比例（%）
25岁以下	0.1
25—29岁	0.6
30—34岁	1.2
35—39岁	6.9
40—44岁	23.9
45—49岁	28.2
50—54岁	25.0
55—59岁	11.8
60岁以上	2.3
合 计	**100**

调查发现：年龄较大者，文化程度普遍较低。比如初中文化程度的离岗人员平均年龄为50.1岁，高中文化和大专文化程度的离岗人员平均年龄为45.9岁（见表2）。

表2 受教育程度

受教育程度	比例（%）	累计比例（%）
没受过正式教育	0.2	0.2
小学	0.4	0.6
初中	33.4	34.0
高中	52.1	86.1
大专	11.3	97.4
大学本科	2.6	100.0
合 计	**100**	

2．收入状况

被调查离岗人员的家庭平均年收入为 16129.5 元；个人平均年收入为 5607.1 元，仅相当于制造业在岗职工平均年收入（22338 元）的四分之一。离岗前后比较，离岗人员月平均收入由 1113.2 元下降为 619.9 元，平均下降 44.4%。

从维持生活的收入来源看，调查结果显示：59.5%的家庭依靠离岗人员本人的收入维持生活；70.1%[①]的家庭需要依靠配偶的收入维持生活。值得关注的是，在依靠配偶收入维持生活的离岗人员家庭中，离岗人员配偶的就业率也仅为 60.6%。

此外，调查结果显示，离岗人员家庭中，需要赡养老人的占 75%，需要抚养小学生或中学生的占 29%，需要抚养大学生的占 30%，家中有无业子女的占 20%。因此，离岗工人的收入变化将会明显地影响到其生活质量。

3．住房状况

从住房位置看，大部分被调查者住在三环以外。其中，居住在二环以内的占 9%，居住在二至三环之间的占 14%，居住在三、四环之间的占 33%，居住在四环以外的占 34%。

从住房性质看，被调查人员中已购买单位福利房的占 34%，承租单位房的占 19%，承租房管房的占 21%，购买经济适用房的占 12%，购买商品房的占 5%。

从住房条件看，68%的被访者家庭住房面积在 60 平方米以下，住房面积在 60—80 平方米之间的占 26%，住房面积在 80 平方米以上的占 6%。从平均水平看：离岗人员家庭户均住房面积约为 57 平方米，人均 15.7 平方米，明显低于城市居民目前的平均居住水平（21.5 平方米）。

4．家庭背景及享受社会保障状况

离岗人员的社会保障情况一直是社会关注的重点，本次调查显示，被调查人员中，享受医疗保险、失业保险、养老保险、住房公积金者占

① 调查问卷中部分问题允许多项选择，所以此调查报告中有些答案的分项比例总和大于 1。

总体的 69.4%。

另外，为了解离岗人员的家庭背景情况，此次调查涉及了相关的内容。调查结果显示，离岗人员父母的身份大部分是工人，其中父亲是工人的占 37.7%，母亲是工人的占 64%，父母亲均为工人的占 29.4%。

二、调查分析结果

1．离岗人员再就业难的原因分析

（1）年龄偏大是再就业难的首要原因。调查结果显示，离岗人员中，有就业愿望但未找到工作的占 52.6%，已经找到工作的占 36%，没有就业愿望的占 11.4%。

再就业难的主要原因是什么？59.7%的被访者将“年龄偏大”作为首选。另外，认为学历低、无专长、没有合适工作和体弱多病影响再就业的分别占 34.6%、34.9%、29%和 19.6%。

需要说明的是，离岗人员将再就业难的主要原因归结为“年龄偏大”，这与离岗人员中内退人员较多有关。本次调查中，有就业愿望但未找到工作的离岗人员中内退人员占 48.5%，但从年龄情况看，这些内退人员的平均年龄已达 51.3 岁，远远超过大多数用人单位对求职者的年龄限制（35 岁）。

在调查中，我们还对离岗原因进行了设问，结果显示，被调查离岗人员中，主动离职者仅占样本总体的 3.7%，大部分离岗者为被动离岗（见表 3）。

表 3　**离职原因分类**

离职原因		比例（%）	分类汇总（%）
主动离岗	主动离职	3.7	3.7
被动离岗	企业亏损	1.6	85.6
	合同到期	13.2	
	解除劳动关系	18.8	
	内退	52.0	
其　他		10.7	10.7
合　计		**100.0**	**100.0**

2．求职过程中得到社会的扶助少

表4是离岗人员再就业求职途径的分布表。从中可以看出，通过网络、亲戚朋友介绍等方式自己解决再就业问题的占62.5%，而依靠职业介绍所等社会力量解决再就业的仅占37.5%。这说明社会力量在再就业渠道中的作用还未充分发挥，大部分离岗人员要依靠自己的力量去解决再就业问题（见表4）。

对离岗人员再就业情况的调查还显示，离岗以后每人平均换过1次工作，换过工作的人每次平均工作6.5个月。

表4　　求职途径

	求职途径	比例（%）	分类汇总（%）
依靠自己	自己查找网络	9.0	62.5
	亲戚朋友介绍	42.3	
	自谋	0.8	
	其他	10.4	
社会扶助	职业介绍所	16.6	37.5
	原单位介绍	10.5	
	社区介绍	10.4	
合　计		**100.0**	**100.00**

再就业的离岗人员主要分布在哪些行业？本次调查显示，在批发零售业中再就业的最多，占18.1%；其次是工业，占15.9%。此外，在交通运输业、咨询服务业中再就业的也相对较多，分别占8.7%和8.4%。

2．离岗人员的主要困难和社会诉求分析

（1）子女教育费用和医疗费用是生活的主要负担

调查显示，61.9%的离岗人员认为医疗费用是其生活的主要负担，57.8%的离岗人员认为子女的教育费用是其生活的主要负担（见表5）。

表5　　生活主要负担

主要负担	供子女上学	赡养老人	看病吃药	生活费用	住房
选择比例（%）	57.8	27.7	61.9	40.0	32.8

在社会诉求方面，离岗人员除希望政府提高保障金外，还将解决就医问题、增加再就业岗位等依次列在第二、第三位（见表 6）。

表 6　　　　社会诉求统计表

	提高工资	增加再就业	解决住房	解决就医	解决教育	解决养老
选择比例（%）	57.4	39.2	25.4	44.1	22.3	36.2

（2）收入和社会地位同步下降。就离岗人员离岗后对生活水平和社会地位变化主观感受的调查结果是，64.4%的人认为其生活水平有明显下降；54.6%的人认为其社会地位有明显下降，46.3%的人认为其生活水平和社会地位均有所下降。

（3）反映问题的渠道有待完善。

离岗人员最关注的四个社会问题依次是贫富差距、医疗保障、就业问题和腐败问题，这同他们面临的生活困难是基本一致的（见表 7）。

表 7　　　　关注的社会问题

	贫富差距	医疗保障	就业问题	腐败问题	社会治安	养老问题	子女教育	食品安全	公共交通	依法行政
排序	1	2	3	4	5	6	7	8	9	10
选择比例（%）	60.4	43.8	35.1	34.5	30.3	24.9	16.6	15.8	5.5	3.6

离岗人员在遇到问题或困难需要向政府反映或寻求帮助时，只有28%的人认为有反映渠道，其余的离岗人员分别表示没有或不知道反映渠道（见表 8）。调查还表明，离岗人员往往把向党组织反映意见、拨打市长电话、向人大代表反映意见和给媒体写信作为较主要的求助途径（见表 9）。

表 8　　　　反映渠道调查表

	比例（%）
有	28.00
无	36.60
不知道	35.40
合　计	**100.00**

表 9　反映渠道使用率调查

反映渠道	排序	比例（%）
向党反映	1	19.9
向媒体反映	2	19.3
市长热线	3	17.1
向人大代表反映	4	11.6
机关上访	5	6.2
发起签名	6	5.1
参加听证会	7	2.3

离岗人员对于反映的困难能否及时解决的调查结果显示，认为解决得很及时和比较及时的人仅占 9.40%，认为一般的占 20.60%，认为不容易解决和解决不了的占 49.5%（见表 10）。

表 10　反映困难解决情况调查

	比例（%）	累计比例（%）
很及时	2.60	2.60
比较及时	6.90	9.40
一般	20.60	30.10
不容易解决	33.10	63.10
根本解决不了	16.40	79.60
不知道	20.40	100.00
合　计	**100.00**	

（4）对现状和未来并不乐观。就离岗人员再就业后对新工作态度的调查显示，对于新工作，23.5%的人表示满意，54.7%的人认为一般，12.8%的人认为不满意，另外 9%的人表示说不好。

对于今后的生活，28.1%的人认为有信心，29.4%的人认为信心不足，13.4%的人认为没信心，另外 18.4%的人表示说不好。

对于政府的工作，10.9%的人觉得满意，49.6%的人认为一般，18.0%的人不满意，另外 21.5%的人表示说不好（见表 11）。

表 11　对政府工作的满意度

	比例（%）	累计比例（%）
满意	10.9	10.9
一般	49.6	60.5
不满意	18.0	78.5
说不好	21.5	100.0
合　计	**100.0**	

对国家构建和谐社会的设问，32.4%的人认为有信心，21.4%的人认为信心不足，13.4%的人认为没信心，另外 32.8%的人表示说不好（见表 12）。

表 12　对国家构建和谐社会的信心

	比例（%）	累计比例（%）
有信心	32.4	32.4
信心不足	21.4	53.8
没有信心	13.4	67.2
说不好	32.8	100.0
合　计	**100.0**	

三、结语

综合以上的各项调查结果，我们对北京机械、汽车、化工三大传统行业离岗人员的生活现状及社会诉求状况可做如下初步判断：离岗人员的收入较离岗以前有大幅减少，生活质量和社会地位均相对下降；他们的主要负担和社会诉求集中在就医、子女教育、养老和再就业问题等方面；他们再就业困难的主要原因是年龄偏大；相当一部分离岗人员认为反映困难的渠道有待完善，社会力量在解决具体困难时的作用不够及时。特别是，离岗人员对未来的总体信心不足，需要引起重视。

“十五”期间北京城市居民生活水平发展研究报告

◆ 王健华　李维萍　张　峦

内容提要

“十五”期间，北京城市居民生活水平大幅度提高，人均可支配收入年均实际递增10.4%，高于“九五”时期3.3个百分点；人均消费支出年均实际递增8.4%，高于“九五”时期2.2个百分点。生存性消费比重逐年下降，发展、享受性消费比重逐步上升，消费结构进一步优化。但是，与国内先进城市相比，与城市居民生活质量小康标准对比，仍存在着一些差距，如收入和消费水平低于上海和广州，人均住房使用面积尚未达到小康标准等。为此我们剖析了成因，寻求对策，提出了一系列相关建议。

提高人民生活水平是我们工作的根本出发点和落脚点，是贯彻以人为本科学发展观和全面建设小康社会的重要内容。“十五”以来，北京城市居民生活水平大幅提高，居民消费结构进一步优化，给北京市经济发展带来持续、巨大的增长潜力。

一、居民生活水平发展状况

“十五”期间，我市坚决落实宏观调控措施，大力发展首都经济，居民收入稳步增长，消费结构优化，生活质量明显改善，呈现以下明显特征。

1. **居民收入平稳增长**

2005 年，城市居民人均可支配收入达 17653 元，比 2000 年增长 70.6%，扣除价格因素，实际增长 64.2%，年均实际递增 10.4%，高于“九五”时期 3.3 个百分点。实现了收入的稳步增长，为我市人民生活水平的持续提高打下了良好的基础（见图 1）。

图 1 “十五”时期北京城市居民人均可支配收入 单位：元

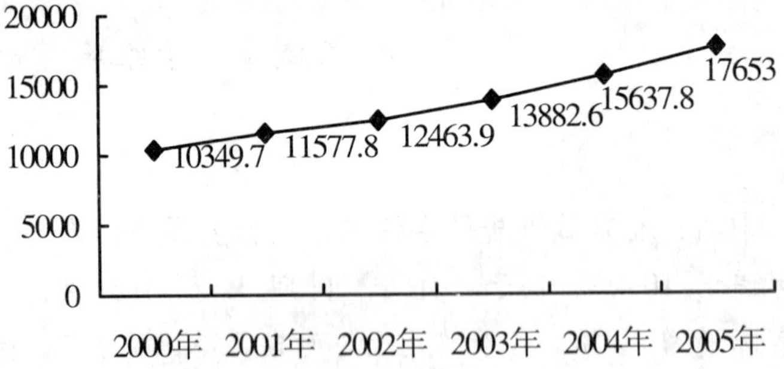

（1）工薪收入快速增长，是居民收入增长的主要因素。工薪收入是城市居民收入的主要来源，2005 年我市城市居民人均工薪收入为 13666.3 元，比 2000 年增长 85.3%，年均递增 13.1%。“十五”期间工薪收入对居民收入的贡献率达到 69%。

（2）转移性收入增速加快，是居民收入水平增长的又一因素。以离退休金为主要内容的转移性收入占收入的比重近年来逐步上升。2005 年我市城市居民人均转移性收入为 5462.9 元，比 2000 年增长 91.1%，年均递增 13.8%。

（3）经营净收入增长，居民收入来源趋向多元化。经营净收入增长表明居民收入来源多元化。2005 年我市城市居民人均经营净收入为 213.7 元，比 2000 年增长 2.3 倍。

（4）财产性收入增长强劲，居民收入渠道进一步拓宽。随着市场经济的逐步完善，股票、债券等有价证券发行量的增加，城市居民的金融活动日趋活跃，居民财产性收入增长十分迅猛。2005 年我市城市居民购买股票、债券以及储蓄等所得到的利息、红利等财产性收入人均为 190.4 元，比 2000 年增长 69.5%。

2. 消费水平稳步提高，消费结构逐步优化

“十五”时期，我市居民消费水平稳步提高。2005 年，城市居民人均消费支出达到 13244.2 元，比 2000 年增长 55.9%，扣除价格因素，实际增长 50%，年均实际递增 8.4%，高于“九五”时期 2.2 个百分点（见图 2）。

图 2　“十五”时期北京城市居民人均消费支出　单位：元

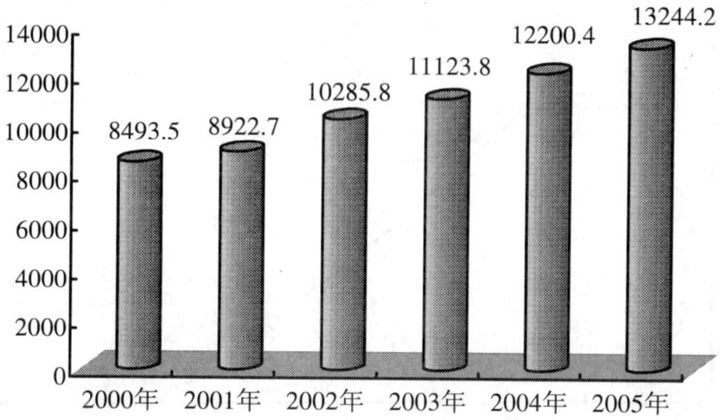

（1）生存性消费比重逐年下降。“吃”、“穿”、“用”的支出，是维持人的生命、恢复体力和人口繁衍所必需的生存性消费，这几类支出占消费支出的比重呈现下降趋势，表明居民消费结构正逐步趋向优化。“十五”时期我市居民消费结构（见表 1）变动呈现如下特点。

表 1　“十五”期间北京城市居民人均消费支出构成比重　单位：%

项　目	2000 年	2001 年	2002 年	2003 年	2004 年	2005 年	2005 比 2000 年增减（百分点）
消费支出	100.0	100.0	100.0	100.0	100.0	100.0	—
1. 食品	36.3	36.2	33.8	31.7	32.2	31.8	-4.5
2. 衣着	8.9	9.2	8.4	8.2	8.7	8.9	0.0
3. 家庭设备用品及服务	12.9	9.5	6.2	6.3	6.8	6.4	-6.5
4. 医疗保健	6.9	7.6	9.2	8.9	9.7	9.8	2.9
5. 交通和通信	7.1	8.6	12.4	15.2	12.8	14.7	7.6
6. 教育文化娱乐服务	15.1	16.0	17.6	17.7	17.3	16.5	1.4
7. 居住	6.9	6.6	9.0	8.6	8.7	7.9	1.0
8. 杂项商品和服务	5.8	6.3	3.5	3.5	3.8	4.0	-1.8

①恩格尔系数逐年下降，居民生活走向富裕。2005 年我市的恩格尔系数为 31.8%，比 2000 年下降了 4.5 个百分点（见图 3）。根据联合国粮农组织的标准，恩格尔系数达到 30～39%，即居民生活水平进入了富裕阶段。如以此为判断依据，我市居民生活水平已超越小康，进入富裕阶段。

图 3　“十五”期间北京城市居民恩格尔系数　　单位：%

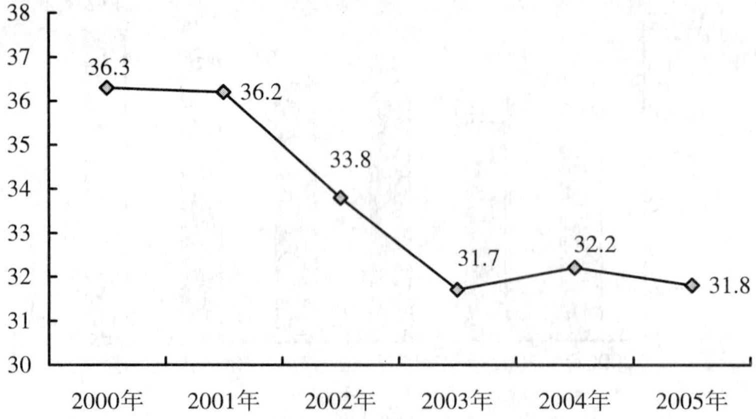

②穿类支出增长，比重稳中趋降。“穿”与“吃”一样，均为生存性消费，有着同样的恩格尔规律,即随着生活水平的提高,比重呈现降势。从表 1 看，从 2000 年到 2005 年，穿类支出呈现的是平稳中有波动，总体上是一种平稳中逐渐下降的态势。但从衣着消费支出的绝对额看，仍然是逐年增长的。2005 年人均衣着支出 1184.1 元，比 2000 年增长 56.8%。消费额逐年增长的同时比重趋于下降，这标志着消费结构向更合理化发展。

③用类消费趋于饱和，比重逐年下降。“用”类消费即指“家庭设备用品及服务支出”，在居民生活处于较低水平的改革开放初期，各种家用电器和各种家庭耐用消费品都是消费的热点，该项支出及占家庭消费支出的比重连年上升。自 2000 年起，该项支出和比重开始下降，2005 年人均家庭设备用品及服务支出比 2000 年下降了 22.4%，占家庭消费支出的比重共下降了 6.5 个百分点。这表明“十五”期间，我

市城市居民用类消费已达到饱和的水平，消费结构更趋向优化。

（2）发展、享受性消费比重逐年上升。用于开发智力，培养美育、德育的“教育文化娱乐服务”消费和加强保健、增强体质方面的“医疗保健”支出属人类自身发展消费，2005 年我市城市居民这两项消费占消费支出的比重分别比 2000 年上升了 1.4 个和 2.9 个百分点；以满足生活节奏加快、追求生活环境舒适、增强生活情趣、爱好的“交通和通信”、“居住”类消费属享受性消费，2005 年这两类支出占消费支出的比重分别比 2000 年上升了 7.6 个和 1 个百分点（见表 1）。发展、享受性消费比重逐年上升，是“十五”时期居民消费结构逐步优化的又一个明显标志，具体体现在以下几个方面：

①“行”和“讯”支出增长 2.2 倍，比重上升 7.6 个百分点。“交通”和“通信”支出即“行”和“讯”支出，是反映居民生活质量的一个重要指标， 是居民最直接的享受性消费。2005 年我市城市居民人均交通和通信支出为 1943.5 元，比 2000 年增长 2.2 倍，占消费支出的比重上升到 14.7%，比 2000 年提高了 7.6 个百分点（见表 1）。

随着网络通信技术的迅速发展，家用电脑、移动电话逐渐普及。2000 年至 2005 年家用电脑每百户拥有量从 32.1 台增加到 89.2 台，增长了 1.8 倍。移动电话每百户拥有量从 27.6 部增加到 190 部，增长 5.9 倍。交通和通信设备的增加，支出的迅猛增长，成为消费结构升级的一个最为明显的标志。

②教育文化娱乐服务支出增长 70.3%，比重上升 1.4 个百分点。开发智力，培养美育、德育的教育文化娱乐服务支出属人类最为基本的发展性支出。资料显示，2005 年我市城市居民人均教育文化娱乐服务支出达到 2186.6 元，比 2000 年增长 70.3%，占消费支出的比重为 16.5%，比 2000 年上升 1.4 个百分点，表明居民生活质量进一步提高。

③医疗保健支出增长 1.2 倍，比重上升 2.9 个百分点。医疗保健意识的增强是居民生活质量提高的一个重要方面。2005 年我市城市居民人均医疗保健支出为 1295.8 元，比 2000 年增长 1.2 倍，占消费支出的比重从 2000 年的 6.9%上升到 9.8%，5 年间提高 2.9 个百分点。

其中滋补保健品支出为217.7元，比2000年增长2.1倍；保健器具支出为35.5元，比2000年增长2.4倍。标志着我市“十五”期间，居民注重生命健康，生活质量明显提高。

④居住支出增长77%，比重上升1个百分点。从表1可见，从2000年到2005年我市城市居民居住支出比重虽然仅上升了1个百分点，但呈现的也是一种结构优化的趋势。从绝对额看，2005年居住类支出为1039.8元，比2000年增长了77%。

⑤服务性消费增长1.1倍，比重上升7.4个百分点。2005年人均服务性消费达到4093元，比2000年增长1.1倍，年均递增15.4%，快于消费支出6.1个百分点。“十五”期间，人均服务性消费占消费支出的比重上升了7.4个百分点，标志着我市居民生活质量明显提升。

二、现实对比及差距成因

“十五”期间我市城市居民生活水平迅速提高，生活质量明显提升，但与国内先进城市对比，与小康生活质量标准对比，仍存在一定差距。

1. 现实对比

(1) 收入与消费在五城市中的位次

①收入、消费水平均居五城市第三。“十五”时期，北京城市居民人均可支配收入和消费支出一直低于广州和上海，在五城市中始终位列第三（见表2及表3）。

②收入年均增速在五城市中居首位。从年均增速看，2005年我市城市居民人均可支配收入比2000年增长70.6%，年均递增11.3%，居五城市首位。居民人均可支配收入增速快于广州和上海，意味着收入水平与广州和上海的差距在逐渐缩小（见表2）。

③消费年均增速快于广州和上海。从年均增速看，2005年我市城市居民人均消费支出比2000年增长55.9%，年均递增9.3%，位居五城市第二，增速快于广州和上海，稍慢于天津，表明消费水平与广州

和上海的差距在逐渐缩小（见表 3）。

表 2　　2000—2005 年五城市人均可支配收入对比表　　单位：元

城市	2000 年	2001 年	2002 年	2003 年	2004 年	2005 年	“十五”时期年均增长（%）	2005 年收入水平位次
北京	10349.7	11577.8	12463.9	13882.6	15637.8	17653.0	11.3	3
天津	8140.6	8958.7	9337.5	10312.9	11467.2	12638.6	9.2	4
上海	11718.0	12883.5	13250.2	14867.5	16682.8	18645.0	9.7	1
重庆	6276.0	6721.1	7238.0	8093.7	9221.0	10244.0	10.3	5
广州	13966.5	14416.2	13380.5	15002.6	16884.2	18287.2	5.5	2

表 3　　2000—2005 年五城市人均消费支出对比表　　单位：元

城市	2000 年	2001 年	2002 年	2003 年	2004 年	2005 年	“十五”时期年均增长（%）	2005 年收入水平位次
北京	8493.5	8922.7	10285.8	11123.8	12200.4	13244.2	9.3	3
天津	6121.1	6987.2	7192.0	7867.5	8802.4	9653.3	9.5	4
上海	8868.2	9336.1	10463.8	11040.3	12631.0	13773.4	9.2	2
重庆	5569.8	5873.7	6360.2	7118.1	7973.1	8623.3	9.1	5
广州	11349.5	11137.0	10671.8	11570.6	13120.8	14468.2	5.0	1

④生活质量全面小康标准达标率为 95.2%

根据 2020 年全国城市全面小康实现程度目标参考值测算，我市 2005 年的生活质量小康指标达标率为 95.2%。“人均可支配收入”和“人均住房使用面积”两项指标未达标（见表 4）。

表 4　　2005 年北京城市居民生活质量小康标准达标情况

监测指标	目标值	2005 年实际值	2005 年实现程度（%）
城市居民人均可支配收入（元/人）	18000	17653.0	98.1
恩格尔系数（%）	＜35	31.8	100.0
居民人均住房使用面积（平方米）	25	19.5	78.0
百户居民拥有家用汽车数量（辆）	≥25	26.1*	100.0
人均生活用电量(度/人)	≥500	586.7	100.0
总实现程度	-	-	95.2

*2004 年数据，由市交管局提供。

2．形成差距的主要原因

以上情况表明，我市居民可支配收入和消费水平低于上海和广州，人均住房使用面积未达小康标准。分析差距产生的原因，主要有以下几点。

(1) 低收入家庭收入增速缓慢，高低收入差距扩大，是影响收入整体水平提高的原因。居民家庭收入 20%等距分组资料显示，2005 年和 2000 年相比，低收入组人均可支配收入增长 48.6%，高收入组增长 84.9%，高收入组增幅高于低收入组 36.3 个百分点。居民高、低收入比虽然维持在一定的区间，但差距仍呈扩大趋势，2005 年比 2000 年高、低收入比扩大了 0.7 个百分点（见表 5）。低收入家庭收入增速缓慢，是影响整体收入水平提高的主要原因。

表 5　　“十五”时期不同收入组居民人均可支配收入对比　　单位：元

项　目	2000 年	2001 年	2002 年	2003 年	2004 年	2005 年
全市平均收入	10349.7	11577.8	12463.9	13882.6	15637.8	17653.0
低收入组	5774.6	6270.7	6057.5	7304.0	7400.9	8580.9
中等偏下收入组	7916.4	8579.2	8941.2	10343.8	10960.8	12485.2
中间收入组	9624.0	10631.3	11315.8	12896.3	14245.1	16062.8
中等偏上收入组	11861.2	13236.5	14210.7	16010.6	18454.5	20812.9
高收入组	17831.2	20652.5	23349.3	24689.8	29634.6	32967.7
高收入组/低收入组	3.1：1	3.3：1	3.9：1	3.4：1	4.0：1	3.8：1

(2) 住房供给结构不合理，房价偏高是影响居住消费比重偏低的主要因素。由于住房供给结构中，适合中低收入群体购买价位的经济适用房、普通商品房偏少，以至于北京市整体房价过高。北京房价在全国处于高价位，相当于全国平均房价的2倍，最终影响个人住房消费及居住相关消费需求的持续增长。

三、几点建议

针对“十五”时期我市城市居民生活中存在的突出问题，提出以下几点建议。

1. 加大消费政策调整力度，拓宽消费领域，改善消费环境

2005年中央经济工作会议强调：扩大内需是我国经济发展的长期战略方针和基本立足点……增加城乡居民收入，拓宽消费领域，培育消费热点，改善消费环境，将是2006年扩大消费的政策取向。为此，建议尽快出台扩大消费的措施，并加大宣传力度，进一步拓宽消费领域、改善消费环境，以便居民合理安排开支,增加即期消费。

2. 调整经济结构，满足消费需求结构

居民消费需求及消费结构的变动,是确定产业和产品结构升级方向的重要依据,有关部门应把经济结构战略性调整与居民消费结构升级结合起来,以适应居民消费需求的变化。一方面,要从主要满足市场需求,逐步转变为既满足市场现实需求，又满足消费者潜在需求。另一方面,继续拓宽消费领域,促进产业的多元化，加快发展服务业，促进信息服务、金融理财服务、租赁服务、社区服务、家庭个人医疗服务等多种服务行业的发展，大力提高服务业增加值占国内生产总值的比重。

3. 进一步提高中低收入群体收入水平，实现高低收入群体间转移支付，缓解收入差距扩大的矛盾

应进一步提高居民收入水平，尤其是低收入群体收入水平，提高其消费能力。完善收入再分配手段，规范完整的收入簿记体系，使各种经济活动及居民收入纳入有效的政府管理体系；要探索税制改革，发挥政府财政的社会再分配功能，通过强化税收制度，完善个人所得税制。通过税收和福利政策，加大收入由高收入阶层向低收入阶层的转移力度，比如使实施的低保标准尽量接近实际测算值等，增加低收入群体的收入，扩大中等收入者的比重，缩小贫富收入差距。

4．建立失业预警体系，完善就业机制

进一步调整和完善就业机制，逐步建立一个有组织、全方位的完整统一的劳动力市场体系。沟通供需渠道，运用法律和必要的行政手段，调节和调控劳动力供求和报酬的支付，以保证流动劳动力资源在各部门的合理配置。具体建议如下：一是制定政策鼓励或奖励非国有经济吸纳下岗、失业人员；二是建立失业监测预警体系，出台有关限制企业随意解雇人员的政策法规，规定企业不得将富余人员集中推向社会，企业解雇人员应上报有关部门批准。设立相应的治理失业的预案，禁止一些歧视性就业协议，对失业人员进行妥善安置。

5．多管齐下，提高住房有效需求

建议按以下几个方面加强对商品房价格的调控和管理。

(1) 深化改革，降低开发成本。统计数据显示，商品房建安费用大约仅占全部销售价格的三分之一，其他主要是土地购置费用和土地开发费用。因此，应调整开发成本结构，包括改善征地、协议出让土地等土地价格管理。强化对房地产开发项目规划设计、土地储备、建设施工、产品销售等全过程的调控，降低开发成本，最终降低商品房价格。

(2) 调整住房投资结构，使房价尽可能大范围与百姓对接，增加有效需求。应针对高档次、大面积、高价位住房投资开发过多，扭曲住房需求的情况，增加普通商品房和经济适用房供给，控制高档房地产开发。可利用信贷政策调整房地产结构和价格。重点支持符合中低收入家庭购买能力的住宅项目，对商品房空置面积大、负债率高的开发企业贷款实行严格管理、重点监控，遏制炒地之风，控制土地成本。

(3) 发展住房信贷，提高住房有效需求。对中低收入阶层购房者购买第一套普通商品住宅或经济适用住房时应提供金融支持，吸引城市中广大的中低收入家庭和参加工作不久且有固定收入的年轻人到购房市场，增加住房的有效需求。

（4）启动存量房市场，促进潜在市场。应全面开放存量房市场，合理配置住房资源，使存量房逐步纳入住房供应体系，方便居民卖小换大，卖旧换新。要促进房地产二、三级市场的联动发展，以巩固和提高房地产业的支柱产业地位。要进一步完善廉租住房制度，完善机制，坚持租金配租与实物配租相结合，以租金配租为主的配租方式，不断扩大受益面，使更多的困难群众受益。

正视居民收入差距　努力构筑和谐社会

◆王　军

内容提要

近年来，北京市经济稳定、快速发展，城乡居民收入水平大幅度提高，生活质量显著改善。但在收入分配领域仍存在一些问题，城市不同收入层、不同行业居民收入差距扩大，城乡居民收入差距不断增大。如何合理调整收入分配，是建设和谐社会面临的重要课题。

党的十六届四中全会决议把构建和谐社会的能力作为党的执政能力之一。社会财富的分配关系是和谐社会的重要组成要素，而收入又是构成社会财富的重要部分。近年来，北京市经济稳定、快速发展，城乡居民收入水平大幅度提高，生活质量显著改善。但在收入分配领域仍存在一些问题，如城市不同收入层、不同行业居民收入差距扩大，城乡居民收入差距不断增大。因此，合理调整收入分配，是建设和谐社会的重要内容之一，也是构建和谐社会的一条重要途径。

一、城乡居民收入总体呈稳步增长趋势

2004年，北京市城市居民人均可支配收入达到15637.8元，比2003年增长12.6%，扣除物价因素影响实际增长11.5%。近年来北京市国民经济持续稳步增长，职工收入增加，为居民家庭收入稳步增长创造了条件。1994—2004年居民人均可支配收入环比增长速度有所起伏，但居民的收入总体呈增长趋势，平均每年增长12.7%。

2004 年北京市农民人均纯收入 7172 元，比 2003 年增加 676 元，是近 8 年增收额的最高值，增长 10.4%，扣除价格因素实际增长 9.2%。近 10 年来，北京市农村居民人均年纯收入逐年增加，从 1994 年的人均 2422.11 元增加到 2004 年的人均 7172 元，2004 年是 1994 年的 2.96 倍（见表 1）。

表 1　　北京市城乡居民人均可支配（纯）收入及增长速度

年份	可支配（纯）收入（元）		环比增长速度（%）	
	城市	农村	城市	农村
1994	4731.24	2422.11	—	—
1995	5868.36	3208.49	24.0	32.5
1996	6885.48	3562.73	17.3	11.0
1997	7813.11	3762.37	13.5	5.6
1998	8471.98	4028.86	8.4	7.1
1999	9182.76	4316.40	8.4	8.6
2000	10349.69	4687.03	12.7	8.6
2001	11577.80	5273.61	11.9	12.7
2002	12463.90	5880.11	7.7	11.5
2003	13882.63	6496.25	11.3	10.5
2004	15637.8	7171.99	12.6	10.4

二、收入分配领域影响社会和谐的突出问题

1994—2004 年城市居民的人均可支配收入增长了 2.3 倍，农村人均纯收入增长了 1.96 倍。但无论是城市还是农村，收入差距都在不断地扩大。城市居民基尼系数 1996 年以前呈上升趋势，随后回落到一个比较平稳的区间，近年来又呈扩大趋势；农村居民基尼系数 1995—1997 年连年下降，1998 年上升后又有所回落，2000 年以后，基尼系数连续上升。北京市居民收入差距变动的基本趋势是一个逐渐扩大的过程。

1. **城市居民收入差距不断扩大**

2004 年，北京市被调查的 2000 户城市居民家庭中，占 20%的高收入组人均可支配收入 29634.6 元，占 20%的低收入组人均可支配收入 7400.9 元，高、低收入组的收入差额由 2002 年的 17385.8 元扩至 22233.7 元，二者收入之比由 2002 年的 3.4∶1 扩至 4∶1（见表 2）。

表 2　近年来高、低收入组人均可支配收入差距对比　单位：元

项　目	1994 年	1996 年	2000 年	2002 年	2004 年
北京市平均收入	4731.24	5868.36	10349.69	12463.9	15637.8
低收入组	2764.10	4012.60	5774.64	6057.5	7400.9
中等收入组	4312.05	6596.29	9624.04	11315.8	14245.1
高收入组	7849.89	10979.13	17831.19	23349.3	29634.6
高收入/低收入组	2.84∶1	2.74∶1	3.09∶1	3.58∶1	4.0∶1

工薪收入是城市居民收入的主要来源，不同行业职工工资性收入是否增长和增长多少，在相当大的程度上决定着居民收入水平的差距。北京市近年来行业之间职工工资差距越来越大，最高行业和最低行业的收入比 1996 年为 2.1∶1，2004 年上升为 5.5∶1。2004 年，行业内部职工平均工资差距最大的是制造业，其内部职工平均工资最高的行业与最低行业间的比达 7.1∶1。

2004 年北京市 19 个行业门类中，年工资收入排在前三位的是金融业（78399 元）、信息传输计算机服务和软件业（61022 元）、科学研究技术服务和地质勘查业（39844 元）。1990—2004 年金融业以年均递增 28.7%的速度上升为工资水平最高的行业，公共管理和社会组织、卫生社会保障和社会福利业、教育行业年均增长超过 20%，电力、燃气及水的生产和供应业年均增长 19.5%，高于北京市 18.4%的平均增幅。而在 20 世纪 90 年代以前职工工资水平位居榜首的采矿业，90 年代以后职工平均工资年均增长仅为 13.7%，为各行业最低。建筑业、农林牧渔业、制造业、批发和零售业职工平均工资增幅也低于北京市 18.4%的平均增幅。

2. 农民收入地区差距在扩大

近年来，随着各项惠农政策的出台，以及农村社会保障制度的建立和逐步完善,农村居民收入差距扩大趋势在一定程度上得到了控制。从 20%最高和 20%最低收入户人均收入比看，2004 年为 5.89∶1，较 2001 年的 5.96∶1 略有下降，农民收入的基尼系数由 2003 年的 0.355 下降为 2004 年的 0.343。

但从北京市各区县农村居民收入绝对值看，差距在进一步拉大。2000 年收入最高的海淀区，与最低的密云县相比，差距为 3026.54 元。到 2004 年，收入最高的为朝阳区，农民人均纯收入已达 10261.11 元；最低的为延庆县，农民人均纯收入仅为 6345.21 元。两者差距为 3915.9 元，比 2000 年高 889.36 元。

3. 城乡之间居民收入差距有所扩大

2004 年，北京市农民人均纯收入 7172 元，低于城市居民 20%最低收入组 7400.9 元的收入水平，也低于 1997 年的城市居民人均可支配收入（7813.11 元），比城市居民落后 8 年。1993 年—2004 年城乡居民收入比例由 1.51 : 1 扩大到 2.18 : 1，2000 年城乡居民收入差距最大为 2.21 : 1。城乡之间存在一定的差距是正常的，也正是差距的存在才促进了城乡之间要素的流动。但城乡差距过大，就会成为发展的障碍。

三、造成收入差距扩大的主要原因

1. 社会分配机制不健全

改革开放以来，中国先后经历“鼓励一部分人先富起来”、“包产到户”、“打破国有企业职工铁饭碗”、“实现多种分配方式并存”等不同的发展阶段，旧的“大锅饭”利益格局已经被打破，但新的合理的按劳分配机制尚未完全建立。在这种情况下，社会不同群体之间的利益格局多元化、利益关系复杂化的趋势越来越明显，知识、技术、资本、经营管理等生产要素参与收益分配后，收入差距进一步拉大，加之国民财富二次分配机制不健全，致使贫富差距呈扩大的趋势。初次分配注重效率，再次分配注重公平，是我国收入分配的基本原则。然而，一些垄断行业凭借其垄断地位所获得的超额利润，成为其职工提高收入的基础。目前，一些垄断行业普通职工的收入都已远高于社会平均收入水平，甚至高于其他行业的高级管理者的收入水平。

2．低收入群体文化程度低、竞争力弱，导致收入增长缓慢

2004 年，北京市被调查的 2000 户城市居民家庭中，家庭收入的主要支撑者（即家庭户主）的学历与收入呈正相关。2004 年，收入最低的为未上过学的群体，他们的家庭年人均可支配收入为 9049.8 元。收入最高的为研究生群体，家庭年人均可支配收入为 23567.3 元。同时，文化程度较高的群体收入增长较快，文化程度较低的群体收入增长较慢。2004 年，北京市被调查的 2000 户城市居民家庭中，20%的低收入组人均可支配收入比 2004 年仅增长 1.3%，20%的高收入组人均收入增长 20%，低收入组收入增幅比高收入组低 18.7 个百分点，致使二者收入差距进一步扩大。

2004 年在被调查的农民中具备高中及以上文化程度的劳动力比重，20%低收入组为 24.1%，20%高收入组达 46.6%。低收入组劳动力素质相对偏低，专业技能弱，不能完全适应农村城市化和产业结构调整对高素质劳动力的需要，他们在劳动力市场上竞争不具优势。低收入组的农户无法流向知识密集型、收入相对较高的行业或部门。

低收入群体一般从事技术含量较低的工作，收入不稳定。同时，低收入家庭离退休和病退人员较多，医疗费用高，也是造成收入差距扩大的原因之一。

3．二元结构的管理体制是造成城乡差距的主要原因

长期以来，政府管理部门从职能上实行的是城乡分割的管理体制，在社会福利、就业、户籍等方面的制度安排上，造成了城乡差别的进一步扩大。特别是在农村教育、医疗卫生、污水处理、垃圾处理、公共绿地等基础设施和公共设施建设方面投入不足，使得城乡差别日益明显。

四、和谐社会目标下的收入分配对策

构筑一个和谐、稳定和长治久安的社会，必须有效遏制贫富两极分化与分配过分不公，否则就只能导致社会失衡甚至出现社会动荡。当然，合理调整收入分配不等于过分均等化，而应坚持与社会主义市场经济发展相适应、与国民经济发展水平相适应、与全面建设小康社会的具体要求相适应的原则，用发展、改革和法制的办法合理有序地调整收入分配。

1. 政府要为收入机会均等化创造必要而充分的条件

收入机会均等化不仅是解决收入分配不公的根本性措施，而且还是市场机制在收入分配及资源配置方面有效发挥作用的前提条件。为此，需要加快对部分垄断行业的市场化改革，创造平等、公平的市场参与环境；帮助低收入人群提高就业竞争的能力和自我创收的能力，扩大对促进就业资金的投入，发展劳动密集型产业，拓宽就业空间；制定旨在保障农民工进城务工合法权益的各项政策措施，为收入机会均等化尽可能地创造条件，增加农民收入与就业机会，使城乡差距、地区差距、居民内部差距适当缩小。

2. 强化政府的再分配调节能力

建立和谐社会的标志之一是有能力解决和化解利益冲突，并由此实现利益大体均衡。当前需要正确处理效率和公平之间的关系，通过利益协调，理顺社会群体利益关系，为构建和谐社会支付平衡成本，不断缩小贫富之间、城乡之间、区域之间的差距，在发展中实现利益关系的动态均衡。国家税收需要加大对高收入者的调控，研究开征遗产税、赠与税、社会保障税，完善房产税制，调整个人所得税，减免农业税费，加大对农村义务教育的投入，增加投资农业的资金，加大财政转移支付力度。

在目前中央和地方的财力还有限，财政转移支付能力还不能完全解决问题的情况下，应当借鉴市场经济较发达国家的经验，推进调节收入的社会第三次分配，即在一些社会生活领域里如何让富人多出钱，穷人少出钱，实行社会收入的转移支付，弥补财政转移支付的不足。

3. 统筹城乡发展

统筹城乡更多的是要关注和加快农村的发展，对农村发展给予更多的财力支持。因此要以科学的发展观指导国民收入分配格局，科学调整和安排财政支出，吸引社会资金投入和支持农村基础设施、经济和社会各项事业的发展。着力研究农村教育、卫生等社会事业的体制改革，充分利用城市的资金、人才优势，建立城乡互补的教育、卫生体系，推动农村社会事业的发展，最大限度地缩小城乡之间在社会事业发展方面的差距。

北京城市居民时间分配状况分析

◆王　军

内容提要

时间利用调查在反映人与社会发展、人与经济发展，坚持科学的发展观，全面反映人的发展变化，具有重要的意义。为了解城市居民时间分配情况，北京市统计局对北京市城八区 2000 名城市居民进行抽样调查。调查结果表明：城市居民生活节奏加快，工作日工作时间延长，加班时间增加。家务劳动时间不断减少，闲暇时间不断增加。但也反映出居民闲暇时间的利用空间较狭小、情趣单一，尚需引导居民树立科学、健康的闲暇观、生活观。

随着居民收入水平的不断提高，居民生活方式发生了明显的变化，特别是一周双休制度实行以来，居民休闲的物质条件大为改善，享受休闲生活已成为居民提高生活质量的重要方面。为了全面了解城市居民时间分配情况，北京市统计局对北京市城八区 2000 名城市居民进行抽样调查。现将调查结果分析如下：

一、居民时间分配构成

居民每天的时间分配可以分为四个部分：一是工作时间，即从事各种职业劳动的时间，包括工作准备时间、实际工作时间、上下班路途时间、工间休息时间、加班时间等；二是满足生理需要的时间，包括睡眠、吃饭、个人卫生等时间；三是家务劳动时间，包括购买日常生活必需品、做饭、洗衣、打扫卫生、照看老人孩子、修理家用物品等时间；四是上述时间以外可以自由支配的休闲时间，包括学习、娱乐、体育锻炼、社会交往等时间。

1．工作日时间分配构成[①]

抽样调查结果显示：1、工作日居民工作时间为 9 小时 50 分钟，其中，上下班路途时间 1 小时零 5 分钟，实际工作时间为 7 小时 52 分钟，加班时间为 53 分钟；2、生理需要时间为 9 小时 9 分钟，其中睡眠时间为 7 小时 19 分钟，一日三餐时间为 1 小时 14 分钟，个人卫生时间为 36 分钟；3、家务劳动时间为 1 小时 55 分钟；4、休闲时间为 4 小时 35 分钟。

2．休息日时间分配构成

抽样调查结果显示：1、休息日居民生理需要时间为 10 小时 20 分钟，比工作日增加 1 小时 12 分钟，其中睡眠时间为 8 小时 15 分钟，个人卫生时间为 43 分钟，一日三餐时间为 1 小时 22 分钟；2、家务劳动时间为 3 小时 52 分钟，比工作日增加近 2 小时；3、休闲时间为 9 小时 12 分钟，按类别分：看电视 157 分钟，读书看报 81 分钟，计算机上网 60 分钟，游园散步 45 分钟，参加体育活动 30 分钟，逛街购物 61 分钟，探亲访友 31 分钟，听广播 19 分钟，培训学习 12 分钟，旅游 22 分钟，下棋打扑克 14 分钟，观看电影文体表演、各种展览 9 分钟，4、其他活动时间 1 小时 50 分钟。

二、居民时间分配变化

与 1986 年开展的居民时间分配调查结果对比分析，我们发现经过近二十年的变迁，居民工作、生活方式发生了较大的变化。

[①] 在本次调查中，居民在一段时间内同时从事两项活动，则将其分别记入不同的项目时间内，如边用餐、边看电视，分别记入“用餐时间”和“看电视时间”。因此，居民一天时间分配可能超过 24 小时。

1. 工作日工作时间延长，加班时间增加

实行双休日以来，每周制度工作日减少一天，加之随着工作节奏的加快和社会竞争的加剧，职工在每个工作日内工作时间及加班时间有所增加。调查资料显示：工作日居民实际工作时间为7小时52分钟，比1986年增加19分钟；加班时间平均为52.7分钟，比1986年增加39分钟。按年龄分，工作日加班时间排在第一位为31－35岁年龄组，人均每天加班67.4分钟，第二位为36－40岁年龄组，人均每天加班57.3分钟；从职业看，个体劳动者工作日加班时间最长，人均每天加班1小时58分钟，其他加班时间较长的人员依此为：科研人员1小时31分钟，文体工作者1小时9分钟，教师59分钟，国家公务员58分钟。

2. 生活节奏加快，日平均睡眠时间减少

调查显示由于工作生活节奏的加快，居民平均每日睡眠时间与1986年相比有所减少。工作日居民睡眠时间为7小时19分钟，比1986年减少25分钟。从文化程度看，学历越高睡眠时间越短，小学及以下人员为7小时40分钟，初中生为7小时25分钟，本科生和研究生分别为7小时16分钟和7小时13分钟。休息日居民睡眠时间为8小时15分钟，比工作日睡眠时间多近1小时，但比1986年减少28分钟。从职业看，休息日国家公务员睡眠时间最少，为7小时4分钟，其次是文体工作者为7小时5分钟，再次为企事业单位管理人员，为7小时11分钟。

3. 家务劳动社会化程度提高，家务劳动时间减少

随着经济社会的发展，家务劳动社会化程度不断提高，居民用于在家做饭、洗衣和购物时间明显减少。调查显示：工作日居民在家做饭时间为31分钟，比1986年减少19分钟；休息日在家做饭时间为1小时4分钟，比1986年减少15分钟；工作日居民在家洗衣时间为15分钟，比1986年减少3分钟，休息日在家洗衣时间为26分钟，比1986年减少37分钟；工作日居民逛街购物时间为11分钟，比1986年减少8分钟，休息日逛街购物时间为61分钟，比1986年减少5分钟。

4. 闲暇时间增加，读书看报、看电视、上网是居民休闲主要方式

随着居民生活质量的提高和双休日的实行，居民闲暇时间不断增加。调查结果显示平均每个休息日居民看电视时间为 2 小时 37 分钟，比 1986 年增加 42 分钟；读书看报时间为 1 小时 21 分钟，比 1986 年增加 51 分钟；听广播时间为 19 分钟，比 1986 年增加 10 分钟；体育锻炼时间为 30 分钟，比 1986 年增加 21 分钟。随着居民家庭计算机从无到有，普及率不断提高，"上网"成为不少居民重要休闲方式之一，此次调查显示，休息日居民上网时间已达 1 小时。此外，休息日居民用于其他休闲内容的时间分别为：游园散步 45 分钟， 旅游 22 分钟，下棋打扑克 14 分钟，观看电影文体表演及展览 9 分钟（见表 1）。

表 1　　2005 年与 1986 年居民休息日时间花费对比　　单位：分钟

	休息日		
	2005 年	1986 年	2005 年比 1986 年
睡眠时间(含午睡)	495	523	-28
个人卫生时间	43	42	1
做饭时间	64	79	-15
洗衣物时间	26	63	-37
逛街购物时间	61	66	-5
用餐(三餐)时间	82	78	4
照看孩子时间	55	29	26
读书看报时间	81	30	51
看电视时间	157	115	42
听广播时间	19	9	10
游园散步时间	45	52	-7
体育锻炼时间	30	9	21
探亲访友时间	31	79	-48
参加培训学习时间	12	23	-11
教育辅导子女学习时间	8	15	-7

三、不同居民时间分配特点

1．男性加班时间多于女性，女性家务劳动时间多于男性

分性别看，男性工作时间多于女性。调查显示，男性居民和女性居民平均每天的工作时间相差不大，分别为 7 小时 53 分钟和 7 小时 49 分钟，但男性居民平均每天的加班时间明显多于女性：男性为 61 分钟，女性为 44 分钟；而女性的家务劳动时间多于男性，休闲时间少于男性。调查显示，工作日平均每天的家务劳动时间，女性为 2 小时 3 分钟，男性为 1 小时 17 分钟。休息日平均每天的家务劳动时间，女性为 4 小时 26 分钟，男性为 2 小时 41 分钟；平均每天的休闲时间，女性为 3 小时 24 分钟，男性为 4 小时 15 分钟。

2．年轻人休闲时间较多，中年人家务负担重

分年龄看休息日 30 岁以下的年轻人睡眠时间最长，超过 8 小时，具体是：21—25 岁 517 分钟，26—30 岁 506 分钟。与此相应，休息日 30 岁以下的年轻人家务劳动时间最少，21—25 岁为 206 分钟，26—30 岁为 309 分钟。这一方面是因为年轻人消费观念比较先进，更容易接受家务劳动的社会化，更愿意将休闲时间用于学习、娱乐；另一方面是因为一些未成家的年轻人与父母居住在一起，不操心家务，家务劳动时间较少，享受的休闲时间较多。值得注意的是，30—40 岁年龄段的人，家务劳动时间最长，休闲时间最少。家务劳动时间分别为：31—35 岁 401 分钟，36—40 岁 386 分钟。休闲时间分别为：31—35 岁 389 分钟，36—40 岁 400 分钟，而其他年龄段休闲时间均在 400 分钟以上。

3．学历越高读书看报和上网时间越长

从文化程度看，居民学历高低对文化娱乐方式的选择有较大的差异：学历越高用于读书看报、上网的时间越长，学历越低用于看电视、听广播时间越长。调查表明：研究生及以上学历人员休息日用于读书看报时间为 2 小时 14 分钟，本科生为 1 小时 49 分钟，大专生为 1 小时16分钟，中专生为1小时7分钟，初中生为1小时18分钟，小学及以下为37分钟；研究生及以上学历的上网时间最长，休息日人均96.2分钟，本科生为82.6分钟，大专生为71.9分钟，高中生为70.4分钟，中专生为35.3分钟，初中生为26.3分钟，小学及以下为3.2分钟。这表明随着互联网的快速发展，高学历居民对于网络的兴趣和依赖越来越大，通过网络获得信息、知识和娱乐日益成为人们工作、生活不可缺少的部分。

而从看电视、听广播时间看，学历越低所花费时间越长。调查表明：研究生及以上学历人员休息日用于看电视的时间为1小时43分钟，本科生为2小时18分钟，大专生为2小时29分钟，中专生为2小时38分钟，初中生为3小时7分钟，小学及以下为2小时42分钟；研究生及以上学历人员休息日用于听广播的时间为9分钟，本科生为16分钟，中专生为17分钟，初中生为24分钟，小学及以下为30分钟。

4．收入水平越高，家务劳动时间越少，上网时间越多

居民所享受的休闲生活取决于两个要素，一是时间，二是收入水平。在收入水平较低时，居民宁愿多劳动以获取更多的收入，只有在安居乐业、丰衣足食后，才开始在充分的闲暇时间中享受科学、文化艺术、社交等快乐生活。调查显示，随着收入水平提高，居民家务劳动时间越来越少：月收入在5000元以上的居民休息日做饭时间为44分钟，收入在3001—5000元的居民为50分钟，收入在2001—3000元的居民为64分钟，收入在1001—2000元的居民为76分钟，收入在501—1000元的居民为94分钟；休息日洗衣及打扫卫生时间，收入在5000元以上的居民为67分钟，收入在3001—5000元的居民为72分钟，收入在2001—3000元的居民为82分钟，收入在1001—2000元的居民为85分钟，收入在501—1000元的居民为92分钟。

居民收入高低与读书看报、看电视、听广播、看文体表演等方式没有直接关系，但却与上网时间长短关系密切：月收入在5000元以上居民的上网时间最长，每天人均102.9分钟，收入在3001—5000元的居民每天上网70.1分钟，收入在2001—3000元的居民每天上网56.6

分钟，收入在 1001—2000 元的居民每天上网 36.8 分钟，收入在 501—1000 元的居民每天上网 14.0 分钟。

四、问题及建议

调查表明：在绝大部分居民闲暇时间构成中，读书看报、看电视、上网时间偏多，而参加体育锻炼、培训学习时间偏少，休息日分别为 30 分钟和 13 分钟，占休闲时间不足 8%。反映出多数居民闲暇时间的利用空间狭小、情趣单一。居民在休息日参加各类社会公益活动的时间日均也仅有 3 分钟。这不利于全社会物质文明和精神文明的建设，也不利于居民素质的提高。同时文化设施不足在一定程度上也制约了居民闲暇生活质量的提高。同时还有一些文化体育场馆改变了使用功能，如改为酒店、写字楼或停车场等其他经营场所。

当前，居民物质生活水平不断提高，具有了一定改善生活质量、提高生活品质的愿望。因此，在大力提高居民收入的同时，要从多方面改善闲暇生活、提高闲暇生活质量。

1. 开展正确的舆论导向，引导居民树立科学、健康的闲暇观、生活观

闲暇的概念不仅仅是看电视、探亲访友、娱乐、购物，用来放松自己、恢复体力，而且随着闲暇时间的增多，还可以用以促进精神文明建设和人的素养的提高。不同的闲暇观念和方式反映了不同的社会文化取向、生活观念和价值追求。因此，应积极引导居民重视闲暇时间、合理计划闲暇时间，培育良好的生活方式。

2. 改善社区服务功能，为居民提高闲暇生活质量创造有利条件

现代意义上的社区，已经不再是传统的栖身养息之处，而是与人们的生活质量密切相关的社会环境。由于人们闲暇时间相当部分是在社区环境中度过的，因此，社区服务体系是否完备、服务功能是否优良，直接影响人们闲暇生活质量的提高。在坚持“文明、安全、优美、方便”的原则下，应因地制宜搞好社区基础设施建设，如切实搞好绿化带、报刊阅览室、便捷购物、卫生保健、文体娱乐等设施建设。此外，还可根据社区的实际情况，有针对性地组织开展各类具有大众参与性的公益活动，完善社区的服务体系，创造优美的社区环境，以健康的活动内容、适宜的活动方式，促进居民更好地利用闲暇时间。

3. 提高社会公共服务能力，为居民闲暇生活创造有利的环境

与居民闲暇生活息息相关的休闲产业是一个相互配套的系统工程，涉及众多部门，如饭店、餐饮、接待、商业、旅游、通信等第三产业，公安、医疗、交通、文化艺术、市政建设等政府公共服务部门等。各部门及各行各业的服务意识、服务水平，都会影响到居民的闲暇选择。交通拥挤、餐饮脏乱、价格不合理、服务质量差、社会治安差、环境恶劣、公共设施简陋、消费陷阱等，都可能会使居民考虑放弃外出闲暇、减少闲暇活动。各行业应不断地提高服务意识，提升服务能力，规范服务行为，为居民提供一个安全、舒适、健康、文明的休闲环境。

4. 加强各类教育，普及科学文化知识

发展型的闲暇生活需要居民具备一定的科学文化素养。因此，应提高居民文化素质和艺术鉴赏能力，从而为居民提高闲暇生活质量奠定一定的知识基础。切实把教育放在优先发展的地位，努力构建终身学习体系，积极创建学习型社会。在普及科学、历史、艺术等文化基础知识的同时，培养和提高人们对科学的兴趣与探索精神，并切实创造各种有利条件，多层面、多途径、持续性地普及科技知识和方法，帮助人们掌握先进的科学技术和生产劳动技艺；通过深入浅出的教育方式和多元化的教育途径，逐渐普及高层次的文化知识及艺术。

北京市城市居民能源消费分析

◆ 王　军

内容提要

北京作为一个资源短缺的城市，能否正确处理资源、能源约束与经济社会发展和提高人民生活的关系，保障居民生活需要，直接关系到北京经济社会的发展进程和社会的稳定。本报告分析了北京市城市居民能源消费变化情况。针对影响资源、能源消耗的制约因素，提出了降低北京市资源、能源消耗的对策。

在最近召开的北京市十二届人民代表大会第三次会议上，政府工作报告明确提出："大力发展循环经济，建设节约型城市。加强用水总量控制和定额管理，推动节水工作，加快推广资源节约，利用新技术、新材料、新器具，增强全社会的节能意识。优化能源结构，缓解煤、电、油、气、运紧张状况，保证能源供应。"居民是城市水资源及各类能源的主要消费对象，对其消费情况的分析和判断，将有利于提高对水和能源需求的把握与控制，建立适应循环经济发展的体制和规划。

一、城市居民生活用资源、能源消耗状况

2004 年北京市自来水销售量 63189.7 万立方米，其中居民生活用约 24391.2 万立方米，占 38.6%；北京市用电量 451.7 亿千瓦小时，其中居民用 80.2 亿千瓦小时，占 17.8%；北京市煤气销售量 17714 万立方米，其中生活用 13413 万立方米，占 75.7%，使用煤气居民户有 11.6

万户；北京市液化石油气销售量12.6万吨，全部用于居民生活，使用液化石油气居民户有120.9万户；北京市天然气销售量232794万立方米，其中生活用225258万立方米，占96.8%，使用天然气居民户有252.8万户。居民生活用水及各类能源消费有以下特点。

1．居民节水意识不断增强，生活用水量相对稳定

据2000户城市居民抽样调查资料显示，2004年北京市城市居民人均生活用水量为31吨。随着水价的不断提高，居民的节水意识逐步加强，"一水多用"的习惯逐渐形成，有关调查显示，近七成的居民知道北京水资源奇缺，对节约用水十分关注。水价的不断调高，促进了居民节水意识的提高。从10年来城市居民人均生活用水量看， 年人均生活用水量基本稳定在30吨左右，2000年以后还稳中有降。

表1　　**城市居民人均生活用水量和水价变化情况**

	单位	1995年	1997年	2000年	2002年	2004年
用水量	吨/人	31.7	34.8	30.4	27.7	31.0
水　价	元/吨	0.31	0.49	1.6	2.28	2.78
消费支出	元/人	9.8	17.2	48.7	61.7	86.3

居民用水消费支出的不断增加，主要是由于水价的上涨所致，水价由1995年的每吨0.31元逐步提高到2004年平均每吨2.78元（2004年8月1日起，居民生活用水价格每吨上涨至3.7元），增长近8倍，人均用水消费支出也相应由1995年的9.8元提高到2004年86.3元，增长7.8倍。

2．家用电器快速进入家庭使居民生活用电大幅增长

2004年北京市城市居民人均生活用电量为623.8千瓦小时，人均用电支出276.7元，分别比1995年增长2.1倍和4.4倍，年均增长13.6%和20.5%。1995年以来居民人均生活用电量增长情况（见表2）。

表 2　　城市居民人均生活用电量和电价变化情况

	单位	1995 年	1997 年	2000 年	2002 年	2004 年
用电量	千瓦小时/人	198.5	230.4	376.7	486.9	623.8
电　价	元/千瓦小时	0.26	0.38	0.40	0.42	0.44
消费支出	元/人	51.6	87.5	149.6	206.5	276.7

居民用电量快速增长的原因主要是随着收入水平的提高，各类家用电器快速进入家庭：1981 年每百户家庭平均拥有洗衣机 12.3 台，1994 年超过百台，为 102.8 台； 1981 年每百户家庭平均拥有彩电 1.7 台，1992 年超过百台，为 101.4 台；1981 年每百户家庭平均拥有电冰箱 1.7 台，1991 年超过百台，为 101.7 台。

随着居住条件的改善，生活质量的进一步提高，新兴家电以更快的速度进入百姓家庭：1992 年平均每百户家庭拥有空调不足 1 台，2000 年达 69.6 台，2004 年达 135.7 台；淋浴热水器 90 年代初开始在部分家庭使用，1992 年每百户家庭平均拥有淋浴热水器 17 台，1995 年为 45.4 台，2004 年达 94.1 台；1985 年平均每百户家庭拥有电炊具 2.8 台，1995 年达 34 台，2004 年达到 120.4 台。家用电器的普及使用，使居民用电量大幅提高。

3. 居民煤炭消费下降，煤气（天然气）消费上升

2004 年北京市城市居民人均煤炭消费量为 46.7 千克，分别比 1995 年和 2000 年下降 56.8%和 63.7%；人均管道煤气（天然气）使用量为 51.2 立方米，分别比 1995 年和 2000 年上升 69.5%和 17.2%。液化石油气（煤气罐）作为居民家庭过渡性能源，随着城市基础设施建设的加快和居民住房条件的改善，城市居民使用量也在不断减少，由 1995 年人均消费量 15.7 千克，下降到 2004 年人均消费量 9.4 千克。这主要是随着北京市大气环境保护力度的加大和陕北天然气进京，居民能源消费结构发生较大变化，对大气环境污染重的煤炭消费量逐渐减少，优质天然气消费量逐步增加。

另外，近年来，随着汽车进入家庭速度的加快，居民家庭车辆用油消费支出大幅增加，2004 年人均用油消费 87.6 元，比 2002 年增长 93.3%。

4．夏季用水量大，春季用电量少

北京一年四季气候变化较大，居民对水及各类能源消费也有一定的季节性变化，从2004年居民用水及各类能源消费变化情况看，有以下特点：

（1）水、电消费夏季最大，春季最小。夏季炎热，居民冲凉、降温用水、用电量大，人均水、电消费量分别达8.5吨和175.6千瓦小时，比春季多18.1%和54.1%；春季人均水、电消费量最小，分别为7.2吨和113.9千瓦小时，这主要是春季温度适中，大部分时间既不需要取暖，也不需制冷。

（2）用(购)煤量秋、冬季最多，夏季最少。居民秋、冬季人均用（购）煤量分别为26.3千克和13.4千克，这主要是从9、10月份开始，住平房或分散取暖的家庭就要购煤为冬季取暖做准备；夏季天气炎热，用煤炉做饭的家庭越来越少，用煤量人均仅为1.7千克。

（3）管道煤气(天然气)和液化石油气用量冬季最多，秋季最少。管道煤气(天然气)和液化石油气用量冬季人均消费量分别为14.9立方米和2.6千克，秋季人均消费量分别为11.9立方米和2.2千克，冬季比秋季分别多25.2%和18.2%。

表3　　不同季节居民能源消费情况

	计量单位	春季	夏季	秋季	冬季
用水量	吨/人	7.2	8.5	7.7	7.6
用电量	千瓦小时/人	113.9	175.6	164.8	169.4
用煤量	千克/人	5.3	1.7	26.3	13.4
液化石油气用量	千克/人	2.3	2.3	2.2	2.6
管道煤气用量	立方米/人	12.2	12.2	11.9	14.9

5．不同收入群体能源消费存在一定差异

北京市不同收入群体资源能源消费存在一定差异。低收入户在用水、电和管道煤气(天然气)消费方面低于高收入户，在煤炭和液化石油气消费方面多于高收入户：2004年20%低收入户人均用水量27.7吨，20%高收入户人均用水量38.9吨，比低收入户多40.4%；20%低收入户人均用电量 472.7 千瓦小时，20%高收入户人均用电量 779.3 千瓦小时，比低收入户多 64.9%；20%低收入户人均管道煤气（天然气）用量 42.5 立方米/人，20%高收入户人均管道煤气（天然气）用量 66.8 立方米/人，比低收入户多 57.2%；20%低收入户人均用煤量 66.9 千克，20%高收入户人均用煤量 22.9 千克，低收入户是高收入户的 2.9 倍。

随着收入水平的提高，对个人卫生要求也越来越高，洗衣、洗澡是居民家庭用水的两大项消耗，也是生活质量提高的重要表现。电、管道煤气（天然气）作为清洁能源，随着生活水平的提高，在各种能源消费中占的比例也越来越高。

表 4　　　　　　不同收入群体资源能源消费情况

	计量单位	低收入户	中等收入户	高收入户
用水量	吨/人	27.7	29.9	38.9
用电量	千瓦小时/人	472.7	604.0	779.3
用煤量	千克/人	66.9	49.4	22.9
液化石油气用量	千克/人	10.7	9.3	7.6
管道煤气用量	立方米/人	42.5	51.0	66.8

二、北京能源面临的严峻形势

一方面北京人口不断增加，居民生活水平不断提高，水及能源消耗与日俱增；另一方面水及能源约束矛盾越来越突出。主要表现在：

1．水资源压力与日俱增

北京是严重缺水的城市，人均水资源量仅为 127.8 立方米，不足全国人均水平的 7%，世界人均水平的 1/50。1999—2003 年，北京连续 5 年干旱，供需矛盾突出。水的供需缺口主要依靠地下水超采来弥补。截止到 2004 年 10 月末，北京平原地区地下水平均埋深 19.1 米，比 2000 年末下降了 3.7 米。污染带来的水质性缺水也是造成水资源缺乏的重要原因。官厅水库由于水质污染严重，早在 1997 年就被迫退出饮用水供应系统，只能作为工业用水。

2. 能源供应趋紧，消费增速加快

北京属于能源短缺地区，经济发展和人民生活所需能源主要依靠外部调入，2003 年北京市能源供应总量为 5517.4 万吨标准煤，其中调入量达 4831.1 万吨，占能源供应量的 87.6%。能源供应面临较大压力。居民生活消费用能源的大幅增加是能源消费增长加快的重要原因之一。居民生活用能源占能源消费总量的比重从 1998 年的 11.6%上升到 2003 年的 14.5%。随着能源消费的不断增长，能源缺口不断加大。

三、降低能源消耗的对策

为了降低资源、能源消耗而限制人们生活水平的提高，显然是不现实的。但是我们仍然可以通过采取一些措施，如合理控制和调节人口的增长，促进技术进步、引导居民消费观念更新等，达到降低资源、能源消耗的目的。

1. 合理控制和调节外来人口的增长

人口对资源、能源消耗的影响分为两个方面。一是生活质量的进一步提高需要多消耗资源和能源。有关研究表明，人均 GDP 突破 3000 美元后，居民消费开始进入以住、行为主要特征的富裕型阶段，汽车和住宅需求无疑将会消耗更多的资源和能源。2004 年，北京市私人小轿车保有量突破 100 万辆，意味着未来对资源、能源的需求很旺盛。二是 2000—2004 年，北京市常住人口平均每年增加 30 多万人，在一定程度上加大了资源、能源压力。如何在新形势下，加强人口管理，合理控制外来人口是一项重要工作。

2. 加大节能宣传力度，引导居民消费观念更新

居民消费习惯受社会文化和价格变化的影响，而这两个因素都是可调节的。一是通过宣传改变消费观念，如同样是汽车，在我国买汽车追求大排量，就是因为汽车在中国是身份和地位的象征，大排量的汽车给人气派的感觉。如果改变人们的这种观念，采用中小排量的汽车，则同样数量的汽车，可以大幅降低能耗，冰箱、彩电消费也是同

样道理；二是利用价格、税收等手段引导消费，随着能源消耗费用的提高，居民会通过改变消费习惯和消费方式等途径，减少对能源的消耗，达到降低费用的目的。

3．依靠技术进步提高资源利用效率，开发替代性能源

技术进步从两个方面来影响资源、能源消耗。一是通过开发节能产品（如节能冰箱、空调和灯具等）和推广应用节能技术降低能耗；二是开发替代性资源、能源，降低现有资源、能源的压力，如加大北京市地热和太阳能的开发使用力度。

北京市城镇单位女性就业结构分析

◆ 宋晓梅

内容提要

本文使用2000—2004年北京市妇女发展规划监测统计资料,分析了北京市女性就业问题。近年来随着北京市经济的快速发展,城镇单位女性就业形势平稳,就业结构呈现出4大变化特征,即女性就业比例上升、女性就业向第三产业转移、女性就业面逐步扩大、女性就业呈多元化趋势。但是在女性就业中也有一些值得关注的问题,女性就业比例仍然偏低、就业层次不高、就业机会还相对较小。如何进一步促进女性就业,消除性别歧视,是未来政府和社会需要着力解决的问题。

和谐社会应该是人与人之间、群体与群体之间、社会阶层与社会阶层之间、人与社会之间和谐相处,做到人人平等、互惠互利。两性和谐发展是社会协调发展的重要基础之一。保障女性与男性平等享有经济资源、促进女性就业、消除就业性别歧视,不仅是实现《北京市“十五”时期妇女发展规划》的需要,也是构筑首都和谐社会的需要。

一、五年来北京市女性就业结构的四大变化特征

2000—2004年,北京市国民经济保持了较快的增长势头,地区生产总值年增长速度连续5年均超过了10%,经济结构在调整中不断优

化，就业形势基本稳定，女性就业结构也随之发生了一些变化，突出表现为以下特征：

1．女性就业比例上升

以城镇单位就业人员（不包括私营、个体，下同）为例，2000—2004年，北京市城镇单位就业人员呈逐年递增的趋势，其中女性就业递增速度更快。2004年城镇单位女性就业人员占城镇单位就业人员的比重为38.8%，比2000年上升了2.8个百分点（见图1）。

图1　城镇单位男女就业人员比例图

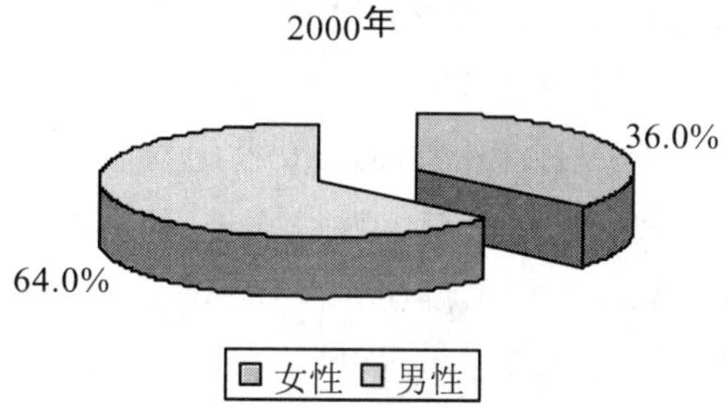

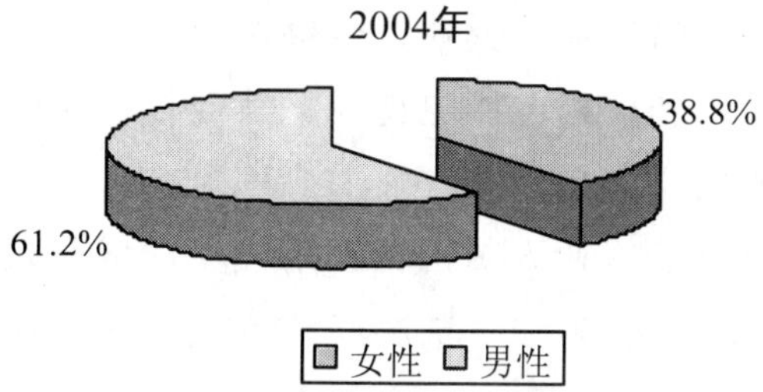

2．女性就业向第三产业转移

北京市的产业格局是三二一，第三产业占有较大比重，2004年第三产业增加值占GDP的比重达到60%。与此相适应，女性就业也呈现出相同的趋势，2004年从事第三产业的城镇单位女性就业人员占城镇单位女性就业人员的比重为74.7%，比2000年提高了3.5个百分点。从事第一、二产业的城镇单位女性就业人员比重2004年分别为0.6%和24.7%，比2000年分别下降0.1个和3.4个百分点。

在三次产业内部，第三产业女性就业比例明显高于第一、二产业。2004 年城镇单位第三产业女性就业人员占城镇单位就业人员的比重为 42.2%，第二产业的女性就业比例为 31.1%，第一产业的女性就业比例为 40%。

3. 女性就业领域逐步扩大

从绝对规模看，女性就业多于（等于）男性的行业由 3 个变为 4 个。2000 年在全部 16 个国民经济行业门类中，有 3 个行业的女性绝对就业规模超过了男性，即金融保险业、卫生体育和社会福利业、教育文化艺术和广播电影电视业，其男女性别比（以女性就业人口为 1 时的男女就业人口数之比）分别是 0.92、0.77 和 0.92；2004 年按国民经济新行业分类，19 个门类中有 4 个行业的女性绝对就业规模超过了男性，即住宿和餐饮业、金融业、教育、卫生社会保障和社会福利业，其男女性别比分别是 1、0.83、0.73 和 0.49，均小于（等于）1，表明就业于这些行业的女性多于（等于）男性。

从相对规模看，女性相对就业机会（分行业女性就业人数占城镇单位女性就业人员的比重）大于男性的行业由 6 个变为 7 个。2000 年，女性在制造业、批发和零售贸易餐饮业、金融保险业、卫生体育和社会福利业、教育文化艺术和广播电影电视业、其他行业就业人员占城镇单位女性就业人员的比重分别为 22.6%、14.7%、2.4%、5.8%、13.9% 和 2.7%，而男性在以上行业就业人员占城镇单位男性就业人员的比重分别为 21.5%、9.2%、1.2%、2.5%、7.2%和 2.5%；2004 年女性在批发和零售业、住宿和餐饮业、金融业、居民服务和其他服务业、教育、卫生社会保障和社会福利业、文化体育和娱乐业就业人员占城镇单位女性就业人员的比重分别为 9.7%、6.5%、4.3%、2.4%、11.0%、5.3% 和 3.1%，男性在以上行业就业人员占城镇单位男性就业人员的比重分别为 7.5%、4.1%、2.3%、2.0%、5.1%、1.7%和 2.4%。

4. 女性在有限责任公司和三资企业中比重上升

随着企业改制工作的稳步推进，国有企业就业人员减少，其中女性就业人员也减少，但女性就业比例（相对数）却稳中有升。2004 年国有企业城镇单位女性就业人员占城镇单位就业人员的比重为40%，比2000年提高了2.1个百分点；有限责任公司的女性就业人员比2000年成倍增加，绝对就业人数仅次于国有企业，其中女性就业比重为33.9%，提高了2个百分点；女性在外商和港澳台投资企业中的就业比重也有所上升，分别为43.3%和45.4%，比2000年分别提高了2.5个和4.6个百分点。

二、女性就业中值得关注的问题

从近几年北京市城镇单位女性就业结构的变化特征中我们可以感到，随着经济的快速发展，女性参与经济活动的范围越来越广，发挥的作用越来越大。但在女性就业中也有一些问题值得关注，主要是就业比例仍然偏低、就业层次不高、就业机会还相对较小。

1．就业比例仍然偏低

目前北京市38.8%的城镇单位女性就业人员比例，距《北京市“十五”时期妇女发展规划》中40%以上的目标还有一定差距。

失业比例较高。在女性就业比例上升的同时，女性的失业比例也在增大。2004年城镇单位女性登记失业人员占城镇单位登记失业人员的比重为41.7%，高于就业人员比例2.9个百分点。

女性再就业难度较大，再就业比例下降。2004年城镇登记失业人员中女性再就业人数占城镇登记失业人员中再就业人数的比重为41.3%，比2000年下降了11.4个百分点。

2．就业层次不高

首先是一些技术密集型行业的女性就业比例偏低。2004年信息传输计算机服务和软件业、科学研究技术服务和地质勘查业、公共管理和社会组织等行业城镇单位中女性就业人员占城镇单位就业人员的比重分别为36.5%、33.9%和34.1%，大大低于批发和零售业（45.0%）、住宿和餐饮业（50.0%）等劳动密集型行业。

其次是专业技术人员中女性比例偏低。2004年北京市各类专业技术人员中，女性所占比重为 45.2%，明显低于男性；其中具有高级专业技术职称的女性占 46.7%，具有正高级专业技术职称的女性仅占 35.9%。

3．就业机会还相对较小

尽管近几年北京市女性的就业面有所扩大，但总体来说，就业面仍小于男性。从 2004 年的就业情况看，在 19 个国民经济行业门类中，城镇单位就业人员女性相对就业机会小于男性的行业为 12 个，而女性相对就业机会大于男性的行业为 7 个。

女性就业人员的行业集中度也较高。2004 年，制造业、教育、批发和零售业、租赁和商务服务业、住宿和餐饮业、交通运输仓储及邮政业、卫生社会保障和社会服务业 7 个行业城镇单位共吸纳了女性就业人员的 66.3%，33.7%的女性就业人员就业于其他 12 个行业中。

产生上述问题的原因是多方面的，其中最主要的因素是经济转型对女性就业的影响以及受教育程度对女性就业的影响。

经济转型对女性就业产生一定影响。随着经济体制改革的不断深入，企业投资主体逐渐多元化，下岗分流，减员增效，使北京市国有企业大量冗员离开在职岗位，一部分转入非国有企业就职，一部分下岗待业在家，其中女性占到一半以上。从近几年的资料中可以看出，女性城镇单位就业人员在国有、集体单位就业的比例，从 2000 年的 64.8%下降到 2004 年的 40.9%。在下岗待业在家的女性中，有些人由于技能较低，无法适应结构升级对高素质劳动力的需求；有些人对国有单位的保障制度有依赖性，观念上尚需转变。

受教育程度对女性就业也有一定影响。北京市女性受教育程度近几年虽呈上升趋势，但仍然低于男性。2004 年平均受教育年限北京市女性为 10.2 年，男性为 10.8 年；青壮年识字率（15—50 岁）女性为 98.8%，男性为 99.5%。女性文化素质偏低，在一定程度上制约了女性的就业领域和就业机会。接受职业技能培训也是就业的重要基础，而北京市女性参加职业技能培训的比例 2004 年不足 40%，也低于男性近 29 个百分点。

三、促进女性就业的几点建议

女性就业是时代发展的必然趋势，是社会进步的表现，不仅牵动着千家万户，而且关系着社会的安定与和谐。在北京市相对稳定的就业形势下，应不断优化女性就业结构。

1．创造平等的就业环境

一方面要制定相关法律，提高全社会对女性就业的认识。可以借鉴国外的有益经验，如欧盟在第四次世界妇女大会之后重新制定的《阿姆斯特丹》条约，在法律上更加强调女性在劳动力市场上的参与程度，要求减少女性失业、提高女性的职业层次和社会地位。一些国家政府还提出，“保持性别平等状态是一种领导责任”。另一方面要提高执法力度，维护妇女的劳动权益，北京市目前仍有拖欠女性最低劳动报酬的现象，所以要加强对劳动力市场的监督和管理，对劳动权益受损害的女性进行法律援助。

2．加大教育培训力度

在经济快速发展的今天，女性要与男性享有同等的就业机会，在社会中占有一席之地，就要与男性一样接受同等的教育，享有同等的受教育机会。这样才能使女性的就业机会进一步扩大，使从事技术密集型行业的女性就业比例提高，使专业技术人员中女性比例提升。近几年北京市普通高校扩大招生，相信随着北京市女性平均受教育程度的提高，将会带动女性就业能力的提高。同时，加强培训也是促进女性就业的重要手段之一。目前就业和再就业困难的是年龄偏大、文化水平偏低、技术单一的城镇人员和农村剩余劳动力，所以要特别注意分析市场需求的变化和不同层次女性求职的意愿，增强培训的针对性、实用性和有效性，加强职业指导，努力提高培训后的就业率。

3．努力拓宽就业渠道

只有发展经济才能扩大就业，近几年北京市经济保持了较高的增长势头，为扩大就业创造了条件。随着北京市经济的快速发展，必定会产生出新的多层次的就业岗位，特别是现代服务业和现代制造业的发展，将为女性就业开辟新的空间；社区服务业的发展潜力也很大，组织下岗女工到社区就业，不仅可以促进社区建设，还可以促进产业结构的调整；中小企业和非公有制经济在增加就业方面的重要作用也不能低估，要提倡和推广灵活多样的就业方式，积极鼓励女性自主创业。

北京市和谐社会指数年均增长 4.8%

◆ 王 斌 杜 鹃

内容提要

本报告以胡锦涛总书记对和谐社会内涵的重要论述及社会学现代冲突理论为指导，运用 2000—2004 年北京市和谐社会指数及北京市和谐社会建设居民意向调查资料，对北京市和谐社会状况进行了总体评价。结果显示：北京市和谐社会指数呈现平稳提升态势，年均增长率为 4.8%。从主观调查结果看，北京市居民对北京市建设和谐社会态度是积极的，54.6%的居民认为目前北京的社会是和谐的。

一、研究背景与总体评价

党的十六届四中全会提出构建社会主义和谐社会的重要思想，是对科学发展观的进一步丰富和发展。目前北京市正处于经济高速发展的社会转型期，社会矛盾上升，社会冲突凸显。如何建立有效的社会管理机制，及时消解社会冲突，积极回应社会诉求，对于促进首都社会和谐、保持社会安定具有重要意义。

我们以胡锦涛总书记对和谐社会内涵的重要论述及社会学现代冲突理论为指导，建立了反映社会和谐程度的指标体系。该指标体系分三个大类：反映社会冲突客观现状的指标、反映社会主体社会诉求的指标和反映社会冲突协调机制现状的指标。其中一、三大类均为客观指标，共包括八个亚类，20 个指标；第二类是主观指标，以问卷调查的形式取得，共包括 6 个方面（指标框架见附录 1）。在此基础上，采用专家赋权法确定权重，编制了北京市和谐社会指数（计算结果见附录 2）。同时，由北京市社情民意调查中心对 2113 人进行了“北京市和谐社会建设居民意向调查”。由于第一次开展此类调查，缺乏年度比较数据，调查结果仅参与了总体评价。

测算和调查结果显示：北京市和谐社会指数呈现平稳提升态势，居民对北京市建设和谐社会态度积极，半数以上的居民认为目前的社会是和谐的。

二、和谐指数发展趋势

经测算，北京市和谐社会指数呈现平稳提升态势。2000—2004 年，和谐社会指数从 2000 年的 100 点提高到 2004 年的 120.83 点，年均增长率为 4.8%（见图 1）。

图1　　2000—2004年北京市和谐社会指数

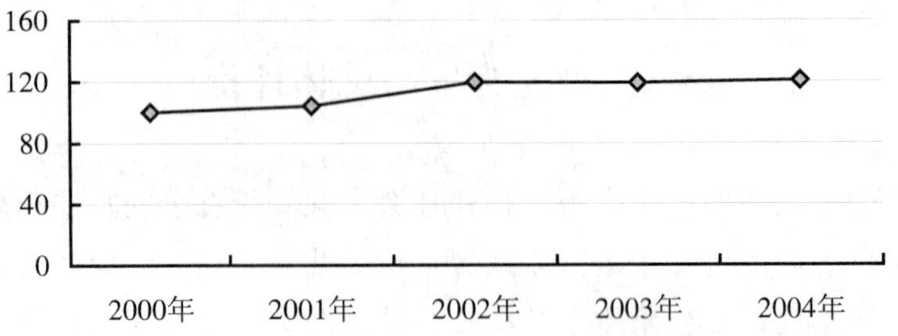

四年来，社会冲突的客观现状指数上升 1.25 点；而社会冲突协调机制指数上升 41.67 点。由此可见，促使和谐社会指数提高的主要因素并不在于社会矛盾的趋缓，而是因为解决冲突的协调机制不断完善，对社会冲突起到了充分的调节作用。

图 2　　2000—2004 年北京市和谐社会分类指数

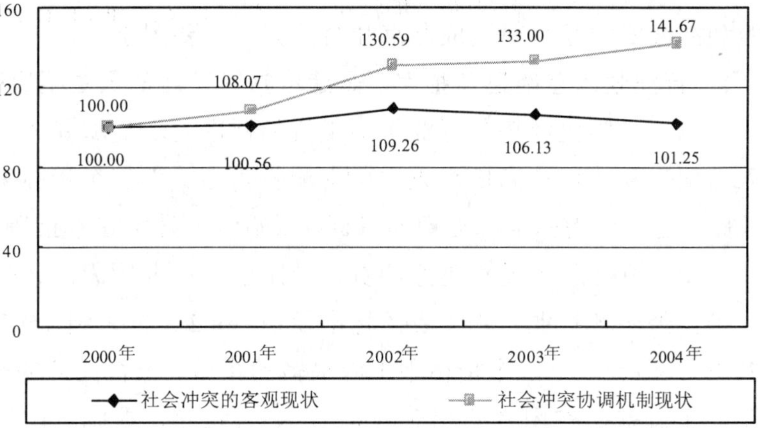

三、2000—2004 年北京市社会矛盾的现状

从社会学角度理解，贫富差距、社会安定和环境资源是关系社会和谐与否的重要因素。我们从这三个方面反映目前北京市社会现状。

图 3　　2000—2004 年北京市社会冲突现状亚类指数

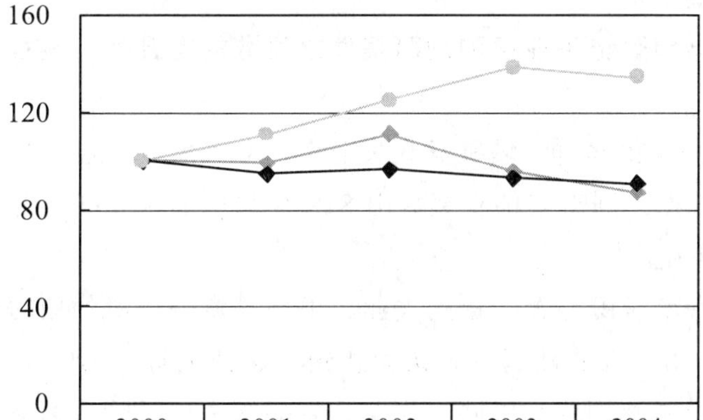

	2000	2001	2002	2003	2004
贫富差距	100.00	99.26	111.21	95.68	86.89
社会安定	100.00	94.46	96.35	92.61	90.55
环境资源	100.00	110.74	124.83	138.26	134.36

从图3可知，2000—2004年，贫富差距指数和社会安定指数分别下降了13.11点和9.45点，而资源环境指数则上升了34.36点。贫富差距和社会安定是目前造成北京社会冲突的主要因素。

1. 行业收入差距迅速扩大，是造成贫富差距的最主要原因

我们用“国民经济各行业平均工资的标准差”、“城乡人均可支配收入之比”和“城市高低户人均可支配收入之比”三个指标来衡量贫富差距。这三项指标全部为逆向指标，原始值上升意味着指数值下降。

其中，行业收入差距是影响贫富差距的最主要因素。2000—2004年，国民经济各行业平均工资的标准差由3662.3扩大到16436.2，指数共下降40点，是三个指标中下降最多的指数。值得注意的是，贫富差距过于悬殊，贫困者的相对剥夺感[①]更为强烈，摆脱贫困的难度增大。

反映社会诉求的调查问卷结果显示，62.7%的被调查者认为，当前社会在收入分配方面不公平，66.1%的被调查者认为这种不公平的现状是不合理的，且表示不可以接受这种情况。不同收入人群分组统计结果显示，月收入1000元以下的被调查者倾向认为目前的收入分配格局不合理，而1001元～5000元之间的被调查者则认为目前的收入分配格局合理。

2. 城镇登记失业率和刑事案件立案数的上升是影响社会安定的两大因素

2000—2004年，城镇登记失业率由0.75%上升到1.3%，指数下降了32.35点；刑事案件立案数由82849起增加到93394起，指数下降了23.88点。

在考察居民是否感觉到失业、生病等意外情况的威胁时，调查结果显示，67.8%的被调查者认为感到了这种威胁，其中23%的被调查者认为经常感到这种威胁，失业、生病等意外风险成为影响居民生活及对未来生活预期的重要因素。

[①] 相对剥夺感：个体将自己的地位与其他类别地位的人做了对比后所产生的一种情绪体验。

3. 空气质量和能源利用效率的改善使环境资源状况逐渐好转，但环保投资指数却逐年下降

2000—2004 年，空气二级和好于二级的天数占全年比例由 48.5%增加到 62.5%，影响指数上升 66.67 点；万元 GDP 能耗由 1.65 吨标煤减少到 1.35 吨标煤，指数上升 66.67 点。空气质量和能源利用效率的提高促进了北京市环境资源的改善。但是环保投资占 GDP 比重却逐年下降，从 4.7%减少到 3.3%，指数下降 40 点，表明环保投资与北京市快速增长的经济不相匹配。

四、北京市居民的主观感受和社会诉求

为了考察北京市居民对和谐社会的主观感受，我们组织了一次关于北京市和谐社会建设的居民意向调查。

调查结果显示，北京市居民对建设和谐社会态度是积极的，有半数的被调查者认为目前北京的社会是和谐的；有七成以上的被调查者认为未来五年个人的生活会比现在好；有近七成的被调查者认为个人目前的生活是幸福的；有半数左右的被调查者认为目前社会在收入、住房、就业和医疗方面存在不公平。

1. 关于北京市社会和谐程度的看法

对北京市社会和谐程度看法的调查结果显示，54.6%的被调查者认为目前北京是一个和谐、充满活力的社会，37.4%的被调查者认为一般，只有 6.4%的被调查者认为目前北京市社会发展不够和谐。总体上看，北京市在构建和谐社会方面成效显著，居民也持积极肯定的态度。

对实现和谐社会的信心的调查结果显示，72.8%的被调查者对实现和谐社会有信心，19.5%的被调查者表示一般，只有 6.5%的被调查者认为没有信心。居民对未来构建社会和谐的信心比对当前社会和谐的认同更高。

2．关于生活态度和价值观

我们从对未来生活预期的角度考察北京市居民的生活态度和价值观。调查结果显示，74.1%的被调查者认为五年后的生活会比现在好，19.9%的被调查者认为会跟现在差不多，只有5.9%的被调查者认为生活会变差。这说明北京市居民对未来生活的预期相当积极。对未来生活预期信心不足甚至负面预期的居民，尽管所占比重较小，但也会对社会和谐产生重大影响。应了解他们对未来生活信心不足的原因，帮助他们解决实际困难，让最大多数的居民树立积极向上的生活态度和信心。

3．关于社会公平

公平和正义是衡量和谐社会的重要指标，也是居民最为关注的敏感问题。我们从收入、住房、就业、医疗和教育五个与老百姓的生活最为密切相关的方面，考察居民对社会公平问题的看法，调查结果显示，53.6%的被调查者认为住房政策不公平。问及对这种不公平现状的接受程度，70.3%的被调查者认为不合理并不可接受。50.3%的被调查者认为医疗保障不公平。问及对这种不公平现状的接受程度，69.8%的被调查者认为不合理且不可接受。46.1%的被调查者认为就业机会不公平。问及对这种不公平现状的接受程度，67.9%的被调查者认为不合理且不可接受。36.1%的被调查者认为教育机会不公平。问及对这种不公平现状的接受程度，70.8%的被调查者认为不合理且不可接受。

4．关于自我认同度

一些社会阶层理论研究认为，当社会呈现贫富两个极端较小，处于中间的阶层较大的“橄榄形”社会阶层结构时，有利于社会稳定。自我认同调查是社会阶层分析的重要方法。我们将生活水平分为上等、中上等、中等、中下等、下等。被调查者认为自己生活水平属于中间层次（中上等、中等和中下等）的人数高达85.4%，自我认同度调查结果呈现的这个社会阶层结构有利于社会稳定。但调查对象中认为自己生活水平属于下等的达到12.9%，自我认同度调查中显示的这一偏大底层值得关注。

5．关于幸福感

调查中，我们从个人收入、工作、居住条件、人际关系以及综合评价等五个方面观察居民对自己生活的满意程度。

北京市居民对人际关系的满意程度最高，58%的被调查者表示满意；其次是居住条件，45.1%的被调查者表示满意。但是对于个人收入和工作，分别只有27.3%和29.6%的被调查者表示满意。

在综合评价生活幸福程度方面，68.2%的被调查者表示满意，27.5%的被调查者表示一般，仅有4.1%的被调查者表示不满意。

6．对政府工作的评价

我们在调查中特别设置了居民对政府工作的评价的内容。要求被调查者从低保工作、流动人口管理、信访问题的解决、基层民主工作、社会应急机制、食品安全控制、劳动就业工作等七个方面中选择最满意的三个方面：57.1%的被调查者选择了食品安全控制，43.4%的被调查者选择了低保工作，37.8%的被调查者选择了社会应急机制，33.6%的被调查者选择了劳动就业工作，27.9%的被调查者选择了流动人口管理，15.7%的被调查者选择了信访问题的解决，14.9%的被调查者选择了基层民主工作。

调查显示，居民对政府在食品安全控制、低保工作、社会应急机制、劳动就业和流动人口管理等方面的工作表示满意。但对信访问题的解决和基层民主工作满意度较低。政府在这些方面工作还需要进一步改进。

五、北京市社会冲突协调机制的现状——政府的效率和作为

世界各国的经验表明，经济发展与排解社会矛盾之间存在协调与依存关系，当经济发展到一定程度之后，社会矛盾凸现，但社会矛盾处理得好，国家就可能较顺利地进入一个新的发展阶段；反之，就是

社会利益格局的严重失衡，社会矛盾不断增加，甚至使社会陷入倒退。

和谐社会应当是一个有能力化解利益冲突，并由此实现利益大体均衡的社会。从建设和谐社会来讲，政府讲诚信，有能力，是目前建设和谐社会比较迫切的问题。

图 4　北京市社会冲突协调机制亚类指数

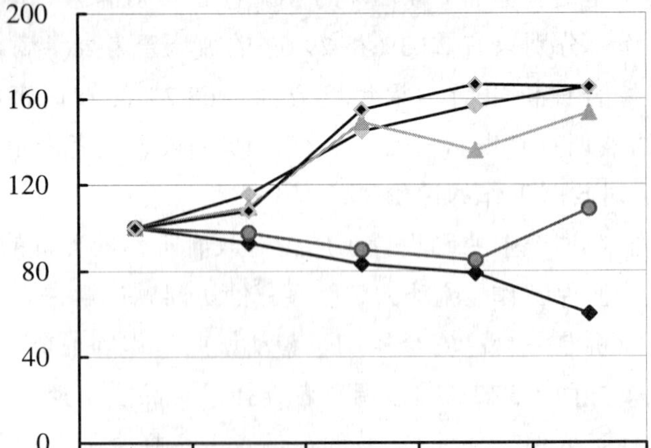

	2000	2001	2002	2003	2004
社会保障	100.00	115.51	144.88	156.73	165.56
舆情反映	100.00	93.01	83.27	78.87	60.00
民主法制	100.00	109.48	149.18	136.03	153.49
社会应急	100.00	97.57	89.64	84.92	108.73
社区控制	100.00	107.78	154.90	166.67	165.65

调查中，我们从社会保障、舆情反映、民主法治、社会应急和社区控制这五个方面反映北京市社会冲突协调机制的现状。从图 4 可知，除了舆情反映指数逐年下降以外，其余指数均呈现出上升的趋势。

1. 社区控制能力不断增强，民主法治程度进一步提高；五成以上被调查者对社区内邻里关系表示满意

社区是社会的细胞，社区和谐是社会和谐的基础，社区控制指数一定程度上从社会控制功能的角度反映了社会管理水平。2000—2004年，北京市万人拥有社区专职工作者由 2.25 人迅速增加到 9.08 人，社区控制指数提高 65.65 点，是对社会协调机制调节作用贡献最大的因素。

调查数据显示，2001 年北京市第五届村委会选举和 2004 年第六届村委会选举的选民参选率均达 92%以上。四年来，民主法治指数提高 53.49 点。

调查结果显示，在对所居住社区的最满意方面的排名中，57.2%的被调查者选择邻里关系，40.1%的被调查者选择社区环境，37.8%的被调查者选择社区治安，21%的被调查者选择社区管理，16.7%的被调查者选择社区服务，27.2%的被调查者选择其他。在居民参加社区活动的方面，32.4%的被调查者不同程度上参加了社区活动，47.4%的被调查者从没参加过社区活动，20.2%的被调查者不知道社区开展了哪些活动。

2. 社会安全网不断扩大，但居民集体上访数量不断增加，显示出社会矛盾日益突出

民生问题是影响社会和谐最直接的因素，是构建和谐社会的落脚点。调查结果显示，2000—2004 年，社会保障指数提高 65.56 点。北京市医疗保险和养老保险参保人数分别由 232.6 万人和 391.6 万人增加到 484 万人和 497 万人。北京市享受低保占社会救济对象比重由 57.9%增长到 100%。经过近 10 年的调整完善，北京市低保制度已趋于稳定，低保人数呈现有进有出、动态平衡态势。外来流动人口借读人数由 28.3 万人增加到 50 万人。

建立起相应的利益表达机制，是构建和谐社会的重要环节。2000—2004 年，舆情反映指数下降 40 点，市信访办接待集体访批次由 545 批次增加到 1518 批次。从社会冲突的角度来讲，集体访批次的增加意味着社会矛盾更加激烈；但从社会管理安全阀机制[②]的角度来讲，通过信访制度，及时、全面、准确地搜集分析人民群众的思想动态、心理情绪、愿望心声，使紧张和冲突得以缓解和释放，是化解矛盾、维

② 社会安全阀机制：这是美国著名社会学家刘易斯·科塞提出的一个影响深远的概念。社会安全阀制度就是在不毁坏结构的前提下使敌对情绪得以释放出来以维护社会整合的制度。

护稳定的前提。

3．社会应急机制进一步建立，但城市交通拥堵问题日益凸显

调查结果显示，自 2003 年在元大都城垣遗址公园建立应急避难场所以来，目前为止北京已经建成 19 个应急避难场所。面积由 2003 年的 60.1 万平方米增加到 2004 年的 284.2 万平方米，社会应急指数提高 8.73 点。但城市交通拥堵问题日益凸显，交通拥堵报警量由 2000 年的 28384 起猛增到 2004 年的 170138 起，城市交通和疏导体系的建设和完善迫在眉睫。

附录 1　　北京市和谐社会指标体系框架

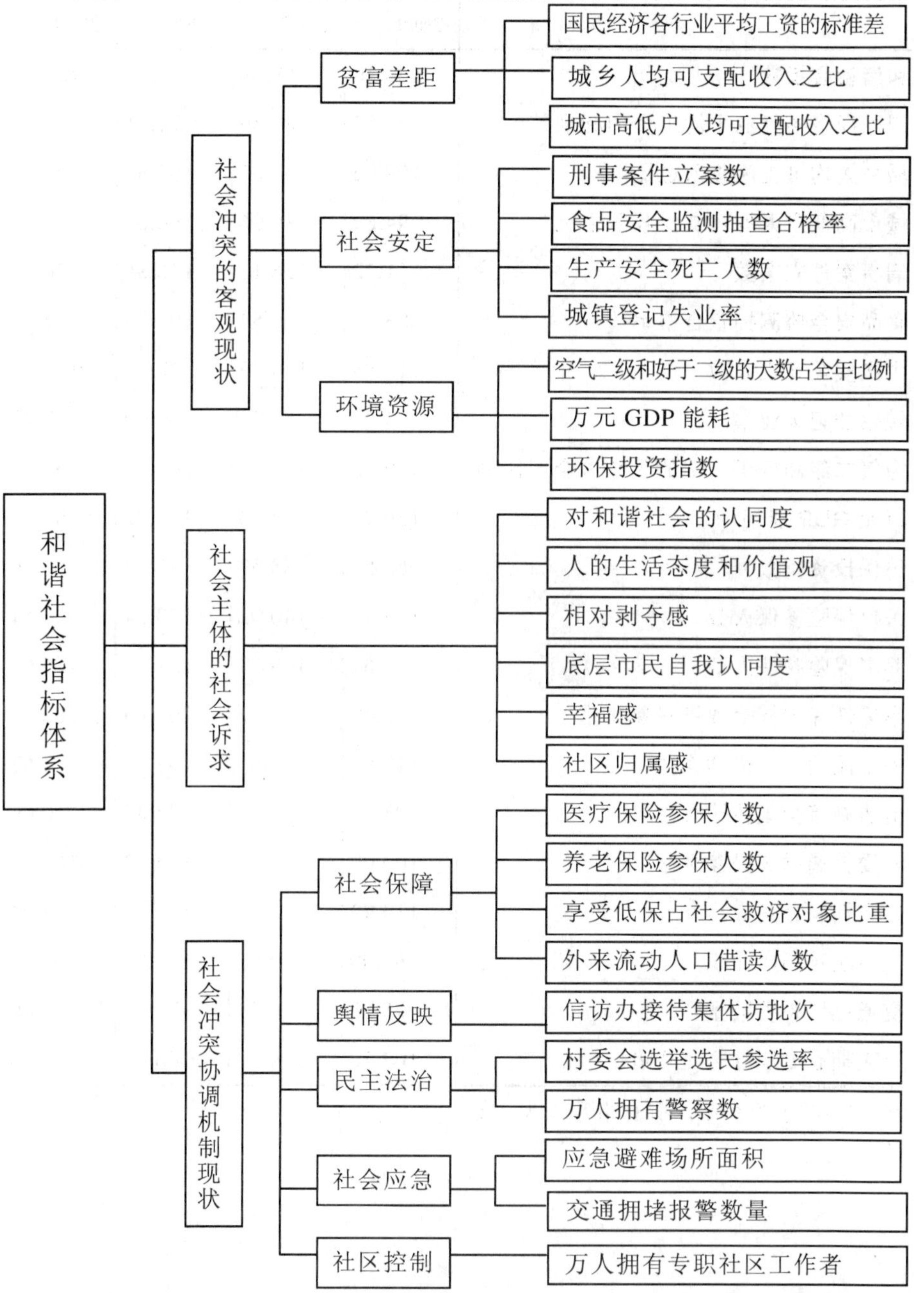

附录 2

北京市和谐社会指数计算结果

	2001 年	2002 年	2003 年	2004 年
和谐社会指数	**104.20**	**119.59**	**119.15**	**120.83**
国民经济各行业平均工资的标准差	92.53	84.39	72.41	60.00
城乡人均可支配收入之比	109.82	166.67	153.61	120.95
城市高低户人均可支配收入之比	94.89	80.96	60.00	77.24
刑事案件立案数	111.22	126.13	126.86	76.12
食品安全监测抽查合格率	83.52	76.54	106.24	127.56
生产安全死亡人数	112.88	128.79	77.27	100.00
城镇登记失业率	74.71	61.76	60.00	67.65
空气二级和好于二级的天数占全年比例	110.48	133.81	161.43	166.67
万元 GDP 能耗	130.22	147.33	164.72	166.67
环保投资指数	88.57	88.57	81.14	60.00
医疗保险参保人数	105.49	140.02	153.94	166.67
养老保险参保人数	143.64	148.32	157.81	166.67
享受低保占社会救济对象比重	97.40	153.31	160.85	162.33
外来流动人口借读人数	117.50	135.60	153.99	166.67
信访办接待集体访批次	93.01	83.27	78.87	60.00
村委会选举选民参选率	100.00	133.33	133.33	166.67
万人拥有警察数	119.93	166.67	138.99	138.94
应急避难场所面积	100.00	100.00	100.00	166.67
交通拥堵报警数量	95.53	80.94	72.24	60.00
万人拥有专职社区工作者	107.78	154.90	166.67	165.65

注：2000 年为基期，所有指数均为 100。

京郊农村居民最低生活保障标准测算方法及结果的报告

◆ 王宝生　郭　宏

内容提要

2005 年，北京市以科学发展观为指导，32 个委、办、局开展了“春季调研”，从实处着手，支持“三农”的全面发展。我们根据郊区农村居民低收入人群的生活现状，对郊区农村居民的最低生活保障标准进行了测算。测算结果是：食物保障标准人均为 910 元，非食物保障标准人均为 570 元。最低生活保障标准人均为 1480 元，高保障标准人均为 2080 元。

在城市化、现代化的建设进程中，由于多种原因，北京市郊区农村仍存在一部分低收入人群，生活上很难摆脱贫困，需要政府与社会给予关注和保障。那么，农村居民最低生活保障标准如何确定，最低生活标准是多少，需要我们认真加以研究，为有关领导和相关部门制定农村最低生活保障标准提供决策参考依据。

一、测算方法

测定贫困标准是制定最低生活保障标准的基础。贫困标准是由食物贫困线和非食物贫困线两部分构成，需要用不同的方法进行测定。从国内外采用的测算方法看，目前测定食物贫困线的方法是食物份额法；非食物贫困线的测算方法有恩格尔系数法、最低非食物需求份额估算法以及低收入农户非食物基本需求消费项目列举法。

食物份额法就是按收入排队，选择一部分低收入群体作为研究对象，按照他们的食品消费情况确定一个食品清单，然后分别计算出每种（类）食物所含热量和营养物质（蛋白质），并适当调整食物清单中某些食物的消费量使之达到每日人体所需的热量（2100千卡）和蛋白质（62克）基本标准。最后用食物清单中每种食物的消费量分别乘以相对应的食品价格得到每种食品的消费金额，加总起来的总食品消费金额就是食物贫困线。根据北京市农村住户抽样调查资料，采用以人均纯收入为标志从小到大排队，截取了1000元—3000元之间的低收入户样本作为研究对象，通过构建、调整食物清单，再通过一系列计算，最后得到北京市农村地区的食物贫困线为906元。

恩格尔系数法是根据国际上普遍的贫困认定标准—恩格尔系数达到60%以上，即生活消费中食物支出比例占六成以上的家庭为生活处于贫困状态。

最低非食物需求份额估算法可细分为需求函数模型估计和中心点估计两种方法：需求函数模型估计是在已知食物贫困线的基础上，通过建立食物支出需求函数模型，巧妙地把一些刚好有能力达到营养需求的住户，有代表性的最低非食物支出部分估计出来。中心点估计是以食物贫困线为中心点，研究中心点附近低收入人群的消费特征，估算求得非食物贫困线。

基本需求消费项目列举法就是把低收入群体生活消费中不可或缺的非食品消费项目逐一挑选并列举出来，将这些消费项目加总后得到这部分人群的非食品消费标准。

二、测算结果

我们依据2004年北京市农村住户抽样调查资料，采用上述方法对京郊农村居民的贫困标准分别进行了测算，几种方法的测算结果如下：

表 1　2004 年京郊农村居民的贫困标准测算结果　单位：元/人、年

	恩格尔系数法	模型估计	中心点估算	项目列举
非食物贫困线	604	442	568	690
低贫困线		1348	1474	
高贫困线	1510	2102	2082	1596

由于恩格尔系数法和基本需求消费项目列举法所测算的贫困线无高低之分，需求函数模型估计和中心点估算法解决了这一问题。所谓低贫困线是维持人的正常生理需要，满足穷人基本的食物和非食物需求的最低生活标准的消费或收入水平，可称为生存线。由于低贫困线具有脆弱性，偶遇不测极易返贫，因此在保证基本食物需求的前提下加大考虑了非食物消费的范围（如难于根除的慢性病、子女上学费用的加大等）而计算的贫困线称为高贫困线。

几种测算方法对比、验证，我们认为最低非食物需求份额估算法的测定原理和结果基本上能够反映低收入农户非食物部分最低需求水平。但从一些地方的经验上看，应用需求函数模型的估计值容易被低估，而且样本中的离群值也会拉动模型产生偏差。列举法确定的基本需求支出项目是人为挑选的，因此不可避免地存在一些主观性，也极有可能高估贫困线的非食物部分。恩格尔系数法和项目列举法的测算结果又无高、低贫困线之分。综合比较，我们认为中心点估计方法克服了需求函数模型易受离群值影响的缺点，估算值较为精确合理，取整后定为北京市农村居民的最低食物保障线为 910 元，非食物保障线为 570 元。最低生活保障线为 1480 元，高保障线为 2080 元。

三、测算结果的实证分析

依据上述标准，根据京郊农村住户抽样调查资料推算，截止到 2004 年底，北京市农村地区人均纯收入水平低于 1480 元的有 1.94 万户、5.26 万人，均占乡村户数和人口的 1.46%；人均纯收入水平低于 2080 元的有 4.53 万户、12.27 万人，均占乡村户数和人口的 3.41%。

目前北京市农村低保户达到 3.9 万户，低保人口 7.5 万人。现有的低保人口规模介于高低保障线之间，它确已完全涵盖了最低保障线以下的群体，但比高保障线以下人口规模要少。

从测算的结果分布看，不论是最低保障线以下的户数还是人口，还是高保障线下的户数和人口大部分都集中在山区：如 1480 元以下的山区户数和人口分别占 62.1%和 57.7%；2080 元以下的山区户数和人口分别占 61.8%和 62.3%。具体分布如下：

表 2　　2004 年京郊平原、山区人均纯收入比较

人均纯收入（元）	平　原		山　区	
	户数（万户）	人口（万人）	户数（万户）	人口（万人）
1480 元以下	0.73	2.12	1.21	3.14
2080 元以下	1.73	4.62	2.80	7.65

另据北京市农村 300 个低保户抽样调查资料显示，2004 年，人均年纯收入仅为 1489 元，刚达到最低保障线，且其中有一半的收入靠政府和社会以及亲戚朋友救济、资助；人均生活消费支出达到 2189 元，其中，食品支出 701 元，非食品支出为 1488 元，生活处于入不敷出的状态，生活质量也不高。为了应付子女教育和比较高的医疗费用支出，食品消费水平远未达到供人体生存所需营养要达到的最低食物保障线标准——每年每人 910 元。

四、问题与建议

1. 生活标准的测定是以当年（2004 年）农村居民收入或消费指标为依据测算的，因此，它只适用于测算年份，以后年份的标准可依据物价变化和恩格尔系数的变动进行修订和调整。

2. 由于北京市区县级农村住户抽样调查样本中低收入户样本含量不足，最低生活标准不适合在区县一级测算。区县可以本地区财政收入状况、物价水平、农民收入和消费水平，依据市级标准调整、确

定。

3. 考虑到最低生活保障线具有脆弱性和极易返贫的特点，从首都地位、经济发展水平和财政状况、城市化发展、城市居民低保标准、城乡收入差距比率和城乡统筹等因素考量，建议有关部门以测定的高保障线作为北京市近郊区农村低保标准制定的依据；远郊区县可依据低保障线进行调整。

京郊山区与平原发展差距分析

◆ 徐世君

内容提要

“十五”期间，山区乡镇经济、社会、人民生活等方面虽然都有了长足发展，经济总量不断增长，产业结构不断优化，农民收入快速增长，生活质量显著改善，基础设施水平不断提高，社会事业快速发展，但与平原差距仍然存在。2000—2004年山区乡镇财政收入年均增长速度低于平原乡镇7.8个百分点；2004年山区农民人均纯收入5736元，比平原低1916元，比2000年又扩大了602元。

近年来，市委、市政府高度重视山区发展，先后制定和实施了《京郊边远山区乡村十年致富工程纲要（1991—2000）》、《京郊边远山区四四奔小康攻坚计划（1994—1997）》、《北京市山区水利富民综合开发建设工程（1998—2003）》、《北京边远山区绿色生态富民工程纲要（2003—2007）》和《关于推进郊区城市化，促进农民增收的意见》等一系列政策措施，有力地推动了山区各项事业发展，使山区经济、社会、人民生活等方面都有了长足的发展。但是，不可回避的现实是山区依然比较落后，与平原之间的差距依然客观存在，需要进一步引起重视，寻找对策，促进山区持续、稳定和协调发展。

一、山区基本情况

2004年，83个山区乡镇常住人口161.8万人，占北京市人口总数的 10.8%。其中乡村人口 127.9 万人，占郊区乡村人口的 35.5%；乡村从业人员 67.1 万人，占郊区乡村从业人员的 39.1%；行政区域土地面积占北京市的 62%，每平方公里人口密度达到 154 人；耕地面积 7.7 万公顷，占北京市耕地面积的 32.6%；人均占有耕地 0.89 亩，低于北京市人均耕地水平。

二、山区发展取得的成绩

1. “十五”期间山区经济总量不断增长，在郊区经济中的地位提高

2004 年山区乡镇实现增加值 216.4 亿元，自 2000 年以来，年均增长 17.8%；实现地方财政收入 9.7 亿元，年均增长 8.1%。山区在北京市郊区经济总量中的比重有所提高，山区乡镇增加值占郊区生产总值的比重由 2000 年的 20.5%提高到 22.1%，上升了 1.6 个百分点。

2. 山区主导产业快速发展，产业结构不断优化

近年来，山区大力发展林果业、养殖业和旅游业三大主导产业，拉动经济快速发展。2004 年山区乡镇实现林业产值 6 亿元、果品产值 8 亿元、养殖业产值 42.3 亿元，分别比 2000 年增长 3 倍、1.2 倍和 2 倍。山区乡镇旅游业发展也呈现强劲势头，2004 年接待游客 1882.6 万人次，比 2000 年增长 1.4 倍；旅游综合收入实现 23.1 亿元，比 2000 年增长 3.5 倍。

山区的三次产业结构不断优化，三次产业的结构由 2000 年的 20∶41∶39 调整为 2004 年的 15∶45∶40，第一产业比重下降 5 个百分点，第二、三产业比重提高。

3. 山区农民收入快速增长，生活质量显著改善

据农村住户抽样调查资料显示，2004 年山区农民人均纯收入 5736 元，比 2000 年增加 2007 元，四年来年均增长 11.4%，增速比平原快 0.4 个百分点，比北京市快 0.2 个百分点。从收入来源看，2004 年山区农民纯收入以工资性和家庭经营收入为主体，二者对农民收入增长的贡献率达 100.7%。2004 年市政府建立了山区生态林补偿机制，投入 1.92

亿元，解决了山区 4 万名农民的就业问题，对山区农民增收作用十分显著。

表 1. 北京市、山区、平原农民收入、支出情况 单位：元

	北京市			山区			平原		
	2004年	2000年	年均增速(%)	2004年	2000年	年均增速(%)	2004年	2000年	年均增速(%)
农民人均纯收入	7172	4687	11.2	5736	3729	11.4	7652	5043	11.0
农民人均生活消费支出	4886	3441	9.2	4016	2758	9.8	5177	3696	8.8
1. 食品支出	1592	1264	5.9	1318	1017	6.7	1684	1355	5.6
2. 衣着支出	364	262	8.6	229	176	6.8	409	294	8.6
3. 居住支出	836	539	11.6	720	408	15.3	875	588	10.4
4. 家庭设备用品及服务支出	262	252	1.0	192	143	7.6	285	293	-0.7
5. 医疗保健支出	427	276	11.5	369	295	5.8	447	269	13.5
6. 交通和通讯支出	547	217	26.0	432	160	28.2	585	239	25.1
7. 文化教育娱乐用品及服务支出	770	495	11.7	695	469	10.3	795	505	12.0
8. 其他商品和服务消费支出	88	136	-10.3	61	90	-9.3	97	153	-10.8

2004 年，山区农民人均生活消费支出达 4016 元，比 2000 年增加 1258 元，四年来年均增长 9.8%，增速比平原快 1 个百分点，快于北京市 0.6 个百分点。在八大类支出项目中，居住支出的年均增速紧随交通和通讯支出的增长，排在第 2 位。2004 年居住支出为 720 元，比 2000 年增加 312 元，增长 43.3%，四年来年均增长 15.3%，并且农民用于住房改善的支出增长对居住支出的增长贡献最大，达 27%。截止 2004 年底，山区农民人均住房面积已达 25.8 平方米，居住条件有了明显改善。

随着山区农民收入的快速增长，低收入户进一步减少。据抽样调查资料显示，农民人均年末金融资产余额比上年增加 838 元，增长 21.2%；年人均纯收入在 2500 元以下的低收入户所占比重为 13.7%，比上年降低 4.9 个百分点。

4. **山区基础设施水平大幅度提高，社会事业快速发展**

据2004年有关统计资料显示，山区乡镇的公路长度为5624公里，比2000年增加900公里。道路的建设和改善为山区农民发展生产带来极大便利，促进了农民收入的提高。

山区的社会事业也有了快速发展。2004年，山区乡镇的农村合作医疗覆盖率达63%；千人拥有医生3.1人，比2000年增加0.4人；千人拥有病床2.7床，比2000年增加0.8床；千名学生拥有教师127人，比2000年增加24人。虽然山区医疗、卫生、教育等拥有情况与平原差异不大，但山区医疗卫生设施、专业人员技术水平处于较低水平。

三、山区与平原发展的比较分析

山区虽然在经济、社会、人民生活等方面有了较快的发展，但与平原相比差距仍较明显，成为北京市现代化建设和农村全面小康建设的短板。

1. **地方财政收入及增长速度的差距**

2004年山区乡镇实现财政收入9.7亿元，比2000年增长2.6亿元，年均增长速度低于平原乡镇7.8个百分点。

表2. 地方财政收入情况 单位：亿元、%

指标	山区乡镇			平原乡镇		
	2004年	2000年	年均增长	2004年	2000年	年均增长
地方财政收入	9.7	7.1	8.1	30.9	17.1	15.9

从单个乡镇来看，山区乡镇实力明显低于平原乡镇，而且发展差距在扩大。2000年，山区乡镇平均每个乡镇地方财政收入为798万元，平原乡镇平均每个乡镇地方财政收入为1326万元，平原乡镇为山区的1.7倍；2004年，山区乡镇平均每个乡镇地方财政收入为1168万元，平原乡镇平均每个乡镇地方财政收入为2888万元，平原乡镇为山区的2.5倍，山区与平原的差距扩大。

2．农民收入及增长速度的差距

据农村住户抽样调查资料显示，2004 年北京市农民人均纯收入为 7172 元，比 2000 年增长 53%；山区农民人均纯收入为 5736 元，增长 53.8%；平原农民人均纯收入 7652 元，增长 51.7%。尽管山区农民收入增长速度快于北京市和平原，但山区与平原农民收入的绝对差距仍在进一步扩大。2004 年，山区农民人均纯收入比平原低 1916 元，比 2000 年又扩大了 602 元。

四、制约山区发展的主要原因

虽然在一系列政策的支持下，北京山区的面貌发生了很大变化，但是由于自然条件、区位和历史等原因，山区生产、生活条件仍然比较恶劣，经济发展水平仍然较低，农民生活水平和质量远远落后于平原。

1．受自然条件、地理位置、功能定位等因素制约

北京行政区域土地面积 1.64 万平方公里，其中约有 62%为山区，远郊区县山区占 75.5%，七个山区区县的山区面积占 96%。北京是我国的首都，北京独具的全国政治中心、文化中心和国际交往中心的功能定位，使北京经济和城市的发展要服从于政治中心和文化中心的需要。门头沟、平谷、怀柔、密云、延庆五个远郊区县是北京的生态功能发展区。这个区域，是北京的生态屏障和水源保护地，因此限制了一些产业的发展。

2．产业结构单一，缺乏支柱产业，受市场价格波动影响大，农民增收难

受地理位置和自然条件制约，山区农民收入来源主要是传统的种养业，靠天吃饭，一旦遇到自然灾害或者农业生产资料价格的上涨，山区经济和农民生活就会受到较大影响。

2004 年，山区农民从第一产业得到的收入为 930 元，占山区家庭经营纯收入的 52%，养殖业、农副产品加工业发展十分缓慢。2004 年，山区乡镇完成养殖业产值 42.3 亿元，比上年增长 6.1%；完成农副产品出口供货 1.9 亿元，比上年下降 8.7%。

由于产业结构单一，农业生产资料的价格波动必然会影响到山区的农业生产。农资价格上扬，加大了农民生产费用开支。2004 年，山区农民人均家庭经营费用开支为 959 元，比上年增长 24.4%。这些与农业生产密切相关的生产资料价格的上涨，抵消了一部分利好政策给农民带来的实惠。

粗放、单一的经济结构，使农民很难致富。如果不及时调整偏远山区的农业生产结构和大力发展非农产业，农民收入低、生活困难的现状很难得以改善。

3．山区劳动力素质低、转移困难

山区农民致富慢、就业难，一个主要因素是山区农村劳动力文化水平低、缺乏专业技能。据 2004 年抽样调查资料显示，在拥有大专及以上学历的人员中，山区所占比例为 5%，比平原所占比例低 2.7 个百分点，具有高学历、高素质、高技能、有能力带领农民致富的人才欠缺。而在不识字或识字很少以及具有小学文化程度的人员中，山区所占比重为 11.6%，平原所占比重为 8.9%，山区比平原高 2.7 个百分点，文化水平低的人员所占比例仍较高。

文化程度的差异，会带来观念和意识上的差距，进而造成增收能力的差异。从山区的长远发展来看，重点是在对山区农民整体素质的提高上。

4．基础设施差，资金投入不足

2004 年，虽然政府投资向郊区倾斜，城区与郊区的投资比例由 2003 年的 8∶2 调整为 2004 年的 6∶4，但最终用于山区的农村固定资产投资、基础设施投资呈现下降。2004 年，山区乡镇的农村固定资产投资占全部乡镇投资总额的比例不足 1/3，山区县对农村基础设施的投资仅占郊区农村固定资产投资的 7.3%。2004 年山区乡镇的财政支出 18 亿元，仅占郊区财政支出的 5.3%。

五、对山区经济发展的几点建议

1．优势在山，大力发展山区特色产品

在七个山区县中山区面积占 96%，因此，“山”就成了山区可以利用的宝贵资源。目前山区已经利用这些独特的资源优势，配合“221”行动计划的实施，发展了一批具有地方特色、具有一定规模的个性化优质农产品和一批符合市场需求的唯一性农产品，如房山区的磨盘柿、怀柔区的板栗、昌平区的苹果、平谷区的大桃等等。为此，各级政府应在加大对特色农产品的引导开发、加工、品牌的包装，搭建市场信息平台，促进优质特色农产品“产、加、销”链条的形成等方面给予重点扶持。使这些产品形成规模、创出品牌，提高市场竞争力，从国内市场推向国际市场。

2．潜力在畜，大力发展山区畜牧业

山区第一产业的发展重点是在拓展农村养殖业。养殖业是当前和今后一个时期农民增收的重要支撑产业。2004 年山区农民人均畜牧业收入 200 元，比上年增加 75 元，增长 60.4%。2005 年，市农委、市农业局根据首都城市总体规划要求和城市化进程，下发了《关于进一步调整郊区养殖业产业结构和布局的意见》，要在北京市逐步形成“两区”、“三带”、“多品群”的养殖业产业布局。山区受耕地资源和水资源短缺的制约，因此发展养殖业，特别是家禽养殖有突出优势。山区要依靠龙头企业带动，大力发展养殖业，并且积极做好粪便处理，将畜禽粪便用于种植业，发展有机农业，形成农业的循环经济。既发展了经济，又保护了环境。

3．重点在游，大力发展山区旅游业

北京市山区旅游资源丰富，重点是因地制宜进一步完善山区旅游基础设施，修建道路，方便出行，做到安全畅通，让旅游者坐车安心；注意食品安全卫生，让旅游者吃着放心；搞好旅店配套设施，让旅游者住着舒心；提高从业者素质，进而提高服务水平，让旅游者玩得开心。如怀柔区雁栖镇的民俗旅游村——官地村，该村是以明清时期的传统民居四合院为主，清一色的灰砖小院与山水、长城浑然一体，自成景观，形成了青山密林、奇峰长城、山谷人家的独特山村风貌。2005年，“十一”黄金周期间，全村共接待游人8400人次，旅游综合收入67.2万元，同比分别增长了20%和35%。

4．出路在工，大力发展山区农产品加工业

山区经济发展的重要途径在于发展农产品加工业。大力发展农业产业化，扶持一批农产品加工龙头企业，做好农产品深加工，延长山区特色产业链条，提高山区的名优特色农产品的附加值。积极扶持农民专业合作经济组织，提高农民的组织化程度，提高市场竞争力，带动农民增收。

5．致富在人，大力开展劳动力技能培训

山区自然条件艰苦，劳动力素质不高，产业结构单一，人的观念比较落后。因此改变山区的落后面貌，重点在人才培养，要提高山区农民的文化水平和综合素质。政府要鼓励和扶持就业培训指导机构，举办各种实用技能培训，向山区农民传授经营管理经验和生产实用技能，提高山区农民的信息意识、竞争意识、质量意识、品牌意识、风险意识、诚信意识、法律意识，提高山区农民的综合素质，为山区农民的就业和富余劳动力的转移多做基础性的工作，为山区农业增效、农民增收多创造先行条件。

了解政府统计服务现状　提高统计社会服务能力

◆ 明福全

内容提要

北京市企调队根据《国家统计局关于开展政府统计为社会服务专项调查的通知》（国统字〔2005〕51 号）文件精神，进行了一次政府统计为社会服务专项调查。调查样本单位分别从企业、研究机构、中介机构、国际组织和政府部门中抽取。本调查报告主要介绍了调查的基本情况、被调查单位统计信息的来源途径和对统计信息发布的评价、对政府统计信息的使用和需求情况、认为政府统计工作还存在的不足、以及对政府统计工作的建议。

北京市企调队根据《国家统计局关于开展政府统计为社会服务专项调查的通知》（国统字〔2005〕51 号）文件精神，进行了一次政府统计为社会服务专项调查。调查采取寄送调查问卷的方式，共寄出调查问卷 300 份，回收有效问卷 266 份。有关调查情况如下：

一、调查的基本情况

本次问卷调查按调查对象类型分层随机抽样，企业样本从企业景气调查抽样框抽选，非企业单位从北京市研究机构、中介机构、国际组织和政府部门的名录库中抽选。调查的各类单位数量和结构（见表 1）。

表 1　　调查的各类单位数量和结构　　单位：个、%

项目分组	单位数	比重（%）
调查总体	266	100
一、企业	213	80.08
二、研究机构	18	6.77
三、中介机构	14	5.26
四、国际组织	8	3.01
五、政府部门	13	4.88

二、被调查单位对政府统计信息的使用和需求情况

1．政府统计信息使用率较高

在调查问卷中，列举了 10 类统计数据，来调查各单位的使用情况。从总体看，10 个方面的统计数据，使用过的比重在 66.5%—92.5%之间。其中，行业、宏观经济和社会发展方面的统计数据是使用得最多的，分别占调查单位数的 92.5%、89.1%和 86.1%。

各类单位使用的统计数据类型、频率与本身所在行业的业务职能紧密相关。在调查的各类单位中，对各方面统计数据使用广泛和频繁的顺序依次是研究机构、国际组织、中介机构、政府部门和企业。研究机构对所列 10 类统计数据的使用均在 72.2%以上，且所有单位都使用过市场物价方面的数据；国际组织使用各类数据在 62.5%以上，且所有单位都使用过宏观经济和社会发展方面的数据；中介机构对行业信息、社会发展数据关注度较高；政府部门对人口就业、居民生活、社会发展和分地区数据更为关心；企业则对行业信息和市场物价更加关注（见表 2）。

表 2　　被调查单位使用政府统计数据的情况　　单位 %

	总体	企业	研究机构	中介机构	国际组织	政府部门
宏观经济	89.1	89.2	94.4	85.7	100	76.9
居民生活	73.3	71.8	72.2	85.7	75.0	84.6
外经外贸	66.5	65.3	77.8	57.1	87.5	69.2
资源与环境	75.2	72.8	94.4	78.6	87.5	76.9
人口与就业	77.4	75.1	88.9	78.6	87.5	92.3
行业信息	92.5	94.4	94.4	92.9	75.0	69.2
市场物价	85.3	86.9	100	71.4	87.5	53.8
社会发展	86.1	85.0	88.9	92.9	100	84.6
国际对比	67.7	65.7	88.9	78.6	75.0	53.8
分地区数据	74.4	71.8	94.4	85.7	62.5	84.6

2．九成以上单位需要政府统计信息，但所需类型有所不同

调查结果显示，有 95.5%的单位需要来自政府部门的统计数据。其中：研究机构、国际组织和政府部门的全部单位均需要来自政府部门的统计数据。

总体来看，各类单位最希望了解的统计信息排列在前三位的是：行业、宏观经济和市场物价信息，分别占总体比重的 22.6%、16.7%和 13.5%。

各类单位在使用统计信息的类型上各有侧重，企业、研究机构和中介机构最关注的是行业信息。国际组织和政府部门最关注的分别是宏观经济和社会发展信息（见表 3）。

表 3　　被调查单位最希望了解的统计信息　　单位 %

	调查总体	企业	研究机构	中介机构	国际组织	政府部门
宏观经济	16.7	17.0	16.9	10.9	17.6	15.7
居民生活	5.0	4.3	6.0	2.2	11.8	11.8
人口与就业	5.3	4.4	2.4	10.9	11.8	13.6
资源与环境	9.1	8.0	15.7	8.7	14.7	11.8
国际信息	6.7	6.8	8.4	6.5	5.9	3.9
行业信息	22.6	23.6	20.6	30.3	8.8	11.8
市场物价	13.5	15.0	9.6	10.9	2.9	5.9
外经外贸	5.7	6.2	3.6	2.2	11.8	0
地区信息	7.0	6.8	7.2	10.9	2.9	9.8
社会发展	8.4	7.8	9.6	6.5	11.8	15.7
其他	0	0.1	0	0	0	0

三、调查单位统计信息的来源、途径和对统计信息发布的评价

1．调查总体获取统计信息的主要来源是政府统计机构

从被调查总体来看，主要获取统计信息来源的顺序是：政府统计机构、行业协会和本单位的信息部门，分别占信息来源的26.4%、26.1%和23.7%。

各类被调查单位获取统计信息的主要来源，也由于自身社会职能的不同而有所差异。企业从行业协会获得统计信息最多，占27.3%；而研究机构从政府统计机构和行业协会获得的统计信息相同，均为30.0%；中介机构则从本单位信息部门获得的统计信息最多，占21.4%；国际组织和政府部门则主要从政府统计机构获取统计信息，分别占80.0%和46.2%（见表4）。

表4　　被调查单位获取统计信息的主要来源　　单位 %

	行业协会	市场调查公司	本单位信息部门	咨询中介机构	政府统计机构	其他
调查总体	26.1	5.8	23.7	7.7	26.4	10.3
企业	27.3	6.0	24.2	8.1	24.6	9.8
研究机构	30.0	5.0	22.5	5.0	30.0	7.5
中介机构	17.9	10.7	21.4	10.7	17.9	21.4
国际组织	10.0	0	0	0	80.0	10.0
政府部门	11.5	0	27．0	3.8	46.2	11.5

2．调查总体获取统计信息最主要的途径是互联网

从被调查总体来看，获取统计信息的主要途径有互联网、报纸、行业协会和政府统计机构，各种方式所占比重分别是22.7%、17.8%、16.1%和13.2%。

在被问及各类单位获取统计信息的途径时，各类单位的回答呈现不尽相同的特点。企业、研究机构和中介机构，选中互联网的比重分

别是 22.7%、20.0%和 27.3%；国际组织是互联网和公开出版的统计资料并重，比重各占 24.0%；而政府部门则首选政府统计机构，比重占 24.4%（见表 5）。

表 5　　被调查总体获取政府统计信息的途径　　单位 %

	调查总体	企业	研究机构	中介机构	国际组织	政府部门
报纸	17.8	17.8	17.1	13.6	16.0	21.9
互联网	22.7	22.7	20.0	27.3	24.0	21.9
政府统计机构	13.2	12.1	14.3	18.2	16.0	24.4
行业协会	16.1	17.4	15.7	9.1	4.0	4.9
电视	9.3	9.7	10.0	4.5	0	12.2
电话咨询	2.9	2.6	0	11.4	4.0	4.9
出版的统计资料	9.1	8.7	12.9	6.8	24.0	4.9
广播	3.2	3.2	4.3	4.5	4.0	0
中介机构	3.2	3.9	0	2.3	0	0
图书馆（资料室）	2.0	1.4	5.7	2.3	4.0	4.9
其他	0.5	0.5	0	0	4.0	0

3．调查总体对政府统计信息的数据可信度方面最满意

调查问卷在向被调查单位征询统计信息发布情况的满意程度时，列举了 6 个方面的问题。从总体的评价来看，被调查单位对政府统计信息在数据的可信度上满意率最高，占被调查总体的 51.5%。其次，对发布的时效性和使用的统计方法方面也比较满意，满意的比重分别是 40.9%和 40.2%。

在调查的 5 种类型的单位中，4 类单位对政府统计信息的数据可信度评价最高，政府部门、研究机构、中介机构和企业的满意率分别是 61.5%、61.1%、57.2%和 51.2%。其次，这些单位对信息发布的时效性也比较满意，政府部门、中介机构和研究机构满意率分别是 61.5%、50.0%和 44.4%。

在对政府统计信息发布情况的评价中，我们也注意到，对政府统计信息的统计国际可比性和使用的便利程度评价为一般的，所占的比重较大，分别为 70.3%和 60.5%；且分别有 10.2%和 11.3%的单位不满意。其中，国际组织和研究机构对政府统计信息的国际可比性不满意率最高，分别达 25.0%和 16.7%。

三、被调查单位认为政府统计工作还存在着不足

1.六成以上被调查单位反映存在找不到所需统计数据的情况

从调查总体来看，36.6%的被调查单位认为所需要的统计数据大部分都能找到，58.3%的被调查单位认为只有少部分可以找到，5.1%的被调查单位认为基本找不到。也就是说，有 63.4%的单位认为所需要的统计数据大部分找不到。特别是企业和研究机构，认为大部分统计数据找不到的单位，比重分别占 67.3%和 66.7%；其次，是政府部门，比重占 53.8%（见表 6）。

表 6　被调查单位掌握所需统计数据的情况　单位 %

	大部分能找到	少部分能找到	基本找不到
总体	36.6	58.3	5.1
企业	32.7	61.9	5.4
研究机构	33.3	61.1	5.6
中介机构	61.5	30.8	7.7
国际组织	87.5	12.5	0
政府部门	46.2	53.8	0

2. 电子统计信息的发布还不能令人满意

调查资料显示，当前被调查单位获取统计信息的第一途径是互联网，占获取统计信息各种途径的 22.7%，但这个比重并不高。从被调查总体使用电子统计信息的情况来看，用过且比较满意、用过不太满意和从来没用过的单位分别占 34.2%、34.6%和 31.2%，用过不满意的单位超过了满意的单位，且还有近三分之一的单位从未使用过电子统计信息。即使是使用电子统计信息比较好的研究机构和政府部门，满意率也分别只占 38.9%和 38.4%。值得注意的是，有 35.2%和 29.6%的基层企业对发布的电子统计信息不满意和从未使用过电子统计信息。

四、被调查单位对政府统计工作的建议

被调查单位对改进政府统计工作的建议主要集中在增加网上统计信息量、加大统计数据透明度和减轻企业统计负担三个方面。

1．增加上网的统计信息量

调查中，17.3%的被调查单位认为，互联网是当前获取统计信息最方便快捷的方式，政府统计部门应该首先把增加网上的统计信息量作为改进政府统计服务的一项重要工作来做。

2．提高政府统计数据的透明度

不少单位反映，政府公布的统计数据行业分类太粗、缺少可用的数据，这与政府统计部门为企业和基层服务意识差有关；政府统计数据不透明，一定程度上影响可信度。在调查问卷中，建议增加统计数据透明度的比重占到 14.4%。其中，建议增加透明度呼声最高的是国际组织。

3．减少企业负担是来自基层企业最强烈的声音

调查中，15.8%的企业迫切希望政府统计部门为企业提供方便快捷适用的统计数据和减少企业的统计负担。这些单位反映，企业对口的政府部门较多，重复报表要数的情况时有发生，给企业带来了沉重的负担。企业建议，政府管理部门之间应利用电子信息平台实现信息资源共享，同时自觉地提高为企业服务的意识。

北京市民关心的热点问题调查报告

◆ 岳卫红 葛 艳

内容提要

针对当前社会、经济、生活等领域存在的热点、焦点问题，社情民意调查中心采用计算机辅助电话调查方式，对北京市3845位城乡居民展开调查。结果显示：食品安全、社会治安、打击假冒伪劣商品是城镇居民最关注的三大热点问题。农民最关注的三大热点问题是：社会治安、医疗就医、农村耕地占用补偿。交通出行、社会治安、收入分配、失业与就业等是市民最不满意和迫切希望党和政府解决的问题。党员普遍关注社会经济的发展状况，不同阶层人员对利益分配问题的看法各有侧重。

北京市社情民意调查中心采用电话调查的方式，针对目前社会政治、经济、生活等领域的热点问题，对18个区县的2812位城镇居民、1033位农民，共计3845位北京市民进行了一次民意调查。

一、城乡居民关注的热点问题

1. 食品安全、社会治安、打击假冒伪劣商品是城镇居民最关注的三大热点问题

交通出行、社会治安、收入分配、失业与就业等是其最不满意和迫切希望党和政府解决的问题。调查中，仅有20.4%的居民表示对市场出售的食品完全放心，39.1%的居民表示不放心；25.3%的居民对

北京市交通管理的状况感到满意，不满意的为 35.3%；仅有 14%的居民对目前的收入表示满意，49.4%的居民不满意。

2. 农民最关注的三大热点问题是：社会治安、医疗就医、农村耕地占用补偿

收入分配、农村耕地占用补偿、失业与就业和社会保障等是其最不满意和迫切希望党和政府解决的问题。调查中，52.1%的农民认为社会治安比前几年有所好转，24.6%的农民认为比前几年差；76.9%的农民认为现在看病就医很方便，但是 47.4%的农民对医疗收费和药品价格管理感到不满意；仅有 22.4%的农民对农村耕地占用补偿的实施情况满意，48.2%的农民表示不满意。

3. 农民对政府制定的维护农民利益的政策、农村医疗改善情况表示满意，对土地、就业、收入状况、干群关系等问题满意度不高

农民反映比较多的是土地、就业、收入、医疗、养老等问题。由于农业结构调整，农村城镇化建设加快，农村剩余劳动力的就业问题十分突出。调查显示，65.5%的农民对市政府 2004 年各项支持农业、农村、农民的政策落实情况感到满意；74%的农民对农村税费改革政策表示满意；76.9%的农民认为看病就医方便。

但是 48.1%的农民对目前自己的就业情况不满意；45.4%的农民对本村、本地区领导干部的工作不满意；36.5%的农民对农村土地确权（分地）的实施情况不满意。

二、党员对社会热点问题的评价

1. 八成以上的党员对保持共产党员先进性教育活动表示关注，但对取得预期效果的信心略低于非党人士

被调查者中，党员 777 人，占 20.2%。调查显示，82.1%的党员对当前开展的保持共产党员先进性教育活动表示关注，而非党人士中仅有 40.8%的人表示关注；59.2%的党员对先进性教育活动能取得预期效果表示有信心，这一比例低于非党人士 2.7 个百分点。

2. 党员普遍关注社会的政治经济发展，两岸局势和中日关系成为其关注的新热点

调查显示，党员对廉政建设和反腐败斗争、社会诚信、国有企业改革的关注程度分别为 82.2%、73.3%和 59.4%，高于非党人士 18.7、11.9 和 18.4 个百分点。同时，91.6%和 83.8%的党员对海峡两岸局势和中日关系问题表示关注，高于非党人士 13.3 和 10.1 个百分点。

三、不同阶层人员对利益分配问题的看法

被调查者由于职业、收入、受教育程度及社会地位不同，在对生活满意度、就业状况、收入分配等方面的评价存在较大差异。

1、国家公务员就业稳定、生活满意；社会政治问题是他们关注的焦点

被调查者中，国家公务员 126 人，占 3.3%。调查显示，这一群体中 57.1%的人对目前生活状况表示满意，59.3%的人对目前自己的就业情况满意，这两方面的满意度评价居各类群体之首。因此，这部分群体关注的社会热点问题中，收入分配列在最后一位，而对海峡两岸局势、中日关系、社会风气、未成年人思想道德教育、党风廉政建设等社会政治问题更为关注。

2. 事业单位人员就业基本稳定，对社会保障问题有所担忧

被调查者中，事业单位人员 383 人，占 10.0%。调查显示，这一群体中 38.9%的人对目前生活状况满意，53.8%的人对自己目前的就业情况满意。但是这一群体对社会保障问题有所担忧，只有 19%的人对北京市社会保障政策落实情况感到满意，这是除学生以外的各类人群中，对该项问题满意度评价最低的。因此，在这一群体关注的社会热点问题中，收入分配、医疗就医问题列在前位。

3. 企业经理对目前生活状况及就业情况较为满意，对社会诚信关注度高

被调查者中，企业经理 157 人，占 4.1%。调查显示，这一群体中

45.2%的人对目前生活状况满意，56.4%的人对自己目前的就业情况满意，其满意程度略低于国家公务员；21.3%的人对目前收入感到满意，位于各类群体之首。他们最希望有一个良好的社会环境和经营环境，对当今一些社会服务事业的现状不满意，38.3%的人对打击假冒伪劣商品取得的成效不满意，42.9%的人对治理教育乱收费政策落实情况不满意，40%的人认为出行不方便，在上述问题的评价中，不满意程度位于各类群体之首。在关注的十个社会热点问题中，打击假冒伪劣商品、社会诚信的重要程度排在收入分配的前面。

4. 私营企业主对社会风气改善情况评价最高

被调查者中，私营企业主 72 人，占 1.9%。37.5%的私营企业主对目前生活状况满意，其满意程度仅排在产业工人和下岗失业人员之前，评价结果在各类群体中位于倒数第二；14.3%的人对目前收入感到满意，评价结果位于倒数第三。由于他们身处市场竞争环境，对社会环境的改善情况体会更深。调查中，51%的私营企业主认为现在的社会风气比前几年好；29.1%的人对北京市社会保障政策落实情况满意，21.8%的人对北京市低保政策具体落实情况表示满意，91.8%的人对目前部分商品价格上涨能够接受，对这些问题评价的肯定程度普遍高于其他各类群体。

5. 改善就业和提高收入是产业工人和下岗失业人员最关注的问题

被调查者中，产业工人 890 人，下岗失业人员 354 人，分别占 23.1%和 9.2%。由于产业工人的职业技术含量低，可替代性强，加上产业结构的调整，产业工人和下岗失业人员面临巨大的就业压力。在他们关注的社会热点问题中，就业和收入分配问题排在前列。调查显示，仅有 11.9%的产业工人、7.6%的下岗失业人员对目前收入感到满意；30.2%的产业工人、75.2%的下岗失业人员对自己目前的就业状况不满意；24.3%的产业工人、41.7%的下岗失业人员对目前部分商品价格上涨不能承受。

6. 学生对时事政治问题关注度高

被调查者中，学生 175 人，占 4.6%。在学生关注的十大热点问题中，中日关系问题排在第二位，海峡两岸局势排在第三位（第一位为食品安全）。这部分群体年轻、思维活跃、精力充沛，但对事物的认识往往感性多于理性。因此，正确引导学生将政治热情有效地转化为爱国热情是目前教育工作者及整个社会的责任。

大学生就业愿望与现实存在差距

◆ 刘宏义　岳卫红　刘　瑶

内容提要

北京市社情民意调查中心利用电话调查方式对在京近 30 所大学的 1019 名在校本科生及研究生进行了一次抽样调查。本文分析了当今大学生在择业问题上的想法与社会实际情况之间存在的诸多差距：大学生择业地域与促进区域经济协调发展目标相矛盾；大学生择业所青睐的单位属性与“鼓励、支持和引导个体、私营等非公有制经济发展”这一国家完善基本经济制度目标相矛盾；大学生的薪金预期与用人单位开出的数额之间悬殊较大；多数学生把就业难问题归咎于高校扩大招生；大学生在校所学与工作中所用存在矛盾。

2005 年全国普通高校毕业生人数将达到 338 万，其中北京的高校毕业生人数超过 15 万。在高校扩大招生政策执行几年之后的今天，大学生就业难的局面已经凸现。如何妥善解决大学生就业，让他们学以致用，成为近几年社会关注热点问题。为充分了解在校大学生的就业心理和愿望，近期，北京市社情民意调查中心利用计算机辅助电话调查方式对在京近 30 所大学的 1019 名在校本科生及研究生进行了一次抽样调查。调查结果显示，北京地区在校生的就业观与当今政策导向和现实状况相比存在诸多矛盾。

一、学生择业地域与促进区域经济协调发展目标相矛盾

当问到大学生毕业后对于将来的就业地区的首选是哪里时，72.5%的学生选择北京，16.8%的大学生选择东部经济发达地区，5.3%的学生表示愿意到中西部去支援国家开发中西部的建设工作，5.4%的学生表示没有想好（见图 1）。北京及东部地区经济文化发达，交通、医疗等生活条件完善，就业、个人发展机会多，对绝大多数的高校毕业生有很大的吸引力，而人才相对匮乏的中西部地区依旧难以得到大学生的垂青。

图1　　大学生就业首选区域

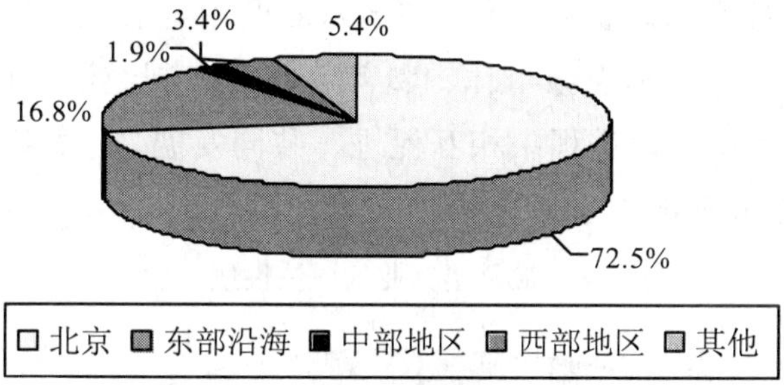

数据说明，北京和东部发达地区是北京地区在校大学生的就业首选，为北京和东部发达地区的发展提供了充足的人力资源，但也对这些地区的就业市场形成了不小的压力。每年超过 10 万人次的本地和其他省市的高校毕业生在京求职，寻找发展的机会，而北京的就业市场消化能力有限，过多的留京毕业生数量使人才没有得到有效的发挥和利用。

仅有 3.4%的高校毕业生愿意去西部工作，其中：大一学生中有 6.7%的人愿意毕业后去西部工作；大二为 4.5%；大三和大四的比例均为 3.4%。他们志愿去西部工作的主要理由是西部大开发带来的机遇和锻炼自身、增加阅历的意愿。随着在校生年级的逐步提高，临近毕业

的学生去西部工作的热情逐步降低。说明面对现实生活的压力，高校毕业生的择业更趋向实际。针对学生的择业观，西部地区在吸引人才方面，应考虑学生生活发展的实际问题。

二、大学生择业单位与国家完善基本经济制度的目标相矛盾

调查显示，当今最受高校大学生青睐的工作单位的性质依次分别是：政府机关、事业单位和三资企业，愿意去上述单位工作的学生占总数的 63.2%（见图 2）。可以看到，工作稳定、社会地位较高、福利待遇较好是大学生选择这些单位的主要原因。另外，有 13.8%的学生表示愿意到民营或私营企业工作。在十六届四中全会上，中央提出“毫不动摇地鼓励、支持和引导个体、私营等非公有制经济发展，使两者在社会主义现代化建设进程中相互促进、共同发展”。民营、私营企业的发展还需配以相应的人才疏导政策。

图2　最希望就业的单位性质

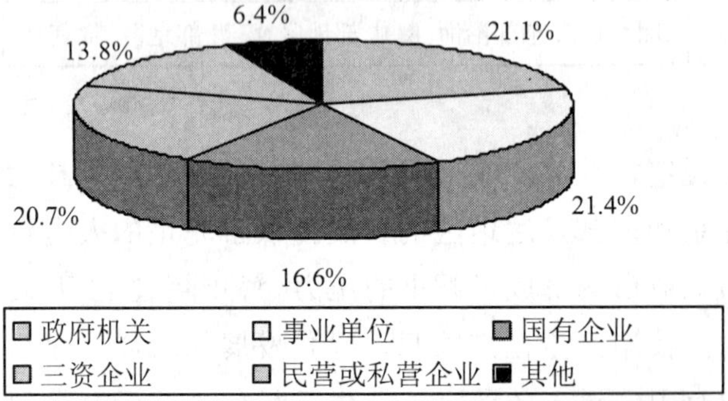

三、大学生的薪金预期与现实之间存在较大差距

统计结果表明，本科生的期望薪酬范围集中在 2000—3000 元之间，研究生的期望值在 3000—5000 元之间（见图 3）。

然而，根据各种市场招聘信息的反馈，用人单位愿意为本科生开

出的薪金水平仅在1000—2000左右，这种理想与现实之间的落差，除了给毕业生就业心理上造成影响以外，也是供需双方顺利签约的主要障碍之一。所以，合理调整择业心态、充分认识现状、努力提高自身综合素质和竞争实力，是当代大学生在面对就业时尤为要注意的。

图3　大学生薪金期望水平

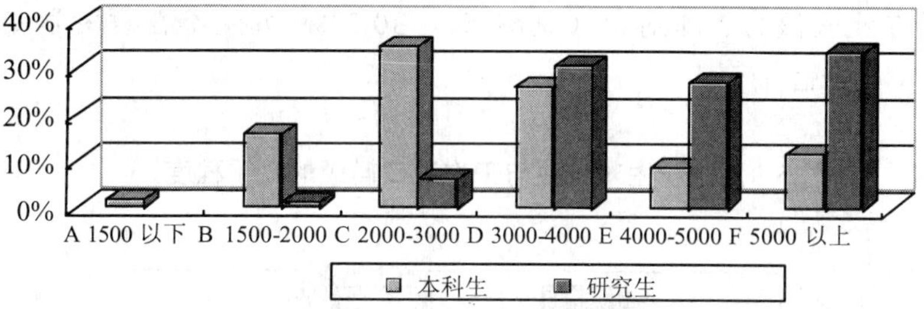

四、多数学生把就业难问题归咎于高校扩大招生

调查中，41.9%的学生认为当前就业压力大是高校扩招造成的（见图4），另有23%的学生认为是对自己的期望值过高造成，这在一定层面上反映了高校扩招带来的学生数量多和实际就业岗位数量少的不协调。为了自我调整，被调查的学生中有48.5%的人认为“必须通过提高自己的素质来增强自己的竞争力”以赢得在就业方面的优势地位，认为“应该改革人事制度创造更多就业机会”的占20%，认为“应提供更多就业岗位”的占13%，“调整就业期望值”和“完善高校就业指导管理服务体系”的分别占7.9%和9.1%。

图4　大学生对就业压力成因的看法

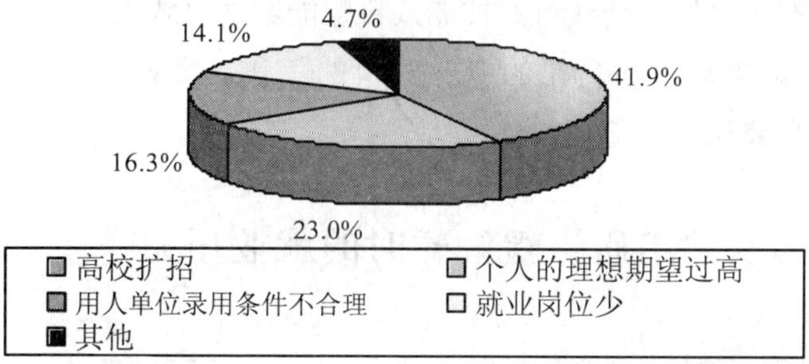

五、大学生所学与所用存在矛盾

在调查大学生是否在意所学专业与从事工作的对口问题上，本科生和研究生的态度有明显的反差，38.7%的本科生愿意所学专业和工作对口，61.3%的本科生不在意所学专业是否对口；而 69.8%研究生认为所学专业应该与工作对口（见图 5），30.2%研究生不在意所学专业是否与工作对口。

图 5 高校学生对专业与工作对口问题的在乎程度

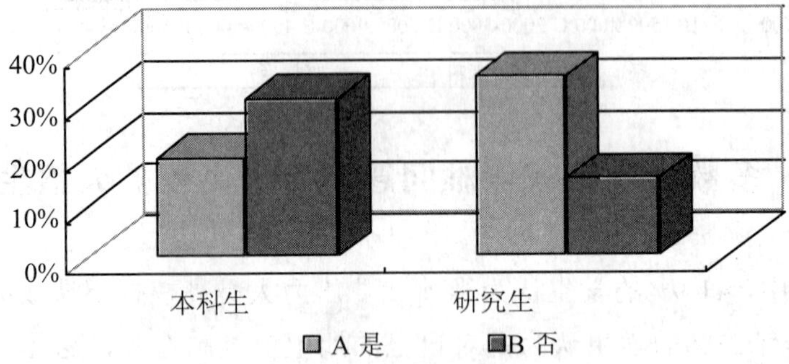

本科生在高等教育中所学基础课程较多，还未形成明确的研究方向，在择业时，有合适的工作单位比保留专业更重要。另外，调查显示，有 38.2%的学生认为“获得相应的资格考试证书是增加就业机会的重要因素”，还有 34.2%的学生认为“获得相应的资格考试证书是提高个人竞争能力的一种手段”。正是在这些原因的驱使下，在校大学生在参加本专业学校规定的统一考试的同时，还有选择地参加一些资格证书考试，掌握一些被社会认可的技能，希望能够学以致用。

研究生更希望从事与自己的专业对口的工作，发挥所学专业的竞争优势，提高自我认定价值。

六、“考研”缓解暂时的就业压力

在问及“在结束目前学业后的计划”时，有 35.2%的本科生表示将考研，13.1%的研究生表示将考博，还有 4.9%的学生选择出国留学。仅有 20.0%的学生表示国家将要实施的研究生收费制度对自己选择考研有影响。可见，在考研可以获得更好的就业机会，更便于留京求职，并可以提升自身素质等多因素的共同作用下，“考研热”仍将持续升温。

水价调整促进市民提高节水意识

◆ 王　维

内容摘要

稀缺的水资源与人均居住环境改善和生活质量提高后对水的需求，形成尖锐矛盾。北京市社情民意调查网围绕市民日常生活用水习惯，节水意识和水价调整对2022位北京市民进行了一次民意调查。调查结果表明：市民家庭每月平均用水7立方米，按3口之家计算，人均月用水低于3立方米；居住和生活方式的改善增加了家庭用水量；缓解用水矛盾的最佳途径是节约用水，"一水多用"在日常生活中被广大市民普遍采用；接近七成的市民了解北京严重缺水的现状，63.9%的市民认为这次调价对提高全民节水意识会起到积极影响；35.9%的市民认为此次涨价对日常生活产生影响。

北京市水资源稀缺，如何充分利用现有资源，缓解其对社会经济发展的瓶颈制约作用，成为社会各界日益关注的问题。2004年8月1日开始，北京市政府将居民生活用水从每吨2.9元上调为3.7元，为此北京市社情民意调查中心围绕水价调整、市民日常生活用水习惯、节水意识等问题采用电话调查方式对十八个区县的2022位北京市市民进行了一次民意调查。

调查结果表明：市民家庭每月平均用水7立方米，若按用水量进行排序，八成市民认为在家洗衣、洗澡用水量最大；居住和生活方式的改善增加了家庭用水量；缓解用水矛盾的最佳途径是节约用水，"一水多用"在日常生活中被广大市民普遍采用；接近七成的市民了解北京严重缺水的现状，63.9%的市民认为水价上调对提高全民节水意识会起到积极影响；35.9%的市民认为此次涨价对日常生活产生影响。

一、市民家庭月均用水 7 吨

此次调查正值北京用水高峰季节，调查结果显示，市民家庭每月平均用水总量为 7 吨（立方米）。居住在楼房的市民，每月平均用水总量为 7.9 吨（立方米），多数家庭每月平均用水总量在 4—6 吨（立方米）；居住在平房的市民，每月平均用水总量为 5.3 吨（立方米），多数家庭每月平均用水总量在 3 吨（立方米）左右（见图 1）。

图1　楼房平房用水量分布对比

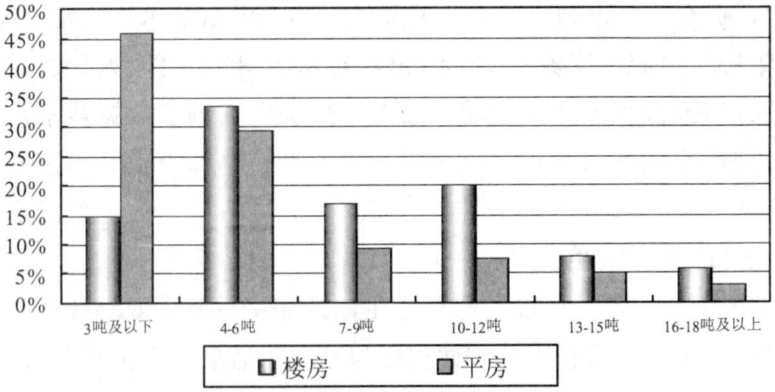

二、八成市民认为在家洗衣、洗澡用水量最大

调查中，当要求被访者按家庭的日常生活用水多少进行排序时，52.7%的市民认为家中用水最多的是“清洗衣物”，27.9%的市民认为家中用水最多的是“在家洗澡”，二者合计占 80.6%，然后依次是“洗菜、做饭”占 11.6%，用于“冲洗卫生间马桶” 占 5.4%，“饮用水”、“浇花、养鱼”、“清洁居室（擦地、擦玻璃等）”共占 2.4%。

三、居住和生活方式的改善增加了家庭用水量

20年间，人民生活水平发生了翻天覆地的变化。1980年，北京市每百户职工家庭平均拥有1.9台洗衣机；90年代初，淋浴热水器开始在部分高收入家庭使用；1992年，每百户职工家庭平均拥有淋浴热水器17.6台；2003年，北京市几乎家家拥有洗衣机，同时，洗衣用水量也明显增加。本次调查数据显示，拥有全自动洗衣机的家庭，月均用水8.4立方米，拥有半自动双缸洗衣机的家庭，月均用水6.6立方米，前者比后者多用水1.8立方米。

人均居住面积的增加，改善了人们的生活方式，居民从平房搬进了楼房，拥有了自家独立的卫生间和洗澡间，淋浴热水器大范围普及，2003年每百户职工家庭平均拥有淋浴热水器85.4台。人们由过去在社会公共浴池或单位浴池洗澡，改在家里洗澡。调查数据显示，有单独卫生间的家庭，月均用水7.7立方米，没有单独卫生间的家庭，月均用水6.1立方米，前者比后者多用水1.6立方米。人民生活水平的提高，增加了市民对生活用水总量的需求。

调查中，当问到水与人们日常生活质量关系时，61.8%的家庭认为“日常生活用水量和用水方便程度与家庭生活质量”关系非常密切。

四、节水是缓解用水矛盾的最佳途径

近几年，北京市水资源紧缺状况日益明显，越来越难以满足社会经济发展和人民生活水平提高的需要。据北京市水务局统计，北京市水资源人均占有量是全国的1/8，是世界的1/30。为了缓解矛盾，科学用水是最佳途径。

调查结果显示，72.7%的家庭在日常生活中采用过“一水多用”，即使用过的水澄一澄再留做他用。64.4%的家庭安装了节水龙头，39.3%的家庭使用节水马桶，11.5%的家庭安装了IC卡水表。上述几

种节水措施相比，采用过“一水多用”和安装IC卡水表节水效果较明显，月均用水量为7.1和7.6立方米，分别比没采用这一方法的家庭户每月少用水0.5和0.16立方米。

五、价格调整有助于市民提高节水意识

调查显示，近七成的市民了解北京水资源奇缺的现状，85.4%的市民知道从2004年8月1日起，居民生活用水价格将由现在的每立方米2.9元上涨至3.7元，人们对节约用水十分关注。

调查中，当被问及“通过本次居民生活用水价格的调整，对提高全民节水意识的影响程度如何”时，回答“非常有影响”和“有些影响”的被访者占63.9%。认为“影响不大”和“根本没有影响”的比例占18.6%（见图2）。这说明，调高水价，促使市民提高了节约用水意识。

图2　　水价上涨对提高节水意识的影响

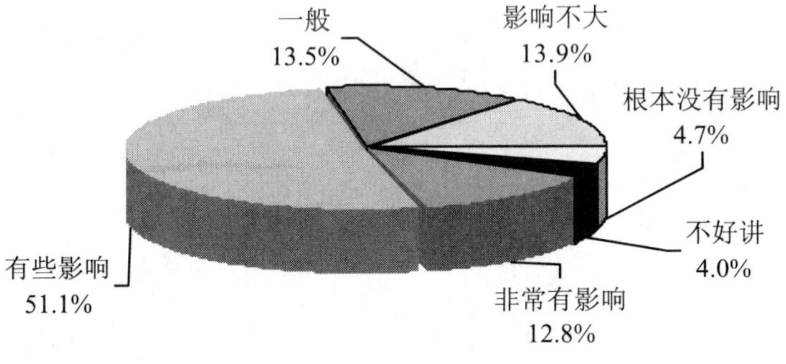

六、水价调高对部分家庭日常生活产生一定影响

调查中，当被问及“此次涨价对您家的日常生活影响程度如何”时，6.5%的被访者回答“非常有影响”，认为“有些影响”的市民占29.4%，回答“一般”的市民占18.2%，认为“影响不大”或“根本没有影响”的分别占31.8%和13.3%。被调查者没有工作、离退休或为

普通工人的认为，水价上涨对日常生活“非常有影响”和“有些影响”的比例较高，分别为 46.3%，42.1%和 38.3%（见图 3）。由此可见，水价上调对这类人员家庭生活影响较大。

图3　涨价对不同人群的影响

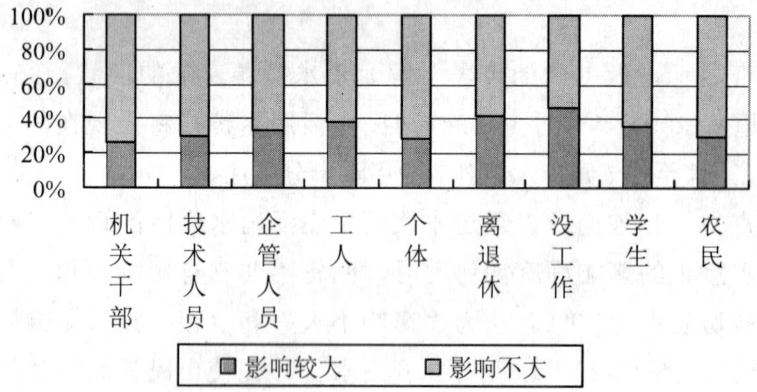